메릴

메릴 스트립의 연기와 삶, 그 전설 같은 이야기

에린 칼슨 지음 / 홍정아 옮김

ᡄ 현암사

일러두기

1. 이 책의 외래어 표기는 국립국어원의 외래어 표기법을 따랐으나 몇몇 경우는 일반적으로 통용되는 표기를 사용하였다. 예) 메릴 스트리프 → 메릴 스트립, 레이철 매캐덤스 → 레이철 맥애덤스, 로버트 올트먼 → 로버트 알트먼 등.
2. 본문에 나오는 영화 제목은〈 〉로 표시했고, 우리나라에서 개봉하거나 DVD 등으로 출시될 때의 제목 표기를 그대로 따랐다.
3. 그 밖에 연극(희곡), 드라마, 오페라, 미술 작품, 음반은〈 〉, 신문·잡지는《 》, 책은『 』, 노래와 방송 프로그램은 ' '로 제목을 표시했다.
4. 주(註)는 모두 옮긴이 주이다.

제니퍼 애치슨, 캐럴린 올링거, 캐리 올링거에게

"일할 때면 최선을 다하세요.
그리고 다른 사람들에게도 최선과 최고를 요구하세요.
당신의 특별한 개성과 가치,
당신만 아는 그 비밀을 현실에 안주하면서 잃어버리지 마세요."
−1983년, 배서 대학 졸업생을 위한 메릴 스트립의 연설 중에서

"맞아요. 전 골칫덩이죠! 그걸 숨길 방법이 없네요."
−2012년 2월 6일, 메릴 스트립이 NPR 방송 진행자 테리 그로스에게

차례

살아 있는 전설

거의 전설처럼 전해 오는 이야기를 하나 전하려 한다. 내가 이 이야기를 하지 않는다면 그건 직무유기에 가깝지 않을까 싶다.

한 젊은 여배우가 디노 드 로렌티스^{Dino De Laurentiis}가 제작하는 1976년의 리메이크 영화 〈킹콩^{King Kong}〉의 오디션을 보러 갔다. 뉴욕의 연극 무대를 벗어나면 사실상 무명이던 그녀는 영화 쪽에서 일해본 경험이 전혀 없었다. 긴 금발 머리, 도자기 피부, 도드라진 광대뼈, 매부리코의 조합은 비현실적인 아름다움을 빚어냈다. 마치 르네상스 시대 그림 속의 신비로운 뮤즈 모나리자가 1970년대에 환생한 것 같은 모습이었다. 연극 무대에서의 비범한 연기를 본 사람들이라면 그녀의 재능이 남다르다는 것을 분명히 알 수 있었다. 하지만 드 로렌티스가 본 것은 그녀의 외모가 전부였다.

"진짜 못생겼네. 뭘 이런 걸 데려왔어?" 그가 이탈리아어로 아들 페데리코에게 불평했다.

저런, '이런 것'이라니. 이름이라도 제대로 불러줬으면 좋으련만. 그녀가 바로 메릴 스트립Meryl Streep이었다. 그리고 드 로렌티스에게는 안됐지만 그녀는 배서 대학Vassar College에서 이탈리아어를 배운 터라 그의 말을 다 알아들었다.

"기대만큼 예쁘지 않아서 죄송한데요, 어쩝니까? 보시는 게 다인데." 그녀는 이탈리아어로 말하고선 스스로 그 자리를 박차고 걸어 나갔다.

그 뒤로 드 로렌티스는 아마 오디션장에서 말하기 전에 한 번 더 생각하게 되었을 것이다. 메릴을 과소평가한 사람은 그가 마지막이 아니었지만 그런 순간마다 그녀의 뛰어난 지성, 한결같은 품위, 할리우드의 모욕적인 여성혐오자들을 도리어 한 방 먹이는 당당함이 더욱 강하게 빛났다. 그리고 60편이 넘는 영화에서 맡은 수많은 역할, 한 남편의 아내, 네 아이의 엄마로 우여곡절도 많았지만 나이 장벽을 극복하고 지난 40여 년간 가장 뛰어난 배우로 자리매김했다. 그 신화는 여전히 이어지고 있다. 메릴은 〈소피의 선택Sophie's Choice〉을 위해 폴란드어를 배우고 〈줄리 앤 줄리아Julie & Julia〉에서 줄리아 차일드Julia Child의 유쾌한 삶을 똑같이 재현해내며, 맡는 역할마다 완전히 빠져들었다. 비슷한 캐릭터를 두 번 세 번 맡아 씨름한 적이 없었다. 다른 여배우들은 나이가 들어가면서 성취감을 느끼기 어려운 평범한 배역에 정착했다. 주로 남편을 돕는 아내, 자녀를 뒷바라지하는 엄마, 남자 주연배우를 받쳐주는 (대사도 별로 없는) 애인 역이었다. 하지만 메릴은 자기만의 고상한 자질을 바탕으로 하여 평범함을 벗어난 여성(마거릿 대처, 캐런 실크우드, 플로렌스 포스터 젠킨스)들에 빙의하곤 했다. 평범한 역할은 그녀와 맞지 않았다.

메릴은 뉴저지주에서 태어나고 자라 제2세대 페미니즘 운동이 일어나던 시기에 성년이 되었고 유행에는 뒤처질지라도 언제나 '행동주의'를 등에 짊어졌다. 비록 '까다롭다', '화를 잘 낸다'는 꼬리표가 붙었지만 〈귀여운 여인Pretty Woman〉과 그 당시 인기 있던 다른 영화들을 날카롭게 비판했다. 1990년 미국배우조합이 주최한 첫 전미여성회의National Women's Conference에서 메릴은 항변했다. "요즘은 여성들이 맡을 역할이 별로 없네요. 우리가 일을 할 때면 상대 남자 배우들보다 돈도 훨씬 적게 받아요. 게다가 최근에 여성 배역은 이상하기 짝이 없어요."

메릴은 당시 여성 배역에 대해 이렇게 말했다. "영화만 보면 지구상에 여성들이 가질 수 있는 최상의 직업이 그저 남자와 같이 자는 것인 줄 알겠어요. 여기서 제 말뜻은 그냥 나란히 누워 자는 게 아닌 것을 아시죠?"

이 때문에 메릴은 〈귀여운 여인〉 팬들의 눈 밖에 났다. 남성들의 관심을 끄는 전형적이고 2차원적인 여성 캐릭터보다는 언제나 여성이 처한 현실을 보여주는 '사랑받지 못하는' 여성 캐릭터가 훨씬 더 좋았던 메릴은 더 이상 일거리가 없을 것 같아 두려웠다. 영화사들이 남성 배우들을 앞으로 중앙으로 밀어주기 위해 투자를 아끼지 않았으니 그녀에게 맞는 일거리가 있을지 알 수 없었다. 그녀는 1989년에 마흔이 되었고 그 나이라면 주연 자리를 꿰차던 여성 배우들도 자녀를 뒷바라지하는 엄마 역할로 밀려나는 판이었다.(나중에 나오는 〈포레스트 검프〉의 샐리 필드를 참고하기 바란다.) 메릴 스트립은 어땠을까? 메릴은 마흔이 되던 해 마녀 역할을 세 가지나 제의받았다. "마치 세상이, 아니지, 영화사들이 이렇게 말하고 있는 것만 같았어요. '도대체 당신을 데리고 뭘 해야 좋을지 모르겠군.'이라고요." 메릴이 말했다.

하지만 예일 드라마스쿨 출신인 메릴은 순순히 거기에 순응해 다음 단계로 밀려나지 않았다. 그녀는 무조건 밀어붙였다.(그녀에게 연기란 중요한 사명이지 취미가 아니었다.) 계속해서 자기가 관심 있는 소재의 영화들을 선택했고 결국에는 상을 무더기로 타냈다. 메릴은 오스카상 후보 선정에 최다 기록을 세웠고 〈소피의 선택〉과 〈철의 여인 The Iron Lady〉으로 여우주연상을 두 번 수상했으며 〈크레이머 대 크레이머 Kramer vs. Kramer〉로 여우조연상을 수상했다.

놀랍게도 그녀가 박스오피스에 미치는 영향력은 나이가 들어갈수록 커져갔다. 쉰여섯 살의 나이에 〈악마는 프라다를 입는다 The Devil Wears Prada〉에서 불굴의 편집장 역할로 주연을 맡아 세계적으로 3억 2,600만 달러를 벌어들였다. 그리고 널리 사랑받는 〈맘마미아! Mamma Mia!〉로 그 세 배에 가까운 수익을 올렸다. 메릴은 상당한 위험을 무릅쓰고 예술적 이상을 꾸준히 지켜오면서도 나이 일흔을 넘긴 지금 제니퍼 로런스 Jennifer Lawrence 만큼이나 돈을 많이 벌고 있다.

세월이 흐르면서 영감이 흐려지는 수많은 예술가들과 달리 메릴은 아이 같은 웃음을 잃지 않고 꾸준히 새로운 역할을 맡는다. 그녀는 모든 영화를 처음 찍는 영화라고 생각한다. 멀리서 보면 고압적인 여왕 또는 친해지기 어려운 여성 정치가 같지만 조금만 더 가까이 다가가 보면 그녀가 얼마나 장난꾸러기 같은지 알 수 있다. 그래서 그녀의 팬들은 환호하고 안티팬들은 불평한다. 장난기 많은 말썽꾸러기 같으면서도 세련되고 귀족 같은 풍모, 창의적인 야심, 위험을 무릅쓰는 배짱, 도널드 트럼프를 신랄하게 비판할 수 있는 도덕적 권위가 있다. 도널드 트럼프는 이런 그녀에 대해, 새벽 4시의 혼란한 감정을 배설하듯 트위터에 "할리우드에서 가장 과대평가된 여배우"라고 썼다.

백악관에 사는 골목대장처럼 메릴도 논란을 마다하지 않고 의견을 표명한다. 연설을 정치적 논쟁거리로 만들며 자기 생각을 널리 알리는 걸 매우 즐기는 것 같기도 하다. 하지만 메릴은 트럼프와는 다르다. 편협한 사람들을 부추겨 분열과 분노의 길로 이끌지 않는다. 그녀는 공평과 공감을 추구한다. 정의로운 싸움을 위해 점점 더 소매를 걷어붙이게 만드는 이 시기에 그녀는 21세기판 리벳공 로지*다. 메릴은 나서서 자기 의견을 직접 밝히기도 하지만 보통은 자기 영화가 더 많은 이야기를 해주기를 바란다. 그녀는 딸들을 포함한 젊은 배우들이 로버트 드니로처럼 다양한 역할을 맡을 수 있는 길을 터주었다. 메릴 스트립은 두려움과 억압을 극복하고 용기 있고 진실한 삶을 살아가면서, 여성들에게 의미 있는 삶이 무엇인지 몸소 보여주었다.

이 책은 영리하고 고집스러운 한 여자아이가 고등학교에서 재능을 발휘해 미의 여왕이 되고, 한 주연 여성 배우가 잭 니컬슨, 더스틴 호프먼, 로버트 드니로, 로버트 레드퍼드 같은 대단한 남성 배우들보다 더 오래 자리를 지킨 이야기다. 또한 한 엄마가 코네티컷주 작은 시골 동네에 살면서 할리우드를 장악하여 현존하는 세계 최고의 배우가 된 이야기

• 리벳공 로지(Rosie the Riveter) : 제2차 세계대전 당시 미국의 군수 공장에서 일한 여성들을 대표하는 문화적 상징이다. 남성들이 전장으로 나가자 여성들이 그 자리를 채웠다. 이후 여성운동의 성장과 함께 재조명되어 미국 여성주의와 여성의 권리에 대한 상징으로 자리 잡았다.

다. 그녀는 자신의 페르소나와도 너무나 달라 대중들이 상상하지도 못한 다양한 스펙트럼의 캐릭터들에 매끈하게 빠져드는 것으로 유명하다. 하지만 '조애나 크레이머'의 독립적 기질에서부터 '미란다 프리스틀리'의 탁월한 능력까지 각 캐릭터의 핵심적인 면모는 전부 '진짜 메릴 스트립'만의 것이었다.

이 페이지를 넘기기 전에 독자들이여, 스탠리 투치 Stanley Tucci가 〈악마는 프라다를 입는다〉에서 편집장 미란다가 사무실로 막 들어서려 할 때 던진 대사 한마디를 허락해주셨으면 한다.

"긴장들 해!"

'넌 뭐든 할 수 있어!'

전 매력적으로 보이는 법을 알고 싶었어요. 그래서 내가 되고 싶은 사람,
말하자면 예쁜 여고생의 성격이 어떤 건지 연구했어요.

메릴 스트립이 연기에 대한 재능을 발견한 건 여섯 살 때였다. 메릴이 맡
은 역할은 성모 마리아였고 장소는 집 거실, 예수가 탄생하던 순간이었
다. 메릴이 데리고 대장 노릇을 하던 남동생 해리 3세와 대나는 각각 요
셉과 헛간 동물을 맡았다. 메릴이 엄마 속치마를 머리에 두르고 아기 예
수(메릴의 아기 인형)를 안아 올리며 고요하고 거룩한 무아지경에 빠져들
었다. 경건함이 복음처럼 전해지면서 동생들은 엄숙하게 누나 뒤를 따랐
다. 아이들의 아버지 해리 2세가 그 장면을 홈 비디오카메라로 찍는 동안
메릴은 중요한 교훈을 얻었다. 상대 배우에게서 그녀가 원하는 연기를
끌어내기 위해서 큰소리쳐가며 애써 설명할 필요는 없다는 것이었다.

시간을 몇 년 후로 빠르게 돌려보자. 메릴은 사랑하는 자기 할머니처

럼 되어보고 싶었다. 스웨터를 꺼내 입고 엄마 눈썹연필로 얼굴 전체에 주름을 그렸다. 거울에 비친 모습을 보자 할머니가 된 기분이었다. 메릴은 몸을 구부정하게 굽히고 자기 할머니처럼 쾌활하게 웃어보았다. 세월의 무게가 몸을 짓누르는 게 느껴졌다. 하지만 정신은 더없이 생생해졌다. 메릴은 엄마에게 그 순간을 사진 찍어달라고 했다. 사진 속 그 모습이 지금의 나이 든 모습과 참 비슷하다고 생각했던 메릴은 언젠가 "우리는 어릴 적이나 노년이나 변함없이 같은 사람일 뿐이다."라는 말을 했다.

어린 메릴은 안경을 쓰고 갈색 파마머리를 하고 다녔다. 반 아이들은 메릴의 조숙한 외모와 솔직한 성격 때문에 그녀를 꼭 선생님처럼 다르게 느꼈다. "아이들은 나무 위로 도망친 나를 쫓아와 다리에서 피가 날 때까지 막대기로 때렸죠." 1979년 《타임 Time》과의 인터뷰 때 메릴이 한 말이다. 메릴은 나무가 우거진 뉴저지주 변두리에 살았다. 그리고 집에서 남동생들을 변장시켜 카메라 앞에서 춤추게 하며 가족 영화를 찍곤 했다. 언젠가 남동생 해리가 어릴 적 메릴은 '끔찍했다'고 했는데 그녀는 그 말에 자못 동의라도 하듯 '입은 크고 기분 나쁠 정도로 자랑이 심한 못생긴 아이'였다고 자기 어린 시절을 떠올렸다.

메리 루이즈 스트립 Mary Louise Streep•은 1949년 6월 22일에 아버지 해리와 어머니 메리 사이에서 태어났다. 해리는 제약회사 임원이었고 메리는 상업미술가▪로 활동했다. 어머니는 제2차 세계대전 당시 케이블 및 통신 연구소인 벨 랩스 Bell Labs에서는 미술 감독으로, 《홈 퍼니싱스 Home

---

• 메릴(Meryl)은 별명이고, 본명은 메리 루이즈 스트립이다.
▪ 메릴 스트립의 어머니는 출산 이후에는 지역 출판물과 기업체에 삽화를 그려주는 프리랜서로 일했다. (마이클 슐먼, 『다시 그녀(Her Again)』, 19쪽)

Furnishings》잡지사에서는 미술 편집자로 일하다가 출산하면서 직장을 그만두었다. "엄마는 서른다섯 살에 저를 낳았는데 그땐 흔치 않은 일이었어요. 엄마 친구들은 모두 스물두세 살쯤 첫아이를 낳았어요." 메리는 아이들을 낳고선 집 뒤편에 화실을 두고 프리랜서로 일했지만 언제나 세 아이 양육을 우선시했다. "언젠가 엄마에게 선택권이 있었더라면 무슨 일을 했을지 물었어요. 엄마는 '클럽에서 노래 부르는 라운지 가수가 되었더라면 정말 좋았겠지.'라고 하시더군요. 그게 엄마 진심이었을 거예요. 엄마는 정말, 정말 웃겼어요. 너무 재치 있었죠."

잘생긴 해리 스트립은 단지 메릴이라는 이름이 좋아서 딸을 그렇게 불렀다.(메릴은 자라면서 차라리 '캐티'라든가 '패티'였으면 하고 바랐다.) 중간 이름 '루이즈'는 메리가 가장 친한 친구 이름에서 따와 딸에게 붙여줬다. 엄마는 언제나 결정이 빨랐고 언제나 적절한 때에 적절한 말을 했다. 메릴은 상대적으로 내향적이었고 수줍어했으며 주목받기보다 바라보는 쪽이 편했다. 평소에 사생활을 많이 드러내지 않으려 조심하던 메릴이 1990년《로스앤젤레스 타임스 Los Angeles Times》에 좀처럼 잘 하지 않는 고백을 했다. "우리 집에서 예쁜 사람은 엄마였어요. 전 아니었죠."

메릴은 엄마처럼 되고 싶었다. 신인 배우 시절, 주목받는 걸 편안하게 생각하던 엄마를 바라보며 어떻게 하면 좋은 배우가 될 수 있는지 배웠다. 좋은 배우란 맡은 배역을 충실하게 연기하는 것만으로는 부족했다. 관객에게 손을 뻗쳐 넋을 잃게 만드는 '공연'을 펼쳐 보여야 했다. 관객들이 그 자리에 있었다는 것을 증명하고 싶어서 연극 리플릿과 절취된 표를 간직하고 평생토록 격찬하는 그런 공연을.

"엄마는 제 멘토였어요." 메릴이 엄마를 몹시 자랑스러워하며 말했다. 메리는 2001년에 세상을 떠났다. "엄마가 늘 말했어요. '메릴, 넌 할 수 있어. 넌 정말 멋져', '마음에 품은 건 뭐든 할 수 있어. 게으르면 못 하지만 온 마음을 다하면 뭐든 해낼 수 있어'라고요. 전 엄마 말을 믿었어요." 꾸준히 용기를 북돋워준 엄마의 확신 어린 말, 언제나 반복하던 '넌 뭐든 할 수 있어'라는 그 말 덕분에 불굴의 자신감이 생겼고 그 자신감으로, 젊은 여배우들을 집어삼키던 험난한 물길을 무사히 헤쳐나올 수 있었다. "엄마는 제가 아주 어릴 적부터 그렇게 말해왔죠. 그래서 제가 좀 교만해요."

메릴이 집안의 대장이었던 어머니를 투사해 연기한 〈줄리 앤 줄리아〉의 줄리아 차일드처럼 메릴의 어머니는 인생의 방해물들 앞에서 주저하지 않고 언제나 밝았다. 언젠가 메릴이 말했다. "전 사람들 앞에 나서서 말하는 걸 좋아하지 않아요. 주목받는 자리에 서야 할 때면 스스로에게 말해요. '엄마라면 할 수 있었을 거야.' 스스로 못 한다고 생각하는 걸 해내는 모습을 한번 상상해보면 도움이 돼죠. 전 매일 그런답니다. 만약 그냥 제 방식대로 살았더라면 집에 머물면서 저녁에 뭘 먹을까 고민하고 있었을 거예요."

아버지 해리 또한 예술가적 끼를 타고났다. 메릴은 "아버진 취미로 작곡을 했어요. 춤도 굉장히 잘 췄고요. 우린 거실에서 춤을 추곤 했어요. 아버지와 저와 남동생이요. 게다가 아버지가 어린 시절에는 피아노도 잘 쳤고, 장학금을 받으며 브라운 대학교에도 다녔어요. 하지만 돈이 없었고 대공황이 시작되면서 자퇴해야 했어요. 1년밖에 안 다녔고 대학은 아예 졸업하지도 못했어요. 어려운 시기였죠. 모두 나가서 일을 해야 했으니까요. 아버지는 잠재력이 많은 사람이었는데 항상 벽에 부딪혔어요. 부모님과도 힘든 시간을 보냈죠. 할머니가 많이 아프고 아주 우울했거든요. 그래서 아버지도 우울한 기질이 강했어요."

메릴 스트립의 가계家系

역사 시간! 기록에 보면 메릴의 8대 외증조부인 영국인 로런스 윌킨슨은 1620년경 잉글랜드에서 태어났다. 그는 청년 시절 미국 로드아일랜드주 해안에 도착한 배에서 내려 그곳에 자리 잡았다. 노년이 된 로런스는 1645년 식민지의 시민 헌법에 동의하며 서명해 로드아일랜드주의 주도인 프로비던스에 120만 평 이상의 땅을 얻고 거기서 아메리칸 원주민들을 몰아냈다. PBS 방송의 다큐멘터리 시리즈 〈미국의 얼굴들 Faces of America〉이 조사한 바에 따르면 1675년 봄, 우두머리 메타콤이 이끄는 원주민 왐파노아그족이 정착민들의 마을로 쳐들어와 윌킨슨은 겨우 살아남았다. "어머나, 정말 유감스러운 이야기네요. 어떤 면에서는 꼭 제 잘못처럼 느껴져요. 이런 사건들과 저를 연결해주잖아요. 두 문화의 처음 충돌은 틀림없이 쓰라리고 무시무시했겠죠." 메릴이 다큐멘터리의 진행자 헨리 루이스 게이츠 주니어 Henry Louis Gates Jr.에게 말했다.

로런스의 자손인 존 윌킨슨은 펜실베이니아주 벅스 카운티에 사는 퀘이커교 교인으로 다섯 자녀를 둔 농부였다. 충격적이게도 그는 미국독립전쟁 동안 이 평화주의적인 종교에서 출교되었다. 이유는? 그가 애국심의 발로로 벤저민 프랭클린과 함께 영국령인 펜실베이니아주와 영국의 관계를 끊겠다는 문서에 서명하며 전쟁을 지지한다는 입장을 보였기 때문이다. 여러 세기가 지나 메리 울프 윌킨슨 Mary Wolf Wilkinson은 해리 스트립 Harry Streep과 결혼했고 둘은 메리 루이즈(메릴은 별명이다.)라는 딸과 해리 3세^{Harry III}와 대나^{Dana}라는 두 아들을 낳았다.

"엄마 쪽 친척들은 전부 퀘이커교 신자였어요. 외할아버지 집에서는 모두 '그대는', '그대에게'와 같은 말투를 썼죠." 메릴의 말이다.

외가의 영국인 선조 중에 사일러스 크리스핀은 펜실베이니아주에서 윌리엄 펜의 토지 일부를 처음 사들인 사람 중 하나였다. 그는 아메리칸 원주민에게서 땅을 빼앗은 로런스 윌킨슨과 달리 1682년에 땅을 사려고 델라웨어족 원주민들에게 돈을 준다는 증서에 서명했다. 메릴은 이를 알고 매우 기뻐했다.

한편 아버지 스트리프(스트립)^{Streep} 쪽은 독일과 스위스로 거슬러 올라간다. 메릴이 오랫동안 믿어왔던 것처럼 네덜란드인이 아니었다. 메릴은 스트리프가가 네덜란드와 세파르디 유대인●에 뿌리를 두고 있다고 알고 있었지만 사실이 아니었다. 그녀 아버지 쪽 고조부 고트프리트 스트리프^{Gottfried Streeb}는 19세기 중엽쯤 아메리카 합중국에 도착했다. (독일에서는 스트리프^{Streeb}의 마지막 글자 'b'가 'p'로 발음되므로 'Streeb'가 'Streep'■로 바뀐 것이다.) 한 세기 전 그녀의 6대 증조부 요한 게오르크 스트리프는 독일 로프나우의 시장이었고, PBS가 메릴의 가계 혈통을 취재하던 2010년까지도 그마을에는 스트리프가 사람들이 수십 명 살고 있었다. 요한은 '최고참 판사'이기도 했다. "그래서 제가 이렇게 대장 노릇 하는 걸 좋아하나 봐요." 메릴의 말이다.

스위스인 증조부 밸서저 윌리엄 후버는 더 나은 미래를 꿈꾸며 1869

● 세파르디 유대인(Sephardic Jews) : 중세부터 스페인과 포르투갈에서 살다가 15세기 후반에 추방된 유대인과 그들의 후손.

■ 이 책에서는 '메릴 스트리프'를, 익숙하게 널리 통용되는 '메릴 스트립'으로 표기한다.

년 '시티 오브 파리'라는 이름의 배를 타고 미국으로 건너왔다.

"선조들이 없었다면 우리도 없었겠죠. 그래서 저는 배우로서 언제나 다양한 인생을 되살리려고 노력해요. 우리는 곧 모든 선조들의 합집합과 같거든요." 그 스트리프가에서 가장 유명한 메릴이 말했다. 그러고는 골똘히 생각하더니 "얼마나 많은 사람들의 삶이 우리 안에 담겨 있을지 한번 생각해보세요. 그들이 배운 모든 것, 그들을 상처 입히고 강하게 만들고 행복하게 만들어준 그 모든 게 이 작은 몸 안에 담겨 있잖아요. 그 사실이 저에게 원동력이 돼요. 제 안에 제 일가친척이 전부 들어 있는 셈이에요. 선하든 악하든 그 모두가요."라고 했다.

메릴은 열두 살 때 학교 음악회에서 '오! 거룩한 밤$^{O\,Holy\,Night}$'을 프랑스어로 불러 관객을 열광시켰다. 그 후 어린 메릴은 미래의 소프라노 성악가가 되겠다는 꿈을 안고 뉴욕을 오가며 유명한 성악 선생 에스텔 리블링$_{Estelle\,Liebling}$에게 정기 교습을 받았다. 리블링에겐 아주 뛰어난 제자가 있었다. 메릴은 당시 자기보다 앞서 발성 연습을 하던 그 베벌리 실스$^{\bullet}$가 누군지 그때는 잘 몰랐다. 실스가 오페라 〈비둘기의 날개$^{The\,Wings\,of\,the\,Dove}$〉 무대에 선 것을 보고서야 '자기보다 앞서 교습받던 그 친절한 숙녀분'이 아주 뛰어난 성악가란 것을 알게 되었다.

하지만 메릴은 아무래도 성악가가 될 만큼 오페라에 열정적이진 않

● 베벌리 실스(Beverly Sills, 1929~2007) : 1950~1970년대 전성기를 누린 미국의 대표적 콜로라투라 소프라노 가수다. 1970년대 미국에서 가장 사랑받는 성악가로 유명했고 세계 무대에서도 명성을 쌓았다. 은퇴 후에는 뉴욕 시립 오페라 총감독, 메트로폴리탄 오페라하우스 회장 등을 맡으며 한평생 오페라에 헌신했다.

왔다. 그녀는 4년 동안 받던 교습을 그만두고 더 중요한 것에 집중하기로 했다. 남학생들, 응원단장, 밥 딜런과 비틀즈였다. 버나즈 고등학교 Bernards High School 학생이 된 그녀는 어릴 적부터 해오던 이상한 외모를 손보기 시작했다. 엄마가 예쁘다며 집에서 늘 해주던 뽀글뽀글 파마머리와도 이젠 안녕이었다.(메릴이 어린 시절에 왜 그 촌스러운 곱슬머리를 계속 하고 다녔는지 이제 알겠다.) 외모를 바꾸고 난생처음 중요한 역할을 따낼 계획이었다. 역할명은 '미국 10대 미의 여왕'이었다. 2010년 바너드 대학 Barnard College 졸업 축하 연설에서 한 메릴의 말이다. "전 어떻게 하면 매력적으로 보이는지 알고 싶었어요. 문제는 남학생들에게 매력적으로 보이면서 동시에 여학생들에게는 인정받는 것이었지요. 아주 까다롭게 절충해야 하는 문제였죠."

먼저 메릴은 언제나 그러듯 심도 있게 조사하고 철저히 준비했다. 《보그 Vogue》, 《세븐틴 Seventeen》, 《마드모아젤 Mademoiselle》지를 뒤적이며 연구했다. 웃음소리는 간드러지게 바꾸고 머리카락은 과산화수소로 밝게 물들인 다음 고데기로 쫙쫙 폈다. 그리고 매일 거의 굶었다. "하루에 사과 하나. 그게 끝이었죠." 메릴은 엄마에게 비싼 옷을 사달라고 졸라댔다.(물론 거절당했다.) 또 그 당시의 세련된 여자들처럼 진한 립스틱과 마스카라를 발랐다. 안경 때문에 길고 풍성한 속눈썹이 가려지는데 어떡하지? 해결책은 콘택트렌즈였다.

완벽한 변신이었다. 완전히 다른 사람이 되었다. 그땐 메릴이 자기 자신을 재창조했다는 걸 스스로도 깨닫지 못했다. 당연한 것처럼 해낸 것이다. "제 타고난 기질, 대장 노릇을 하고 고집스럽고 목소리 크고…… 말 많고 혈기 왕성한 기질을 좀 누그러뜨렸어요. 성격을 밝고 친절하게 다듬었다고 할까요. 심지어 가끔은 수줍어하기도 했어요. 남자아이들에게 아주, 아주, 아주 효과가 좋았죠." 메릴이 이어서 말했다.

하지만 여자아이들은 속지 않았어요. 그 아이들은 저를 좋아하지 않았죠. 그게 연기라는 걸 알아차린 거예요. 그 아이들 생각이 맞았겠지만 저는 거기에 푹 빠져들었어요. 그건 절대로 부정적인 일이 아니었거든요. 저는 생존을 위한 구애 기술을 구사하고 있었던 거니까요. 고학년이 되자 제가 지어낸 모습이 꼭 저처럼 느껴지기 시작했어요. 제가 곧 그 사람이고, 예쁘고 재능 많지만 거만하지 않은 그녀가 곧 저라고 믿은 겁니다. 남자아이들이 하는 바보 같은 소리에 전부 웃어주고 때맞춰 시선을 떨구고, 남자가 대화를 이끌 때 입을 다물고 들을 줄 아는 그런 여자 아시죠? 그때 기억이 너무나 선명해서 그게 효과가 있었다고 자부할 수 있어요. 전 남자아이들에게 예전보다 훨씬 덜 거슬리는 존재가 된 거예요. 그게 진짜, 진정한 연기였죠.

인기 여학생을 흉내 내고 있던 10대 연기자가 알아야 할 한 가지는 수업 시간에, 특히 이성 앞에서 너무 열심히 공부하는 느낌을 주면 절대 안 된다는 것이다. 메릴은 특정 과목과 선생님(생물 과목과 '송곳니'라는 별명으로 불리던 기하학 선생님)은 싫어했지만 외국어 수업에서는 뛰어났다. 문법은 몰랐어도 프랑스어 억양을 똑같이 흉내 낸 덕에 프랑스어 상급반에 들어갔다. 확실히 언어에 재간이 있었고 한때 잠시나마 UN 통역사가 되는 게 꿈(영국 왕세자 남편과 함께 성에 살 것이다!)이기도 했다. 하지만 메릴은 전체 A 학점을 받기보단 '주로 수업 시간에 농담하고 동물 소리를 흉내 내고 선생님을 괴롭히는 아이'였다고 한다.

학교에서 집으로 돌아오면 아버지의 바브라 스트라이샌드 Barbra Streisand 음반을 틀어놓고 따라 불렀다. 노래를 죄다 외웠다. 스트라이샌드의 뮤지컬 노래 제목들°은 메릴이 마음속에 꽁꽁 숨겨왔던 것, 버나즈 고등학교에서 남학생들을 불편하게 만들던 그녀의 주장들을 떠올리게 했다. "오오오---이이! 오오오오----이이이!" 메릴이 엄마를 향해 나 여기 있다는 듯 되잖은 가성으로 고래고래 노래 부르면 엄마는 귀를 막고 소리 질렀다. "딸아, 한 번만 더 그런 가성으로 부르면 죽을 줄 알아!"

메릴은 메리의 딸이었기에 〈뮤직 맨The Music Man〉과 같은 학교 연극의 주연 자리를 따내며 자연스럽게 무대 위로 올라갔다. 고작 15세에 〈뮤직 맨〉에서 레즈비언 마리앤 역을 맡았다. 같은 뮤지컬이 브로드웨이에서 상연될 때 바버라 쿡Barbara Cook이 연기하는 걸 보고 넋을 잃었던 그 역할이었다. "내가 완전히 빠졌던 그 순간을 재현해낼 수만 있으면 되는 거였어요." 메릴이 〈뮤직 맨〉을 떠올렸다. "제가 다시 무대로 나오니까 관객들이 전부 일어났어요."

배우에게 박수는 마약과 같고 기립 박수는 궁극의 황홀경과 같다. 그게 바로 학교에서 연극에 빠진 수많은 아이들이 전문 연기자가 되려 하고, 유명한 배우들이 인스타그램에 셀카 사진과 동영상, 영감을 주는 말들을 줄줄이 이어 올리는 이유다. '좋아요'를 원하는 것이다. (메릴 선생님, 만약 이 책을 읽고 계신다면 제발 SNS 좀 해주세요. - 독자 일동)

● 1968년에 발표된 윌리엄 와일러 감독의 뮤지컬 영화 〈퍼니걸(Funny Girl)〉은 바브라 스트라이샌드가 주연을 맡았다. 얼굴이 예쁘지는 않지만 실력 있는 뮤지컬 배우가 브로드웨이에서 성공하는 과정과 사랑을 그렸다. 그 음반의 수록곡으로는 'If a Girl Isn't Pretty', 'I'm the Greatest Star', 'Who Taught Her Everything?', 'Who are You Now?' 등이 있다.

버나즈 고등학교 영어 선생님 진 갤브레이스는 '창가의 맨 앞줄에 앉은 한 아이'가 전문가처럼 높고 청명한 목소리로 〈뮤직 맨〉의 '널 만나기 전까지Till There Was You'를 연습하는 걸 보고 놀라서 할 말을 잃었다. 다음으로 메릴이 맡은 역은 〈릴 아브너Li'l Abner〉의 데이지 메이 역과 〈오클라호마!Oklahoma!〉의 로리 역이었다. 〈오클라호마!〉에는 가장 친한 친구 수 케스트릴리Sue Castrilli와 메릴이 이름 뒤에 붙은 숫자를 따라 '서드Third'라고 부르는 남동생 해리 3세도 같이 출연했다. 메릴은 인기를 독차지한 죄로, 재능이 특출하다는 이유 하나만으로 시기를 받았다. 시기는 연기 인생 내내 그녀를 괴롭혔다. 그녀의 기를 꺾으려고 하던 예일 대학교 드라마스쿨 교수들, 그녀가 추락하길 바라던 영화평론가들, '배우같이 생기지도 않은' 그녀에게 아카데미상을 받을 만한 배역을 빼앗기고 억울해하던 전형적인 미녀 배우들에게서 끝없이 원망이 흘러나왔다.

하지만 아무리 시기하는 사람이 많다 해도 자기를 좋아하는 사람이 더 많아지면 문제가 없을 터였다.

"전 제가 예뻐 보이고 '적절하게' 행동하면 모두가 절 좋아할 거라고 생각했어요." 그녀가 1980년 《레이디스 홈 저널Ladies' Home Journal》과의 인터뷰에서 말했다. "전 고등학교 때 여자 친구가 둘밖에 없었어요. 그나마 한 명은 사촌이었으니까 따지고 보면 친구가 아니었죠. 더구나 사춘기에는 남자들을 두고 끔찍한 경쟁 같은 게 붙었어요. 전 정말 말할 수 없이 불행해졌어요. 날마다 제일 고민하는 게 학교에 뭘 입고 가냐는 것이었다니까요. 우습기 짝이 없었죠."

메릴에겐 마이크 부스Mike Booth라는 남자 친구가 있었다. 마이크는 스스로를 '공부 못하고 실력도 그저 그런 미식축구 선수'였다고 했다. 그는 고등학교 학년말마다 열리는 무도회에 2년 내리 메릴과 함께 갔고 비틀즈를 보러 시스타디움^{Shea Stadium} 야구경기장에 같이 가기도 했다.(두 사람의 커플 노래는 '내가 너와 사랑에 빠진다면^{If I Fell}'이었다.) 그윽하고 커다란 눈에 네모진 턱을 가진 마이크는 사진에서 젊은 해리슨 포드 같은 분위기가 났다. 훗날 그가 《어스^{Us}》지에 밝히기를, 메릴은 노래 부를 때 자기 목소리가 '날카롭다'고 생각했고 종이에다 자기 자신을 '다리에 털이 많고 코가 툭 불거진' 우스꽝스러운 모습으로 그렸다고 했다. 메릴은 점심시간에 마이크에게 케이크를 챙겨주면서 '훌륭한 치즈처럼 곰삭은' 케이크라고 농담하곤 했다. 하지만 남자 친구를 잘 챙겨주는 여자 같은 페르소나에도 불구하고 메릴은 치어리더처럼 경기장 밖에 서서 박수만 치는 것으로는 만족하지 못했다. 두 사람 사이에서 더 밝게 도드라지는 쪽은 언제나 메릴이었다. 마이크가 뒷날 고백했다. "전 메릴의 뛰어난 재능 근처에도 못 가는 사람이었지만 어쨌든 그녀를 위해서 시를 쓰기도 하면서 계속 관심을 끌 수 있었어요."

다만 그리 오래가지는 못했다. 버나즈빌^{Bernardsville}을 벗어나고 싶어서 몸이 근질거리던 마이크는 결국 메릴과 헤어지고 입대했다. 그리고 2주가 채 지나지 않아 메릴은 대어를 낚았다. 1965년 가을, 버나즈 고등학교의 실력 없는 미식축구팀 '버나즈 하이 마운티니어스^{Bernards High Mountaineers}'를 이끌어 바운드 브룩 팀을 상대로 의외의 시즌 첫 승을 따낸 브루스 톰슨^{Bruce Thomson}이었다. 그는 체격 좋고 섹시하고 자신감 넘치는 미식축구 선수였다. 메릴의 전기 작가 마이클 슐먼^{Michael Schulman}은 "그의 여자 친구는 기수 단장이었다. 그녀는 마이크와 입학 동기로 메릴에게는 선배였는데, 메릴을 의심하기 시작했다. 다른 여자들도 메릴을 의심했다. 하지만 메릴은 원하는 것은 가져야 하는 사람이었다. 메릴이 브루스를 원했다."라고 썼다.

고학년이 되어 메릴은 예상대로 교내 홈커밍 퀸*으로 뽑혔고 브루스는 그녀의 왕이 되었다. 그리고 마침내 4년 동안 암묵적으로 연기하던 캐릭터에서 벗어났다. 돌이켜보니 메릴에겐 별 대수롭지 않은 역할이었다. 그래도 필요할 때는 언제든 똑같이 연기할 수 있었다.

그럼 버나즈빌이여, 잘 있어! 반가워, 배서!

메릴이 첫 번째로 고른 대학은 버몬트주에 있는 베닝턴 대학^{Bennington} ^{College}이었으나 입학 면접을 보러 갔다가 안 좋은 일을 겪고 재빨리 도망쳐 나왔다. 메릴이 페미니스트 잡지인 《미즈^{Ms.}》와의 인터뷰에서 말했다. "여성 면접관과 면접을 보는데 '음…… 올여름에 무슨 책을 읽었어요?'라고 묻더라고요. 저는 눈을 껌벅이며 말했죠. '네? 여름 동안 책요?'라고 되물었죠. 그때 저는 한 권도 안 읽었거든요. 전 수영부에 있었어요."

그러다 비 오던 어느 날 도서관에서 분석심리학의 대가 카를 융^{Carl Jung}이 쓴 '꿈 뭐라뭐라' 하는 책을 발견하고 그 환상적인 책을 집어삼키듯 읽었던 게 갑자기 떠올랐다. 면접관이 누가 쓴 책인지 묻자 메릴이 대답했다. "카를 중이에요." 그러자 면접관이 'ㅈ'을 'ㅇ' 발음으로 정정해주며 "'융'이에요!"라고 큰 소리로 말했다. 메릴이 한탄하며 말했다. "아니, 제가 그 여름에 그 엄청난 책을 읽었다는데 이름 하나 똑바로 말하지 못했다고 면박을 준 거예요!"

• 홈커밍(Homecoming)은 미국의 고등학교, 대학교에서 가을에 진행되는 연례행사로 원래는 교내 미식축구팀을 응원하기 위해 시작되었다. 행사 일주일간 미식축구 경기, 댄스파티, 홈커밍 퀸과 킹을 뽑는 등의 다양한 행사가 진행된다.

그녀는 입학사무처에서 나오자마자 해리 스트립에게 말했다. "아빠, 그냥 집으로 갈래요."

메릴은 1967년 뉴욕주 포킵시에 있는 여자 사립 문과대학인 배서 대학*에 입학했고 그녀의 작디작은 세상이 커지면서 마음도 덩달아 넓어졌다. 남자들을 따르고 즐겁게 해주려는 압박에서 벗어나자 안도의 한숨이 나왔다. 말도 못 하게 행복했다. 자기 모습 그대로일 수 있다는 사실에 해방감을 느꼈다. 항상 예뻐 보일 필요가 없다는 사실에, 남자들이 무슨 생각을 하는지 신경 쓸 필요가 없다는 사실에, 생각 자체를 할 수 있다는 사실에 말이다! 아무리 '멍청이'라는 말을 내뱉어도 아무런 문제가 생기지 않았다. 여학생들과 좋은 친구가 되고 그들과 둘러앉아 페미니즘에 관해 진솔한 토론도 할 수 있었다. "뭔가가 수면 위로 떠오르는 느낌을 받았어요. 제 진짜 성격, 진짜 목소리였어요. …… 전 제가 웃기고 또 웃겨도 된다는 것, 그리고 목소리가 좀 크거나 재수가 좀 없어도 괜찮다는 걸 깨달았고 그걸 최대한 활용했죠." 그 덕택에 역할을 위해서 평범하거나 못생겨 보여도 상관하지 않게 되었다. 배서가 허영심을 쭉 빨아내 버린 것이다.

2학년 어느 날, 드라마 입문 수업에서 교수가 메릴에게 희곡 〈욕망이라는 이름의 전차 A Streetcar Named Desire〉의 한 부분을 읽어보라고 했다. 메릴은 현실에 의욕을 잃은 남부 출신의 예쁜 아가씨 '블랑시 뒤부아'와는 거리가 한참 멀었지만 놀랍도록 쉽게 캐릭터에 빠져들었다. 메릴이 직감과 상상력을 바탕으로 인물을 미묘하게 해석해내는 걸 본 클린트 앳킨

---

* 배서 대학(Vassar College) : 1861년에 설립된 명문 여자 사립대학으로 1969년에 남녀공학으로 전환했다.

슨^{Clint Atkinson} 교수는 그녀를 배서 대학이 제작하는 아우구스트 스트린드베리^{August Strindberg}의 연극 〈줄리 아씨^{Miss Julie}〉의 주인공으로 캐스팅했다. 〈줄리 아씨〉는 메릴이 처음으로 본 정통 연극이었는데 그제야 그 연극의 주연을 맡은 것이다. 이 연극으로 연극과의 메릴은 캠퍼스 스타가 되었다. 친구들이 물었다. "도대체 어떻게 한 거야?" 메릴은 대답할 수 없었다. 연극이 미친 듯이 좋을 뿐이었다. 앳킨슨 교수는 '당장이라도 터질 듯 불안정한 인물의 감정'을 이해하는 메릴의 재능을 보고 깜짝 놀랐다. 그녀는 고전 연극 속 불운한 인물의 깊은 내면을 파헤칠 줄 알았다. 앳킨슨은 메릴이 스웨덴 귀족 줄리 역(애인이 그녀에게 자살하라고 충동질한다.)을 '나이답지 않은 충격적인 요염함'으로 연기했다고 말했다. 그리고 메릴은 1971년 4월 16일, 4학년 봄방학 때 실험적 극장인 큐비큘로 시어터^{Cubiculo Theatre}에서 앳킨슨이 연출한 연극 〈세비야의 난봉꾼^{The Playboy of Seville}〉으로 오프브로드웨이*에 데뷔했다. 메릴은 마이클 모리아티^{Michael Moriarty}가 연기한 돈 후안의 상대역인 어촌 아가씨 티스베아 역을 맡았다. 배서 대학 학생신문은 메릴의 '표현력이 완벽했다'고 극찬했다.

이제 장면을 바꿔보자. 메릴은 남자 대학인 다트머스 대학^{Dartmouth College}에 한 학기 동안 교환학생으로 다니며 의상 디자인, 극본 쓰기, 춤을 수강했다. 그녀는 교정에서 망토를 두르고 다녔다. 백인 남자들이 바글거리고 교수들이 A를 주는 데 관대한 것 같은 이 대학의 강의실에서 메릴은 배서 대학과는 뚜렷이 다른 점을 봤다. "거기서 전 귀중한 교훈을 얻었죠. 배서 대학에서는 교수가 질문하면 학생들이 답을 생각해내기까

---

* 오프브로드웨이(Off-Broadway) : 미국 뉴욕의 흥행 중심가인 브로드웨이 밖에 있는, 비상업적 연극을 상연하는 극장 또는 그 연극으로, 소규모이며 입장료도 싼 편이다.

지 한참 조용했어요. 그러다 머뭇거리며 하나둘씩 손을 들곤 했죠. 하지만 다트머스 대학에서는 교수의 질문이 끝나기도 전에 손이 전부 올라가요. 남학생들은 깊이 생각하지 않고 대답하곤 틀리기도 했죠. 그걸 보고 알았어요. 일단은 뛰어들고 봐야 한다는 것을요."

다트머스 대학은 1972년까지 여학생들의 정식 입학을 허가하지 않았지만 배서 대학은 1969년에 남학생들에게 교문을 열었다. 그런데 메릴(고등학교 졸업 앨범에서 '남학생들과 언제나 함께 있는 여학생'으로 묘사된 바로 그 메릴)은 남학생들이 들어오는 게 별로 좋지 않았다. 달갑지 않은 녀석들이 밀어닥쳐 2년간 더없이 행복했던 여성 공동체를 흐트러뜨리는 것만 같았다. 처음 입학한 남학생들은 고작 40여 명이었는데도 교정 분위기가 사뭇 달라졌다. 대가 센 침입자들이 대가 약한 1,600명의 여학생들에게서 반체제적 운동의 주도권을 빼앗았다. "저는 연극에 굉장히 민감한데 이 남자애들이 나서서 공연하는 거예요. 그 아이들은 하나같이 작은 애비 호프먼*이었고 여학생 무리는 거기에 홀딱 반했어요. 전 그냥 말도 안 된다고 생각했고요." 그건 마치 2016년 버니 브로 집회★에서 거친 남자들의 행태로 마음이 불편했던 것과 유사한 것이었는데, 그래서 당시 그녀는 학교에서 열린 베트남전쟁 반대 시위에도 참여하지 않았다.

1971년에 대학을 졸업한 뒤에는 휴양지 공연사 그린 마운틴 길드

---

* 애비 호프먼(Abbie Hoffman, 1936~1989) : 미국 매사추세츠주 우스터 출신으로 신좌파 성향의 정치·사회활동가.

★ 버니 브로(Bernie Bro) : 2016년 대선 후보 버니 샌더스(Bernie Sanders)의 지지자들에 대한 경멸적 별명. 지나친 요구와 편협한 정치관으로 비판받고, 주로 백인 남성들로 이루어져 성차별주의자와 인종차별주의자들이라는 혐의를 받기도 했다.

Green Mountain Guild에 들어가 버몬트주 휴양지를 옮겨 다니며 한 계절 동안 연극을 했다. 메릴은 산막에서 체호프의 연극을 연출했다. 공연하는 동안 무례한 사람들이 스키 장화를 신고 쿵쾅대며 다니는 건 견디기 힘들었지만 자기가 연극을 얼마나 사랑하는지 깨달았다. 연극을 향한 순수한 열정이 불타오를수록 머릿속을 맴돌던, 과연 연극만으로 먹고살 수있을지에 대한 걱정은 점점 사라졌다. '차라리 로스쿨에 지원하는 건 어떨까?' 현실적인 생각이 끊임없이 발목을 잡았지만 연기자의 불확실한 길을 묵묵히 걸었다. 그러던 중에 극단 내셔널 셰익스피어 컴퍼니National Shakespeare Company의 오디션을 봤으나 알 수 없는 이유로 떨어졌다. 무시당하고 당황한 메릴은 스펙을 더 화려하게 쌓기로 결심했다. 그녀는 엘리트 배우 학교 두 곳, 줄리어드 스쿨과 예일 드라마스쿨에 지원하려다가 줄리어드의 전형료를 보고 헛웃음이 나왔다. "줄리어드는 50달러나 되는 아주 콧대 높고 비싼 전형료를 받고 있었어요." 그녀가 콧방귀를 뀌듯 말했다. "예일의 전형료는 15달러였고, 전 일주일에 겨우 48달러를 벌고 있었거든요. 그래서 줄리어드에 무례한 편지를 써 보냈죠. 전형료를 그만큼 내야 한다는 것은 '당신네들' 학교가 어떤 유의 학생들을 받아들이는지를 단적으로 보여주는 것이라고요. 전 예일에 지원했고 합격했어요. 장학금도 받았고요."

그러나 메릴은 이 명문대 담장 안에서 교육받다가 위궤양이 생기고 의사를 찾아가기까지 했다. 그녀는 3년 동안 40여 개의 역할을 연기하면서 식당에서 음식을 나르고, 극본 타이핑을 하고, 갖가지 다른 방법론을 가르치는 교수들을 견뎌내며 혹독한 시간을 보냈다. 톰 하스Tom Haas라는 한 교수는 첫해에 메릴에게 학사경고를 줬다. "그분은 제가 학우들과 경쟁하는 게 두려워 자꾸 움츠러든다고 했어요. 일리 있는 말이었지만 학사경고를 줄 만한 이유는 아니었죠. 저는 그냥 학교를 졸업하고 석사학위를 받으려 애쓰는 착한 학생일 뿐이었어요."

1972년부터 1975년까지는 예일의 전설적인 시기였다. 그 대단한 졸업생들을 한번 살펴보자. 토니상 수상 극작가인 크리스토퍼 듀랑Christopher Durang이 있고, 예일 드라마스쿨을 '트라우마 스쿨'이라고 부르고 메릴이 곧잘 멜빵바지를 입고 다녔다고 기억하는 웬디 바서슈타인Wendy Wasserstein이 있다. 대단한 흥행작 〈에일리언Alien〉과 〈고스트 버스터즈Ghostbusters〉의 여주인공이자 드라마스쿨의 비판적이고 정치적인 분위기에 허덕였던 시고니 위버Sigourney Weaver가 있다. 그리고 물론, 예일의 비공식 마스코트이자, 경쟁 학교인 줄리어드의 특출한 졸업생(로빈 윌리엄스, 바이올라 데이비스, 애덤 드라이버)들에 맞서는 예일의 간판 격인 메릴이 있다.

현실에 도전하는 혁신적이고 대담한 극단 예일 레퍼토리 시어터*의 설립자이자 드라마스쿨의 학과장인 로버트 브루스틴■이 1년간 안식년을 떠나 있는 동안 메릴은 8명의 다른 1학년생들과 함께 연기 공부를 시작했다. 하스가 즉흥연기, 장면 연구, 위장을 집중적으로 가르치던 드라마 118 수업에서 메릴은 눈부시게 빛났다. 어느 날 하스(아내가 떠나버렸다는 뜬소문의 주인공으로 서른여덟 된 교수였다.)는 학생들에게 죽음을 즉흥적으

- 예일 레퍼토리 시어터(Yale Repertory Theatre)는 줄여서 '예일 렙(Yale Rep.)'이라고도 한다.
- 로버트 브루스틴(Robert Brustein)은 메릴을 '예일 렙' 연극에 꾸준히 출연시킨 장본인이다. 예일에 혁신의 바람을 일으키고 싶어 했던 그는 교수 및 학생들과의 마찰로 지쳐 1년간 휴직했다. 다시 돌아온 그는 메릴의 연기에 반해 그녀를 끊임없이 '예일 렙'의 무대에 올렸다. 그가 떠나 있는 사이 폭군 같은 교수진이 자리를 대신했는데, 특히 톰 하스의 수업 시간은 메릴과 학생들에게 공포 그 자체였다. 그는 메릴에게 연기를 못한다고 했다. (마이크 슐먼, 『다시 그녀(Her Again)』의 '콘스탄스'에서)

로 연기하라고 했다. 메릴은 어떻게 했을까? 그녀는 낙태하다가 죽었다. 대담하게도, 한창 진행되고 있던 로 대 웨이드 재판*을 가리키는 것이었다. 같은 반 학생이 권총으로 자살하는 것을 표현한 데 반해 메릴은 여성들이 안전하고 합법적인 낙태 수술을 받지 못할 때 직면하게 될 위험을 알리는 데 무대를 이용했다. 메릴이 그 주제를 꺼내고야 말았다. 터부시되는 주제를 다룬 것이다. 결국 다른 학생들도 그녀가 세운 높은 기준을 따라잡아야만 했다.

같은 반 학생들은 메릴의 재능에 놀라워하며 그녀를 본보기 삼아 '스트립처럼 해내는' 법을 배웠다. '스트립처럼 해내라'는 말은 곧 '무대를 장악하라, 캐릭터를 완전히 소유하라. 모두가 널 바라보게 만들어라'라는 의미의 기도문 같은 것이었다고 학우였던 윌리엄 아이비 롱이 설명했다. 또 다른 예일 신병훈련소 생존자인 랠프 레드패스는 이렇게 회상했다. "메릴은 몸이 유연하고 나긋나긋해서 다른 학생들보다 훨씬 더 자유자재로 움직였어요."

하지만 이듬해 봄, 하스가 메릴을 망신 주어 같은 반 학생들을 놀라게 했다. "저희가 1학년 반을 '메릴 스트립 반'이라고 불렀거든요. 그런데 이 바보 같은 선생이 메릴에게 학사경고를 줘서 '학사경고반'이 돼버린 거예요!" 롱이 말했다. "우리는 물론 하스가 메릴을 질투한다고 생각했어요. 그 때문에 모두가 그에게 반기를 들었죠."

●   로 대 웨이드 판결(Roe vs. Wade) : 미국 헌법에 기초한 사생활의 권리에 낙태할 권리가 포함되는지에 대한 판결이다. 메릴이 즉흥연기를 선보인 몇 달 뒤인 1973년 1월 22일 미 연방대법원에서 판결이 내려졌다. 낙태를 처벌하는 법률은 미 수정 헌법 14조의 '적법 절차 조항에 의한 사생활의 헌법적 권리'에 대한 침해로서 위헌이라고 판결했다. 다만 출산 직전 3개월간은 태아가 자궁 밖에서도 생존할 가능성을 인정해 낙태가 금지될 수 있다고 했다.

그는 정말 메릴을 질투했던 것일까, 아니면 그녀가 하스 자신의 교습법에 회의적이라는 걸 눈치챘던 것일까?

"저는 관객들이 대상화하기 쉽지 않은 배우들을 좋아해요." 메릴이 단언했다. "톰 하스 선생님이 가르치는 것과는 반대였죠. 톰 하스는 '너희들이 연기하기 위해 무대에 오르자마자 관객들은 너희가 누군지 알아야 한다'고 했지만 저는 배우가 무대를 내려갈 때야 비로소 관객의 반 정도는 그 배우가 누군지 알아야 하고 나머지 반은 의견이 완전히 달라야 한다고 생각하거든요."

하스가 '예일 렙'에서 연극 연출을 하려고 1학년 수업을 그만두자 회전문은 앨런 밀러[Allan Miller] 교수를 향해 열렸고 그를 안으로 들였다. 하지만 밀러가 학생들에게 실제 트라우마를 연기에 활용하라고 가르치던 세기 중반의 메소드 연기[*] 접근법에 메릴은 귀를 기울이지 않았다. 그리고 그가 '예일 렙'에 쇼를 같이 보러 가자고 했을 때도 마찬가지였다. 메릴은 그의 제의를 거절했다. 연줄로 자리를 얻던 #미투 이전 시대에 밀러는 자기에게 호의적이었던 로라 주커에게 수작을 걸었고 두 사람은 연인 사이가 되었다. 밀러는 교수로, 주커는 그의 학생으로 앉아 있던 강의실의 분위기는 활기 있으면서도 기묘했다. 밀러는 조지 버나드 쇼[George Bernard Shaw]의 긴장감 넘치는 연극 〈소령 바바라[Major Barbara]〉를 제작하며 메릴을 주인공으로 뽑았다. 하지만 그녀의 강점을 계발해주기보다는 사정

---

[*] 메소드 연기(Method Acting): 극중 인물과 동일시를 통한 극사실주의적 연기 스타일을 지칭하는 용어. 메소드 연기는 배우의 내면세계를 중시하는 연기 행위로 시나리오에 적혀 있는 대사와는 달리 배우 자신에게서 나오는 즉흥 대사와 돌발적인 행위 등을 리허설을 통해 집중적으로 연구한다. 모스크바 예술학교의 콘스탄틴 스타니슬랍스키(Konstantin Stanislavskii)가 창안한 것으로 배우를 훈련시키는 시스템에서 유래한 것이다.

없이 비판하려고 작정한 것처럼 보였다. 그는 그녀에게 '얼음 공주'라는 별명을 지어줬다.

그의 말이다. "'자, 메릴, 쏟아내라고!'라고 제가 말했죠. 메릴은 욕망과 고통으로 가득 찬 기막힌 표정으로 나를 돌아보면서는 그대로 멈춰버리는 겁니다. 감정의 흐름을 막아버리는 거예요. 그녀는 약해지기를 싫어했어요. 그래서 별명이 '얼음 공주'였던 겁니다."

메릴은 "그분은 아주 불쾌한 방식으로 사생활을 캐내려고 했어요."라고 말했다.

여하튼 메릴은 오래된 상처를 캐내지 않고도 등장인물의 복잡한 성격을 묘사해내는 데에 단연 최고였다. 가장 뛰어났던 '예일 렙'의 연기는 크리스토퍼 듀랑과 앨버트 이나우라토Albert Innaurato의 창작극 〈카라마조프가의 바보들The Idiots Karamazov〉에서 콘스탄스 가넷 역(러시아 고전 문학의 선구자적인 영국 번역가)이었다. 휠체어를 타고 나타난 메릴은 아름다운 젊음을 싹 감추고 괴짜 노인을 마음껏 연기했다. "콘스탄스를 연기하는 건 정말 신났어요! 휠체어에 앉는 인물이라니!" 그녀가 열변을 토했다. "무조건 훌륭한 연기가 될 수밖에 없었어요. 휠체어가 몸을 속박하는 동시에 자유를 주거든요."

로버트 브러스틴이 그때 메릴의 연기를 보고 "그녀가 얼마나 대단한 배우인지 곧바로 알 수 있었어요."라고 했다. 액터스 스튜디오° 설립자이자 예일 드라마스쿨 교수 로버트 루이스Robert Lewis는 그렇게 상상력이 넘치는 재주꾼은 본 적이 없다고 했다.

---

* 액터스 스튜디오(Actors Studio) ; 뉴욕에 있는 연기자 양성기관으로 연기 연습과 실습을 통한 연기 개발에 역점을 두었고 메소드 연기법을 교육했다.

〈카라마조프가의 바보들〉을 연출한 하스가 메릴에게 '힘 좀 빼라'고 말했다고 듀랑이 회상했다. "메릴은 그 말에 따랐어요. 하지만 연극이 끝나고 커튼콜을 받자 메릴은 무대에 휠체어에 타고 나와 돌아다니면서 '집에 가! 집에 가라고!'라고 소리 지르며 즉흥연기를 펼쳤어요. 그러다 심장마비가 걸린 척했죠. 정말 웃겼어요. 그렇게 하스에게 복수한 거죠."

메릴은 예일 렙 연극에 곧잘 캐스팅되었고 턱없이 부족한 시간에 비해 할 게 너무 많아(학업과 학교 밖의 아르바이트까지 해야 했으니) 육체적으로나 정신적으로 큰 타격을 입었다. 위궤양이 생겼고, 정신과 의사를 찾아야 했다. 의사가 메릴에게 말했다. "예일을 졸업할 때까지 기다려요. 그러면 괜찮아질 겁니다."

정신과 의사의 예상이 들어맞았다. 위궤양은 사라졌다.

♛
메릴의 성공한 예일 드라마스쿨 동창들

루피타 뇽오 　일류 연기 과정을 이수하고 졸업한 지 2년 만에 〈노예 12년 Twelve Years a Slave〉에서 팻시 역을 격정적으로 연기해 아카데미 여우조연상을 수상했다. (2012년 졸업)

리브 슈라이버 　토니상 수상자인 그는 2004년 리메이크작 〈맨츄리안 켄디데이트 The Manchurian Candidate〉에서 메릴의 아들 역을 맡았다. 메릴은 상원의원(악역이다.)인 엘리노어 프렌티스 쇼 역을 맡아 극도로 오싹한 연기를 펼쳤다. (1992년 졸업)

시고니 위버 　"시고니는 강의실에서 곧바로 스타가 되었어요. 아름답고 조각 같은 얼굴에 몸매도 날씬하잖아요. 키도 한 2미터는 되어 보였지요." 위버의 학우였던 극작가 듀랑이 회상했다. (1974년 졸업)

<u>크리스 노스</u>　〈섹스 앤 더 시티^{Sex And The City}〉의 '미스터 빅'으로 더 잘 알려진 TV 스타가 정극 배우 출신이라는 건 잘 알려지지 않았다. 이제는 그를 '미스터 빅'이라고 그만 부르길. (1985년 졸업)

<u>사나 레이선</u>　레이선은 연극(〈태양 속의 건포도^{A Raisin in the Sun}〉*)과 영화(〈러브 앤 베스킷볼^{Love & Basketball}〉)를 모두 정복했다. 그런데 그녀가 진짜 비욘세를 깨물었을까?" 풍문은 영원히 돌고 돌리라. (1995년 졸업)

♔

　뉴욕에서 배고픈 예술가로 살아가는 고충에 대해 쓰자면 책 한 권은 쓸 수 있다. 집세를 마련하기 위해 괴상하고 끔찍한 아르바이트를 하는 것. 고작 스태튼섬*에서 촬영하는 저예산 공포 영화의 작은 배역 하나 겨우 따내기 위해서일망정 끝없이 오디션에 지원하는 것(그랬던 톰 행크스를 위하여 건배!). 그러다가 결국 금발 미녀 역할 전문 배우로 영원히 고정돼버리는 것. 메릴의 성공이 유성처럼 반짝하고 말 거였더라면 그녀의

---

* 이 작품은 로레인 핸즈베리(Lorraine Hansberry)의 희곡(1959)으로, 연극은 물론 뮤지컬, 영화로도 만들어졌다.

■ 《지큐(GQ)》 2019년 3월호에서 티파니 해디시(Tiffany Haddish)는 비욘세 남편의 파티에서 어느 여배우가 비욘세를 깨물었다고 밝혔고, 그 이후 그 여배우가 사나 레이선(Sanaa Lathan)이라는 말이 돌았다. 레이선은 트위터로 그 사실을 부인했으나 해디시는 《보그》 6월호에서 다시 레이선이 맞다고 했다.

★ 스탠튼섬(Stanten Island) : 뉴욕만(灣) 입구 서쪽에 있는 섬.

삶도 별반 다르지 않았을 것이다. 그렇지만 그녀에게는 기회가 굴러들어 왔다.

스물여섯 살의 메릴 스트립은 예일을 졸업한 뒤 맨해튼으로 가서 센트럴파크 근처 웨스트 69번가에 있는 아파트를 하나 빌렸다. 그녀가 만나는 사람들은 어쩐지 전부 싱글인 것 같았다. "신문을 세 종류 구독하고 《뉴욕 리뷰 오브 북스New York Review of Books》를 읽었어요. 책도 읽었죠. 공연 전에 낮잠을 자고 새벽 두세 시까지 배우들이 가는 술집에서 다른 배우들과 모여 앉아 연기에 대해 이야기를 나눴어요." 그녀가 추억을 떠올렸다.

부업으로 바텐더, 바이크 메신저❖, 파트타임 손 모델 일을 하는 것이 대단한 영화배우를 꿈꾸는 삶이라고 보기는 어려웠다. 그러나 중간 이야기는 건너뛰자. 메릴은 생계형 배우가 되었다. 그냥 생계형 배우가 아니라 브로드웨이의 신인 배우였고 퍼블릭 시어터▲를 설립한 열정 넘치는 제작자 조지프 팝Joseph Papp과 좋은 관계를 유지했다. 팝은 메릴에게 1975년 종합예술센터인 링컨센터의 리바이벌 극 〈'웰스'의 트렐로니Trelawny of the "Wells"〉에서 배우 맨디 패틴킨Mandy Patinkin과 존 리스고John Lithgow에 비하면 아주 작은 배역을 주었지만, 메릴은 그것을 계기로 오디션 기회를 얻어 테네시 윌리엄스의 연극 〈면이 가득 든 27개의 수레27 Wagons Full of Cotton〉의 육감적인 미시시피 소녀 플로라 역을 따냈다.

메릴은 날씬하고 세련된 아가씨의 모습에서 덩치 좋고 가슴 풍만하

❖ 혼잡한 도시에서 자전거를 타고 서류 등을 배달하던 직업.

▲ 퍼블릭 시어터(Public Theater) : 1954년 조지프 팝이 셰익스피어 워크숍 시리즈를 통해 만들어진 작품을 무료로 공연하면서 시작된 뉴욕 시의 예술 단체. 떠오르는 극작가와 배우들의 작품을 선보일 목적으로 설립했다.

고 활기찬 여자로 변신하기 위해 옷 안에 가슴 보형물을 넣었다. 이 역할로 1976년 토니상 후보에 올랐다.

팹은 크리스마스이브 때 메릴에게 전화를 걸어, 다가오는 여름에 센트럴파크에서 상연할 셰익스피어 작품의 탐낼 만한 두 역할을 제안했다.(〈자에는 자로 Measure for Measure〉의 이사벨라와 〈헨리 5세〉의 캐서린 역이었다.) 메릴은 믿을 수가 없었다. "그는 저에 대해 굉장히 확신하고 있었어요. 전 속으로 환호성을 질렀죠. '이야! 이야! 이거 대단한데! 야호!!' 하고요."

메릴은 연극을 하면서 팹 말고도 그녀의 인생에서 중요한 두 남자를 만났다. 〈트렐로니〉 공연 때 무대 뒤에서 시종일관 메릴 옆에 붙어 있던 독선적인 헤어·메이크업 전문가 J. 로이 헬랜드 J. Roy Helland와 〈자에는 자로〉에서 메릴의 상대 주인공, 고결한 이사벨라를 괴롭히는 엔젤로 역의 존 커제일 John Cazale이었다. 〈자에는 자로〉에서 비엔나 공작의 대리인 엔젤로는 매춘과 질병의 온상으로 타락해버린 도시를 정화하는 임무를 맡는다. 그는 위협 전술로 클라우디오에게 간음죄를 적용해 사형을 언도한다. 클라우디오의 여동생이자 어린 수녀인 이사벨라는 엔젤로에게 클라우디오를 살려달라고 애원한다. 이사벨라를 탐한 엔젤로는 오빠를 살려주는 대가로 성 상납을 요구한다. 두 사람이 함께 연기할 때면 손에 잡힐 듯 뚜렷한 성적 열기가 뿜어져 나왔다.(커제일도 메릴만큼이나 열정적이었다.) 연기하고 나서 튼 메릴의 입술 때문에 무대 뒤에서 소문이 무성하더니 두 사람은 곧 실제 연인이 되었다. 커제일은 마흔한 살에 〈대부 The Godfather〉에서 프레도 역을 열연하며 유명해졌고 친한 친구 알 파치노 Al Pacino와 함께 〈뜨거운 오후 Dog Day Afternoon〉에도 출연했다. 커제일은 메릴이 이전에 만나던 전형석으로 멋신 남자 친구들과는 달리 외모가 아주 독특했다. 곧 벗겨질 것 같은 둥글넓적한 이마에 까맣고 슬픈 눈을 가졌다. 하지만 메릴은 그에게 홀딱 빠졌다. "그는 그동안 제가 만나온 사람들과는 전혀 달랐어요. 그는 좀 특별했다고 할까요, 그리고 뭐랄까 그의 인간미와 사람에 대한 호기심, 연민에 반했죠."

내성적이고 꼼꼼했던 커제일은 배우 중의 배우였고 메릴에게 연기에 대한 훌륭한 조언을 해줬다. 메릴은 그 조언들을 마음 깊이 새겼다. "전더 가벼운 편이었던 것 같아요. 주로 머릿속에 처음 떠오른 영감을 따랐죠. 그러면 그는 '다른 길도 많이 있어.'라고 말해주곤 했어요." 감독들은 끊임없이 질문하던 커제일을 '스무고개'라고 불렀다. 그는 동료들에게 그랬던 것처럼 메릴에게도 충실했다. 한번은 그가 알 파치노에게 말했다. "이럴 수가, 내가 역사상 가장 위대한 여배우를 만났어."

그녀는 트라이베카 지구에 있는 그의 아파트로 이사했고 두 사람은 비극적인 상황이 서로를 갈라놓을 때까지 오랫동안 기억에 남을 만한 사랑을 하며 함께 살았다. 그러는 동안 할리우드에서 연락이 왔다. 메릴은 준비가 다 되어 있었다.

메릴이 로이를 만났을 때

J. 로이 헬랜드는 1975년 코미디 연극 〈'웰스'의 트렐로니〉를 시작으로 43년 동안 메릴의 헤어와 메이크업을 담당했다. 두 사람은 메릴이 브로드웨이에서 공연하던 시기부터 무대 뒤에서 단단히 결속해왔다.

"로이는 무대 담당자들이 젖꼭지와 엉덩이가 다 드러난 여자 포스터를 여기저기 붙여놓은 것에 아주 불쾌해했어요." 메릴이 기억을 떠올렸다. "그래서 그는 자기 방에 게이 포르노 사진을 잔뜩 붙여버렸죠."

"《플레이걸Playgirl》지 화보였거든요." 로이가 끼어들며 정정했다. "제가 벽지처럼 발라버렸죠."

"제 평생 그런 걸 처음 봤어요." 메릴이 말했다. "우리는 종종 그의 방에 모여들었어요."

〈철의 여인〉에서 또 한 번 뭉친 메릴과 로이 둘 다가 2011년 아카데미상을 수상했을 때 주고받던 대화다. 메릴은 전 영국 총리 마거릿 대처로 완전히 변신해 그녀의 원래 모습은 거의 찾아볼 수가 없었다. 메릴은 2012년 (두 번째) 여우주연상을 수상하면서 남편 돈 거머Don Gummer와 그녀의 '또 다른 파트너' 로이에게 감사했다.

이 2인조는 놀랄 만큼 넓은 범주의 역할들을 함께 만들어왔다.

부드럽고 연약한 소피, 멀릿mullet 스타일*의 캐런 실크우드, 요부 같은 매들린 애슈턴, 싸늘한 편집장 미란다 프리스틀리. "메릴을 달라 보이게 하는 게 얼마나 환상적인 일인데요." 로이가 말했다. 그는 예전에 여장 남우로 부업을 하기도 했다. "아주 오래전에 메이크업에 관해 정말 좋은 말을 들은 적이 있어요. 누군가가 '눈에 보이는 대로 칠하지 말고 마음이 원하는 대로 칠하라'고 했어요. 그래서 메이크업 할 때 우리에게, 그러니까 저와 메릴에게 중요한 건 원래의 생김새가 아니라 캐릭터가 무엇이냐입니다."

수십 년 세월 동안 메릴과 함께한 그는 촬영장에서 그녀의 가장 가까운 친구였다.(원래 미용실 언니에게 우리의 비밀을 모두 말하지 않던가!) 그리고 이 책을 쓰기 위해 인터뷰하면서 나는 사람들이 그를 완벽한 전문가지만 냉소적 유머로 무장한, 메릴의 문지기이자 위로자라고 하는 말을 수없이 들었다. 〈악마는 프라다를 입는다〉의 제작자 웬디 피너먼Wendy Finerman이 내게 말했다. "메릴에 대해 로이와 협의하는 것이 굉장히 중요했어요." 그녀가 알게 된 한 가지 사실은, 메릴에게 샌드위치를 사 올 때면 반드시 로이 것도 사 와야 한다는 것이다.

"저는 메릴이 머릿속으로 생각한 것을 창조해내는 기술이 있어요." 로이가 말했고 메릴이 화답했다. "그는 제가 말한 것을 그대로 이루어준답니다."

●　　멀릿(mullet) 스타일 : 앞은 짧고 옆과 뒤는 긴 헤어스타일.

메소드 vs 비메소드

테드 크레이머 : 어디 가는 거야?
조애나 크레이머 : 나도 몰라.
1979년 〈크레이머 대 크레이머〉에서

캐스팅 담당자인 줄리엣 테일러Juliet Taylor는 종종 연극 무대에서 재능 있는 배우들을 발굴하곤 했다. 테일러는 무대에 선 메릴을 보고 그녀를 프레드 진네만Fred Zinnemann 감독의 새 영화 〈줄리아Julia〉에 출연시킬 생각으로 영국에 보내 감독과 만나게 했다. 모든 게 순조롭게 이뤄진다면 메릴은 제2차 세계대전이 불어닥치기 전 레지스탕스에 발을 들이는 여인 역할로 제인 폰다Jane Fonda와 같이 연기할 수도 있었다.

독자들이 이 주옥같은 1977년 영화 이야기를 듣는다면 모든 것을 내려놓고 당장이라도 영화를 보고 싶을 것이다.(그래도 이 책은 내려놓지 마시길!) 릴리언 헬먼Lillian Hellman의 자전적 소설 『펜티멘토Pentimento』의 한 장을 각색한 〈줄리아〉는 어릴 적 친구 릴리언과 줄리아의 평생에 걸친 깊은 우정에 관한 이야기다. 극작가 릴리언은 옥스퍼드와 빈 대학교로 유학을 가기 위해 미국을 떠난 줄리아가 학교에서 나치의 공격을 받아 다쳤다는 소식을 듣고 급히 빈으로 날아가지만 줄리아의 흔적을 찾지 못한다. 그 뒤 릴리언은 러시아에서 열리는 작가회의에 초대받고, 줄리아는 베를린에서 돈을 밀반입해 파시스트의 표적이 된 유대인들을 돕는 위험한 임무를 띠고 모스크바로 가는 도중 다시 나타난다. 여기서 결말은 밝히지 않겠다. 하지만 한 가지는 꼭 말하고 싶다. 극장에서 릴리언이 기차를 타고 러시아로 가는 장면을 본다면 나만큼이나 오금이 저릴 것이다. 이 영화는 평생 잊지 못할 영화다. 여성들이 남자 이야기를 하는 게 아니라 대담하게 악에 맞서는 시대극이라니! 그 자체가 경탄할 만했다.

〈줄리아〉에는 모든 게 들어 있었다. 드라마, 미스터리, 음모, 그리고 역사적으로 옳은 편에 선 여주인공들, 거기다 제인 폰다까지.

메릴은 몇 주가 지나서야 진네만에게 다시 연락을 받았다. 그는 제인 폰다가 릴리언 역을 맡고 줄리아 역은 덕망 있는 배우 버내사 레드그레이브 Vanessa Redgrave가 맡는다고 전했다. 그렇다면 메릴은? 조그만 배역 하나를 제안했는데 받아들였을까?

"글쎄요, 대본 한번 확인해볼게요." 메릴이 말했다. 그녀는 앤 마리 (도도하고 세련되고 유행에 민감한 여자) 역이 마음에 들었다. 게다가 메릴은 제인을 배우로서 우러러봤다. 촬영하면서 제인은 신인인 메릴을 잘 챙겨주었다. "제인에게는 야생적 기민함이 있어 예리한 주의력으로 주변을 전부 살폈어요. 그래서 그 앞에 서면 제 자신이 뉴저지 촌구석에서 온 서툰 배우 같아 겁을 잔뜩 먹었죠. 뭐, 그게 사실이었으니까요."

스물여덟 살이던 메릴은 모든 장면을 제인과 함께 찍어야 했고 그 불안감에 두드러기까지 났다. 촬영 첫날 제인과 메릴은 촬영 시작 전 단 한 번 같이 연습했다. 두 번째 테이크에 들어서자 메릴은 한결 편안해졌고 기분이 좋아졌다. 그때 제인이 메릴에게 말했다. "저기 밑을 봐요." 네? "저기 말이에요. 바닥에 붙어 있는 녹색 테이프. 거기 서세요. 거기 올라서면 조명을 받으면서 영화 스크린에 나오게 되는 거예요."

메릴에게 즉흥연기를 유도하기도 한 제인은 메릴 때문에 너무 웃겨서 눈물까지 흘렸다. 그녀는 촬영을 마치고 로스앤젤레스로 돌아가 메릴에 대해 소문을 퍼뜨렸다. "제인이 캘리포니아에서 스트립이라는 이상한 성을 가진 여자에 관해 소문을 내고 다녔다더라고요. 그게 어쩌면 제가 아는 것보다도 훨씬 더 많은 기회의 문을 열어주었는지 몰라요." 메릴이 말했다.

제인은 은연중에 메릴에게 좋은 본보기가 되었다. 메릴은 제인의 영향을 받아 더 어리고 미숙한 상대 배우들(그들은 대부분 그녀와 같은 공간에서 숨을 쉬는 것만으로도 긴장한다.)과 촬영할 때면 먼저 모범을 보여주곤 했다.

유감스럽게도 진네만은 편집하면서 메릴이 나오는 장면을 줄여야만 했다. 메릴은 두 장면에 짧게 등장했다. 릴리언과 함께 앉은 장면에서는 릴리언의 자매 같은 친구 줄리아를 은근히 흉봤다. "그나저나 줄리아를 다시 만나려 했는데 절 안 만나주네요?" 메릴은 어울리지도 않는 검은 가발에 불뚝 솟아오른 빨간 모자와 모피 머플러, 진주목걸이를 걸치고 사교계 명사 앤 마리가 되어 줄리아에 대해 우습다는 듯 말한다. "부자가 아닌 척하면서 그…… 반파시스트 일을 한다나 뭐라나……. 하여튼 좀 이상해요."

〈줄리아〉는 엇갈리는 평가에도 오스카상 11개 부문에 후보로 올랐고 레드그레이브는 여우조연상을 수상했다.

그러나 메릴은 영화를 계속해야 할지 확신이 없었다. 메릴은 1977년 3월에 TV 스포츠 드라마 〈치명적 계절The Deadliest Season〉로 데뷔했다. 경기 중 실수로 다른 선수를 죽인 프로 하키선수의 아내 역이었다. 〈줄리아〉는 같은 해 10월에 개봉했다. 메릴은 최종 편집 때 삭제된 한 장면에서 그녀가 한 말을 다른 장면으로 옮겨 붙인 걸 보고 크게 당황했다. 그녀는 '이런 끔찍한 실수를 저지르다니. 영화는 이제 안 할 거야. 정말 나랑은 안 맞아.'라고 생각했다. 연극은 두세 시간 안에 모든 에너지를 쏟아내면 되었지만 영화는 길고 지루한 제작 과정을 견뎌야 했다. 즐거워하는 사람들은 조명 담당자와 조명 기술자들뿐인 것 같았다. 메릴은 영화의 기술과 요령을 터득하기 전까진 영화가 정말 재미없었다.

하지만 메릴은 연극에 집중하면서도 꽤 괜찮은 영화에 또 출연했다. 베트남전쟁 서사 영화 〈디어 헌터The Deer Hunter〉에서 시골 여자 린다 역을 맡아 연인이던 존 커제일과 함께했다. 영화에서 린다의 남자 친구 닉(매력적인 크리스토퍼 워컨Christopher Walken)은 전쟁터에서의 충격적 경험으로 탈영해버린다. 린다는 닉의 가장 친한 친구 마이크(감성적인 로버트 드니로)의 팔에 안겨 위로받길 원하지만 마이크는 실종된 닉을 찾는 데 여념이 없다.(마이크는 닉을 찾아 베트남으로 돌아갔으나 결말은 좋지 않다.) 다른 남자 배우들과 달리 메릴의 배역은 대본에 대사가 거의 적혀 있지 않았다. "린다는 제가 고등학교 때 꾸며낸 여자와 비슷했어요." 그래서 메릴은 고등학교 응원단장 시절의 모습을 다시금 끌어냈다. "남자가 학교 무도회에 같이 가자고 데이트 신청할 때까지 기다리고, 청혼할 때까지 기다리고,

애인이 전쟁에서 돌아올 때까지 마냥 기다리는 그런 여자였죠."

메릴이 브로드웨이 연극 〈벚꽃 동산The Cherry Orchard〉에서 연기하는 것을 본 로버트 드니로가 마이클 치미노Michael Cimino 감독에게 그녀를 〈디어 헌터〉에 출연시키자고 제안했다. "〈디어 헌터〉 제작진은 린다를 어떻게 표현할지 잘 몰랐대요. 전 속으로 '야호!'를 외쳤어요. 제가 어떻게 연기하든지 다 되는 거였어요. 물론 제 배역이 무시당하고 있다고도 볼 수 있었어요. 하지만 제 마음대로 연기할 수 있다는 건 대단한 예술적 자유였죠." 메릴의 말이다.

〈디어 헌터〉는 정말 슬픈 영화다. 하지만 나에게 가장 슬펐던 장면은 처음 장면이다. 폭력적인 알코올 중독자 아버지와 같이 사는 순종적인 린다는 친구 결혼식에 가려고 준비하다가 아버지가 만취해 인사불성이 된 것을 본다. 아버지를 침대에 눕히려 하자 그는 린다를 바닥에 내동댕이친다. 린다는 일어나서 애써 웃음 지으며 애원한다. "아빠, 그러지 말아요. 저예요!" 그러자 아버지가 소리 지르며 또 때린다. "계집년들은 죄다 싫어!" 자기 친딸이어도 상관없었다. 몇 분밖에 되지 않는 이 짧은 장면은 영화에서 크게 중요하진 않다. 그러나 관객들은 이 장면을 통해 베트남 참전용사 마이클과 닉의 고통만큼이나 린다의 고통을 느낄 수 있었다. 린다는 학대당하는 관계에 덫처럼 걸려들어 빠져나오지 못하는 여자들과 비슷했다.

린다는 멍이 든 채 닉을 찾아가 그의 트레일러에서 잠시 지내도 되는지 묻는다. 온화하고 다정한 닉은 그녀가 방세를 내겠다고 해도 거절하며 위로한다. "그런 거 신경 안 써도 괜찮아." 린다가 그에게 끌린 것은 당연하다. 린다는 닉과 함께라면 안심이었다. 메릴은 별 대사 없이 린다의 감정을 뚜렷하게 표현했고 그 덕에 관객들은 린다가 왜 고향을 떠나지 않고 전쟁터로 간 연인을 미련하게 마냥 기다리는지 이해할 수 있었다.(린다는 그냥 떠나버려도 된다는 사실 자체를 모르는 여자였다. 어떻게 하면 우울한 캐릭터를 잘 표현할 수 있을지 고민하던 메릴은 린다를 고향에 머물며 좋든 싫든 평생 남자를 따르면서 사는 인물로 실감 나게 표현하려고, 결정할 줄도 모르고 말도 잘 하지 않는 여자로 그렸다.) "저는 관객들이 그녀를 다른 눈으로 바라봐주길 원했어요. 그녀는 시나리오에서도 자기가 사는 세상에서도 존재감이 없는 사람이니까요." 메릴이 말했다.

한편 메릴은 실제로도 큰 아픔을 겪었다. 커제일이 폐암을 앓고 있었다. 하지만 그는 투병 중에도 사랑하는 연인과 자기가 좋아하는 일을 하고 싶어 했다. 치미노 감독은 그에게 펜실베이아주 출신 도시 노동자 스탠 역을 주고 그가 나오는 장면을 가장 먼저 찍도록 촬영 일정을 잡았다. 드니로가 커제일이 영화를 찍을 때 필요한 보험비를 댔고 메릴이 병원비를 댔다. 〈디어 헌터〉 촬영이 끝난 후 메릴은 NBC의 미니시리즈 〈홀로코스트 Holocaust〉를 찍기 위해 빈으로 가야 했다. 강제수용소로 끌려간 유대인 미술가(제임스 우즈 분)의 기독교인 아내 역을 맡았던 메릴은 촬영하는 두 달 반 동안 집으로 돌아가고 싶어서 견딜 수가 없었다. 메릴은 뉴욕으로 다시 돌아온 뒤 일거리를 줄이고, 암세포가 뼈까지 전이된 커제일을 돌봤다. "메릴은 항상 그의 곁에 있었어요." 조지프 팝이 말했다. "지극정성을 다했어요. 그가 다시 살 수 있을 거라고 믿는 건 아니었어요. 메릴도 그가 죽어가는 것을 잘 알고 있었지만 커제일은 죽음을 몸소 겪고 있었지요. 그래서 메릴은 그에게 끊임없이 희망을 심어줬습니다."

커제일은 1978년 3월 13일 메릴을 옆에 두고 눈을 감았다. 의사가 그의 죽음을 알려주자 메릴은 그의 가슴을 치며 울었다. 마이클 슐먼이 쓴 전기 『다시 그녀^{Her Again}』에 따르면 그때 커제일이 잠깐 눈을 뜨고 "괜찮아, 메릴." 하고서 영원히 눈을 감았다고 한다.

비탄에 빠진 메릴은 캐나다 시골에 있는 친구 집에 머무르며 커제일과 조지프 팹을 그림으로 그렸다.

다음 달 〈홀로코스트〉가 4부작으로 방영됐다. 드라마는 엄청난 인기를 얻었고 메릴은 에미상 미니시리즈 부문 여우주연상을 수상했다. 그런데 메릴은 그해 9월에 TV로도 방송된 시상식에 나가 상 받기를 사양했다. "상을 준다며 한 사람의 연기를 영화와 관계없이 평가하거나 다른 사람들의 연기와 저울질하는 건 옳지 않아요." 그녀가 주장했다.

〈홀로코스트〉에 출연한 것은 돈이 필요해서였지만 죄책감이 들지는 않았다. 이제 길거리에서 그녀를 알아보는 사람들이 늘어났다. 참으로 불편했다. 어느 날 첼시에서 자전거를 타고 갈 때 폭스바겐에 탄 네 남자가 창문을 열더니 메릴에게 소리쳤다. "어이, 홀로코스트! 어이, 홀로코스트!"

"정말 말도 안 되는 일이었어요." 메릴이 어이가 없다는 듯 말했다. "그런 역사적 사건을 가지고 차창 밖으로 여배우에게 소리나 지르다니요."

메릴은 다시 일에 몰두했다. 커제일을 잃고 절망했으나 마음을 추스르기로 했고, 얼마 지나지 않아 앨런 앨다^{Alan Alda}와 같이 〈조 타이넌의 유혹^{The Seduction of Joe Tynan}〉을 찍었다. 그녀는 이 영화에서 구수한 미국 남부 루이지애나 억양을 구사하며, 유력한 대통령 후보인 미국 자유당 상원의원 조 타이넌을 유부남임에도 유혹한다. 앨런 앨다가 직접 출연할 생각으로 각본을 썼다. 메릴이 맡은 조의 정부 캐런 트레이너는 야심 있는 노동 변호사였다. "전 원하는 게 있으면 갖고 말아요. 당신처럼." 캐런은 우아하게 정장을 입고 머리를 높이 틀어 올렸다. 메릴의 연극 동료인 존 리스고는 1980년 《뉴스위크》와의 인터뷰에서 메릴이 앨다와의 러브신을 앞두고 굉장히 불안해했다고 말했다. "정열적이고 성적 열기가 넘쳐야 하는 장면이었는데 메릴은 커제일이 죽은 지 얼마 안 돼서 그럴 기분이 아니었어요. 메릴은 너무 부끄러워서 땀방울이 뚝뚝 떨어질 정도로 땀을 흘렸어요."

♛

퀸 메릴이 캐나다 총리를 만났을 때

옛날 옛적에, 퀸 메릴이 뉴욕 퍼블릭 시어터에서 공연을 마치자 피에르 트뤼도*(저스틴 트뤼도의 아버지) 총리가 무대 뒤로 쫓아와 데이트를 청했다. 그녀는 그를 정중히 돌려보내고선 한 동료에게 고개를 갸우뚱하며 말했다. "도대체 왜지? 왜 유명한 사람은 유명한 사람하고만 만나려고 하는 거야?"

줄리엣 테일러는 메릴에게 우디 앨런Woody Allen 감독의 영화 〈맨하탄Manhattan〉의 자지만 인상 깊은 배역도 제안했다. 어주인공은 다이앤 키튼Diane Keaton과 메리얼 헤밍웨이Mariel Hemingway였다. 우디는 자기 분신 같은 마

• 피에르 트뤼도(Pierre Trudeau, 1919~2000) : 두 차례에 걸쳐 캐나다 총리(1968~1979, 1980~1984)를 지낸 정치인이다. 아들 쥐스탱 트뤼도(Justin Trudeau)는 23대 현 캐나다 총리다.

흔두 살 코미디 작가인 이혼남 '아이작 데이비스'를 중심으로 그녀들을 삼각관계로 옭아맨다. 메릴얼은 고작 열여섯 살이었다. 메릴은 그 거칠고 애매모호한 시대에조차도 남녀 주인공의 나이 차이가 무척 불편했다. "사람들이 저한테 〈맨하탄〉에서 메릴얼 헤밍웨이와 일하는 게 어땠는지 물으면 저는 '난 그 아이를 만난 적도 없어.'라고 했어요." 메릴이 《큐Cue》지에서 말했다. 탁월한 극작가이자 감독인 우디는 좀 무심한 면이 있었다. 메릴은 즉흥연기를 해 보였지만 그가 받아주지 않아 짜증이 좀 났다. 우디는 배우들이 자기 극본에 충실하길 원했다.(메릴은 다이앤 키튼만큼은 예외로 원하는 대로 다 해도 괜찮았다는 걸 나중에 알게 되었다.) 메릴은 우디를 '바람둥이에다 자기밖에 모르는 사람'이라고 하며 스스로 자기의 예술적 가치를 망가뜨린다고 생각했다. "슬픈 일이에요. 우디는 미국의 안톤 체호프가 될 만한 잠재력을 가졌는데 말이에요." 1980년에 메릴이 한 말을 듣고 우디를 동경하던 영화 팬들이 발끈했다. "제트족* 삶에 빠져서 가진 재능을 하찮게 만들어버리잖아요." 다른 배우들이 우디의 눈 밖에 나지 않으려고 그를 공개적으로 비판하기를 꺼리는 데 반해 메릴은 거침이 없었다. "우디 앨런은 절 기억하지도 못할 텐데요 뭐."

그러나 카메라는 확실히 그녀를 흠모했던 것 같다. 아이작의 전처 질 역을 맡은 메릴은 칼라 달린 블라우스에 라푼젤 만큼 긴 머리를 하고 차갑고 세련된 분위기를 풍겼고 여신처럼 빛났다. 질은 다른 여자와 사랑에 빠져 아이작을 떠나는데, 메릴의 첫 동성애자 역할이었다. 그리고 질은 모든 것을 폭로하는 책 『결혼, 이혼, 자아Marriage, Divorce, and Selfhood』를 써

●　제트기로 여기저기 여행 다니는 부자.

1979년 퍼블릭 시어터 앞에서.
메릴 스트립은 영화 네 편을 찍고도 자신을 특별하게 만들어준 연극을 놓고 싶어 하지 않았다.

서 신경증적인 아이작을 절망에 **빠뜨린다**.(노라 에프런이 칼 번스타인과의 재앙 같은 이혼을 보여준 영화 〈제2의 연인 ᴴᵉᵃʳᵗᵇᵘʳⁿ〉을 쓰는 데에 살짝 영감을 주었을 듯하다.) 질은 사납고 강하고 차가운 여자였다. 예일대 교수 앨런 밀러를 거부했던 그 얼음 공주였다.

〈맨하탄〉의 제작 책임자 밥 그린헛 ᴮᵒᵇ ᴳʳᵉᵉⁿʰᵘᵗ의 말에 따르면, 메릴은 질 역을 맡기 위해 오디션을 따로 볼 필요가 없었다고 한다. 우디와 오랫동안 함께 일한 캐스팅 전문가 줄리엣 테일러가 우디에게 이렇게 말했다고 한다. "가는 오디션에서마다 사람들을 놀라게 하는 기가 막힌 예일 졸업생이 하나 있어요. 정말로 한번 꼭 만나보셔야 해요."

"세상에, 그렇게 매력적일 수가 없었어요. 모두가 그녀와 사랑에 **빠**진 것 같았어요. '저 여자 대체 누구야?' 했다니까요. 게다가 배역을 정말 완벽하게 해냈어요." 그린헛의 말이다.

메릴에 대해 소문이 점차 퍼지면서(그리고 밀어붙여대던 에이전트 때문에) 그녀는 〈크레이머 대 크레이머〉의 감독 로버트 벤턴 ᴿᵒᵇᵉʳᵗ ᴮᵉⁿᵗᵒⁿ, 제작자 스탠리 재프 ˢᵗᵃⁿˡᵉʸ ᴶᵃᶠᶠᵉ, 주연 배우 더스틴 호프먼 ᴰᵘˢᵗⁱⁿ ᴴᵒᶠᶠᵐᵃⁿ과 만날 수 있었다. 〈크레이머 대 크레이머〉는 가정주부가 남편과 아들을 두고 떠나는 내용으로, 에이버리 코먼 ᴬᵛᵉʳʸ ᶜᵒʳᵐᵃⁿ의 논란 많던 소설을 원작으로 했다. 페미니스트들은 전적으로 남성 관점인 이 소설이 결혼 생활 밖에서 일과 정체성을 찾으려는 아내를 부끄럽게 만들었다고 비난했다. 영화에는 그 당시 시대정신이 적나라하게 드러났다. (내가 제일 좋아하는 노라 에프런의 표현을 빌리자면) '남자들의 악몽', 즉 1970년대에 일어난 여성운동 때문에 아내가 집안 살림과 육아처럼 대가 없는 노동을 뒤로하고 집을 떠날지도 모른다는 남편들의 불안감을 보여주는 영화였다.

벤턴 감독과 메릴 두 사람은 모두 뉴욕의 엔터테인먼트 시장을 좌지우지하는 연예인 매니지먼트사 ICM^{International Creative Management}의 에이전트 샘 콘^{Sam Cohn}과 관계가 있었다.(콘은 로스앤젤레스를 혐오하고 종이를 씹어 먹는 조금 이상한 버릇을 가진 사람이었다.) 벤턴은 〈미녀 삼총사^{Charlie's Angels}〉*에 출연했던 케이트 잭슨^{Kate Jackson}을 캐스팅하려 했지만 〈미녀 삼총사〉의 제작자 애런 스펠링^{Aaron Spelling}이 TV 프로그램 일정을 바꿀 수 없다며 협조하지 않아서 무산되었다. 소문에 의하면 잭슨과 호프먼이 이미 대본 읽기 모임을 같이 하고 '스튜디오 54' 나이트클럽에서 파티를 즐긴 뒤였다고 한다. 캐스팅에 공백을 감지한 샘이 벤턴에게 전화를 걸었다.

"메릴 스트립이라는 젊은 배우 한번 만나보시겠습니까?"

"아, 그 배우요. 진짜 사랑스러운 배우죠."메릴이 연극 〈벚꽃 동산〉에서 연기하는 걸 본 적 있던 벤턴이 말했다. 메릴은 센트럴파크에서 하는 짜릿한 리바이벌 공연 〈말괄량이 길들이기^{The Taming of the Shrew}〉에서 라울 줄리아^{Raul Julia}와 옥신각신하고 있었다. 하지만 벤턴은 메릴의 출연을 고려하기에는 때가 늦었다고 생각했다.

"날 위해서라도 한번 만나봐요."샘이 간청했다.

그래서 벤턴과 일행은 뉴욕의 5번가에 있는 셰리 네덜란드 호텔에서 메릴을 만나기로 했다.

"메릴이 나타나서 자리에 앉았어요. 시간은 분명 15분이나 20분도 되지 않았는데…… 제가 할리우드에서 일하며 했던 배우와의 단독 인터뷰 중 최악이었어요. 최악요. 진짜 최악 말이에요. 메릴이 갔어요. 그리고

---

* 1976년부터 1981년까지 시즌 5에 걸쳐 미국 ABC에서 방영된 인기 드라마로 인기 여배우의 산실이기도 했다.

더스틴과 전 서로를 쳐다보면서 말했어요. 조애나 크레이머다!" 벤턴이
말했다.

제작자 스탠리 재프가 힘을 써서 독특한 외모의 무명 여배우를 영화
에 출연시키자고 콜롬비아 픽처스의 경영진을 설득했다. 그때는 〈디어
헌터〉도 〈조 타이넌의 유혹〉도 개봉하기 전이었다.

조애나 역에는 다른 유명한 배우들도 물망에 올랐다. 앨리 맥그로^{Ali}
^{McGraw}, 페이 더너웨이^{Faye Dunaway}, 제인 폰다……. 하지만 제인이 풍기는 내
적 강인함(야생적 기민함)은 조애나의 연약한 느낌을 해칠 수 있었다. '연
약함' 바로 그거였다. 벤턴이 여주인공 조애나에게 원했던 건 연약함이
었다. 벤턴은 메릴을 보고서 그걸 분명히 깨달았다. 한편 '액터스 스튜
디오'에서 메소드 연기법을 훈련받은 더스틴은 테드 크레이머 역에 깊
이 빠져들며 캐릭터와 실제 자아의 경계선을 지워버렸다. 더스틴은 앤
번^{Anne Byrne}과의 사이에 두 딸이 있었는데, 두 사람은 10년을 같이 살다가
그즈음 이혼했다. 앤은 연예계 일에 더 집중하고 싶어서 그를 떠났고, 그
경험이 그가 연기하는 데 무한한 자원이 되었다. 더스틴은 메릴에게서
도 비슷한 아픔을 봤다. 그는 메릴이 그해 초에 커제일을 잃었다는 사실
을 알았고 그녀를 관찰하면서 여전히 상실감 때문에 멍한 상태라는 것
도 봤다. 메릴은 그 감정을 그대로 이용하면 되었고, 더스틴도 거기에 맞
춰 연기하면 될 터였다.

더스틴은 기억하지 못했지만 메릴은 회의 시간에 이 시나리오에 대
해 걱정을 내비쳤다고 했다. 조애나는 '자아를 찾아' 캘리포니아로 훌쩍
떠났다가 1년 만에 돌아와서 일곱 살 난 아들 빌리의 양육권을 뺏으려는
이기적이고 나쁜 엄마 같았다. 그리고 뒤이은 법정 싸움 장면은 꼭 세일

럼 마녀재판*만 같았다.《미즈》가 "여성혐오 물결을 타고 여성운동에 반발하는 반페미니스트적 소설"이라고 맹비난한 코먼의 원작 소설을 읽었던 메릴은 조애나를 연민이 느껴지는 인물로 그려야 한다고 생각했다. 메릴은 곰곰이 생각했다. '조애나는 테네시 윌리엄스의 〈욕망이라는 이름의 전차〉에 나오는 상처 입은 블랑시와 비슷하단 말이야. 이 여자를 어떻게 연기해야 할까? 난 엄마도 아니고……. 어퍼이스트사이드*에 살지도 않는데. 그래도 때로는 제3자의 객관적인 눈으로 안을 더 정확히 들여다볼 수도 있는 법이니까.'

한편, 메릴은 현실에서 놀랄 만큼 빠르게 엄마가 되는 길로 들어서고 있었다. 동생 서드Third의 잘생긴 조각가 친구 돈 거머, 그가 메릴의 아픈 마음을 매만져줬다. "존이 세상을 떠난 지 3주가 지났을 때 갑자기 캘리포니아에서 그의 전 여자 친구가 나타나 아파트를 되돌려달라고 했어요." 메릴이《레이디스 홈 저널》과의 인터뷰에서 말했다. "알고 보니 몇 년 전에 두 사람이 임대차계약서에 공동 서명한 거예요. 하지만 그 아파트에서 같이 산 적은 없었어요." 현대무용가인 동생 서드는 커제일의 트라이베카 집에 얹혀살고 있었다. "난데없이 이 여자가 나타나 우리는 떠나야 했어요. 저는 3주 만에 존과 살 곳을 모두 잃어버렸던 거죠."

돈은 메릴과 서드의 집기들을 창고로 옮기는 걸 도왔고, 창고에 두지 못한 나머지는 소호에 있는 자기 집이자 작업실인 로프트*에 안전하

● 세일럼 마녀재판 : 1692년 미국 매사추세츠주 세일럼 빌리지(Salem Villages)에서 일어난 마녀재판 사건으로 5월부터 10월까지 185명을 체포해 19명을 처형하는 등 25명이 목숨을 잃었다. 인간의 집단적 광기를 상징하는 사건으로 문학 작품과 영화 등의 소재로 널리 쓰였다.
■ 어퍼이스트사이드(Upper East Side) : 맨해튼의 동북부 지역으로 부촌이다.
★ 로프트(loft) : 공장 등으로 쓰던 건물을 개조한 아파트.

게 보관해주겠다고 했다. 그 뒤 메릴은 〈조 타이넌의 유혹〉을 촬영하러 워싱턴과 볼티모어로 떠났다. 두 달 후 메릴이 맨해튼으로 돌아오자 돈은 세계 여행을 떠나면서 스트립 남매가 자기 집에서 지낼 수 있게 해주었다.

"저는 돈이 떠나 있는 동안 그에게 편지를 쓰기 시작했어요. 돈은 제 남동생의 오랜 친구였기 때문에 그 전에도 두어 번 만났거든요. 하지만 솔직히 기억나진 않았어요. 우리는 편지를 주고받으면서 서로를 알아가기 시작했어요. 그리고 뉴욕으로 돌아와 자기 로프트에 제가 지낼 작은 방을 하나 만들어주면서 같이 지내도 좋다고 했죠. 그리고 저흰 20분 뒤에 곧바로 결혼했답니다! 농담이고요, 사실은 두 달 뒤였어요. 그게 맞는 것 같았어요. 그 전에도 다른 많은 남자들이 청혼했었지만 결혼이 옳다는 느낌을 받은 적은 없었거든요."

친애하는 독자 여러분, 여러분이 지금 무슨 생각을 하는지 알 것 같다. '아니, 존 때문에 그렇게 아파했다면서 어떻게 그리 빨리 다른 남자에게로 옮겨 간 거지?'

예일 아트스쿨을 졸업한 서른 살의 돈은 아주 매력적인 안정감이 있었다. 그는 켄터키주 루이빌에서 태어나 다섯 형제들과 인디애나주에서 자랐다. 그곳에서 대학 시절 연인과 결혼도 했지만 그가 더 큰 세상으로 지평을 넓히려 미국 동부로 유학을 가면서 두 사람은 이혼했다. 돈은 보스턴 뮤지엄스쿨과 예일을 나온 후 나무, 돌, 흙과 같은 자연 재료로 추상적인 거대 조각상을 만들며 예술가적 목소리를 냈다. 돈의 예술 감각을 인상 깊게 생각한 조각가 리처드 세라Richard Serra는 돈이 1974년에 뉴욕의 우스터 스트리트에 있는 아티스츠 스페이스Artists Space에서 첫 개인전을 열 수 있게 해줬다. 모형 비행기와 목재 성채를 조립하며 자란 돈은 뭐라도 손으로 만들며 살 운명이었다. 낮 동안은 맨해튼 중간 지대에 있는 올림픽 타워에서 목수노동조합 소속의 목수로 일했다. 짙은 색 곱슬머리를 한 그는 품행이 조용하고 차분했다. 메릴과 그는 예술가가 성공하려면 신경질적이어야 한다는 편견을 깨뜨리는 사람들이었다.

"돈은 저와 비슷해요. 혼자 있는 걸 정말 좋아해요. 돈은 말을 허투루 하지 않아요. 또 따뜻하고 강하고 온화하고 재미있고 친절하고 이해심이 많아요. 거기에다 아주 창의적이고요. 창의적이지 않았다면 같이 살 수 없었을 거예요." 메릴이 말했다.

메릴은 꼭 '천국'에 들어선 것만 같았다. 사람은 직감이라는 게 있다. 게다가 메릴은 연애보다는 결혼과 서약이 주는 안정감이 좋았다. 두 사람은 1978년 9월 30일 토요일, 코네티컷주에 있는 메릴의 부모님 집에서 교회 예식으로 결혼식을 올렸다. 돈은 태국에서 오토바이 사고를 당해 목발을 짚고 있었다. 어머니는 너무 빠른 결혼에 적잖이 당황해했다. 어머니가 조지프 팹에게 물었다. "저 애는 대체 무슨 생각을 하는 거죠?" 팹은 몇 주 전까지만 해도 메릴이 〈말괄량이 길들이기〉를 하면서 커제일 때문에 슬퍼하는 걸 봤다. 하지만 그는 메릴의 결정을 존중했다. "메릴은 순간마다 자기에게 맞는 선택을 할 줄 알죠." 조지프 팹이 말했다.

결혼 서약을 한 지 며칠 지나지 않아 메릴은 곧바로 촬영장으로 돌아갔다.

여러분은 아마 〈크레이머 대 크레이머〉 촬영장에서 벌어진 메릴과 더스틴의 갈등에 대해서 익히 알고 있을 것이다. 혹시 몰랐다면, 지금 이야기할 이 일화들이 직장 동료에게 절대 하지 말아야 행동이 무엇인지 알려주는 타산지석이 될 수 있다.

그 몇 해 전 메릴은 더스틴이 연출한 브로드웨이 연극 〈올 오버 타운 All Over Town〉의 오디션을 보러 가 그와 만난 적이 있었다. 메릴이 예일대 학생이던 그 시절 더스틴은 첫 만남에 끔찍한 실수를 저질렀다. 그는 "더스틴 호프먼입니다."라고 소개하면서 그녀의 가슴에 손을 대고 코앞에다 트림을 했다! 이런 짐승 같은 인간이 언젠가 영화에서 남편 역을 맡게 될 줄이야.(더스틴이 나중에 사과했다고 한다.)

마치 그랜드슬램을 획득한 여자 테니스 선수 빌리 진 킹이 성차별적 대우에 반기를 들며 윔블던 챔피언 남자 선수 바비 릭스를 이기려고 준비했던 것처럼* 메릴은 준비운동부터 철저히 했다. 그녀는 어퍼이스트 사이드 동네에 있는 놀이터 주변을 서성이며 젊은 전업주부 엄마들이 자식들에게 홀딱 빠져 있는 모습을 관찰했고 조애나의 내적 갈등을 조금씩 이해하기 시작했다. "조애나는 아버지의 품 안에 있다가, 대학의 품 안에 있다가, 그다음엔 테드의 품 안에 있었어요. 그러다 자기가 너무나 무능하게 느껴진 거죠." 당연히 메릴은 짤막한 인생 동안 그런 걸 경험해본 적이 없었다. "전 무력감을 느끼는 이 여자를 연기하고 싶었어요.

---

* 빌리 진 킹(Billie Jean King)은 바비 릭스(Bobby Riggs)와 대결을 펼쳐 3대 0으로 승리한다. 이 이야기는 2017년 영화 〈빌리 진 킹 : 세기의 대결(Battle of the Sexes)〉로도 만들어졌다.

〈크레이머 대 크레이머〉에서 더스틴 호프먼은 자기가 원하는 연기를 끌어내기 위해
메릴 스트립의 아픈 상처를 헤집었다.

왜냐면 전 항상 뭐든 할 수 있다고 느꼈으니까요."

촬영 이틀째 되던 날 더스틴이 선을 넘어버렸다. 영화 초반 조애나
가 극적으로 집을 나가는 장면을 찍고 있던 중이었다. 괴로운 조애나는
눈물 흘리면서도 애써 침착하게 행동하며 테드에게 더는 그를 사랑하지
않고 아들 빌리도 두고 떠나겠다고 거리낌 없이 말한다. 메릴은 "우리
는 복도로 나가기로 되어 있었어요. 그래서 집 안 문 바로 뒤에서 촬영을
시작했는데 '액션!' 소리가 나고 더스틴이 돌아서더니…… 제 뺨을 때
렸어요. 제 뺨에는 커다랗고 벌건 손자국이 그대로 남았고요."라고 말했
다. 감독 벤턴은 충격에 휩싸였다. 하지만 메릴은 프로답게 촬영을 멈추

지 않았고 아파트 복도에서 엘리베이터를 타고 빠져나오는 장면까지 이어서 찍었다. 또 조애나가 작별 인사를 하며 감정이 북받치는 장면을 찍을 때 메소드쟁이 더스틴은 메릴을 자극하려고 커제일의 이름을 슬며시 꺼냈다. 자기가 원하는 연기를 끌어내겠다고 남의 상처를 헤집는 참으로 비뚤어진 접근법이었다.

메릴은 더스틴의 도움 같은 건 필요 없었다. 그녀는 화가 날 뿐이었다. 더스틴은 〈크레이머 대 크레이머〉의 촬영을 마친 뒤로는 메릴을 다시는 괴롭히지 못했다.

"도를 넘는 것이었어요." #미투 운동으로 더스틴이 지난날 여성 동료들에게 저지른 성추행과 천박한 행동들이 드러난 지 몇 달이 지난 2018년에 메릴이 과거를 떠올리며 말했다. "저는 그런 일들이 지금 이 시점에 바로잡혀가고 있다고 생각해요. 결코 옳지 않으니까요. 고쳐야만 하고 고쳐질 겁니다. 왜냐면 사람들이 더는 받아들이지 않을 테니까요."

대본에 없던 또 다른 즉흥연기는 조애나가 테드에게 빌리의 양육권을 주장하려고 레스토랑에서 만나는 장면에서 펼쳐졌다. 대본에는 조애나가 다짜고짜 결론을 말한 뒤 이유를 설명하기로 되어 있었다. 하지만 메릴은 조애나를 인간적으로 그리기 위해 빌리에 대한 폭탄 발언을 던지기 전 다음 대사를 먼저 하길 원했다. "난 평생 누군가의 아내, 누군가의 엄마, 누군가의 딸로 살았어. 우리가 같이 살 때도 난 내가 누군지 몰랐어." 벤턴은 동의했지만 더스틴은 씩씩대며 화를 냈다.

"결국 제가 메릴에게 소리 질렀어요. '메릴, 그딴 페미니스트 앞잡이 노릇 좀 그만하고 제발 그냥 연기를 하란 말이야!'라고 했고 메릴도 성이 났어요. 그리고 같은 장면에서 제가 와인 잔을 벽에 쳐서 깨뜨렸어요.

대본에 없었지만 손으로 잔을 친 거죠. 메릴은 더 열받았어요. '파편이 내 머리카락 안에까지 날아 들었다고!' 그런 식으로 싸움이 이어졌죠." 더스틴이 말했다.

더스틴 호프먼에 대한 메릴의 말말말

"그 사람은 속에 악마가 들어 있어요. 무슨 말인지 알죠? 항상 말썽을 일으켜요. 그게 그가 일하는 방식이에요. 일을 저지르죠. 보고 있으면 조마조마하다니까요."

> – 1983년 2월 18일, 아침 뉴스 '굿모닝 아메리카'와의 인터뷰에서

"더스틴이 진짜 원하는 게 뭔지 알아요? 출산하는 거예요. 그러면서도 거시기가 달렸다고 기뻐한답니다."

> – 1982년, 더스틴이 남자와 여자는 '말하는 방식이 완전히 다르다'고 한 것과
> '여자가 되는 게 어떤 기분인지 도무지 알 길이 없다'고 한 것에 대한 메릴의 반응

"미쳤어요! 완전히 정신이 나갔어요. …… 하지만 그는 정말 훌륭한 연기 장인에다 자기 일을 정말 사랑해요."

> – 《레이디스 홈 저널》 1979년 12월호에서 〈크레이머 대 크레이머〉에 대해 말하며

"'결혼'은 레드퍼드와? 괜찮죠. 아니, 아주 좋죠. '섹스'는 잭(잭 니컬슨) 정도와? 그리고 '살인'은 더스틴요……(목을 베는 동작을 한다.)"

> – 2012년 8월 9일, 토크쇼 '워치 왓 해픈스(Watch What Happens)'에서
> '섹스, 결혼, 살인' 게임*을 하며

• '섹스, 결혼, 살인' 게임 : 묻고 무조건 답하는 게임이다. 섹스, 결혼, 살인 각각의 경우에 맞게 환상을 갖고 있는 연예인이나 유명인 등 잘 알려진 인물 세 명을 이어 말한다.

벤턴은 메릴에게 법정 장면 중 조애나가 증인석에서 하는 독백을 새로 써달라고 부탁했다.(각본을 쓴 그는 그 부분 대사가 마음에 들지 않아서 메릴의 도움을 받아 고치고 싶어 했다.) "남자 입장에서 썼더니 여자가 할 만한 대사가 아닌 것 같아. 요점은 그대로 두고 여자의 목소리로 한번 써봐요." 벤턴이 메릴에게 말했다.

때가 되자 메릴은 줄 공책에 한 장 반 분량으로 대사를 꽉꽉 채워 왔다. 벤턴은 속으로 생각했다. '이런, 내가 무슨 부탁을 한 거지? 괜히 메릴과 관계만 불편해지겠군. 또 이틀 밤을 꼬박 새워서 대사를 다시 써야 하는 건가? 안 좋아, 안 좋아 이거.' 그는 최악의 상황을 맞을 마음의 준비를 했다. 하지만 그녀가 고친 대사를 읽고 나자 '이거 대단한데!'라며 속으로 환호했다. 좀 길긴 했지만 훨씬 더 좋았다. 아니 완벽했다. 괜히 메릴과 얼굴 붉히고 친구를 잃을까 걱정할 필요가 전혀 없었다. 두 사람은 대사를 같이 줄였다. 단 두 줄을 지우고 각본 기록 감독*에게 넘겼다.

액션!

메릴의 연기는 첫 테이크부터 기가 막혔고 현장에 있던 사람들은 모두 놀라워했다. 하지만 벤턴은 메릴이 초반부터 진을 너무 뺄까 봐 걱정했다. 표정 클로즈업 장면을 포함해서 찍을 장면이 많던 하루였다. 그는 메릴에게 슬쩍 다가가 충고했다. "이봐 메릴, 그러지 마. 아직 신인이잖아, 오늘 갈 길이 머니까 이렇게 초반부터 기운 다 빼면 안 돼." 그는 클로즈업 장면을 대비해 힘을 아끼라고 말했다.

---

* 각본 기록 감독(script supervisor) : 각본의 세부 내용을 검토해 그대로 녹화하는지 확인한다. 주요 임무는 소품, 의상, 표정, 위치 등을 각본과 맞춰보고 어긋나는 부분을 지적하고 수정해 원활한 촬영을 돕는다. 특정 장면을 며칠 뒤 이어서 촬영할 경우 장면의 연속성을 유지하는 데 특히 중요한 역할이다. 일반적으로 '스크립터'라고 한다.

하지만 메릴은 그 말을 듣지 않았다. 테이크가 이어졌고 메릴은 처음과 다를 바 없이 연기했다. "절대 기계적이었던 건 아니었어요. 세 번인가 네 번쯤 찍었을 때 전 메릴이 무서워졌습니다. 그 통제력, 그 깊이, 정말 믿을 수가 없을 정도였어요." 벤턴이 말했다.

메릴은 조애나 역으로 영화에서 진짜 빛을 내기 시작했지만 〈크레이머 대 크레이머〉는 모든 면에서 〈줄리아〉 촬영 때와는 상황이 너무나 달랐다. 〈줄리아〉 때는 거침없는 페미니스트 제인 폰다가 메릴을 열렬히 밀어주던 것과는 달리, 테드 크레이머의 전처 조애나는 미지의 바다에 떠 있는 외로운 섬처럼 도와주는 여성 하나 없이 스스로를 변호해야 했다. 벤턴이 처음 썼던 대사의 일부는 이러했다. "제게 내 인생에 대한 권리가 없나요? 그게 그렇게 끔찍한 거예요? 제가 여자라는 이유만으로 제 고통이 하찮아 보이나요? 제 감정이 싸구려예요?"

글솜씨도 좋은 메릴은 벤턴이 쓴 대사를 비틀어 연극 조의 말투를 짜내고 감정의 정곡을 찔러 조애나를 매우 호감 가고 사려 깊은 페미니스트로 그려냈다. 조애나를 악역으로 모는 회의론자들의 마음조차 사로잡았다. "전 그 집에 더는 있을 수가 없었고 떠나는 것 말고는 방법이 없었어요. 애를 데려가는 건 좋지 않다고 생각했어요.…… 전 5년 반 동안 아이 엄마 역할을 했고 테드는 18개월간 그 역할을 맡았어요. 그런데도 제가 전 남편보다 양육할 자격이 부족하다고 하는 건 이해가 되지 않아요. 전 그 아이 엄마예요."

'엄마'라는 단어가 벤턴의 마음을 흔들었다. 그리고 더스틴은 오랜 수법대로 '존 커제일'이라는 단어를 꺼내 메릴의 감정을 흔들었다. 그는 메릴의 귀에다 그 이름을 속삭이고선, 테드의 변호사가 "당신은 인생의 가장 중요한 관계에 실패하지 않았나요?"라고 묻는 순간 자기 눈을 보라고 시켰다.

메릴은 더스틴의 충고대로 그와 눈을 마주쳤고 그 순간 가슴이 뭉클해졌다. 그는 아주 살짝 고개를 가로저으며 냉랭한 두 사람 관계에 따뜻한 순간을 만들어냈다. 그는 표정으로 메릴과 조애나 모두 관계에 실패하지 않았다고 말했다.

메릴은 그가 반응할 수 있는 진짜인 뭔가를 주었다. 그리고 벤턴은 영화에 그 마법 같은 장면을 담으려고 더스틴에게 클로즈업 촬영 때에도 똑같이 고개를 가로저으라고 시켰다.

메릴은 영화 네 편을 찍고 나자 어느덧 감을 잡는 듯했다. 하지만 연극은 여전히 그녀에게 특별했다. 그녀는 자기를 특별하게 만들어준 연극을 놓고 싶지 않았다. 연극에서는 통제받지 않고 마음대로 할 수 있었다. 신인 여배우로 오로지 더스틴 호프먼, 로버트 드니로, 앨런 앨다와 같은 배우들을 받쳐주는 조연 역할을 하는 것보다 훨씬 더 대담한 인물들을 연기할 수 있었다.

"영화는 굉장히 경제적이고 깔끔하고 간략해요. 영화를 할 때는 힘을 그다지 많이 들일 필요가 없어요. 눈에 띄려고 좋은 배우가 될 필요도 없고 어쩌면 아예 배우일 필요도 없어요. 하지만 (말런) 브랜도나 (로런스) 올리비에 같이 훌륭한 배우들은 이야기가 달라요. 배우가 역할을 완전히 장악하고 역할과 하나가 되는 경우들이죠. 영화에서는 힘을 들이지 않아도 되니까 연극 무대만큼 과감해지지 못하고 발전하지 못할까 두려웠어요." 메릴이 1979년에 한 말이다.

이 무렵 메릴은 라이자 미넬리 Liza Minnelli 가 윈터 가든 극장에서 공연하는 것을 보았다. 뮤지컬과 스팽글과 고전 뉴욕의 대명사 라이자는 무대에서 전부를 쏟아내는 법을 알았다. 만약 라이자의 콘서트를 본 적 있다면 무슨 말인지 이해할 것이다. 색종이 가루들이 사방으로 흩날리는 현란함과 그 고전적 쇼맨십이란! 아무 거리낌도 없고 부끄러움도 없다. 지루함 같은 건 느낄 틈도 없다.

그것을 보고 메릴은 생각했다. 연기란 인물 묘사에 집중하는 것만으로는 부족하다. 쇼를 보여주어야 한다. 무언가 빛나고 아주 재미있어야 한다. 메릴은 라이자에게서 힌트를 얻어 자기 방식대로 할리우드를 브로드웨이로 만들기로 했다. 불가능해 보이는가? 과연 그럴까?

엄마 메릴

진실은 더 이해하기 힘들 거예요.
진실을 알면 날 이해하고 용서할 수 있을 거라 생각하나요?
제 거짓말을 말이에요. - 소피 자비스토브스카
1982년 〈소피의 선택〉에서

1979년 8월. 맨해튼에 있는 한 레스토랑. 첫아이를 임신 중인 서른 살의
메릴은 《뉴욕 타임스》의 재닛 매슬린Janet Maslin과 〈조 타이넌의 유혹〉에
대해 인터뷰했다. 그러나 그녀는 12월에 개봉하는 좀 더 나은 영화 〈크
레이머 대 크레이머〉를 홍보하고 싶어 했다. "제 역할이 악역처럼 되어
있는데, 뒤에 다시 돌아와 그 생각을 뒤집어놓을 거예요."

얼마 뒤 메릴은 엄마가 되어 풍요와 행복을 마음껏 누렸다. 그녀는
초인적 능력으로 가정생활과 유명 배우의 삶 사이에 균형을 잡으며 친
구들을 놀라게 했다. 친구들은 비결이 궁금했다. 그러나 1980년대 영화
속에서 그녀는 남자들의 세계에서 살아남으려고 몸부림치며 좁은 길을
가는 조애나 크레이머 같은 이례적인 엄마 역할을 계속 맡았다. 그 첫 번

째 선택은 〈소피의 선택〉이었다. 연기를 통해 말 못 하는 사람들의 목소리가 되어준 메릴은 여성 역사를 연기로 보여주는 페미니스트로서 '모성'에 대한 환상(환상은 환상일 뿐, 메릴도 그 누구도 실현할 수 없다.)을 산산조각 내고, 신성시되는 '엄마'라는 존재가 가질 수 있는 가슴 아픈 진실을 드러내는 것을 당연한 임무로 여겼다.

영화 촬영을 쉴 때면 남편 돈과 그의 새 조각상에 대해 이야기 나눌 수 있어 행복했다. 돈은 배터리파크˙에 있는 클린턴성에 10미터 높이의 조각상을 세웠다.("돈에게는 대단한 성과였어요.") 〈분열에 둘러싸여 Surrounded by Divisions〉라는 제목의 이 조각상은 그를 대중적으로 알리는 중요한 계기가 되었다. 같은 예술가로서 그녀는 돈의 창조적 욕구, 말하자면 색칠한 나무를 양각한 벽면 같은 것을 만드는 이유를 본능적으로 이해했다. 당연히 돈도 델라코테 극장에서 〈말괄량이 길들이기〉의 '케이트'가 되어 냉소와 기지를 내뿜는 메릴의 연기 열정을 이해했다. 메릴과 돈은 서로에 대해 설명할 필요가 없었다. "아내는 사물 보는 법을 배웠고 저는 사람 보는 법을 배웠습니다." 돈의 말이다. 심리가 불안정한 남편이라면 아름답고 유능하고 전도유망한 배우인 아내가 자기를 크게 앞지르거나 심한 경우 해리슨 포드와 바람날까 봐 두려워했을 것이다. 하지만 돈은 시종일관 자신 있었다. "사랑에는 여러 단계가 있어요. 우리 사랑은 신뢰에 깊이 뿌리박고 있어요. 저희는 둘도 없는 친구입니다." 그가 말했다.

그 한 해 전 메릴은 스우지 커츠 Swoosie Kurtz, 질 아이켄베리 Jill Eikenberry,

˙   배터리파크(Battery Park) : 맨해튼 남단에 있는 공원.

토바 펠드슈Tovah Feldshuh, 세 명의 여배우와 함께 《호라이즌Horizon》의 표지를 장식했다. 예술 잡지인 《호라이즌》은 이 사람들을 '최근 보도한 질 클레이버그Jill Clayburgh, 다이앤 키튼, 릴리 톰린Lily Tomlin의 반열'에 오른 차세대 젊은 영화배우들로 지목했다. 화보에 이어진 기사는 메릴이 〈조 타이넌의 유혹〉과 〈디어 헌터〉의 출연료로 예일대 학자금 대출을 모두 청산했다고 밝혔다. 버나즈빌 중산층 가정 출신인 메릴은 상대 남자 배우들에 비하면 턱없이 적은 출연료를 받았지만 영화 출연료 덕에 경제적 안정을 찾았고 대도시에서 먹고살려고 아르바이트를 해야 하는 스트레스에서 벗어났다. 이제는 일을 잠시 쉴 수도 있었다. 하지만 하나를 얻자 다른 하나를 잃었다. 다른 사람들의 행동을 몰래 관찰하는 건 배우들에게는 자양분과도 같은데 그러기 위해 필요한 소중한 익명성을 잃어버린 것이다. 메릴과 돈은 팬들이 전화번호부에서 '거머'라는 이름을 모조리 찾아 메릴에게 전화를 걸어대는 통에 어쩔 수 없이 전화번호부에서 번호도 지웠다.

한편 베벌리힐스 호텔에서 있었던 일화는 전혀 다른 이야기다. 메릴이 1979년 아카데미 시상식에 참석하려고 이 호화 호텔에 머무는 동안 직원들은 그녀를 알아보지 못했다. 배우답게 화려하고 당당하게 보이는 공식을 배운 적 없던 메릴은 우스운 실수를 저질렀다. 정말로 그 호텔 수영장에 들어가서 수영을 한 것이다. 보는 눈도 많고 유명 인사들도 넘쳐나던 그곳에서 홀딱 벗다시피 하고 물에 빠진 생쥐 꼴이 되었다. 만약 메릴이 "나 누군지 몰라요?" 하고 유명인 행세를 했다면 호텔 직원들이 그녀가 아카데미상 후보자라는 것을 알아보고서 하지 말라고 해주었을 텐데 말이다. 〈디어 헌터〉는 논란은 많았지만 사회 비판적이고 우수한 영화로 인정받아 총 9개 부문에 후보로 올랐고 메릴은 여우조연상 후보에 올랐다. 메릴이 아카데미상 후보에 오른 것은 처음이었다. 메릴은 이 특별한 행사에서 엄마를 기쁘게 해줄 만한 옷을 입고 싶어 본윗 텔러 백화점에서 수수하고 우아한 검은색 비단 드레스를 사 입었다.

시상식 날 도로시 챈들러 파빌리온* 앞에는 〈디어 헌터〉를 비난하는 반전 시위대가 몰려들었다. 그들은 분노하며 이 영화가 베트남전쟁을 편파적으로 해석한 인종차별적 영화라고 목소리를 높였다. 예를 들자면, 베트콩이 러시안룰렛이라는 가학적 게임을 하며 드니로와 크리스토퍼 워컨을 고문하고, 드니로가 기관총을 빼앗아 그들을 모조리 죽여버린다. 그리고 마지막에는 메릴이 '신이시여 미국을 축복하소서 God Bless America'를 선창하는 장면이 나온다.(메릴이 처음으로 영화에서 노래를 부른 장면이기도 하다.) 메릴은 야단법석 속에서도 중립적 입장을 지키며 1978년 뉴욕비평가협회상 작품상을 수상한 〈디어 헌터〉에 대해 "그런 작은 도시에 사는 사람들도 가치 있다는 것을 보여주는 영화"라고 말했다.(메릴은 영화를 여섯 번 봤고, 그중 한 번은 존 커제일의 동생 스티븐과 함께 봤다. 고문 장면은 보기 힘들었지만 커제일을 보는 게 즐거웠다.)

공교롭게도 작품상 부문에서는 제인 폰다(일명 하노이 제인■)가 주연하고 정치적으로 진보 성향을 띤 영화 〈귀향Coming Home〉과 경쟁했다. 제인은

● 도로시 챈들러 파빌리온(Dorothy Chandler Pavilion) : 미국 로스앤젤레스 다운타운에 있는 로스앤젤레스 뮤직 센터에서 가장 큰 공연장으로, 로스앤젤레스 오페라단, 뮤직 센터 무용단의 주 공연장이다. 1969년부터 1987년까지 아카데미 시상식이 열렸다.

■ 제인 폰다는 많은 정치적 활동을 벌인 것으로도 유명하다. 특히 베트남전쟁 기간 동안 베트남을 돌아다니며 미군을 비하하는 연설을 하는 등 사실상 이적 활동을 했다. 덕분에 '하노이 제인'이라는 불명예스러운 칭호를 얻었다.

하지가 마비된 베트남 참전용사(존 보이트 분)와 사랑에 빠지는 재향군인 병원의 자원봉사자 역을 맡았다. 투표자들은 〈디어 헌터〉를 선택했고 마이클 치미노와 크리스토퍼 워컨은 각각 감독상과 남우조연상을 받았다. 남우조연상 후보로 올랐던 드니로는 너무 긴장한 나머지 시상식에 가지 않고 집에 있었다. 여우주연상을 수상한 제인 폰다는 〈디어 헌터〉를 '인종차별주의 영화'라고 하며 무대 뒤에서 치미노 감독에게 알은척도 하지 않았다. 그래도 떠오르는 샛별 메릴에게만큼은 별 유감이 없었던 것 같다. 그녀는 〈줄리아〉에서 상대 배우였던 메릴에게 〈귀향〉에 같이 출연하자고 제안하기도 했다.

메릴은 그레고리 펙 Gregory Peck, 로런스 올리비에 Laurence Olivier 경, 베티 데이비스 Bette Davis 와 같은 대배우들을 옆에 두고 눈이 휘둥그레졌다. "정말 대단했어요. 저는 완전히 넋이 나갔죠. 요즘은 유명 배우들이 공공장소에 아무 때고 나타나지만 그때는 그렇지 않았거든요. 대중들은 철벽같은 할리우드 테두리 안에서만 살던 스타들을 오로지 영화나 잡지처럼 철저히 통제된 방법을 통해서만 접할 수 있었어요." 메릴이 뒷날 말했다. 수상 후보자에 처음 올랐던 메릴은 〈캘리포니아의 다섯 부부 California Suite〉의 매기 스미스 Maggie Smith 가 상을 가져가는 순간 슬며시 미소 지었다. 상에 대한 그녀의 인식이 분명히 바뀌어가고 있었다. 메릴은 속으로 상 받기를 간절히 원했다. 탁월한 연기들에 순위 매기는 것이 불공평하다고 여기던 마음보다 그 간절함이 앞섰다. 그녀는 2014년에 "싫지만 간절히 원하죠."라고 인정하기도 했다.(그녀가 시상식에서 받기를 거부했던 〈홀로코스트〉의 에미상 트로피는? 어느 기자가 그러는데 그녀의 집 수납장 맨 위에 얌전히 올려져 있는 걸 봤냐고 한다.)

영화평론가들은 〈디어 헌터〉에 나온 메릴의 연기를 두고 입에 침이 마르도록 칭찬했다. 《뉴욕 타임스》의 빈센트 캔비 Vincent Canby는 그녀의 연기가 '굉장했다'고 말했고, 또 나중에 가서는 메릴을 가장 혹독하게 물고 뜯었던 《뉴요커》의 전설적인 평론가 폴린 케일 Pauline Kael도 "스트립은 투명한 눈과 금발의 발키리* 같은 멋진 용모를 지녔다. 살짝 긴 코 덕분에 전형적인 미녀 배우와 확연히 다른 현실 속의 미인이다. 그녀의 연기는 평범하지 않다. 모든 게 신선하다. 고통받고 참아내는 조연을 맡아 무언극(정말로 대사가 거의 없었다.) 하나로 인정받는다는 건 메릴 스트립에게 영웅의 자질이 충분하다는 걸 말해준다."라고 썼다.

몇 달 뒤 메릴은 〈맨하탄〉과 〈조 타이넌의 유혹〉, 〈크레이머 대 크레이머〉로 비평가들의 넋을 완전히 빼놓았다. 비평가들은 앞다투어 메릴의 연기를 극찬하며 이 떠오르는 샛별을 소개하고 싶어 했다. 이런 긍정적 평가로 메릴은 '동시대 최고의 여배우'라는 수식어를 얻었다(스우지, 질, 토바를 앞질렀다). 그러는 동안 메릴은 아주 어려운 역할을 하나 더 맡았다. 다만 이번에는 장소가 집이었고 대사가 아닌 기저귀가 좀 많이 필요했다.

1979년 11월 13일, 출산 예정일보다 3주가 지나 헨리 울프 거머 Henry Wolfe Gummer가 역아逆兒인 탓에 제왕절개로 태어났다. "별거 아니었어요. 돈이 함께 있었고 아기가 태어나자마자 아기를 안았어요. 세상에서 가장 자연스러운 일처럼 보였지요." 메릴이 말했다. 그녀는 어린 시절부터 아이를 원했다. 직장이 있는 친구들 중에는 그녀가 가장 먼저 아이를 가졌

---

* 발키리(Valkyrie) : 북유럽 신화에서 오딘을 섬기는 여전사들. 용감한 전사자의 영혼을 천계(天界)로 인도하는 역할을 한다.

다. "전 아이를 갖는 것이 중요하다고 생각해요. 그래서 어쨌든 전 해낼 거예요."

엄마가 된 메릴은 헨리를 자기 부모님의 방식을 따라 키우기로 다짐했다. "부모님은 저를 일관되게 대하셨어요. 한번 뱉은 말을 그다음 날 바꾸지 않는 게 중요해요. 일종의 틀이 있어야죠. 제가 어렸을 때 부모님이 일관된 태도로 대해주신 덕분에 제 안에 무기 같은 저항력이 생겨났어요. 저는 소아과 의사 벤저민 스폭Dr. Benjamin Spock이 쓴 책들을 읽었는데, 많은 사람들이 오해하고 있는 것 같아요. 그는 아이들이 원하는 것이면 '뭐든 들어주라'고 하지 않았어요. 아이들이 부모에게 하는 말을 '유심히 들으라'고 한 것뿐이죠."

인터뷰 기사들을 보면 메릴이 일만큼이나 부모 노릇을 진지하게 여긴다는 것을 알 수 있다. 그녀는 헨리의 미래에 대해 일리 있는 걱정을 내비쳤다. 《레이디스 홈 저널》과의 인터뷰에서 메릴이 말했다. "이 아이 때문에 저는 미래를 생각해요. 아들 세대가 살아남으려면 우리 세대가 전혀 생각하지도 않았던 문제들을 헤쳐나가야 해요. 환경오염, 천연자원의 고갈, 인구 조절 같은 문제들이죠."

메릴은 성공한 워킹 맘의 특혜로 보일까 조심하면서도 헨리를 영화 촬영장으로 자유로이 데려와 트레일러에서 모유 수유 했다. 메릴은 "일반적으로 직장 여성이 아이를 양육하는 건 매우 어려운 일이에요. 여성들을 노동력에 동원하려고 갖가지 장려책을 만들면서 직장 여성들의 자녀 양육을 위한 대비책은 거의 없다는 게 이상해요."라고 말하기도 했다.

로버트 벤턴은 〈크레이머 대 크레이머〉 재촬영* 기간 동안 임신 중이던 메릴이 "지금 이 역할을 제안받았더라면 아마 거절했을 거예요."라고 말한 걸 전해 듣기도 했다.

이혼을 다룬 영화 〈크레이머 대 크레이머〉는 방학에 맞춰 1979년 12월 19일에 개봉했다. 비록 조애나는 영화 처음과 끝에만 등장했지만 평론가 로저 이버트▪는 메릴 덕분에 영화가 균형적 시각을 보여주게 되었다고 칭찬했다. 귀염둥이 아들(저스틴 헨리 분)과 함께 영화 상영 시간을 독차지하다시피 하는 테드 크레이머(남편과 아버지 역할에 무심한, 광고회사 임원이다.)는 결코 성자가 아니다. 이버트는 "영화 시작과 동시에 관객들은 편이 나뉘고 '어떻게 감히 엄마라는 사람이 아이를 두고 집을 나갈 수 있지?'라고 물으며 '조애나'를 비난해댄다."라며 글을 잇는다.

하지만 우리는 영화를 보면서 그녀를 마냥 비난할 수만은 없다. 아내에게 떠날 만한 명분을 만들어준 건 분명히 호프먼이라는 것을 보기 때문이다. 아내는 가족을 떠나지만 호프먼은 가족의 일원이던 때조차 없었다. 아내가 떠난 다음 날 호프먼은 잔뜩 지치고 시간에 쫓겨 아들을 학교에 데려다주며 묻는다. "너 몇 학년이야?" 처음 해본 일인 것이다. 호프먼은 가족에 대해 아는 게 아무것도 없었다.

더스틴은 '테드 크레이머'에 대해 '형편없는 아빠에서 좋은 아빠로 성장하고 엄마가 되는 법까지 배우는 인물'이라고 했다. 조애나 대신 아

● 재촬영(reshoots) : 촬영을 끝낸 부분 중에서 만족스럽지 못하거나 편집 과정에서 나타나는 촬영상의 문제점을 보완하기 위해 다시 촬영하는 것.

▪ 로저 이버트(Roger Ebert, 1942~2013) : 미국의 영화평론가, 역사가, 기자, 각본가, 작가이다. 《시카고 선타임스》의 영화평론가로 활동했고, 미국에서 가장 영향력 있는 평론가로 평가받았다. 영화평론가 최초로 퓰리처상 비평 부문 상을 수상했다.

이를 키워야 했던 테드는 험난한 직장 생활을 하는 엄마들의 고충을 겪는다. 살림하고 아들을 돌보는 데 시간을 뺏겨 결국 직장에서 잘린다. 하지만 그는 결국 빵을 태우지 않고 프렌치토스트 만드는 법도 터득한다. 그게 바로 1979년 여성들의 삶이었다. 조애나가 양육권을 얻었을 때 우리는 당연히 테드를 동정한다. 그는 인간다워졌고 여자들과 비슷한 아픔을 겪었기 때문이다.

하지만 《뉴 웨스트New West》의 칼럼니스트 지니 카신돌프Jeanie Kasindorf는 많은 페미니스트들처럼 이 영화를 좋아하지 않았다. 그녀는 "비평가들이 〈크레이머 대 크레이머〉가 아이 양육권을 두고 다투는 부모를 공평하게 대했다고 호평했지만 그건 정말 말도 안 되는 소리다."라고 썼다. "우리는 두 시간 가까이 테드 크레이머가 홀로 부모 노릇을 하며 허우적대는 것만 본다. …… 공평함은 메릴의 기막힌 법정 변론에서밖에는 찾아볼 수가 없다." 일하는 엄마의 고충을 다룬 영화를 본 적 있는가? 그런 영화는 없다. 카신돌프는 "대부분의 사람들처럼 영화 제작자들은 여자들이 아침에 일어나 프렌치토스트를 만드는 것은 별거 아니라고 생각한다. 그건 여자들이 '당연히' 해야 할 일로 여기니까. 그러니 그런 영화는 만들어봤자 볼 게 없다고 생각하는 것이다."라고 주장했다.

메릴은 1980년 4월 14일 이 참신한 역할로 아카데미상을 수상했다. 〈크레이머 대 크레이머〉와 〈맨하탄〉에 각각 같이 출연했던 제인 알렉산더Jane Alexander와 메리얼 헤밍웨이, 그리고 캔디스 버겐Candice Bergen, 바버라 배리Barbara Barrie를 제쳤다. 잭 레먼Jack Lemmon이 결과를 발표하기 전 메릴은 그가 벌써 자기 이름을 부르기라도 한 것처럼 달뜨고 긴장한 티를 내며 웃어 보였다. 그리고 드디어 이름을 부르자, 아아아! 크림색 드레스와 재킷을 입은 그녀가 더스틴의 볼에 입을 맞추고선 신데렐라처럼 사뿐히 계단을 올라가 상을 받았다. 디즈니 공주처럼 긴 머리칼이 어깨에서 춤추듯 찰랑댔다. 꼭 아카데미상을 탄 샴푸 광고 모델 같았다.

"어머나!" 메릴이 소리 지르곤 〈크레이머 대 크레이머〉의 남자들에게 영광을 돌렸다. "우선 더스틴 호프먼 씨와 로버트 벤턴 감독님께 감사드립니다. 이 상은 그분들 덕분입니다. 스탠리 재프 제작자님, 저에게 조애나를 연기할 기회를 주셔서 감사합니다. 그리고 제인 알렉산더와 저스틴(영화 속 아들에게 키스를 날렸다.), 너무, 너무 즐거웠던 촬영 기간 동안 아낌없이 사랑하고 지지해주셔서 감사합니다. 정말 감사합니다."

그녀는 소감을 달달 외운 듯 말했고 흥분한 탓에 기억이 잘 나지 않는지 더듬거리기도 했다. 그녀는 내내 '행복'과 '겸손'과 '제발 절 좀 좋아해주세요!' 하는 기운을 내뿜었다. 이쯤에서 머릿속에 떠오르는 인물이 있을 듯하다. 그렇다, 그 '10대 시절 미의 여왕'이다. 메릴은 소용돌이 같은 연예계와 강한 남성들, 그녀를 좋아하지 않는 여성들 틈에서 살아남으려고 버나즈 고등학교 시절의 귀여운 아가씨로 또다시 변했다. 더스틴(그녀의 '홈커밍 킹'이다.)이 남우주연상을 받았고 벤턴은 아카데미 감독상과 각색상을 받았다. 이윽고 〈크레이머 대 크레이머〉는 작품상까지 수상했다. 인물 위주의 드라마가 작품성과 상업성을 모두 거머쥔 드문 경우였다. 〈스타워즈 Star Wars〉나 〈죠스 Jaws〉 같은 블록버스터가 박스오피스 상위권을 장악하던 그 시대에 〈크레이머 대 크레이머〉는 드라마 장르임에도 무려 1억 600만 달러의 수익을 올리며 할리우드에서 어른들을 위한 영화가 건재하다는 것을 보여주었다. 벤턴은 때맞춘 이혼율의 증가를 예로 들며 "많은 사람들의 삶에 질문을 던지는 영화입니다."라고 했다.

메릴은 중국에서도 톱스타!

"이상하죠? 근데 정말이에요. 저도 너무 놀랐어요! 6년 전쯤 처음 중국에 갔거든요. 우리는 베이징과 상하이, 그리고 시안에도 갔는데요. 시안은 처음 들어본 도시였어요. 인구가 한 50만 명밖에 되지 않는 도시잖아요. 그런데 제가 비행기에서 내리자마자 정말 많은 사람들이 저를 알아보는 거예요. 깜짝 놀랐어요. 알고 봤더니 문화대혁명 이후에 중국에서 처음 개봉한 영화가 〈크레이머 대 크레이머〉였대요. 그걸 전 국민이 본 거죠."

— 메릴이 2012년쯤 쇼 프로그램 '지미 키멜(Jimmy Kimmel)'에서
톰 크루즈급 국제적 인기를 무심하게 밝힘

아카데미 시상식 무대 뒤 기자실에서 가십 칼럼니스트 로나 배릿Rona Barrett이 페미니스트들은 이 영화를 모욕적으로 느낀다고 전하자 더스틴이 반박했다. "제가 다른 사람들이 느끼는 것을 막을 수야 없지만 모두가 그렇게 느낀다고 생각하진 않아요." 곧이어 나타난 메릴은 '10대 시절 미의 여왕'의 가면을 벗고 '대학 시절의 히피' 모습을 드러냈다. "저도 페미니스트예요. 하지만 전혀 그렇게 생각하지 않아요. 페미니즘의 근본은 남녀 모두를 정해진 역할에서 해방하는 것과 관련 있다고 생각해요." 그녀가 분명하게 말했다.

메릴은 언제나 자기 캐릭터들을 편들었다. 조애나는 당시로서는 가려지고 오해받던 병, 우울증을 앓고 있었다. 하지만 용케도 스스로를 살리기로 마음먹고 자기보다 안정적인 양육자 테드에게 아들을 맡기고선

도움을 받으려 했던 것이다. 예술이란 논란을 일으켜야 마땅하지 않을까? 현대인의 삶을 이해할 수 있게 반영해야 하지 않을까? 왜 모든 것(모든 여성 역할)이 그토록 흑 아니면 백이어야 하는가?

신인 배우 메릴은 〈크레이머 대 크레이머〉 덕에 일약 스타가 되었고 1980년 1월 1일에 발행한 《뉴스위크》의 표지를 화려하게 장식했다. 표제는 '80년대를 대표할 스타'였다. 선임 기자 잭 크롤Jack Kroll은 이어진 기사에서 메릴을 '제인 폰다 이래로 더스틴 호프먼, 로버트 드니로, 알 파치노와 같은 남자 배우들과 비견할 만한 힘과 재능과 영향력을 가진 최초의 미국 여배우이자 동시대 가장 강력한 배우가 될 잠재력 있는 인물'로 강조해 소개했다. 그는 "과연 한 사람의 얼굴이 그윽한 아름다움과 근엄한 품위를 잃지 않으면서 양극단의 감정을 모두 담아내는 게 가능하단 말인가?"라고 메릴을 예찬했다.

때로 권위 있는 잡지들도 섣불리 기사를 쓸 때가 있다. 《배너티 페어Vanity Fair》는 1998년 9월호 표지에 신인 배우 그레천 몰Gretchen Mol의 사진과 '할리우드의 다음 대세는 바로 그녀?'라는 표제를 실었지만 결과는 그렇지 못했다. 하지만 메릴의 경우는 달랐다. 메릴에 대한 기자들의 예상은 적중했다. 그녀는 이루어냈다. 하지만 그녀는 자꾸 언론에 노출되는 게 불안하기도 했다. 그만큼 관심받을 자격이 있는지 의문이 들었다. "기분이 정말 이상했어요. 마음이 갈래갈래 나뉘었어요. 지하철을 타고 가는데 바닥에 뭔가가 보여요. 자세히 들여다보니 제 얼굴이었어요. 거기 제가 사방에 있는 거예요. 꼭 제가 불멸의 존재처럼 느껴지면서도 모든 게 덧없다는 생각이 들었어요. 좀 우습기도 했고요." 메릴이 지난날을 떠올리며 말했다.

여왕이 여왕을 만났을 때

1980년 3월 17일, 〈크레이머 대 크레이머〉 런던 시사회에서 메릴은 엘리자베스 2세 여왕과 악수했다. 메릴은 그다음 달에 있을 아카데미 시상식 때 입을 크림색 드레스와 재킷을 입고 있었다.(이건 인터넷이나 《어스 위클리[Us Weekly]》 같은 잡지가 유명 인사들이 레드카펫을 밟을 때 입던 옷을 또 입고 나온 건 아닌지 감시하기 한참 전의 일이다.) "이로써 짐은 퀸 메릴과 엘리자베스 여왕이 처음 만난 이 획기적인 날을 미국과 전 세계 공휴일로 공표하노라."라고 말하고 싶지만…… 어쨌든 두 여인은 모두 우리에게 기쁨을 주는 것만은 분명하다. 메릴은 다른 영국인 역할도 많이 맡았지만 무엇보다 마거릿 대처 역도 맡았으니 엘리자베스 여왕이 우리의 퀸 메릴에게 기사 작위를 좀 수여해주면 좋겠다.●

〈크레이머 대 크레이머〉 이후 메릴은 에이전트 샘 콘에게 말했다. "이제 맨해튼을, 1981년을, 제 세계를 좀 벗어나고 싶어요. 달나라라도 좀 보내줘요!! 여기 아니면 어디든 좋아요. 다른 시대와 공간에 가고 싶어요."

메릴은 어린아이 같은 자유분방함으로 새로운 삶에 뛰어들고 싶어 몸이 근질근질했다. "이제 겨우 영화 세 편을 끝냈지만 정말 우리 아들

● 영국에서는 해마다 사회에 공헌한 사람들에게 기사 훈장을 수여한다. 남자에겐 '서(Sir)', 여자에겐 '데임(Dame)' 경칭을 허용한다. 영국 문화 사업에 대한 공로를 인정받은 여배우 주디 덴치(Judi Dench), 매기 스미스, 에일린 앳킨스(Eileen Atkins), 조앤 플로라이트(Joan Plowright) 등이 받았고 2018년에는 메릴과 가까운 에마 톰슨(Emma Thompson)이 받았다.

이 뛰놀 때처럼 팔짝팔짝 뛰면서 느끼고 싶었어요. 제 외모에 얽매이지 않고 제가 어떻게 보이는지 신경 쓰지 않고서 말이에요. 아이들은 방에 어른들이 많아도 전혀 의식하지 않고 뭔가를 신나게 하잖아요? 그런 자유를 느끼고 싶었어요. 물론 정신분석가를 찾아가서 남의 시선을 의식하지 않는 법을 배워볼 수도 있었겠지만 그러고 싶진 않았죠."

그렇게 메릴은 '세라 우드러프'가 됐다. 세라는 존 파울즈John Fowles의 소설 『프랑스 중위의 여자The French Lieutenant's Woman』에서 빅토리아 시대에 따돌림당하는 여자다. 극작가 헤럴드 핀터Harold Pinter가 각색한 이 영화는 두 가지 줄거리로 되어 있다. 큰 줄거리에서는 마녀처럼 어두운 망토를 두르고 다니는 외톨이 여인 세라가 등장한다. 고생물학자인 찰스 스미스슨(제러미 아이언스 분)은 그녀에게 홀리듯 빠지면서 인생이 나락으로 떨어지기 시작한다. 그는 세라 때문에 부유한 약혼녀도 버린다. 그러다 세라가 그를 버리고 사라지자 그는 정신이 반쯤 나간다. '혹시 런던 거리를 헤매는 부랑자가 된 건 아닐까? 설마 거리의 여자가 되었을까? 오 맙소사!'

3년이 흐른다. 마침내 세라가 다시 나타난다. 그녀는 영국 북서쪽에서 가정교사로 일하며 행복하고 건강한 삶을 찾았다. 찰스는 그 소식에 격분해서 그녀를 찾아간다. 그는 상냥한 인사는커녕 세라를 바닥에 내친다. 감히 네가 나를 버리다니! "내 인생을 찾는 데 그만한 시간이 걸렸어요!" 그녀는 자유를 원했다고 단호히 말한다. 그리고 찰스에게 용서를 구한다.("당신을 용서해야겠군요." 그의 마음이 누그러진다.) 다툼과 사랑의 줄다리기 끝에 세라와 찰스는 윈더미어 호수에서 즐거운 뱃놀이를 하며 행복한 결말을 맺는다.

그리고 현재를 배경으로 한 다른 한 편의 줄거리에서는 〈프랑스 중위의 여자〉의 주연 배우 애나(메릴)와 마이크(제러미)가 이 영화를 촬영하면서 불륜에 빠진다.(참 절묘한 설정이지 않은가!) 애나는 촬영하는 영화의 성공을 위해서 상대 배우와 불륜을 저지르곤 아무렇지도 않게 다시 남편에게 돌아가버린다. 버림받은 마이크는 크게 상처받는다.

메릴은 이 영화를 찍으려고 1980년 5월부터 9월까지 영국에 있었다. 촬영은 바닷가 마을 라임 리지스^{Lyme Regis}와 다른 여러 지역에서 이루어졌고, 메릴과 그녀의 가족은 멋들어진 런던 켄징턴 지구에 집을 하나 빌렸다.《피플^{People}》지에 따르면 '유나이티드 아티스츠^{United Artists} 영화사는 메릴을 출연시키는 데 좀 더 괜찮은 미끼가 있어야 했다'고 한다. 이 영화의 배급사였던 유나이티드 아티스츠는 메릴이 영화를 찍는 동안 조각가 돈 거머가 머물며 창작 활동을 할 수 있게 스튜디오와 작품 재료를 지원해주기로 했다.

촬영을 시작하기 전 그녀는 친구에게 불안감을 호소했다. "나 너무 무서워. 날 너무 불안하게 만드는 뭔가가 있어." 〈프랑스 중위의 여자〉는 메릴의 티켓 파워를 시험하는 시험대와 같았다. 만약 이 영화가 성공한다면 앞으로 더 많은 주연 역할이 주어질 터였다. 하지만 그녀의 성공을 시기하며 그녀가 실패하기만을 바라는 사람들이 많았다. 보나 마나, 술집에 삼삼오오 모인 배우들이 그녀에 대해 험담할 것만 같았다. 메릴은 영화 개봉 전마다 불안감에 시달리며 동생 서드에게 말하곤 했다. "이 영화는 내 평생 최악의 실수야." 그러면 그가 대답했다. "누나, 기억 안 나? 이게 최악이 아니야. 지난번 영화가 최악이었지."

그녀는 잘해내고 싶었고 실패에 대한 두려움은 곧 헬리콥터의 프로

펠러처럼 원동력이 되었다. 용기를 내자. 최선을 다하자. 그러면 망신을 당하지는 않을 거야.(부디 제발!) 그녀는 연기에 대한 압박뿐 아니라 변신에 대한 압박도 느꼈다. 변신을 통해서 그 역할이 가진 문제, 병적 집착, 말투 모두를 보여주어야 했다. "메릴이 처음에는 정말 걱정을 많이 했어요. 우리는 심지어 필요하다면 부분적으로 립싱크를 할 각오까지 했지요." 카렐 라이스 Karel Reisz 감독이 말했다.

메릴은 세라의 19세기 말투를 제대로 흉내 내려고 보이스 코치를 고용했고 제인 오스틴과 조지 엘리엇의 작품을 소리 내어 읽었다. 일본 게이샤 사진도 연구했는데 메릴은 그 이유를 "게이샤는 굉장히 공식화된 여성상을 보여주기 때문이에요."라고 말했다. "저는 표정으로 연기를 많이 하는데 세라를 연기하면서는 얼굴을 많이 보이지 않으려 했어요. 세라는 많은 게 감춰지고 덮인 인물이에요. 찰스가 그 점에 끌려 자기 삶의 방식을 송두리째 포기한 거죠." 메릴은 눈에 좀 거슬리더라도 극적인 붉은 가발을 쓰고 10시간 내내 풀 코르셋을 입은 덕에 캐릭터에 더 깊이 빠져들 수 있었다. 그녀는 예상에서 벗어난 즉흥연기를 펼치기도 했다. 가령 찰스가 세라를 땅바닥에 세게 밀치자 엎어진 그녀는 우는 대신 쿡쿡거리며 웃었다. "정말 난생처음 보는 기적 같은 연기였어요. 더 놀라운 것은 여섯 번의 테이크 중에 단 한 번 그랬다는 겁니다. 훌륭한 배우는 자기의 내적 반응을 이용할 줄 알고 그것이 곧 캐릭터의 깊은 내면과 같다는 것을 이해합니다." 나중에 마이크 니컬스 Mike Nichols 감독이 한 말이다.

제러미 아이언스 Jeremy Irons는 로런스 올리비에가 설립한 영국 올드빅 시어터 스쿨 Old Vic Theatre School에서 전통적인 방식으로 연기 훈련을 받았다.

그는 런던의 극장 밀집 지구인 웨스트엔드 West End에서 리바이벌 공연한 〈말괄량이 길들이기〉의 페트루키오 역을 맡아 연기한 경험이 있었기 때문에 뉴욕에서 같은 연극의 케이트 역을 맡았던 메릴과 쉽게 친해졌다. 제러미는 메릴이 직업윤리와 의지가 강한 것을 보고 처음에는 좀 겁을 먹었다. "메릴이 제의하면 전 일단 시도해봤어요. 갈등이 생길 것 같으면 메릴의 방식을 따랐고요." 제러미가 말했다. 메릴은 제러미를 자기 속도에 맞추려 밀어붙였다. "메릴이 잠에서 깨어나 자기를 내려다보고 있는 저와 눈이 마주치는 '헛간 장면'이 있었는데 아무리 여러 번 찍어도 잘되지 않는 겁니다. 그러더니 메릴이 다가와서 저를 흔들어대며 말하더라고요. '어렵죠. 어려워요. 절대 쉽지 않아요. 그래도 해야만 해요.'라고요."

촬영이 끝나고 제러미는 한 인터뷰에서 러브신은 연기가 아니었음을 암시하듯 말했다. "감정의 정점에 닿기 위해서 메릴과 전 인물들의 감정을 거의 비슷하게 느껴야 했어요. 그래서 러브신을 찍는 날 메릴과 전 바람이 났어요. 그러다 카메라가 멈추면 우리 사랑도 끝이 났답니다." 이에 대해 메릴은 오해가 없도록 '제러미와는 좋은 친구 사이'이며 '카렐 라이스의 철저한 감독 아래 연기한 것일 뿐'이라고 못 박아 말했다.

곧 메릴은 영국 아카데미 BAFTA상과 골든글로브 여우주연상을 포함해 상을 휩쓸었고 또다시 오스카상 후보에도 올랐다.(〈황금 연못 On Golden Pond〉으로 캐서린 헵번 Katharine Hepburn이 수상했다). 하지만 지나놓고 보니 메릴은 연기가 만족스럽지가 않았다. "역할을 충분히 살린 것 같지가 않았어요." 메릴이 2016년 '그레이엄 노턴 쇼'에 출연해 말했다. "지나놓고 나서 보면 항상 아쉽고 후회가 남잖아요. 자기가 연기한 걸 영화로 직접 봐야만 하는 때가 꼭 와요. 〈프랑스 중위의 여자〉를 보면서 더 예쁘게 나오지 않은 게 너무 아쉬웠어요. 빅토리아 시대 문학에서는 열정과 비윤리적인 감정들을 항상 어둠으로 표현하는데 저는 피부가 너무 희어서 어두운 머리색을 하면 무슨 오래된 생선 같거든요. 그래서 대신에 붉은 머리색을 했던 거예요. 그런 거 신경 안 쓰고 연기만 할 수 있는 배우라면 얼마나 좋았을까요."

반대로 생각하면 메릴이 섹스어필하는 고양잇과 외모, 즉 그녀가 부러워 마지않던 제시카 랭Jessica Lange 같은 외모가 아니었기에 '세라 우드러프'를 신비한 인물로 그려낼 수 있었다. 관객들은 궁금해했다. '도대체 저 매력은 뭐지? 너무 평범한데…… 그렇다고 예쁘지 않은 것도 아니고…… 독특하네.' 메릴은 평범한 듯 평범하지 않은 외모를 굉장히 잘 활용하는 배우였다. 그런 외모 덕분에, 아름다운 캐릭터 역할만 맡다가 마흔이 되기가 무섭게 젊은 배우들에게 주연 자리를 빼앗기고 버림받는 미모의 배우들과는 다른 길을 걸을 수 있었다. 외모가 전부가 아니었기에 원하는 대로 다양한 역할을 맡을 수 있었다. 하지만 그녀도 외모지상주의 사회에 살면서 외모에 대한 불만이 없었던 건 아니다. "참으로 긴 세월 동안 제 외모에 불만이 있었어요. 제시카 랭의 몸매라든가 예쁜 다리를 갖지 않아서 속상해했어요. 그런 시간 낭비가 또 어디 있을까요." 메릴은 수십 년이 지나서야 과거의 속내를 털어놨다.

그렇다 해도 메릴은 여성의 성을 극대화하는 은근히 야한 소프트코어 영화에는 출연할 생각이 전혀 없었다. 그녀도 그런 대본을 받아본 적이 있었다. 주로 '어스름한 불빛 아래 반쯤 벗고 나타나고 세 번째 수정 대본이 나오기 전까지는 이름조차 없는 역할' 말이다. 메릴은 "항상 복잡하고 매력적이고 까칠한 여성 역할에 더 끌렸어요. 그런 역할이 좋은 건 실제로도 복잡한 성격의 사람들을 좋아하기 때문이에요."라고 했다.

메릴의 다음 도전은 '소피 자비스토브스카'였다. 1980년 4월, 메릴이 〈소피의 선택〉에 홀로코스트 생존자 역할을 맡아 어쩌면 알 파치노와 함께 출연할지도 모른다는 소문이 나돌았다. 골디 혼^{Goldie Hawn}이 그 역을 간절히 원했고 바브라 스트라이샌드는 출연료를 낮추겠다는 제의까지 했지만, 각본과 감독을 맡은 앨런 J. 퍼큘라^{Alan J.Pakula}는 애초부터 메릴에게 관심이 있었다. 그런데 일이 틀어졌다. 메릴이 퍼큘라에게 아직 완성하지도 않은 대본을 달라고 한 것이다. 그 때문에 퍼큘라의 관심은 무명의 슬로바키아 배우 마그다 바샤료바^{Magda Vásáryová}에게로 옮겨 갔다. 마그다는 유럽 출신으로 폴란드 사람인 '소피'에 잘 어울렸다. 하지만 그녀는 영어가 전혀 되지 않아 결국 계약이 이루어지지 않았다. 마침내 대본이 완성되었고 샘 콘이 복사본을 손에 넣어 메릴에게 보내주었다. "그 배역을 너무나 원했어요. 전 퍼큘라를 찾아가 바닥에 무릎 꿇고 간청했어요. '제발 제가 하게 해주세요!'라고요."

퍼큘라의 사무실에 들어가니 마그단지 뭔지(이름 따위 알게 뭐람)의 사진이 넘쳐났다. "저 사람한테 그 역할 주면 안 돼요! 제가 해야 해요! 감독님, 제가 할 수 있다고요!!" 메릴이 말했다. 그건 퍼큘라도 잘 아는 바였다. 그러나 그는 메릴이 가진 '기계적인 기술'이 걸림돌이 될까 봐 걱정했다. 이 강인하고 확신 넘치는 전문가가 자신을 완전히 놓아버린 채 무방비하고 관능적인 인물 속으로 빠져들어 갈 수 있을까? 또 하나 걱정되는 건 '이 미국 여배우가 유럽 사람 말투를 그럴듯하게 할 수 있을까?'였다.

퍼쿨라는 몇 주가 지나서야 메릴에게 배역을 주었다.(어쩌면 대본을 먼저 달라는 것 때문에 혼 좀 나보라고 늦게 연락한 걸지도 몰랐다. 메릴은 손에 땀을 쥐며 연락을 기다렸다. 퍼쿨라가 그때 일로 화가 많이 났다고 한다.)

메릴은 활기차고 변덕스러운 애인 네이선 역에 토니상을 두 번 수상한 서른두 살의 케빈 클라인Kevin Kline을 추천했다.(퍼쿨라가 네이선 역으로 생각한 배우는 고작 로버트 드니로, 알 파치노, 더스틴 호프먼이었고 모두 그 역할에 어울리지 않았다.) 퓰리처상을 수상한 연극 〈크라임스 오브 하트Crimes of the Heart〉에 출연했던 앳된 얼굴의 피터 맥니콜Peter MacNicol이 미국 서부 출신의 고상한 작가 스팅고 역을 맡아 합류했다.(그는 1947년 브루클린에서 소피와 네이선을 만나 친구가 되는 인물이다.)

소피는 메릴이 그동안 맡았던 캐릭터 중 가장 복잡한 인물이었다. 부드러우면서도 강하고 관능적이면서 불가사의했다. 따뜻한 유머 감각이 있지만 이면에는 끔찍한 아픔을 감추고 있었다. 제2차 세계대전 이후 폴란드의 가톨릭 신자 난민인 소피가 황폐해질 대로 황폐해져 언어도 통하지 않는 나라 미국 뉴욕으로 건너간다. 카리스마 넘치면서도 광적인 기운을 내뿜는 네이선은 소피를 불쌍히 여기고 받아들여 영어를 가르쳐준다. 두 사람은 동거를 시작하고, 소피는 네이선의 광기에 매인 종속적이고 기복 심한 관계를 이어간다. 스팅고는 어딘지 이상한 이 남녀를 처음 만난 날 네이선이 성내며 소피를 과격하게 붙잡고 흔드는 것을 본다. 네이선은 소피에게 "네가 나한테 필요하다고? 그래, 생각할 수 있는 모든 끔찍한 병만큼이나 필요해. 탄저병만큼이나 네가 필요하다고! 크라카우*로 돌아

● 크라카우(Cracow) : 폴란드 지명 크라쿠프(Krakow)를 말한다.

가란 말이야!"라고 소리 지른다. 하지만 외상 후 스트레스 장애를 앓고 있는 소피는 네이선이 평소 보여주는 친절에 늘 빚지고 있다고 생각해, 다툰 뒤 하루도 지나지 않아 아무렇지 않게 그를 다시 받아들인다.

네이선은 망상형 조현병이라는 정신질환으로 약해져 가고 있다는 사실을 소피와 스팅고에게 숨기고 있었고, 소피도 네이선처럼 그들에게 비밀이 있었다. 스팅고는 소피와 가까워지면서 수수께끼 같은 그녀의 과거를 점차 알아간다. 그녀는 아버지가 독일 나치에 항거한 지식인 영웅이라고 거짓말을 하고 있었다.

소피가 진실을 고백하면서 영화는 충격적인 회상 장면으로 바뀌고 소피가 겪었던 상상할 수조차 없는 지난날의 고통이 드러난다. 아버지는 반유대주의 법학과 교수였고 소피는 그런 아버지를 미워했다. 정치적 성향과 상관없이 지식인층을 모조리 잡아들이던 나치는 아버지와 소피의 남편을 독일 강제노동수용소로 끌고 가 죽인다. 지하 레지스탕스의 일원이었던 소피도 어린 두 남매와 잡혀 아우슈비츠 수용소로 보내진다. 수용소에서 나타난 한 장교는 그녀에게 두 아이 중 하나만 선택하라고 가학적인 명령을 내린다. 한 명은 살려주고 다른 한 명은 가스실로 보내서 죽이겠다는 것이었다. 이성을 잃은 소피는 부지불식간에 딸 에바를 데려가라고 한다. 하지만 아들 또한 아동 수용소로 보내지고 소피는 아들을 다시는 만나지 못한다. 소피는 독일어가 유창한 덕에 아우슈비츠 사령관의 집에서 비서로 일한다. 그녀는 굶주림과 죽음의 위협 속에서 기적적으로 살아남았음에도 결국 자책감에 못 이겨 네이선과 같이 독약을 마시고 스스로 생을 마감한다.

메릴은 소피 역을 잘할 자신이 있었지만 처음에는 그녀를 이해하는

데 애를 먹었다. "문제는 소피가 피해자라는 사실이었어요. 소피는 그야말로 탱크가 치고 지나가도록 내버려두었어요." 메릴이 말했다. 탱크를 조종하는 것은 물론 가부장적 사회였다. 뉴욕에서 그녀를 학대하는 네이선은 피난 온 소피가 돌아갈 곳이 없다는 것을 잘 알고 감옥 같은 작은 집에 가두다시피 했다. 한참을 고민하던 메릴은 곧 소피에게서 자기와 비슷한 점을 발견했다. "소피는 근성이 있었어요." 메릴은 '끈질긴 생명력과 활력'으로 장애를 헤쳐나가는 소피의 회복력에 감탄했다.

영화 역사학자 캐리나 롱워스Karina Longworth는 메릴이 공공연히 전쟁 희생자들(특히 자식 때문에 눈물 흘린 엄마들)에 대한 연민과 전쟁에 대한 분노를 드러내던 것을 떠올리며 "메릴은 남자들의 정치 갈등 때문에 부수적 피해를 입은 여성들에 대한 연민이 있었기 때문에 소피와 공감할 수 있었을 것이다."라고 추측했다.

하지만 메릴이 소피를 정말로 이해하기 시작한 것은 폴란드어를 배우면서부터였다. 브루클린에서 촬영하는 동안 메릴은 집에서도 폴란드어 억양을 사용했고 아들 헨리는 엄마 말투가 이상하다고 싫어했다. 메릴은 5개월간 폴란드어 과외를 받았다. "폴란드어 배우기가 식은 죽 먹기일 줄 알았어요. 이탈리아어나 프랑스어 같은 언어는 쉽게 익혔거든요. 그런데 아니었어요. 제 생각에 폴란드어는 7격이 있기 때문에 라틴어에 훨씬 가까워요.(틀렸다면 선생님이 저를 가만두지 않을 텐데……) 문법은 제가 잘 안다고 할 수 없지만 억양은 따라할 수 있거든요. 아무튼 폴란드어는 7격 때문에 배우기가 매우 어렵고 말하는 문장마다 일일이 분석해야만 해요. 모든 단어가 문장에서 목적어냐 주어냐 간접 목적어냐에 따라 어미가 변하거든요. 진짜 복잡하죠."

그런데 메릴은 유고슬라비아 자그레브에서 3주 동안 유럽인 출연진과 함께 강제노동수용소 장면들을 찍기 전까지 틈나는 대로 또 다른 언어를 배워야만 했다. 퍼쿨라는 처음에는 대본에 전시 장면을 영어로 썼다가 (아마도) 막판에 가서 폴란드어와 독일어로 바꾸겠다고 결심했고 그것은 곧 메릴이 독일어 벼락치기 공부를 해야 한다는 것을 의미했다. "독일어 선생님 좀 구해주세요." 메릴이 퍼쿨라에게 부탁했다.

　해외에서 촬영하던 중 메릴은 딜레마에 빠졌다. 남편 돈이 맨해튼에 있는 화랑에서 개인전을 시작한 것이다. "감독님 기분이 어떨지 알아요. 그래도 참작해주세요. 돈은 항상 제 옆에 있어주었어요. 그런데 지금 전 일에 묶여서 그에게 갈 수가 없네요." 메릴이 퍼쿨라에게 쪽지를 썼다. 당황한 퍼쿨라는 다른 이에게 조언을 구했다. "그냥 안 된다고 하세요. 그리고 위로해줘요. 메릴은 자책감이 들어서 그럴 뿐이에요. 그녀를 위로해주는 건 감독님 몫이에요." 하지만 퍼쿨라는 메릴을 믿었고 메릴은 그를 실망시키지 않았다. 메릴은 뉴욕에서 24시간도 채 보내지 않고 돌아와 시차증도 없이 다시 소피로 변하는 마법을 보여주었다.

　퍼쿨라는 메릴이 수용소에 갇힌 기분을 이해할 수 있게 10대 시절 아우슈비츠 비르케나우 강제수용소에 있었던 폴란드 출신의 키티 하트-목슨Kitty Hart-Moxon을 초대하기도 했다. 또 메릴은 혹독한 다이어트로 살을 엄청나게 많이 뺐다. 음식은 모두 갈아 마셨고 음료는 거의 마시지 않았다. 카메라 앞에 선 메릴은 살가죽과 뼈만 앙상하게 남았다. 브루클린 소피의 은백색 머리칼이 아니라, 까치머리와 변색된 치아와 슬프고 경계하는 눈빛으로 절망과 희망이라는 상반된 감정을 모두 담아냈다. 나중에 미국으로 간 소피는 다시 풍만해지고 명랑해지지만 얼굴에는 여전히 지울 수 없는 기억 때문에 슬픔이 드리워져 있었다.(영화 촬영 때 메릴은 보철 치아를 사용해 모습을 바꾸었다.)

메릴은 소피가 오직 한 번 선택이라는 것을 하는 장면을 읽었다. "전 생각하고 싶지 않았어요." 메릴이 두 아이 중 하나를 선택해야 했던 장면에 대해 입을 열었다. "제 가슴에 아로새겨진 것처럼 대사를 외우고 있었어요. 촬영할 때 두 번은 찍고 싶지 않았어요. 그 입장이 되고 싶지 않았거든요. 그렇게 끝냈어요. 저는 '만약 내 아들을 두고 떠나야 했다면 어땠을까?' 같은 생각은 할 필요가 없었어요. 그런 건 생각조차 하기 싫어요!"

그 장면은 보기가 고통스럽다. 하지만 그 괴로움은 하트-목슨의 증언처럼 그리 오래지 않은 과거에 모두가 눈 뜨고 있는 훤한 대낮에 홀로코스트라는 잔학 행위가 실제로 일어났었다는 것을 기억나게 한다. 그건 잊어서는 안 될 기억이다.

♕

〈소피의 선택〉은 한 잔의 에스프레소처럼 메릴에게 활력을 불어넣어 줬다. 메릴은 촬영 현장에서 상대 배우들과 주고받는 즉흥연기에 신바람이 났다. 아무리 준비를 많이 해도 카메라가 켜지면 전혀 예상하지 못한 상황들이 벌어졌다. "케빈과 피터 맥니콜과 저는 영화에서처럼 서로 사랑에 빠졌어요." 그녀가 말했다. 《라이프Life》 1987년 12월호에 실린 익명의 제보에 따르면 케빈은 메릴에게 '완전히 홀딱 반했다'고 한다.(한때 피터는 메릴이 진짜 소피처럼 촬영장에서도 케빈에게 더 관심 가져서 소외감을 느꼈

〈소피의 선택〉에서 네이선 역을 연기한 케빈 클라인과 함께.
메릴 스트립은 이 영화를 찍으며 행복했고 살아 있음을 느꼈다.
그리고 아카데미 여우주연상을 받았다.

다.) 이 책에서도 계속 나오겠지만 메릴은 상대 남자 배우들을 끄는 뭔가
가 있었다. 메릴과 세 편의 영화와 한 편의 TV 시리즈를 같이 했던 감독
마이크 니컬스는 이렇게 말했다. "메릴이 캐릭터에 빠져들면 상대 배우
들은 마치 메릴이 진짜 그 인물이 된 것처럼 대하기 시작해요. 애인이면
정말로 그녀와 사랑에 빠지고, 적이면 그녀를 두려워하기 시작하고, 친
구면 진짜 친구가 되는 식이죠. 메릴은 모든 관계의 궁합을 바꿔버리죠.
그런 사람은 여태 본 적이 없어요."

네이선을 향한 소피의 사랑을 '느껴야만' 했던 메릴은 강렬한 연기를
보여주었다. 그리고 그 탁월함이 다른 배우들에 흘러들어 가 그들의 연
기력도 전체적으로 더 좋아졌다. 아마 케빈 클라인보다 재능이 훨씬 부

족한 배우라 할지라도 그랬을 것이다.

아참, 그러고 보니 케빈에 대해서도 할 얘기가 있다.

"케빈은 꿈같아요! 오 나의 신이시죠. 정말이에요. 배우란 정말 끔찍한 직업이죠. 그 잘생기고 환상적인 남자들과 전부 사랑에 빠지고……. 무슨 말인지 아시잖아요. 사실 얼마나 재밌는데요! 그런 감정을 다시 느끼면서도 아무런 대가를 치를 필요가 없거든요." 메릴의 말이다.

오~ 부럽다!

케빈도 메릴만큼 일을 즐기는 배우를 본 적이 없었다. 케빈은 그녀에 대해 "자기주장이 강하면서도 굉장히 유쾌한 사람입니다. 메릴은 자기중심적이거나 신경질을 부리지 않아요. 그녀는 관계가 발전해가면서 때마다 상대방의 기분을 맞춰줄 줄 알아요. 의견을 말하며 얼굴 붉히는 상황을 만들지 않아요."라고 했다.

케빈 씨, 계속해봐요.

그가 이어 말했다. "그녀는 건강하고 분별이 있어요. 그러면서도 무엇을 해야 하고 무엇을 하지 말아야 하는지에 대한 고정관념에 얽매이지 않아요."

하지만 퍼쿨라는 메릴이 하는 시도들을 항상 마음에 들어 했던 것은 아니다. 메릴이 피터와 찍는 장면에서 진짜로 술을 마시자고 했을 때 퍼쿨라는 처음에 동의했다가 곧 연기가 과하다는 이유로 장면을 잘라버렸다. 그것 말고는 퍼쿨라도 메릴의 모든 게 전부 감탄스러웠다.

어느 날 밤 퍼쿨라는 한껏 들떠 집으로 돌아왔다. 그는 아내에게 메릴이 '천재' 같다고 말했다. 그는 진심이 아니면 그런 말을 하지 않았다. 마침내 1982년 4월, 뉴욕에서 〈소피의 선택〉 촬영이 끝나자 그날 저녁 배우들과 제작진은 술을 진탕 마셨고 메릴은 울고 또 울었다. 메릴은 〈소피의 선택〉을 찍으며 행복했고 뛸 듯이 기뻤고 살아 있음을 느꼈다. 메릴이 과연 또다시 소피와 같은 캐릭터를 만날 수 있을까? 설마 서른두 살에 정점을 찍은 것은 아니겠지?

진짜 배우는 거짓을 말하지 않는다

드류 : 자기는 꼭 두 사람 같아. 한 사람은 사랑하지만 다른 사람은…….
캐런 : 좀 골칫거리지.
1983년 〈실크우드〉*에서

소피를 애도할 시간이 없었다. 메릴은 또 다른 비극적 여주인공 캐런 실크우드 Karen Silkwood 역을 맡아 바로 댈러스로 향했다. 실크우드는 오클라호마시티 플루토늄 핵 시설의 내부고발자로, 1974년에 운전 중 차가 아래로 굴러떨어져 스물여덟의 나이에 의문의 죽음을 맞은 실존 인물이다.

메릴은 캐런처럼 실제로도 사회운동을 활발히 하기 시작했다. 마이클 니컬스가 감독한 이 사회활동가의 전기 영화를 촬영하기 전인 1982년 6월 12일, 메릴은 센트럴파크에 모여든 수천 명의 반핵 시위대 사이

• 우리나라에서는 영화 제목이 〈메릴 스트립의 실크우드〉로 소개되었다.

에 끼어 있었다. 브루스 스프링스틴, 제임스 테일러와 존 바에즈가 평화 시위대를 위해 공연했다. 메릴은 시위대의 대의명분에 마음이 움직였다. "우리는 말로만 할 게 아니라 핵 위협을 막기 위해 뭐라도 해야 해요. 국회에 편지를 써야 하고, 조너선 셸Jonathan Schell의 『지구의 운명 The Fate of the Earth』 같은 책들을 읽어야 해요. 우리 내면에 아주 깊이 박힌 지구 종말에 대한 두려움 때문에 움츠리고 있을 수만은 없어요. 전 항상 아들 헨리가 2000년에 고작 스물한 살이라는 사실을 떠올려요." 메릴이 말했다.

〈실크우드〉(원제, 연쇄반응Chain Reaction)는 7년 동안 제작에 진척이 없었다. 오랫동안 지체되던 영화 제작은 메릴이 관심을 보이자 속도가 붙었고 영화는 한순간에 주목받기 시작했다. 노라 에프런Nora Ephron과 앨리스 알렌Alice Arlen이 공동으로 각본을 쓰고 마이크 니컬스가 감독하기로 계약했다. 니컬스는 획기적인 드라메디* 〈졸업The Graduate〉으로 1968년에 아카데미상을 수상했지만 1970년대 중반에 감독한 영화들(〈돌고래의 날The Day of the Dolphin〉과 〈행운The Fortune〉)이 연달아 실패하면서 8년간의 긴 공백기를 보냈다. 니컬스는 메릴 때문에 이 영화를 맡은 거나 다름없었다. 메릴이 〈실크우드〉를 해서 그도 했다. 니컬스는 까만 정장과 레이벤 선글라스를 쓴 산업체 악당들과 캐런을 맞붙여 영화를 현란한 스릴러물로 만들 수도 있었다. 하지만 그는 시나리오 작가들과 상의해가며 캐런 한 사람의 이야기에 중심을 뒀고 특히 정치에 무관심하던 한 여성 노동자가 급진적 사회활동가로 변해가는 과정을 보여주기를 원했다

캐런 실크우드는 산업체의 표적이 된 인물이었다. 텍사스주에서 나

• 드라메디(dramedy) : 코미디가 가미된 드라마.

고 자란 캐런은 과학을 특히 잘하던 우등생이었고 고등학교 화학 수업 교실에서 유일한 여학생이었다. 그녀는 열아홉이라는 어린 나이에 결혼 했다가 7년이 지난 1972년에 바람피운 남편과 세 아이를 남겨두고 미래 를 찾아 오클라호마주로 떠났고, 그곳의 거대 에너지 회사 커맥기 코퍼 레이션Kerr-McGee Corporation에서 안정적인 일자리를 얻었다. 그녀는 화학 기술자로서 원자로 연료봉에 들어가는 플루토늄 알갱이를 만드는 등의 일 을 했는데 그 과정에서 위험 물질에 노출될 가능성이 높았다. 극소량이 라도 방사능 중독, 암, 죽음에 이를 수 있었다. 캐런은 1974년에 석유, 화 학 및 원자력 노조연맹Oil, Chemical and Atomic Workers International Union에 가입하고, 커맥기 코퍼레이션의 첫 여성 노조 교섭위원이 되었다. 그녀는 회사의 방사능 유출 증거를 찾은 뒤 직원들의 건강과 안전에 대한 경각심을 불 러일으키려고 회사에 맞서는 파업에 참여했다. 또 미국 원자력위원회 Atomic Energy Commission에 참석해 회사의 실태를 고발하고 그 뒤에 자기 자신 도 알 수 없는 경로로 방사선에 피폭되었다고 밝혔다.

환경운동이 점차 활발해지면서 커맥기 코퍼레이션에 소송이 줄줄이 예기되었고 캐런은 그야말로 눈엣가시였다. 캐런은 1974년 11월 13일 《뉴욕 타임스》 기자 데이비드 버넘David Burnham을 만나 회사의 위험한 실 태에 대한 증거 자료를 전해주기로 했다. 하지만 그녀는 그날 밤 시골 찻 길에서 차가 배수로에 처박혀 그대로 사망하고 말았다. 오클라호마 시티 고속도로 순찰대는 단순 교통사고로 처리했다. 졸음운전이 원인이었을 지도 몰랐다. 결국 그녀의 혈액에서 진정제 성분인 퀘일루드quaalude가 발 견되기도 했으니까. 그러나 원자력 노조는 그 처리 결과에 부당성을 제 기하며 다른 차가 의도적으로 운전 방향을 틀게 했을 것이라고 주장했다. 더욱 꺼림칙하게도 그녀가 가지고 있던 서류가 현장에서 사라졌다.

1977년에 《롤링 스톤Rolling Stone》 기자 하워드 콘Howard Kohn은 "실크우드는 직원들과 대중을 위협하는 회사의 연방정부 핵 규정 위반 증거를 모으고 있었다. 수사관들은 그녀가 우연히 밀수단이 발전소에서 방사능 물질을 빼돌리는 것을 목격했고 서류 안에는 사라진 플루토늄에 관한 정보도 들어 있었다는 추론을 제기하기도 했다."라고 전했다.

캐런은 사망 2주 전부터 계속적으로 플루토늄 양성 반응을 보여 오염 해독 처치를 받았다. 1979년 연방 수사국은 캐런이 제기한 혐의들의 상당 부분을 사실로 인정했고, 민사소송에서 실크우드 측에게 손해배상금 1,050만 달러를 주라고 판결했다. 그리고 7년 뒤의 재심 때 커맥기 코퍼레이션(그 이후 원자력발전소 시설은 폐쇄되었다.)이 실크우드 측에 130만 달러의 합의금을 지급하는 것으로 소송이 마무리되었다. 페미니스트와 반핵 사회운동가들의 영웅 캐런은 죽은 뒤에도 법정에서 피고 측을 무력하게 만들었다. 캐런은 순교자였다.

♛
영화 결말에 대한 이야기

캐런의 교통사고 사망 사건의 여러 정황들에 의혹이 불거졌다. 정말 졸음운전이 사인死因이었을까 아니면 살인이었을까? 그녀는 《뉴욕 타임스》 기자 데이비드 버넘을 만나 커맥기 코퍼레이션이 저지른 건강과 안전 위반 행위를 고발하러 가던 중이었다. 수상하게도 증거 서류가 사고 현장에서 없어졌다.

〈실크우드〉의 감독 마이크 니컬스는 캐런이 살해당했다는 것을 보여주려고 했다. 〈실크우드〉의 편집을 맡았던 샘 오스틴^{Sam O'Steen}의 책『본론부터 말하자면^{Cut to the Chase}』에 따르면, 감독의 원본 결말에서는 캐런이 기자에게 전해줄 서류를 들고 노조 회의가 있던 커피숍을 나선 뒤, "동료에게 작별 인사를 건네고 차에 타 시동을 건다. 그녀가 차로로 들어서자 뒤따르던 차가 전조등을 깜박인다. 바로 '아하' 싶은 순간이다. 하지만 나는 뒤차가 전조등을 깜빡이는 장면을 잘라내야 했다. 관객들이 보게 된 건 시간 이동이 전부다. 그녀가 밤길을 운전하다 룸미러로 뒤차의 전조등을 쳐다본다. 이어진 다음 장면에는 사고로 망가진 차가 나온다. 따라서 최종 편집에서는 그녀가 쫓기고 있었다는 점이 명확하지 않다."

장면을 자르지 않고 그대로 두는 것(한쪽 입장에 서는 것)은 커맥기가 제작진을 협박했던 것처럼 법적으로 큰 파장을 일으킬 수 있었다. "마이크는 기분이 상했지만 그가 할 수 있는 건 아무것도 없었다. 그는 어떻게든 그대로 밀고 나가보려고 유력한 변호사들에게 자문을 구하기도 했다." 오스틴이 책에 쓴 말이다.

니컬스는 결국 영화 마지막에 '사고는 단순 교통사고로 처리되었고 캐런의 혈액에서 알코올과 진정제 성분이 검출되었으며 버넘에게 전하려던 서류를 실제로 가지고 있었는지의 여부는 알 수 없다'는 내용의 자막을 영화 마지막에 덧붙여야 했다.

메릴도 캐런의 죽음에 대해 생각하는 바가 있었지만 공개적으로 말한 적은 없었다.

메릴이 말했다. "이야기를 들려줄 당사자가 떠난 이상 우리가 다 알 수는 없다고 생각해요. 그 사람들의 진짜 비밀은 그들과 함께 묻혀요. 전 영화 촬영 마지막에 가서 차가 도로를 벗어나기 몇 분 전을 한번 떠올려봤어요. 그리고 전 그녀가 참 보고 싶었어요."

꒷

노라 에프런은 노련한 기자였지만 어린 아들 둘을 둔 엄마로서 캐런 실크우드의 까다로운 일대기를 혼자 조사하기란 쉽지 않았다. 까딱 실수하면 법적 문제를 일으킬 수 있었기 때문에 정확성이 필수였다. 공화당 성향 지역의 한 '반역자'에 관한 실화를 부드럽게 이겨서 기막힌 각본으로 빚어내려면 다른 사람의 도움이 꼭 필요했다. 베벌리힐스에서 자라나 평생을 뉴요커로 산 노라는 캐런 실크우드가 어떤 사람이었는지 전혀 이해할 수 없었다. 그래서 실크우드 사건 담당 변호사를 알고 지내던 앨리스 알렌을 고용했다.(노라가 앨리스의 가족이 운영하는 목장을 찾아왔었다고 한다. 앨리스는 "제가 자기보다 시골 사람들에 대해 더 잘 알 거라고 생각했대요."라고 노라 얘기를 내게 전해주었다.)

제작 책임자 버즈 허시 Buzz Hirsch가 이 2인조 작가들에게 〈실크우드〉에 관한 중요한 자료들을 줬다. 그는 이미 오래전부터 캐런의 남자 친구였던 드류 스티븐스 Drew Stephens 등 그녀와 관련된 사람들을 두루두루 인터뷰해왔다. 드류는 캐런이 직장에서 자기에게 젖가슴을 까 보인 적이 있다고 했다.●"그 순간 저는 그녀가 어떤 사람인지 알 수 있었어요. 캐런은 선동가였어요." 노라가 말했다.

촬영장에 도착한 메릴은 여전히 '소피' 같았다고 허시가 떠올렸다. "아직도 그 캐릭터에 빠져 있던 셈이었어요. 하지만 로이 헬랜드가 메릴의 머리카락을 자르고 어두운색으로 염색하고 캐런 실크우드처럼 꾸

● 〈실크우드〉에는 캐런이 드류와 다른 남자 직원들이 있는 공간에서 자기를 쳐다보는 남자 직원에게 정면으로 가슴을 열어 보이며 쫓아내는 장면이 있다.

실크우드의 멀릿 스타일로 외모를 바꾼 후 메릴 스트립은 비로소 이전의 마음 아픈 캐릭터 '소피'에서 벗어나 새로운 캐릭터 '실크우드'가 되었다.

머주자 -짜잔! - 메릴이 달라졌어요. 정말 놀라웠어요. 완전히 캐런 실크우드가 된 거예요." 금발 머리의 소피가 사라지고 갈색 멀릿 스타일의 캐런이 나타났다. 메릴은 뉴욕의 개성 넘치는 윌리엄스버그 거리를 활보하는 멋진 젊은 여성 같았다.(누군가는 인스타그램에 그녀 사진을 올리고 '#워너비'라는 태그를 달아놓을지도 모르겠다.)

촬영은 대부분 텍사스주 어빙에 있는 댈러스 커뮤니케이션 복합 건물Dallas Communications Complex 안의 사운드스테이지˙에서 이루어졌다. 출연진과 제작진 중 VIP들은 서로 이웃하여 임시 아파트를 얻었다. 주말에는 돈과 헨리가 와서 수영장에서 놀았다. 메릴은 남편과 아장아장 걷는 아들과 있을 때조차도 언제나 '캐런 실크우드'였다고 허시가 말했다. 어느

▪ 사운드스테이지(soundstage) : 촬영용 방음 스튜디오.

날 촬영 중간 휴식 시간에 허시는 메릴 때문에 놀란 적이 있다. "메릴이 다가와서는 제 무릎에 털썩 앉는 겁니다. 전 그 교태스러운 모습에 깜짝 놀랐어요. 메릴이 일어서서 걸어갈 때 제가 뒤에 대고 '당신 자리 비워둘게요.'라고 말했죠. 그러자 메릴이 뒤돌아보며 '그 말 신선한데?'라는 눈빛을 보냈어요. 그렇게 행동하는 것은 메릴이 아니라 전부 '캐런'이었죠." 허시가 말했다.

카메라 밖에서도 메릴은 텍사스 사투리를 썼다. 메릴은 쇼핑몰에 앉아 사람들이 말하는 것을 듣곤 했다. 캐런의 아버지는 〈실크우드〉가 똑똑한 자기 딸을 '초라한 시골뜨기'처럼 만들어놨다고 불평했지만 드류 스티븐스는 감탄을 금치 못했다. "드류는 메릴이 캐런을 그렇게 정확히 포착해낸 것을 믿을 수가 없었대요." 허시가 말했다. 니컬스 감독은 드류 역에 유쾌한 커트 러셀^{Kurt Russell}을 캐스팅했다. 그리고 캐런의 가장 친한 친구 돌리 펠리커 역에는 더 이상 말이 필요 없는 사람, 셰어^{Cher}를 캐스팅했다. 다만 셰어는 배역을 위해서 슈퍼스타다운 화려함을 좀 누그러뜨려야 했다. 그게 연기자로서 한 걸음 더 나아갈 수 있는 길이라면 그녀는 받아들일 준비가 되어 있었다.

셰어는 스모그 없는 맑은 밤에 할리우드힐스에서 내려다본 불빛 찬란한 경관처럼 반짝이는 스타였고, 메릴은 아이비리그 출신 똑똑이로 전혀 꾸미지 않아도 세련되고 멋진 배우였다. 셰어는 메릴을 만나는 게 너무 떨렸다. 꼭 교황을 알현하는 것만 같았다. 셰어는 '만약 메릴이 나를 형편없는 배우라고 생각하면 어쩌지?'라고 걱정했다.

촬영장에서 처음 만난 날 메릴은 마치 캐런이 돌리에게 인사하는 것처럼 셰어를 따뜻하게 맞거주었다. "저기 내 친구 오네. 드디어 내 편이 생겼어!" 메릴이 생각했다. 메릴 또한 셰어의 명성을 무시할 수 없었다. "셰어잖아요! 셰어가 부른 '아이 갓 유 베이브I Got You, Babe'와 다른 음반들도 다 샀거든요. …… 그런데 셰어가 보기에는 제가 좀 고전 명작처럼 고상한 것만 좋아할 거 같았나 봐요. 제 평판만 듣고 좀 주눅 들었던 것 같아요."

하지만 셰어도 결코 풋내기 배우가 아니었다. 셰어는 소니 보노Sonny Bono와 함께 2인조 가수로 1960년대 대중가요 순위에서 1위를 하며 엄청난 유명세를 탔고 단독으로 시작한 활동도 성공적이었다. 소니와 셰어는 1971년에 CBS 버라이어티 쇼를 시작해 큰 인기를 누렸다. 셰어는 거기서 코미디 촌극을 하며 코믹 연기 감각을 다졌고 3년 뒤 골든글로브 뮤지컬·코미디 부문에서 여우주연상을 수상했다. 그러나 부부였던 소니와 셰어가 이혼하면서 1974년에 두 사람의 쇼가 취소됐다. 그 이후 셰어는 오래 방영하진 않았지만 자기 이름을 건 버라이어티쇼의 진행을 맡아 데이비드 보위, 베트 미들러처럼 쟁쟁한 가수들과 공연하기도 했다. 그녀는 텔레비전에서 보여준 숨 막히게 화려한 의상들 덕에 패션 아이콘으로도 자리 잡았다. 그리고 1982년에 라스베이거스에서의 2년 전속 공연을 끝마친 다음, 브로드웨이 연극 〈컴백Come Back to the Five and Dime, Jimmy Dean, Jimmy Dean〉에서 제임스 딘의 소녀 팬 역을 맡았고 로버트 알트먼Robert Altman 이 이 연극을 영화화했을 때도 같은 역할을 맡았다.

셰어는 〈실크우드〉 이후, 1985년 영화 〈마스크Mask〉와 1988년 로맨틱 코미디 영화 〈문스트럭Moonstruck〉에 출연해 대단히 호평받으며 메릴 스트립쯤 되어야 받을 수 있는 최고의 상, 아카데미 여우주연상까지 거머쥐었다.

허시는 메릴이 곧바로 셰어에 맞춰주려고 노력했다고 말했다. "그리고 셰어는 그저 메릴과 가까워진 게 너무 좋았던 것 같아요. 셰어가 메릴에게 'LA에 나 만나러 와서 같이 지내지 않을래? 그러면 정말 좋겠다.'라고 말하는 걸을 봤어요." 그가 말했다.

셰어는 연예계에서 20년을 활동했지만 〈실크우드〉 전까진 사람들이 자기를 진지하게 봐준다고 생각하지 않았다. 메릴은 셰어에게 연기 조언을 아끼지 않으면서도 그녀가 주눅 들지 않게 아주 조심했다. 셰어는 마치 돌리가 캐런에게 헌신적이던 것처럼 실제로도 미국 대륙을 가로질러 메릴 가까이로 이사 가는 것까지 생각해봤다. 이 별난 두 친구는(합해서 '셰릴'이라고 부른다.) 겉보기보다 훨씬 더 서로를 닮았다. "셰어는 정말 저 같아요. 제 진짜 성격과 닮았어요. 아주 유머가 있고 좀 거만하기도 하고 주변 사람들을 열받게도 하는데, 해야 한다고 믿는 것은 해내고야 말아요." 그 시절 메릴이 말했다.

셰어는 메릴과 친구가 되어 신이 났다. "메릴이 내 친자매였더라면 정말 끔찍이도 사랑했을 거예요. 사람들이 잘 모르는데 메릴은 정말, 정말 재밌는 친구예요." 셰어가 칭찬을 쏟아냈다.

〈실크우드〉 촬영을 시작한 지 얼마 안 되었을 때 메릴이 상황에 어울리지 않게 화려한 옷을 입은 셰어를 두고 놀렸다. "셰어, 그런 건 그만 입어. 여기 텍사스에서 그건 아니지. 그런 천 쪼가리들은 얼른 싸서 집으로 보내버려." 그 말에 셰어가 대꾸했다. "메리 루이즈, 넌 옷 잘 입는 법 좀 배워야 돼."

셰어는 메릴이 옷을 한결같이 다려 입으려 하는 것을 보며 미쳐버릴 것만 같았고, 반대로 메릴은 셰어가 식스 플래그 놀이공원에 입고 나온 옷을 보고 기가 차서 입이 벌어졌다. "셰어가 놀이공원에 분홍색 미니스커트를 입고 온 거예요, 글쎄. 치마 길이가 15센티나 됐나 몰라요. 그러고선 해맑게 웃으며 놀이공원 한복판을 걸어가는 거예요. 저라면 가발에, 선글라스에, 트렌치코트까지 입었을 텐데 말이에요. 하지만 셰어는 사람들이 쳐다보는 걸 개의치 않았어요. 그런 건 전혀 힘들어하지 않았어요."

셰어를 힘들게 하는 건 따로 있었다. 말하자면 니컬스가 돌리 역을 위해 골라준 옷차림 같은 것이었다. "돌리는 원래 대본에 '대담하고 매력 넘치는 여자'라고 적혀 있었어요." 셰어가 말했다. 그리고 그녀는 그에 걸맞은 모습으로 니컬스와 스크린 테스트°를 거쳤다. 하지만 나중에 니컬스는 별로라고 느꼈고 화장을 지우라고 했다. 그러더니 급기야 의상 디자이너 앤 로스^{Ann Roth}와 모의해 이 섹시한 여전사에게 헐렁한 남자 셔츠에다 풍덩한 면바지를 입히고 심지어 다리통 굵어 보이라고 바지 안에 남자 사각팬티를 두 장이나 더 입혔다. 니컬스는 아주 만족해했지만 커트 러셀은 그녀를 보자마자 소리쳤다. "꼴이 뭐야 그게?"

셰어는 그길로 화장실로 달려가 눈물을 펑펑 쏟아냈다. 빛이 나야만 하는데 너무 끔찍해 보였기 때문이다. 하지만 셰어는 곧 시골 총각같이 수더분한 '돌리'와 헐렁하고 실용적인 티셔츠와 청바지만 잔뜩 걸린 옷장을 받아들였다. 어쩌면 허영기 없는 메릴에게 물든 건지도 몰랐다. 셰어는 화장을 지우자 자유로움을 느꼈다.

"메릴은 셰어를 돋보이게 해줬어요. 셰어는 메릴만큼 잘하지는 못했

° 배우가 실제 화면에 어떻게 보이는가 알아보기 위한 시험 촬영이다.

지요. 우리는 셰어를 기준으로 영상을 편집해야 했어요. 셰어가 잘한 테이크를 골라야 했거든요. 메릴은 항상 잘했으니까요. …… 여러 번 반복해서 찍은 장면이 많진 않았어요. 마이크는 그런 식으로 작업하지 않았죠. 하지만 일단 한 번 이상의 테이크가 있다면 메릴은 절대로 같은 연기를 두 번하지 않았어요. 메릴은 커트라든가 셰어라든가 상대 배우의 연기에 따라 적절하게 달라졌어요." 허시가 말했다.

메릴은 먼발치에서도 진짜 배우와 가짜 배우를 가려낼 수 있었다. 진짜 배우는 거짓을 말하지 않는다. 오직 캐릭터와 장면이 가진 진실에 반응한다. 반면 가짜 배우는 감독에게 잘 보이려고 느껴지지도 않는 감정을 억지로 만들어낸다. 셰어는 메릴의 이런 높은 기준을 한참 넘어설 만큼 연기를 잘했다.

"셰어는 말할 것도 없이 진짜 배우죠. 기교 부리지 않고 억지 쓰지 않아요. 직감으로 연기할 뿐이죠. 기교와 맵시와 돋보이는 것에 너무 집중한 나머지 그 아래로 파고들어 가지 못하는 배우들도 있어요. 하지만 셰어는 절대 아니었어요. 가장 놀라운 건 셰어가 모든 걸 있는 그대로 느낀다는 거였어요. 카메라가 돌아가고 있는데도요. 그거 정말 쉽지 않거든요. 카메라 앞에서 초연히 상황을 느낄 수 있는 거 말이에요. 셰어는 텍사스에서 자랐잖아요. 그리고 자랄 때는 돈이 별로 없었죠. 셰어는 그 세계 사람이었고 그 세계로 곧장 다시 들어섰던 거예요." 메릴이 칭찬을 아끼지 않았다.

메릴과 셰어, 할리우드에서 별처럼 반짝이는 우정의 연대기

<u>1982년</u>　두 거물은 〈실크우드〉 촬영장에서 빠르게 친해졌다. 메릴이 캐런 실크우드 역으로 주연을 맡았고 셰어가 그녀의 가장 친한 친구 돌리 역을 맡았다. "메릴과 처음 만나던 순간은 꼭 교황님을 알현하는 것만 같았어요."라고 셰어가 메릴과의 첫 만남을 떠올렸다. 아카데미 수상에 빛나던 메릴이 "아무렇지도 않게 제게 다가와서 팔을 두르고 '너무 반가워요.'라고 했어요. 메릴은 말도 잘 통하고 따뜻하고 의리 있고 유머 감각이 넘쳐요." 셰어가 말했다.

<u>1984년</u>　메릴이 다섯 번째로 아카데미상 후보에 오를 게 뻔해 보였다. 앗! 그런데 셰어까지 여우조연상 후보로? 역할을 위해 허접한 옷을 입은 보람이 있었다. 메릴의 연기 조언도 한몫했다. 아카데미 시상식 날 밤, 셰어는 그녀가 너무도 좋아하는 디자이너 밥 매키 ^{Bob Mackie}의 반짝거리는 시스루 드레스를 입고 레드카펫을 걸었다. 액세서리는 커다란 다이아몬드 귀걸이와 팔짱 낀 젊은 남자 배우 발 킬머 ^{Val Kilmer}였다. 셰어는 시상식 때 메릴이 입으려던 앙상블을 보더니 "그건 입고 가지 마."라고 하고선 디자이너 소니아 리키엘 ^{Sonia Rykiel}의 자수가 가득한 무릎길이의 하얀색 드레스를 빌려줬다. 메릴의 액세서리는 당연히 돈 거머였다.

<u>1988년</u>　이게 웬일인가! 셰어와 메릴이 아카데미 여우주연상 부문에 나란히 후보로 오른 것이다. 메릴이 암울한 대공황 시절 드라마 〈엉겅퀴꽃 ^{Ironweed}〉에서 노숙자 여성을 맡아 관객들의 심금을 울리는 동안 셰어는 〈문스트럭〉에서 니컬러스 케이지 ^{Nicolas Cage}의 상대역으로 열연하며 눈부시게 빛이 났다. 해피엔딩 로맨틱 코미디 〈문스트럭〉은 박스오피스에서 〈엉겅퀴

꽃〉을 넘어섰다. 하지만 그 순위가 중요한 건 아니었다. 어쨌든 시상식에서 셰어의 이름이 불리자(셰어!!), (이미 오스카상을 두 번 수상한) 메릴은 일어서서 힘차게 박수 쳤다. 셰어는 수상 소감에서 "메리 루이즈와 첫 영화를 같이 찍었다는 걸 믿을 수가 없어요. 그리고 드디어 제가 그녀와 나란히 후보에 올랐어요. 메릴에게 정말 고마워요."라고 고마움을 표시했다.

<u>1990년</u>　셰어는 메릴이 1989년에 식품 안정성을 지향하고 농약 사용의 제한을 도모하는 환경 단체 '마더스 앤드 아더스Mothers & Others'의 자선 음악회에서 다른 여성 배우들과 함께 '왓 어 원더풀 월드What a Wonderful World'를 열창했다. '환경을 생각하는 동지들과 함께하는 저녁'이라는 별칭의 이 무대에 베트 미들러, 올리비아 뉴턴존, 골디 혼 등이 올랐다. 모두가 1990년대 엄마들처럼 정숙하게 차려입은 가운데 셰어만큼은 예외였다. 셰어는 엄마들이 놀라서 뒤로 넘어지게 할 요량으로 록가수처럼 찢어진 청바지를 입고 나왔다. 메릴은 루이 암스트롱처럼 멋들어지게 노래 부르며 무대를 마음껏 즐겼다.

<u>2002년</u>　안타깝게도《모어More》2002년 12월호에는 (〈디 아워스The Hours〉와 〈어댑테이션Adaptation〉에 출연하여 '직업적 부흥기'를 보내고 있었던) 메릴이 셰어와 더 이상 '절친'이 아니라는 기사가 실렸다. 셰어는 메릴의 뒤를 그림자처럼 졸졸 따라다니곤 했었다. "전 셰어와 굉장히 친했는데 어느 순간 그녀가 제 삶에서 빠져나가 버렸어요. 이상한 일이었어요. 셰어는 정말 재미난 사람이거든요. 정말 똑똑하고 정말 웃겨요. 제가 전화를 몇 번 걸긴 했어요. 그런데 그냥 사라져버린 거예요." 메릴은 아쉬움을 떨칠 수 없었다. 메릴은 "숨 돌릴 틈도 없이 바빴던 때에 친구들과 더 많은 시간을 보내고 더 좋은 친구가 되어주었더라면……." 하고 아쉬워했다.

<u>2003년</u>　셰어가 인터뷰 기사를 읽은 게 틀림없었다. 1년 뒤 패럴리 형제

Farrelly brothers가 감독한 코미디 영화 〈붙어야 산다 Stuck on You〉에 두 사람이 나란히 카메오로 출연했다. 혹시 셰어가 메릴과 관계를 회복하려고 오랜만에 연락해 그녀를 촬영장으로 불러낸 건 아니었을까? 아마도 그럴 것이다. 엉뚱하면서도 굉장히 사랑스러운 영화 〈붙어야 산다〉는 맷 데이먼 Matt Damon과 그레그 키니어 Greg Kinnear가 각각 밥 테너와 월트 테너 역을 맡아 샴쌍둥이인 두 사람이 배우를 꿈꾸는 월트를 위해 할리우드에 가는 이야기를 그리고 있다. 월트는 운 좋게도 셰어 역의 셰어와 메릴 스트립 역의 메릴을 만나 뜻밖에 친구가 된다. 영화 마지막에, 지역 극장에서 제작한 뮤지컬 〈보니와 클라이드〉에 출연한 메릴이 시선을 빼앗는 장면이 압권이다.

2004년   베테랑 배우 메릴이 미국영화연구소 American Film Institute 평생공로상을 수상하던 때에 셰어가 헌사했다. "메릴은 기가 막히게 노래를 잘 부르기도 하죠. 그녀의 모든 게 그렇듯 목소리까지도 '놀라운 은총'을 입었어요." 셰어가 말했다. 여기서 '놀라운 은총 Amazing Grace'이란 〈실크우드〉에서 메릴이 부른 찬송가를 가리키는 것이었다.

2012년   메릴은 브라보 TV의 '워치 왓 해픈스 Watch What Happens' 토크쇼에서 진행자 앤디 코언 Andy Cohen에게 내가 평생 기억할 아주 귀여운 정보를 하나 말해주었다. 셰어한테는 파촐리 허브 냄새가 난데요오~. 그런 걸 누가 알겠어요. 셰어님, 그 향기를 병에 담아 우리 같이 팔아보지 않을래요? 향수 이름은 '자신감' 어때요? (셰어 전문가 힐러리 위버 님, 메릴의 '셰어 냄새 폭로 사건'을 알려줘서 감사해요!)

2018년   〈맘마미아! 2 Mamma Mia! Here We Go Again〉의 런던 개봉 때 두 거물의 입술이 부딪치자 인터넷이 발칵 뒤집혔다. 사진을 찍기 위해 포즈를 취하는 동안 두 사람이 짧게 입을 맞춘 것이다. 내가 보기에는 해로운 뉴스 매체들과 트위터를 정화해주는 귀여운 입맞춤이었건만 왜들 그리 난리였을까. 여하튼 두 사람은 세 살 차이에도 불구하고 기막힌 아바 노래들이 나오는 이 후속 영화에서 엄마(셰어)와 딸(메릴) 역을 맡았다. "정말 즐거웠어요. 나중에 알았지만 메릴이 제가 노래하는 것을 훔쳐봤다는 거예요. 전 너무나 신이 났어요. 보고 있단 걸 일찍 알아차렸더라면 더 긴장했겠죠." 셰어의 말이다.

메릴도 노라와 마찬가지로 캐런의 성격을 감 잡는 데 곤란을 겪었다. "누구 말을 믿어야 할지 알 수가 없었어요. 캐런을 알고 지낸 사람들은 하나같이 그녀에 대해 생각이 달랐어요. 모두가 동의하는 점도 더러 있긴 했지만 대부분 차이가 많이 났어요. 마치 서로 다른 여자에 대해 이야기하는 것 같았죠. …… 그녀를 알아갈수록 혼란에 빠졌어요. 파악하기가 정말 힘든 인물이었어요. 영화 속 다른 모든 것들과 사람들은 실제로 존재했어요. 하지만 그녀를 허공에서 잡아낼 방도가 없었어요. 제가 꼭 심령술사가 되어 저승에서 실마리를 찾아내야 하는 것만 같았죠."

메릴은 연기를 준비하는 단계에서, 허시와 공동제작자 래리 카노^{Larry} ^{Cano}가 〈실크우드〉를 제작하려고 모은 법정 서류들과 기타 자료들을 바닥에 죄다 쏟아놓았다. 그리고 캐런의 느리고 낮은 목소리가 녹음된 테이프도 들었다. "그걸 듣고 또 들었어요. 그런데 아무 도움이 되지 않더라고요. 한밤중에 걸려온 전화였을 것이고 캐런이 몹시 피곤했던 것 같아요. 녹음기에 문제가 있었는지도 모르고요. 얼마 안 있어 듣는 걸 그만뒀어요. 듣다 보니 마음이 불안하고 우울해졌거든요. 캐런의 삶과 죽음에 가까이 다가갈수록 더 슬퍼졌죠."

캐런의 오래된 신분증에 붙어 있던 사진이 메릴의 뇌리를 떠나지 않았다. 메릴은 이 수수께끼 같고 '유령' 같은 사람을 다시 현실로 불러와야 했다. 그녀는 걱정 많은 한 시민에서 조금씩 사회활동가로 변해간 실제 자기 경험을 떠올렸다. 그녀는 캐런처럼 교태스러운 직장인이 될 수 있을까? 그건 절대 불가능하다. 그렇다면 커맥기 코퍼레이션에 눈엣가시 같은 존재가 될 수는 있었을까? 물론 그건 가능하다.

메릴이 캐런의 성격을 아주 섬세하게 짜깁기하려고 끊임없이 조율했다. 스포츠에 한번 비유해보자. 이미 최고의 선수였던 젊은 마이클 조던이 시카고 불스 팀을 NBA 결승전으로 이끌려고 하루에 몇 시간씩 연습하는 것과 비슷했다. 메릴은 캐런 실크우드를 완벽하게 만들어갔다. 버즈 허시가 촬영장도 아닌 수영장에서 메릴을 '캐런'으로 봤던 것도 그런 이유에서였다.

"전 캐런을 연기하는 게 정말 좋았어요." 메릴이 《마르퀴 매거진 Marquee Magazine》과의 인터뷰에서 말했다. 메릴은 그녀가 연기했던 그 어떤 인물들보다도 캐런을 가깝게 느꼈고 캐런을 '골칫거리', '절대 성자가 아닌 모순덩어리의 보통 사람'이라고 여겼다. 언젠가 메릴은 영화에서 항상 보여주는 모순적 성격은 곧 자기 자신의 성격이라고 말한 적 있다. 메릴에게 연기란 완전히 다른 사람이 되는 걸 의미하지 않았다. '나와는 명백히 달라 보이는 캐릭터 안에서 나와 닮은 점을 찾는 것, 다른 인물 안에서 나 자신을 찾아내는 것'이라고 했다.

〈실크우드〉를 촬영하는 동안 니컬스는 극장에서 〈소피의 선택〉을 봤다. 그는 〈실크우드〉에 나온 메릴의 모습이 진짜라고 생각했었는데 소피를 보자 그동안 잘 알고 있다고 생각했던 메릴을 다시 보게 되었다. '저

건 대체 누구지?' 의문이 생겼다. '너무 진짜 같잖아! 어느 쪽이 진짜 메릴인 거야?'

서로 다른 사회 계층에 속했던 메릴과 캐런이었지만 저항 정신만큼은 같았다. 두 사람 모두 매우 모순적이었다. 환경에 순응하지 않고 대의를 따랐으며 거기에 맞춰서 생기는 페르소나를 떠맡았다. 두 사람은 관행을 거부하고 예상을 깨뜨렸다. 니컬스가 진짜 메릴을 알아내기 어려웠다는 건 어쩌면 '모호성'이 메릴의 핵심이라는 걸 의미할지도 모른다. 니컬스는 메릴의 다양한 모습에 어리둥절했고 끊임없이 호기심이 일었다. 메릴은 결코 지루하거나 뻔한 사람이 아니었다. 다음번에는 무슨 일을 할지 아무도 몰랐고 그것이 메릴을 보는 재미였다. 메릴은 캐런 이후 또다시 예상을 뒤집으며 캐런과 완전히 반대되는 역할을 맡았다. 그때까지 가장 관능적이라고 평가되는 장면 속의 우아하고 귀족적인 여자가 되었다.

메릴의 반핵운동

1982년 6월 12일, 100만 명의 평화시위대가 핵무기와 냉전 시대 군비 확장 경쟁을 반대하며 센트럴파크에 모여들었다. 이런 명분으로 이렇게 많은 사람이 모인 것은 처음이었다. 그 군중 안에 메릴 스트립이 있었다. 반핵운동은 1970년대부터 시작해 1980년대에 들어서면서 전국적으로 퍼졌다. 레이건이 대통령으로 선출되어 1981년 취임한 뒤 핵무기 개발을 선언한 것이 기폭제가 되었다. 메릴과 미국인들은 대량살상무기의 확산에 두려움을 느꼈다. 혹시라도 인류를 절멸시키려고 작정한 정신 나간 인간이 폭탄을 발사하는 단추라도 누른다면 어떡할 것인가?

핵무기는 심각하고 공포스러운 것이었다.

메릴은 처음에는 걱정을 공개적으로 드러내려 하지 않았다. "기자들이 제인 폰다에 관한 우스갯소리를 해댈 게 뻔했으니까요." 제인 폰다는 베트남전 반대 운동에 목소리를 내면서 대중의 반발을 샀다. 우연하게도 제인 폰다는 캐런 실크우드 역에 잠시 관심을 보이기도 했다. 하지만 용감한 여성을 주인공으로 삼아 핵무기에 관한 경각심을 불러일으키는 1979년의 영화 〈차이나 신드롬The China Syndrome〉에서 주연을 맡으며 그 관심을 거둬들였다.

메릴이 다른 사람들의 시선을 의식하여 침묵하던 시간은 길지 않았다. 그녀는 아들 헨리를 위해 지구의 평화를 원한다고 큰 목소리로 외치기 시작했다. "내 책임감이 커질수록 미래 세상에서 내 지분도 커진다는 것을 깨달았어요." 그녀가 말했다.

맨해튼에서 이루어진 대규모 집회와 행진에서 시위대는 "폭탄 말고 빵을 달라!", "레이건이 곧 폭탄이다 – 폭탄과 레이건 둘 다를 막아야만 한다!", "페미니스트의 세상이 곧 핵무기 없는 세상"이라고 적힌 팻말을 높이 들었다. 마틴 루터 킹^{Dr. Martin Luther King}의 부인 코레타 스콧 킹^{Coretta Scott King}은 군중을 향해 "여기 이렇게 많이 모인 우리의 목소리는 백악관과 미국 의회에 반드시 전달되어야만 합니다."라고 말했다.

이 문제와 관련해, 메릴은 아카데미상 후보로 오르기도 한 다큐멘터리 〈자정까지 8분^{Eight Minutes to Midnight}〉의 뉴욕 개봉 준비를 도왔다. 소아과 의사이자 '핵무기 군비 축소를 위한 여성들의 활동^{WAND}'이라는 국제 비영리 단체 설립자이기도 한 헬렌 칼디콧^{Helen Caldicott}을 소개하는 다큐멘터리였다. 그해 여름, 메릴은 플루토늄 시설에서 일하다가 방사능에 오염된 실험실 기술자이자 노조 활동가인 캐런 실크우드 역을 맡아 〈실크우드〉를 찍기 시작했다. "저는 항상 좋은 예술 작품을 찾곤 해요. 그리고 그런 작품은 결국 정치적으로도 바른 이야기를 담고 있는 것 같아요." 그녀가 말했다.

1984년 메릴은 WAND를 널리 알리기 위한 모금 행사에서 헬렌 칼디콧 리더십 상을 받았다. 하지만 같은 해에 로스앤젤레스 TV 방송국은 메릴이 찍은 공익광고, '핵 파괴는 치유할 수 없다'는 내용이 담긴 공익광고를 방영해주지 않았다. 한 방송인은 이 문제는 '양면

적'이라고 설명하기도 했다. 이에 반응하여《로스앤젤레스 헤럴드 이 그제미너 Los Angeles Herald Examiner》는 "그렇다. 폭격하는 쪽과 폭격당하는 쪽이 있다."라고 밝혔다.

한편 메릴은 핵 위협을 정말로 심각하게 받아들였고 말 그대로 이 쟁점을 중심으로 삶을 바꾸어나갔다. "저는 모든 징조에 극도로 예민해요." 그녀가 2004년《뉴욕 타임스》에서 말했다. "제가 코네티컷에서 집을 구한 이유는 90분 거리 안에 핵 시설이 없었기 때문이었어요. 이건 제가 캐런 실크우드를 연기한 이후에 한 일이에요. 우리는 정말로 지도 위에 집을 중심으로 원을 그려보았어요." 그녀가 이어 말했다. "제가 뉴욕 밖으로 이사한 이유는 테러리스트 람지 유세프가 '세계무역센터로 반드시 돌아온다'고 말했기 때문이었는데, 그 말을 믿은 사람은 제가 유일했던 거 같더라고요."

그녀는 1982년에 출판된 조너선 셸의 『지구의 운명』을 곧잘 추천하곤 한다.

"셸이 쓴 책에서 핵무기 확산과 관련해 저를 굉장히 불편하게 했던 사실은 세계가 하나로 연결되어 있다는 것이었어요. 우리가 하는 모든 행동이 기후에 영향을 미친다는 것이죠. 그가 했던 말의 대부분은 사실로 드러났어요. 다만 북극 얼음이 녹는 것 대신 지구가 얼어붙는 것에 대해 더 심각하게 예측하긴 했지만요. 제가 그 책을 왜 읽었을까요? 어쨌든 훌륭한 대학들은 학생들에게 졸업장을 주며 성공을 부추기기보다 신념과 호기심을 길러주는 데 힘을 써야 합니다." 메릴의 말이다.

5
케냐의 대자연 속에서

난 아프리카에 농장이 있었다. - 카렌 블릭센
1985년 〈아웃 오브 아프리카〉에서

메릴은 좌절했다. 배역과 대본과 상대 배우와 어떻게든 공감하려고 노력했지만 할 수 없었다. 이번에는 정말로 벽에 부딪힌 것이다. 그리고 도무지 해결책을 알 수 없었다.

"장면을 제대로 파악할 수가 없었어요." 메릴이 로버트 벤턴이 각본을 쓰고 감독한, 앨프리트 히치콕에 대한 오마주 작품 〈살의의 향기 Still of the Night〉에 대해 말했다. "대화가 가짜 같았어요. 답은 내 안에 있는데 아무리 애써도 찾을 수 없어서 갈수록 화가 났어요. 하루 종일 의기소침해 있었죠. 전에는 그런 적이 한 번도 없었거든요. 영화의 끝으로 갈수록 긴장감이 더해졌어요. 답이 거기에 있어야만 했으니까요."

〈실크우드〉 촬영이 텍사스에서 마무리되어갈 때쯤인 1982년 11월

19일, 수상한 과거를 가진 요부가 전국 극장가에 슬며시 나타났다. 원래는 '자상Stab'이라는 제목이 붙었던 벤턴 감독의 추리 영화에서 메릴은 매력적인 경매 전문 회사 직원이자 사이코 킬러로 의심받는 브룩 레이놀즈 역을 맡았다. 맨해튼에 사는 정신과 의사 샘 라이스(로이 샤이더Roy Scheider 분)는 자기 환자였던 한 유부남의 살인 사건에 집착하게 되면서 모든 일이 틀어진다. 환자의 정부였던 브룩은 정말로 히치콕 영화에 나올 법한 냉정하고 침착하고 묘한 성격의 금발 미인이었다. 하지만 그녀가 정말로 살인을 저질렀을까? (결말을 말하진 않겠다.)

메릴은 이 영화를 〈프랑스 중위의 여자〉와 〈소피의 선택〉 사이에 찍었고 이제는 이력에 옥의 티 같은 영화로 여긴다.

메릴은 좌절감 때문에 상대 배우 로이 샤이더와 마찰이 생겨났고 그 탓에 영화에서 두 사람의 궁합이 좋지 못했다. 《뉴스위크》의 영화평론가 데이비드 앤슨David Ansen은 "샤이더와 스트립은, 히치콕 영화에서 환상의 호흡을 보여준 캐리 그랜트Cary Grant와 그레이스 켈리Grace Kelly가 아니다. 금속 성냥개비 두 개로 불꽃을 만들 수는 없는 법이다."라고 썼다.

한편 그다음 달 개봉한 〈소피의 선택〉에서는 케빈 클라인과 확실하게 불꽃이 튀었고 메릴은 극찬을 받았다. 《버라이어티》는 영화 자체에 대해서는 '멋지지만' '놀랄 만큼 따분하다'고 표현했다. 〈살의의 향기〉는 이미 기억 저편으로 사라진 실패작이었다. 모두가 '소피'에 대해 이야기하고 있었다. 《뉴욕 타임스》에서 재닛 매슬린은 "스트립은 원작자 스타이런이 만든 창작품의 엄청난 규모를 해치지 않으면서도 주인공을 현실성 있게 그려내는 불가능에 가까운 일을 해냈다."라고 말했다. 《보그》의 몰리 해스컬Molly Haskell은 메릴의 연기를 보고 당혹감을 감추지 못했다.

"앨런 퍼쿨라의 빈틈없이 사실적이면서도 대단히 분위기 있는 각색 작품에서 스트립은 여태껏 보여준 적 없는 최고의 신체적 연기를 펼쳐 보이며 다채로운 독창성을 마음껏 드러냈다. 매력적으로 익살스러운 폴란드 억양을 섞어 넣은 영어를 구사하면서, 빈혈증으로 바닥에 풀썩 쓰러졌다가 정신 나간 애인 네이선의 배려 속에 꽃처럼 아름답게 피어난다. …… 마지막에 가서 그녀에게 죄책감의 뿌리가 깊었다는 걸 알 수 있지만 그녀가 어떤 사람인지는 끝까지 알 수가 없다. 소피에게 없는 것, 즉 메릴 스트립('자기 자신'을 연기한다고 비난받은 적 없는 변신의 귀재)이 보여주지 못한 소피의 핵심 정체성이 처음부터 끝까지 드러나지 않기 때문이다."

결과적으로 해스컬은 "소피에 감동받기보다 스트립에 더 끌렸다."라고 말한다. 그러나 로저 이버트 이전에 가장 영향력 있던《뉴요커》의 평론가 폴린 케일은 메릴의 '연기력'를 의심하며 전혀 다르게 평가했다. "스트립은 언제나 그렇듯 역할에 자기 생각과 노력을 담았지만," 케일이 잘라 말했다. "당황스럽게도 영화를 보고 나서 스트립이 목 아래로는 어떻게 생겼는지 도무지 떠오르지 않는다. 그녀는 어째서 목 아래로는 전혀 연기를 하지 않고 오로지 한 가지에만 집중하는가? 예를 들어 〈맨하탄〉에서는 고개 흔드는 것 하나, 그리고 여기서는 억양 하나에만 집중한다. 그게 바로 그녀가 연기하는 캐릭터들의 성격이 뚜렷하지 않고 그녀를 보는 데에 별다른 즐거움이 없는 이유다."

정말 가혹하기 짝이 없었다. 아무래도 케일은 메릴이 불편했나 보다. 하지만 '세라 우드러프'에서부터 '소피 자비스토브스카'까지 메릴의 대체 자아와 같던 그 인물들은 웃을 일보다 울 일이 많았던 여인들이다. 이 여인들은 정체성이 확고하지 않았기 때문에 성격이 원만하지 않았다. 발밑의 늪 속으로 빨려들어 가지 않으려고 발버둥 쳤고 과거로부터 도망쳐 새로운 삶을 시작하려 했다. 그러니 메릴은 소피의 정체성을 분명하게 드러내려 하지 않았다. 오히려 회한을 극복하려는 몸부림을 확실히 내면화하려 했다. 폴린 케일은 색채영화가 나오기 이전에 태어난 워낙 강하고 복잡한 성격의 여성인 데다가, 무비 스타는 확연히 무비 스타의 티가 나던 시대에 자라난 탓에 날것의 성적 매력으로 스크린을 채색하던 배우들을 더 좋아했다. 그녀는 맑은 사이다 같은 메릴을 마시려 들지 않았다. 별난 대세 메릴의 귀족적 쌀쌀함과 침착함, 그리고 한계를 모르는 다양한 말투가 여느 거물급 평론가들(주로 남성 평론가들)을 사로잡았던 것처럼 케일을 사로잡지는 못했다. 그러나 해스컬이 인정했듯 메릴이 만들어낸 인물을 보는 것은 분명히 즐거운 일이었다.

"날 죽이다시피 했어요." 케일의 비평에 대해 메릴이 한 말이다. 메릴은 2008년《가디언 Guardian》과의 인터뷰에서 그 비평을 가볍게 넘길 수가 없었다고 말했다. "그리고 제가 속으로 무슨 생각을 했는지 아세요?" 메릴은 인터뷰할 때의 품위 있고 따뜻하고 호감 가는 페르소나를 벗어던지고 케일에게 반칙 같은 주먹 한 방을 날렸다. "그 폴린이라는 가난한 유대인 출신 여자는 버클리 대학교를 다니며 그쪽 동네 부유층 출신 금발머리 백인 여자들에게 치이면서 그네들의 무정함에 질린 거죠. 그랬다가 시간이 한참 지나서 저를 본 거예요."

1983년 4월 11일 저녁, 메릴과 돈은 엄청난 부담감을 안고 화려하게 빛나는 도로시 챈들러 파빌리온에 도착했다. 제55회 아카데미 시상식이었다. 〈소피의 선택〉은 아카데미상 5개 부문에 후보로 올랐고 메릴은 드디어 여우주연상 후보에 올랐다. 꿈에 그리던 상, 성배와 같은 상이었다. 한 해 전에는 캐서린 헵번이 수상했다. 그해에 메릴은 다크호스가 아니었다. 같은 해 1월 골든글로브 여우주연상을 수상하며 가장 강력한 우승 후보로서 입지를 이미 굳힌 터였다.

아카데미는 신인 배우 케빈 클라인과 피터 맥니콜은 상대하지 않았다. 그건 그렇다 쳐도 〈소피의 선택〉을 작품상 후보에도 넣지 않은 건 좀 놀라웠다. 하기야 그해 작품상 경쟁은 여간 치열한 게 아니었다. 〈간디〉(수상작!), 〈E.T.〉(당시 문화 현상!), 〈투씨Tootsie〉(여장한 더스틴 호프먼!)가 최종 후보 명단에 올랐다. 이 영화들은 박스오피스에서 엄청난 수익을 올리기도 했다.(〈소피의 선택〉은 900만 달러의 제작비를 들여 3,000만 달러의 괜찮은 수익을 올렸다.) 시시 스페이섹Sissy Spacek과 잭 레먼 주연의 역사 드라마 〈의문의 실종Missing〉과 폴 뉴먼Paul Newman 주연의 법정 드라마 〈판결The Verdict〉도 작품상 후보에 올랐다.

메릴은 여우주연상을 두고 다른 대세 여배우들인 스페이섹, 제시카 랭(〈프랜시스 파머Frances Farmer〉), 데브라 윙거Debra Winger(〈사관과 신사An Officer and a Gentleman〉), 그리고 인기 절정의 우상 줄리 앤드루스Julie Andrews(〈빅터 빅토리아Victor/Victoria〉)와 경쟁했다. 메릴은 긴장한 티가 역력했지만 금빛 드레스를 입고 눈부시게 빛났다. 사실 낙낙한 금빛 드레스는 새로운 소식을 살짝 가리고 있었다. 그녀는 둘째 아이를 품고 있었고 그해 여름 출산할 예정이었다. 실베스터 스탤론이 후보들을 소개할 때 메릴의 이름이 나오자 사방에서 열화와 같은 박수갈채가 터져 나왔다. 그녀는 미소 지으며 아래를 한번 보았고 턱을 살짝 만지더니 옆을 보았다. 옆에는 침착함의 대명사, 돈이 의연하게 앉아 있었다.

1983년 〈소피의 선택〉으로 아카데미 여우주연상을 받은 메릴 스트립은
4개월 뒤 둘째 아이를 출산한다.

2년 같던 90초가 흐르고 마침내 스탤론이 메릴의 이름을 불렀다. 그
녀는 돈에게 키스하고 무대로 올라가다가 소감문이 적힌 종잇조각을 바
닥에 떨어뜨렸다. 메릴은 기쁨에 달떠서 종이를 줍고 잠시 몸을 흔들거

렸다. 마침내 그녀가 입을 뗐다. "오, 세상에! 이게 어떤 기분일지 그렇게 많이 상상했었는데도 지금 발끝까지 떨려요." 그녀는 퍼쿨라와 로이 헬랜드, 폴란드·독일어 선생님들에게 감사했고 마지막으로 4년 만에 받은 두 번째 아카데미상을 클라인과 맥니콜에게 바쳤다.

4개월 뒤 메릴은 4년 터울의 둘째 아이를 낳았다.

딸 메리 윌라^Mary Willa^는 1983년 8월 3일 뉴욕에서 3.4킬로그램으로 태어났다. 메릴은 할머니의 이름을 따서 메이미^Mamie^라고 불렀다. 메이미는 엄마 배 속에 있는 동안 부정맥이 있었다. 의사는 메릴에게 60퍼센트는 일시적 현상에 그친다고 말해주었다. 하지만 메릴은 헨리의 여동생이 '40퍼센트 안'에 들어 '심각한 심장병'을 앓을까 봐 걱정했다. 게다가 병원에서 가녀린 메이미(이제 막 세상에 나온 아기)를 유아 집중 치료실에 두는 바람에 두려움이 더욱 커졌다. 다행히도 아기는 무사했다.

《레이디스 홈 저널》 1984년 4월호에 따르면, 메릴은 한 차례 산후우울증을 겪었다. TV 뉴스를 보면서도 눈물을 흘렸다. 그녀는 그해 겨울 개봉 예정이던 〈실크우드〉를 홍보하려고 《레이디스 홈 저널》과 인터뷰하는 자리에 생후 6주 된 메이미를 데려갔다. 메이미의 보모는 감기에 걸려 아이를 볼 수 없었고 엄마는 엄마대로 할 일을 해야만 했다. 잡지를 읽게 될 여성 주부들이라면 모두 이해했을 것이다. 메이미를 데리고 있는 메릴은 영화에서 보여준 비극적인 모습들과 반대로 다정하고 건강해 보였다. 메릴은 평범한 엄마로서 가족에 집중하기 위해 한 해 동안 연기를 쉬고 있었다.

"성공한 여성들은 인생에 굴곡이 훨씬 많아요. 적어도 제 인생은 그랬어요. 왕성한 활동을 하다가도 한순간 거기에서 빠져나와야 해요. 일에 대한 흥미가 줄어들어서가 아니에요. 빠져나와야만 했기 때문이죠. 어린 두 아이를 놔두고 멀리 촬영하러 계속 떠나 있을 수는 없잖아요. 아기를 위해서 활동을 쉬어야만 했어요. 시간적으로 균형 잡기가 쉽지 않았어요. 엄마가 되면 사람이 굉장히 인간다워지는 면이 있어요. 내게 오로지 필수적인 것들만 남게 되거든요." 메릴이 기자 클라우디아 드레이퍼스Claudia Dreifus에게 말했다.

그녀는 남편에 대해서도 말했다. "돈과 전 정말 많이 닮았어요. 저희는 은둔자예요. 저흰 혼자 있기를 즐기죠. 우리 두 사람, 그리고 아이들만 같이 있는 거요. 요란한 것, 파파라치, 호화로운 걸 별로 안 좋아해요. 그래서 브로드웨이 개막 공연에 가는 일도 거의 없어요. 우리가 가장 행복하게 느끼는 순간은 시골에서 우리끼리만 지낼 때예요."

거머 가족은 계속 맨해튼을 본거지로 삼으면서도 1980년에 주 북부에 있는 크리스마스트리 농장 약 12만 평을 사들이기도 했다. 거머와 메릴은 육아를 분담했다. 돈이 아침마다 헨리를 학교에 데려다줬고 메릴이 오후에 아이를 데리러 갔다. 메릴이 요리했고 돈이 청소를 했다. 두 사람은 보모와 가정부를 고용하기도 했다.

1983년 12월 12일, 메릴과 돈은 아이들을 집에 두고 〈실크우드〉 개봉 행사에 참석하려고 로스앤젤레스로 떠났다. 평론가 이버트는 별 4개 만점에 별 4개를 주었다. "이 영화는 플루토늄에 관한 게 아니다. 미국 노동 계층에 관한 것이다. 영화에 나오는 악당은 괴물이 아니다. 조직의 관리자들, 노동조합에서 잘나가는 사람들, 그리고 직장을 잃을까 겁내는 모든 사람들이다." 그는 메릴의 연기를 요목조목 칭찬했다. "실크우드가 공장으로 걸어 들어간다. 근무 시간 기록 카드를 기계에 탁 갖다 넣기 전에 자동적으로 손목시계를 본다. 그리고 손목을 흔든다. 아마 태엽이 저절로 감기는 자동시계일 것이다. 그 손목을 흔드는 동작은 바로 대본에 없이 배우가 알아서 한 일이다. 이 영화에는 그런 장면이 꽤 많은데 이 장면처럼 눈에 바로 들어오지 않는다. 아주 조금씩, 메릴과 상대 배우들이 캐릭터들을 너무나 설득력 있게 만들어가서 우리는 관객이 아닌 사건의 목격자가 된다."

빈센트 캔비는 〈실크우드〉를 보고서 "그동안 스트립이 보여준 그 어떤 모습과도 다르지만 같은 게 하나 있다면 여전히 지능적이라는 것이다. 뻔뻔하고 상스러우면서도 재미와 감동이 있는 수작이다."라고 했다. 심지어 폴린 케일조차 메릴이 '매우 훌륭한 연기'를 펼쳤다고 인정했다. 비록 '스트립은 배역에 맞지 않는 배우'라는 말도 덧붙였지만.

아카데미 시상식에서 메릴은 여우주연상에, 셰어는 여우조연상에, 마이크 니컬스는 감독상에, 그리고 노라 에프런과 앨리스 알렌은 각본상에 후보로 순조로이 올랐다. 아무도 상을 타진 못했지만 알렌이 말했듯 후보에 오른 것만으로도 대단히 영광이었다. 메릴은 셜리 매클레인Shirley MacLaine에게 여우주연상을 내주었다. 매클레인이 출연한 〈애정의 조건 Terms of Endearment〉은 마음이 따스해지는 비정치적 흥행 영화로 레이건 대통령 집권 시절 할리우드 분위기와 더 잘 어울렸다. 매클레인은 망연자실하는 연기를 펼쳐 보였다. 항상 이길 수는 없는 노릇이다. 시상식이 끝나고 버즈 허시는 이어진 만찬에서 메릴을 봤다. 그녀는 그가 기억하는 텍사스에서의 성마른 여자와는 사뭇 달랐다.

"이걸 어떻게 설명할 수 있을까요? 메릴은 만찬에서 아주 연약하고 쉽게 상처받고 과민하고…… 거의 실성한 것 같은 페르소나를 걸친 듯

했어요. 이건 그냥 제 추론인데요. 메릴은 공개석상에서 그런 모습을 보여줘야 한다고 생각했던 것 같아요. 메릴은 온갖 칭송을 다 받고 툭하면 수상 후보에 오르잖아요. 메릴은 '고지에 오르려면 크고 화려한 길은 피해야 한다'는 사실을 잘 알고 있었어요. 그만큼 영리한 거죠. 저는 매년 아카데미 시상식을 챙겨 보는데 그곳에는 항상 메릴이 있었어요. 그녀가 얼마나 유행에 뒤떨어지는 모습을 하고 나타나는지 보면 놀랍습니다. 메릴은 의도적으로 그렇게 해요. 메릴은 사람들이 자기 성공을 시기하는 걸 잘 알고 있어요. 그녀 정도의 위치에 오른 사람이라면 그를 끌어내리길 원하는 사람들이 아주아주 많이 생긴답니다." 허시가 말했다.

♛
1983년 배서 대학 졸업생을 위한 메릴의 연설

유명해지면 지켜야 할 규칙이 하나 생긴다. '정치 영역에서는 정치를 논하지 말지어다.' 메릴은 자기 의견을 자유롭게 내보이는 것을 극도로 조심해야 한다는 사실이 지독하게 싫었다. 그래서 모교에서 졸업생들을 위한 연설을 할 때 아주 살짝 목소리를 높였다.

"제가 아카데미 시상식에 참석하려고 캘리포니아로 갈 때 아버지가 전화를 하시더니 '만약에 수상하거든 무대에 올라가서 정치 얘길랑 꺼내지 말고 반짝이듯 짧고 재치 있게 말하고 내려오라'고 말씀하셨죠. 전 아버지께 제 드레스가 배 속 아기랑 제 몫을 감당할 만큼 아주 반짝거리니 그건 염려 마시라고, 그리고 제가 무대에 오를 수만 있다면 그것(메릴이 입으로 폭탄

터지는 소리를 냈다.)에 대해서는 한마디도 하지 않겠다고 약속했어요. 아카데미 시상식을 시청하는 3억 명의 관객들이라니, 아주 아담하니 괜찮은 크기죠? 무대 위에 올라서면 그 2분이라는 시간 동안 지구상의 모든 사람들에게 중요한 말을 하고 싶은 욕구가 엄청나게 강해집니다. 하지만 저는 그런 상황에서 적절한 행동이 무엇인지 아버지 말씀을 듣고 이해했어요. 그러나 오늘 여기 오기 전에도 아버지가 똑같은 조언을 해주셨을 때는 아버지께 반대했어요. 왜냐면 우리는 모두가 정치적 배우들이니까요. 사람들은 우리가 저지른 일을 두고도 비판하지만 무관심했던 일을 두고도 비판합니다. 우리의 말을 두고도 비판하지만 우리의 침묵을 두고도 비판합니다. 지지하는 걸 두고도 비판하고 간과한 걸 두고도 비판해요. …… 이 나라에서는 짧고 재치 있고 즐거워야 하는 순간에 아주 약간이라도 정치적 소견을 내보이면 '부적절하다'고 느끼죠. 저는 오늘 이 자리에서 여러분께 제 정치적 생각을 말하진 않을 거예요. 다만 여러분들이 자기만의 생각을 직접 찾고 그 생각들을 끝까지 따르길 강하게 권합니다. 비록 이 자리처럼 정치적 의사 표시가 부적절해 보이는 자리에서일지라도 말입니다."

육아 휴직을 마치자마자 메릴은 성격이 매우 다른 세 편의 영화를 찍었다. 로버트 드니로가 상대 역으로 나온 불륜 드라마 영화 〈폴링 인 러브Falling in Love〉, 데이비드 헤어David Hare가 각색하고 브로드웨이 연극계의 권위자 조지프 팹이 제작한 〈프렌티Plenty〉, 그리고 로버트 레드퍼드Robert Redford와 함께 주연한 대서사 로맨스 〈아웃 오브 아프리카Out of Africa〉였다.

먼저 메릴은 〈폴링 인 러브〉를 찍었다. 〈폴링 인 러브〉는 결혼 생활을 자극하는 모호하면서도 충격적인 영화다. 평범한 사람들이 불륜에 빠져 얼마나 놀랍게 달라질 수 있는지, 그리고 그 과정에서 얼마나 가정을 망가뜨릴 수 있는지를 여실히 보여준다. 프랭크(로버트 드니로 분)는 두 아이의 아빠로 예민한 건축기사이고, 몰리(메릴)는 2년 전 갓난아기를 잃은 수줍음 많고 매력적인 화가다. 두 사람은 같은 통근 열차를 타고 웨스트체스터 카운티와 뉴욕을 오간다. 두 사람은 맨해튼 서점에서 우연히 부딪힌 것을 계기로 가까워지면서 서로에 대한 호감이 점차 사랑으로 변해간다. 이 비운의 두 남녀는 육체적 사랑을 나누지 않고서 헤어진다. 넘지 말아야 할 선을 지킨 덕분에 영화 팬들의 호감을 샀다. 하지만 결국 둘은 각자 배우자를 떠나고 열차 안에서 재회한다.

이게…… 행복한 결말인지는 모르겠다. "엄마는 제가 한 번만 더 영화에서 죽으면 저와 다시는 이야기하지 않으시겠대요." 메릴이 말했다. 어쨌든 메릴은 오랫동안 사랑 이야기를 찍길 열망해왔고 〈택시 드라이버 Taxi Driver〉를 본 뒤로 우상처럼 여기던 드니로와 〈디어 헌터〉 이후 다시 호흡 맞추길 간절히 바랐다. 메릴은 1976년에 〈택시 드라이버〉를 보면서 '나도 나이 들면 저 배우처럼 되고 싶다'고 생각했다. 그리고 7년 뒤 두 사람은 동료이자 협력자가 되었다. 메릴과 드니로는 원래 페렌츠 몰나르 Ferenc Molnar의 희곡 〈더 가즈먼 The Guardsman〉을 원작으로 한 영화를 같이 찍으려고 했으나 실현되지 않았다. 그러고 나서 마이클 크리스토퍼 Michael Cristofer가 쓴 〈폴링 인 러브〉의 대본을 보고 함께 해보기로 결정했다. 드니로는 완벽한 테이크를 추구하는 아주 세심한 동료였다.

메릴은 찰스 댄스 Charles Dance보다 로버트 드니로를 훨씬 선호했다. 찰스 댄스는 〈프렌티〉에서 궁지에 몰린 영국인 남편 역을 맡은 배우였다.

그녀는 〈폴링 인 러브〉 촬영을 마친 뒤 찰스와 호주 감독 프레드 셰피시 Fred Schepisi의 시대물을 찍기 위해 런던으로 향했다. 메릴은 성마른 아내 수전 트래헌 역을 맡았다. 수전의 보헤미안 친구 역으로 트레이시 울먼 Tracey Ullman이, 수전의 밀회 상대로 스팅 Sting(가수 스팅 맞다!)이 출연했다. 수전은 분을 쏟아내며 스팅에게 총을 쏘기도 한다.(빵야!) 이미 런던 웨스트엔드의 극장에 올린 연극으로 케이트 넬리건 Kate Nelligan이 수전 역을 열연했고, 한때 연극깨나 했던 메릴이 영화 버전에 흥미를 보였다. 남편 돈과 헨리, 메이미도 그녀와 함께 영국으로 갔다.

연극 원작자로 상을 탔던 데이비드 헤어가 직접 각색했다. 그는 제2차 세계대전 때 영국 첩보원으로 활동했던 여성들의 75퍼센트가 전후 이혼을 겪었다는 놀라운 수치를 보고 극본을 썼다. 그의 여주인공 수전은 과거에 점령당한 프랑스에서 첩보원이었다. 그녀는 삶의 의미와 같았던 긴장감 넘치는 전시 임무가 그리웠다. 고국으로 돌아와 점잖은 외교관 레이먼드 브룩(영화에서는 찰스 댄스 분)과 결혼했지만 그의 아내로 사교 모임에 앉아 시답잖은 대화나 주고받는 하찮은 인생 제2막에 몹시 답답함을 느낀다. 수전은 차차 나락으로 떨어지기 시작한다. 여러 손님을 초대한 저녁 식사 파티 장면에서 수전이 레이먼드를 망신 주자 친구 앨리스(울먼 분)는 손님들 앞에서 농담하듯 '수전이 감정 기복이 좀 있다'고 말한다. 레이먼드는 수전에게 그만하라고 한다. 그러자 수전이 소리 지른다. "그래요! 그만할게요! 그만할 거예요! 만약 누구 하나라도 들을 가치 있는 소릴 하면 그땐 내가 그만할 거라고요!"

(그 외에는 다이애나 왕세자비처럼 숨소리가 많이 섞인 나긋나긋한 목소리로 말했다.) 메릴은 연기도 잘했고, 그녀가 특히 좋아하는 저 대사 한마디도 기

막히게 잘해냈다. 하지만 그녀는 30대 후반의 붉은 머리 키다리 배우 찰스와는 별로 맞지 않았다. 두 사람은 일하는 방식이 영 달랐다. 주로 관료나 악당을 맡아온 찰스는 극단 '로열 셰익스피어 컴퍼니'에 있다가 TV 시리즈 〈브라운 신부 Father Brown〉로 데뷔해 〈왕관의 보석 The Jewel in the Crown〉으로 인기를 얻었다. 대개 TV 시리즈는 영화보다 촬영 속도가 훨씬 빠르다. 테이크를 많아야 한두 번 찍지 그 이상은 찍지 않는다. 메릴도 촬영할 때 결코 까다로운 편은 아니었지만 감정이나 장면의 세부 사항은 정확히 표현하기를 원했다. 셰피시는 배우들의 연기를 끌어내려고 테이크를 꽤 많이 찍는 편이었고 메릴은 더 나은 연기를 위해서라면 합당한 범위 안에서 최대한 많이 찍을 마음이 있었다. 언젠가 찰스는 그런 메릴을 두고 ABC의 1987년 미니시리즈 〈아웃 온 어 림 Out on a Limb〉에 함께 출연한 셜리 매클레인과 비교하며 말한 적이 있다. "메릴 스트립은 지성적이지만 셜리는 직감적이죠. 전 셜리 편이 더 좋아요."

메릴에 대해서는 "그냥 제가 메릴에게 좀 거리감을 느꼈다고 합시다. 메릴이 어떤 사람인지 거의 알 수가 없었어요. 두 번 정도 같이 저녁 식사를 하긴 했지만 일 얘기밖에 하지 않더라고요. 같이 일하는 게 쉽지 않았어요. 하지만 따지고 보면 메릴이 군이 절 편하게 만들어줄 이유는 없었지요."라고 솔직하게 말했다.

촬영감독 이언 베이커 Ian Baker는 메릴이 '의도적으로' 찰스를 멀리한 것이 아닐까 생각했다. 마이크 니컬스가 관찰했던 메릴의 방식을 생각해본다면 그녀가 영화 속 적대감을 현실에서도 만들어냈을지 모른다. 찰스가 반감을 느낀 건 메릴이 아니라 '수전이 된 메릴'이었을 수도 있다. 한편 메릴과 울먼은 '수전'과 '앨리스'처럼 실제로도 친한 친구가 되었다.

두 사람에겐 〈프렌티〉 촬영 막바지에 죽다 살아난 일화가 있다. 튀니지에서 몇 장면을 찍고 돌아오던 복잡한 비행기 안에서였다. 둘은 샴페인을 홀짝홀짝 마시며 속닥속닥 찰스 흉을 보고 있었다. "갑자기 무슨 일이 일어났는지 아세요? 비행기 엔진 하나가 터지고 다른 하나는 그대로 멈춰버린 거예요." 울먼이 그때 기억을 떠올리며 말했다. "그러고는 비행기가 내려가기 시작했어요. 불은 다 꺼졌고요. 나이 어린 승무원 한 명이 울기 시작했는데 그건 결코 좋은 신호가 아니잖아요? 우리는 외마디 비명을 지르고 얼굴이 백지장처럼 하얘져서는 손을 맞잡고 지난날을 돌아보기 시작했어요."

3만 피트 상공에서 메릴은 생각했다. '이런 젠장! 이거…… 허락도 없이 나에 대해 이상한 전기를 쓰고 있는 그 여자만 땡잡게 생겼네! 아주 기찬 결말이 나오겠어!"

하지만 1984년에 출판된 『주저하는 슈퍼스타The Reluctant Superstar』의 저자 다이애나 메이칙Diana Maychick은 비범한 인생 이야기를 비극적 결말로 맺지 못했다. 비행기는 프랑스 니스에 비상 착륙했고 사건은 공항 직원들이 메릴을 포함한 승객 전부를 개똥 취급하는 것으로 끝맺었다.

메릴은 공중에서 한 차례 공황 발작을 겪은 것 말고는 〈프렌티〉 촬영 현장에서 대단히 침착했다고 베이커가 말했다. 촬영을 쉴 때면 셰피시와 다른 사람들이 촬영하는 동안 촬영장에 머물면서 고양이처럼 몸을 웅크리고 앉아 책을 읽었다.

혹시 덴마크 작가 카렌 블릭센Karen Blixen을 연기하려고 그녀의 회고록 『아웃 오브 아프리카Out of Africa』를 탐구하던 중은 아니었을까? 메릴은 곧이어 케냐로 날아가 레드퍼드와 (돈 주고 빌린 사자들과) 함께 유니버실 픽처스가 각색한 영화를 찍을 예정이었다. 블릭센(필명 이자크 디네센)은 남작 부인이자 나이로비 근처 커피 농장의 소유주였다. 그녀는 1913년에 영국령 동아프리카로 이주했고 육촌인 스웨덴 남작 브로르 본 블릭센 피네케Bror von Blixen-Finecke와 결혼했다. 두 사람은 식민지 이전 키쿠유족이 소유했던 농장을 사서 그 땅을 경작하려고 키쿠유족을 고용했다. 블릭센은 키쿠유족 어린이들을 교육하려고 그 안에 학교도 만들었다. 하지만 결혼 8년 만에 남편과 이혼하고 홀로 모든 것을 떠맡았다. 블릭센은 토질이라든가 커피값 폭등 같은 여러 가지 문제로 빚을 져 1931년에 농장을 팔고 덴마크로 돌아왔다. 그리고 6년이 지나 회고록을 출판했다.

책에 나오는 블릭센과 영국 귀족 출신의 카리스마 넘치는 맹수 사냥꾼 데니스 핀치 해턴Denys Finch Hatton과의 사랑 이야기는 영화화하기 아주 좋은 소재였다. 블릭센이 농장을 팔아버린 해, 해턴은 복엽비행기 추락 사고로 유명을 달리했다. 그녀는 『아웃 오브 아프리카』의 마지막 단원에 이 비극을 기록했다.

〈투씨〉로 오스카 후보에 오르기도 했던 감독 시드니 폴락Sydney Pollack은 블릭센 배역 문제로 주디 데이비스Judy Davis와 줄리 크리스티Julie Christie를 만났다. 제인 시모어Jane Seymour는 레드퍼드와 같이 스크린 테스트를 했다. 케이트 캡쇼Kate Capshaw는 폴락에게 코펜하겐 호텔 앙글레테르의 주소가 찍힌 메모지를 한 장 전해주었다. 메모를 보면 이 배역을 맡고 싶어 로비하려는 듯했다. '감독님, '아웃 오브 아프리카'와 기나긴 여행을 끝마치고 이제야 돌아왔습니다. 환상적인 블릭센과 함께 창조적 탐험을 마치고 드디어 안식을 얻었어요. 감독님 덕분에 전 실력 좋은 배우들과 같이 이 영화에 출연해 함께 발전해하길 정말로 원합니다.' 캡쇼가 폴락을 칭송하며 썼다.

샘 콘은 메릴을 추천했지만 폴락은 관심 없었다. 결국 메릴이 끈질기게 고집하는 바람에 마지못해 그녀를 만나주기로 했다. 들리는 바로 폴락은 메릴이 블릭센을 연기할 정도로 관능적이지 않다고 생각한다는 것이었다. "전 나가서 패드가 빵빵한 브라와 가슴골이 깊게 파이고 나풀거리는 천박한 블라우스를 사 왔어요. 처음 만나는 자리에 그걸 입고 나갔고 역할을 따냈죠." 메릴이 떠올렸다. "물론 이제는 제 덴마크어 억양과 제 지성, 작가 역할을 잘할 수 있는 제 연기력 때문이었다고 생각하지만, 분명히 가슴골이 한몫했을 거예요!"

폴락은 메릴의 말에 반박했다. "메릴이 빵빵한 속옷을 입었다는 걸 실토하면서 그게 제가 그녀를 캐스팅한 이유라고 하더군요. 제 말 믿으세요. 절대 그것 때문이 아니에요." 그가 우겼다.

폴락은 메릴과 마주하자 '소피', '실크우드', '조애나'는 전부 잊어버렸다. 그가 본 진짜 메릴은 블릭센 역에 딱 맞는 배우였다. 아프리카에서 촬영하던 101일 동안 그는 메릴의 지구력에 감탄했다.("모두가 병이 났지만 메릴만 거뜬했어요.") 상황이 좋지 않을 때도 메릴은 침착하게 연기했다. 무대에서 공연하던 중 소품에 문제가 생겨도 아무렇지 않은 듯 태연하게 연기하는 연극배우처럼 말이다. 예를 들어 블릭센이 농장에 다다르는 기나긴 테이크를 찍는 동안 메릴은 아주 침착했다. "하지만 시드니 감독이 '컷!'을 외치자마자 메릴은 얼굴이 일그러지더니 주먹으로 가슴을 치면서 '이것 좀 여기서 빼줘요, 제발!'이라고 소리 질렀어요. 의상 담당자가 달려가 메릴의 드레스를 찢어 보니까 주먹만 한 빌레 한 마리가 떨이

져 나왔어요! 그 장면을 찍는 내내 옷 안을 기어 다닌 건데 그걸 애써 참고 있었던 거예요." 〈아웃 오브 아프리카〉의 시나리오 작가 커트 루드키 Kurt Luedtke가 말했다.

또 메릴은 야영장을 습격한 사자를 블릭센이 막아내는 장면을 대역 없이 용감하게 해냈다. 사자를 보고 대역이 기겁했던 것이다. "그 젊은 여성분이 너무 놀랐어요. 대역도 당연히 겁먹을 수 있죠. 하지만 전 괜찮았어요. 전 젖 먹던 힘까지 끌어모아 앞으로 나갔어요." 메릴이 채찍을 쥐었다. "사자가 흥분하지 않으리라는 걸 알았기 때문에 감독님은 제가 채찍을 휘두르는 동안 사자를 묶어놓지 않았어요. 그래 놓고 촬영하면서 그 사실을 제게 알리지 않았던 거죠. 집으로 돌아가기 전 마지막 테이크였는데 촬영하면서 그 사실을 알았더라면 감독님을 가만두지 않았을 거예요."

폴락은 사자 조련사에게 사슬을 풀라고 말한 적이 없다며 메릴의 상상일 뿐이라고 일축했다. 심지어 감독은 영화를 위해 훈련받은 사자를 여섯 마리 이상 준비했고, 만에 하나라도 일이 잘못될 경우를 대비해서 소화기를 들고 대기할 사람들을 고용했다. 폴락은 사자가 제멋대로 굴 경우 다치지 않게 제지하려 했다. 하지만 감독이 사자 사슬을 풀어놓았다는 메릴의 상상은 쉽게 사그라들지 않았다. 메릴에게 상상력이란 연기의 원천이고, 현실 세계에서든 캐릭터가 살아가고 있는 허구 세계에서든 그녀가 위험에 맞설 수 있게 해주는 강력한 힘이었기 때문이다.

♕

블릭센은 원래 갈색 머리였지만 폴락은 메릴이 금발인 채로 촬영하길 원했다. 하지만 메릴과 로이 헬랜드는 감독의 뜻을 어기고 머리색을 어둡게 바꾸기로 했다. "정말 예쁠 겁니다." 로이가 폴락에게 말했다. 메릴의 오른팔 로이는 강가에서 데니스가 블릭센의 머리를 감겨주는 매우 관능적인 장면을 찍을 때에도 조언을 아끼지 않았다. 샴푸 거품이 보글거리는 이 장면은 〈사랑과 영혼 Ghost〉에서의 데미 무어 Demi Moore 와 패트릭 스웨이지 Patrick Swayze 의 육감적인 도자기 러브신만큼이나 사람들 사이에서 큰 화젯거리가 되었다. 심지어 블릭센과 데니스는 아직 육체적 사랑을 나누기 전이었으므로 보는 내내 짜릿함이 더 컸다. 레드퍼드는 메릴의 머리를 감길 때 어떻게 하면 좋을지 로이에게 조언을 구했다. "그냥…… 더러운 양말을 빤다고 생각하세요." 로이가 말했다.

"많은 사람들이 〈아웃 오브 아프리카〉에서 로버트가 너무 경직되어 있다고 했지만 전 전혀 그렇게 생각하지 않았어요. 오히려 아주 미묘하게 역할을 잘 살렸다고 생각해요. 하지만 전 그에 대해 객관적으로 말할 수 있는 사람은 아니에요. 정말 그에게 홀딱 빠져버렸거든요. 그는 제가 영화에서 만난 남자들 중에 키스를 가장 잘했어요. 시드니는 레드퍼드가 데니스 핀치 해턴과 본질적으로 비슷하다고 생각했고 전 거기에 동의해요. 레드퍼드가 바로 그런 남자예요. 그는 모험가에다가 위험한 상황을 겁내지 않아요. 야생을 보호하려고 하고, 고독을 즐겨요. 잘 짜인 이야기를 좋아하죠. 그리고 좋은 와인도요. 게다가 아시다시피 정말 가슴 설레게 하는 남자잖아요?"

이어서 메릴은 이 영화에서는 남녀 역할이 뒤바뀌었다고 말했다. "일반적으로는 영화에서 남자가 중심이고 그가 잡힐 듯 잡히지 않는 여자를 쫓곤 해요. 남자는 밤잠을 이룰 수가 없고 직장 생활은 엉망진창이 되어버려요. 그 여자만 있으면 행복할 것 같은데, 여자는 도무지 잡히질 않는 거죠! 하지만 〈아웃 오브 아프리카〉에서는 여자가 중심이고 남자가 도무지 잡히지 않아요. 로버트는 주로 여자 배역이 맡는 일을 한 거예요. 그래야 균형이 잡힌다고 생각해 일부러 그렇게 연기한 겁니다.”

레드퍼드의 전기 작가 마이클 피니 캘런 Michael Feeney Callan 은 “레드퍼드는 두 사람이 지나치리만큼 잘 맞는다고 생각했다.”라고 썼다. “마음에 잔잔한 파문이 일었어요. 우리는 대화 나누는 게 좋아서 테이크 중간에 카메라가 돌아가지 않을 때면 편하게 이야기를 나누었어요. 유머 감각도 비슷했거든요. 그런데 시드니 감독이 불만인 듯 가까이 와서 방해했어요. 제가 그녀와 실제로 잘 통하는 게 영화와 맞지 않는다고 생각한 거예요. 전 어찌할 바를 몰랐어요. 기분이 언짢다 못해 분하기까지 했거든요.” 레드퍼드의 말이다.

레드퍼드가 보기에는 감독이 메릴에게는 ‘마음껏 날아오르라’고 격려하면서 자기에게는 ‘데니스’를 ‘한 인물보다는 하나의 상징’으로 표현하라는 것 같았다. 감독은 레드퍼드가 ‘로버트 레드퍼드’라는 무비 스타로서 한층 과장되고 허세 부리는 모습을 보여주길 바랐다. 한편, 메릴은 나이로비를 정말 좋아했지만 레드퍼드는 그렇지 않은 듯했다. “그는 당장 코앞이라도 밖을 나가지 못했어요. 항상 다른 사람들의 시선을 많이 의식했거든요. 전 보고 싶은 게 있으면 어디든 보러 다녔어요.” 그녀는 그가 딱했다. 그는 너무 유명했던 것이다. 여성 팬들이 너무나 많으면서도 그는 극도로 사적인 사람이었다. 메릴은 세 아이의 아버지인 레드퍼드가 해주었던 ‘아이들은 부모의 소품이 아니다’라는 육아에 관한 조언을 가슴 깊이 새기기도 했다.

메릴에게 케냐는 '천국'이었다. 뿐만 아니라 케냐는 남편 돈에게도 긍정적인 영향을 미쳤다. 그는 케냐를 다녀온 후에 동물들의 뼈와 아프리카 공예품을 수채화로 그렸고 한 작품당 5,000달러에 팔았다. 케냐에서의 고요하고 고립된 생활은 두 사람이 뉴욕에서 2시간 떨어진 코네티컷주 솔즈베리 교외로 집을 옮기는 계기가 되었다. 두 사람은 솔즈베리 교외에 있는 180만 달러짜리 사유지를 사서 이사했다. 사유지 안에는 무려 5만 평이나 되는 호수, 그리고 돈을 위한 널찍한 작업실이 있었다. "우리가 구매한 것은 사실상 '사생활'이었어요. 도로에서 안을 들여다볼 수 없는 집을 산 거예요. 케냐에 있을 때 아침에 일어나 창밖을 내다보면 안개 낀 킬리만자로산이 보였어요. 그리고 저는 '여기서 이렇게 지내다가 맨해튼의 87번가로 돌아가서 지낼 수 있을까? 아이들이 놀 곳이라곤 디젤 배기가스가 가득하고 개똥이 널려 있는 강아지 공원이 전부인 그곳에서?'라고 의문을 품었어요." 메릴의 말이다.

메릴은 폴락이 〈아웃 오브 아프리카〉의 오리지널 버전을 보여주었을 때 마음속에 의구심이 들었다. 그녀가 오만한 귀족으로 변해 낯선 억양을 쓰며 사랑 때문에 괴로워하는 걸 관객들이 돈을 내고 세 시간 동안 앉아서 봐줄지 아무래도 확신이 없었다.

메릴은 집으로 돌아와 울었다. 아무리 강해 보여도 불안하긴 보통 사람과 마찬가지였다. 특히 후회스러운 과거와 불확실한 미래가 자꾸 생각나는 어두운 밤에는 더욱 그랬다. 그래서 메릴은 〈제2의 연인〉에서 노라 에프런을 연기하기로 즉흥적으로 결정해버렸다.

메릴 효과

메릴이 아니었다면 다이앤 캠프 ^{Diane Kamp}(할리우드에서 수요가 가장 많은 사투리 코치들의 매니저)는 아마도 다른 직업을 가졌을지도 모른다. 캠프는 〈소피의 선택〉이 '분수령'이 되었다고 말한다. "마치 아무런 힘도 들이지 않는 것 같아 보였어요. 완전히 다른 사람이 된 것 같았죠."

메릴이 1983년에 아카데미 여우주연상을 받자 영화계는 사투리 훈련의 중요성에 더욱 주목하기 시작했다. 사투리를 잘하는 것이 아카데미상을 탈 수 있는 훌륭한 지름길이 되었다. 자칭 '흉내쟁이'였던 메릴은 새로운 억양 대부분을 코치의 도움 없이 배웠다. 메릴은 사람들이 말하는 방식을 보고 들으며 혼자 연구했다. 한편 홀로코스트 난민이었던 '소피 자비스토브스카'를 위해서는 폴란드어와 독일어를 모두 배워야 했고, 정확한 폴란드어 억양을 섞어 영어를 서툴게 발음해야 했다. 메릴은 폴란드어와 독일어 개인 지도를 받았고, 그 결과 억양을 부수적인 것으로 생각하던 영화계의 인식을 완전히 뒤바꿔버렸다.

영화 팬들에게 메릴의 노력이 통했다. 연기란 진지하고 진중한 전문직이라는 인식이 생겼다. 그건 그녀 동료들에게 일종의 신호탄이었다. '이런, 나도 어떻게든 따라잡아야 해!' 동료들은 생각했다. 그런데 만약 선천적으로 언어에 재주가 없으면 어떻게 해야 할까? 그때는 사투리 코치를 부르면 된다.

"메릴 이전에는 억양이 엉망이어도 아무 상관 없었어요."라고 캠프가 말했다. 하지만 〈소피의 선택〉을 기점으로 배우들은 억양의 마법사 팀 모니크^{Tim Monich} 같은 전문가를 찾기 시작했다. 줄리어드 음대 교수를 지낸 팀 모니크는 영국인 개리 올드먼^{Gary Oldman}이 미국인 역할을 맡을 수 있게 도와주었다. 또 매사추세츠주 케임브리지 태생의 맷 데이먼이 〈우리가 꿈꾸는 기적 : 인빅터스^{Invictus}〉에서 남아프리카 사람을 연기할 수 있게 지도했다.

억양을 따라 하는 재간이 없는 배우들에게는 가슴 아픈 결과가 뒤따르기도 했다. 특히 메릴이 같이 출연해 그들보다 앞설 경우 그러했다. 로버트 레드퍼드는 일찍이 제인 시모어와 같이 스크린 테스트를 할 때 영국 억양을 시도했었다. 하지만 감독은 영화 촬영을 시작하기 며칠 전 레드퍼드가 연기하는 데니스 핀치 해턴을 미국인으로 바꿔버렸다. "관객들이 로버트가 영국 사람을 연기하는 걸 보고 혼란스러워할까 봐 걱정되었어요. 그래서 그만두기로 했습니다." 감독 시드니 폴락이 설명했다.

메릴은 카렌 블릭센의 오래된 녹음테이프를 들으며 그녀 특유의 덴마크 상류계급 말투를 따라 하려 애썼지만 폴락 감독은 마음에 들어 하지 않았다. "시드니 앞에서 보여주었을 때 그는 '이건 아니야!'라고 했어요. 그가 보기에는 도가 지나치고…… 제가 그렇게 말하면 관객들이 듣기 거북해할 거라고 했죠. 결국 제가 뒤로 물러날 수밖에 없었어요."

메릴은 덴마크인 유모를 고용하고 있던 제러미 아이언스에게 전화를 걸었다. "그 유모에게 시를 읽고 녹음해달라고 부탁했고, 녹음 테이프를 아프리카로 가는 길에 계속 들었어요. 사실 제 준비가 그다지 철저하지 못했어요." 메릴이 2006년《가디언》에서 밝혔다.

결국 메릴이 덴마크어 억양을 어설프게 따라 한 것이 덴마크에서는 역효과가 났다. "메릴의 연기야 완벽했지." 내 덴마크인 친구가 말했다. "하지만 억양은 덴마크어라기보다 스웨덴어에 더 가까워. 스웨덴 가수 아바ABBA의 한 사람이 말하는 것처럼 들린다고 할까.(〈맘마미아!〉 출연의 전조였을까?) 사실 카렌 블릭센의 억양을 제대로 따라 한다는 건 보통 어려운 게 아니야. 19세기 귀족이잖아. 카렌의 억양은 요즘 사람들 귀에는 굉장히 과장되게 들리거든. 그걸 또 영어로 한다면 두 배로 어려운 일이지." 친구의 최종 판결은 "분명히 쓸 만하지만 요목조목 분석해보면 다 허물어져. 꼭 스웨덴의 이케아 조립식 가구처럼 말이야."였다.

하지만 기록적으로 짧은 시간 안에 스칸디나비아 귀족의 억양을 흉내 내려고 시도한 것만으로도 메릴은 A학점감이었다. 그녀는 비판 때문에 다음 도전을 주저하지는 않았다. 그 이후 미국 지역 사투리는 물론이고 호주, 이탈리아, 아일랜드 등의 다양한 억양에 도전하며 큰 호평을 받았다.

1980년대 케이블 채널의 확산과 영국 영화 산업의 내부 붕괴로 사투리 코치에 대한 수요가 더욱 늘어났다. 영국 배우 게리 올드먼도 부와 명성을 찾아 미국으로 건너왔다. "세계가 작아지고 있어요. 어딜 가든 다양한 억양과 사투리를 들을 수 있죠." 캠프가 말했다.

메릴은 언제나 도전을 기꺼이 받아들였다. 캠프가 말했다. "메릴은 완벽한 청각을 가진 게 틀림없어요."

스스로가 언어의 마술사인데 언어 마술사를 고용할 일이 뭐가 있겠는가.

여자가 진실을 폭로할 때

두 번 다시 결혼하지 않을 거야. 결혼 따위 믿지 않아. - 레이첼 샘스탯
1986년 〈제2의 연인〉에서

1984년에 〈아웃 오브 아프리카〉를 촬영하는 동안 메릴은 다음으로 어떤 역할을 맡을지 고민했다. 그녀는 카렌 블릭센과 다르게 유머 감각 있는 캐릭터를 찾았지만 마음에 드는 역할을 찾기란 쉽지 않았다. 그러다가 노라 에프런이 동명의 자전적 소설을 각색한 〈제2의 연인 Heartburn〉*의 대본을 보자 가벼운 분위기에 마음이 확 끌렸다. 비록 쓰디쓴 이혼에 관한 이야기였지만 〈소피의 선택〉, 〈실크우드〉를 찍은 다음이라 메릴은 배꼽 잡게 웃기다고 생각했다.

에프런의 소설은 그녀가 겪은 칼 번스타인 Carl Bernstein 과의 재앙 같은

• 책과 영화의 원제는 'Heartburn'으로 '가슴앓이'을 뜻한다. 한국에서는 〈제2의 연인〉으로 번역되었다.

결혼 생활을 살짝 비틀어 만든 이야기다. 칼 번스타인은 닉슨 대통령을 끌어내리는 계기가 된 워터게이트 사건을 보도하며 《워싱턴 포스트》에서 동료 기자 밥 우드워드^{Bob Woodward}와 함께 영웅이 된 기자였다. 노라 또한 만만치 않은 언론계 유명 인사였다. 재치 만점의 수필가이자 가십을 잘 다루고 공적으로든 사적으로든 바보짓은 봐주지 않는 냉철한 잡지 기자였다. 그녀의 눈 밖에 나서 좋을 게 하나 없었다. 그러나 칼은 실수를 하고 말았다.

1979년, 둘째 아이 임신 7개월 차이던 노라는 칼의 외도를 알아챘다. 칼의 내연녀는 미국 주재 영국 대사의 아내 마거릿 제이^{Margaret Jay}였다. 너무나 굴욕적이었다. 노라는 워싱턴에 칼을 버려두고 뉴욕으로 돌아가 복수의 자전소설을 집필했고 4년 뒤 『가슴앓이^{Heartburn}』를 출간해 세간을 놀라게 했다. 맨해튼과 햄프턴스 일대 상류층의 배타적 지식인들은 '헉! 그 여자, 감히 어떻게 그럴 수 있지?'라며 술렁댔다. 노라는 책에서 자기의 대체 자아인 '레이철 샘스탯'을 요리평론가로 설정했다. 그리고 칼은 '마크 펠드먼'이었는데 '판자때기와도 섹스할 수 있는 정치 기자'로 묘사했다. 마거릿은 '델마'였고 '목은 팔처럼 길고 코는 엄지손가락처럼 뭉뚝한 데다 다리는 기린처럼 슬쩍 벌어진 여자'로 그렸다.

노라도 메릴처럼 강한 어머니가 있었고 그런 어머니를 닮고 싶어 했다. 어머니 피비 에프런^{Phoebe Ephron}은 베벌리힐스에서 노라 네 자매를 키우며 1940~1950년대에 왕성하게 활동한 성공한 시나리오 작가였다. 가장 유명한 각색 작품으로는 〈키다리 아저씨^{Daddy Long Legs}〉, 〈사랑의 전주곡^{Desk Set}〉, 브로드웨이 연극을 각색한 〈회전목마^{Carousel}〉가 있다. 피비는 자녀들과 감성적으로 거리를 두는 엄마였다. 노라에게 유미가 빠진 감상적인 이야기는 가져와 보여줄 생각도 하지 말라고 했다. 유머가 있어야만 했다. 유대인 희극에 뿌리를 둔 피비의 철학은 '남들 앞에서 바나나 껍질을 밟고 미끄러지면 비웃음거리가 되지만, 그 이야기를 남들에게 들려주면 유머가 된다.'였다. 칼에게는 안됐지만 노라는 바나나 껍질의 교훈 (비웃음거리가 되지 말고 유머로 승화하라!)을 두 사람의 이혼 이야기에 적용했다.

"전 웬만한 영화는 하나도 웃기지 않았어요. 극장에 앉아 코미디를 보면서 종종 '왜들 웃는 거지? 도대체 이해가 안 되네. 나만 외계인인가봐.' 싶었죠. 하지만 〈제2의 연인〉은 웃기기도 했고 충격적이기도 했는데 전 그 조합이 좋았어요. 유머가 있으면서 통렬한 작품들이 제일 좋아요." 메릴이 말했다.

1984년에 최고의 수익을 올린 영화는 코미디의 천재 에디 머피Eddie Murphy가 주연한 〈비벌리힐스 캅Beverly Hills Cop〉이었다. 당시 영화 시장을 메우던 〈고스트 버스터즈〉, 〈폴리스 아카데미Police Academy〉, 〈기숙사 대소동 Revenge of the Nerds〉은 남자들 중심의 영화로 바보 같은 남자 주인공이 미인을 차지하는 걸 즐겨 보는 10대 소년들을 목표 관객으로 삼았다. 그러므로 1980년대 여자 주인공은 남자 주인공보다 뛰어나거나 웃겨선 안 되었다.(그건 영화에 찬물을 끼얹은 것이었다.) 아름다운 여자 친구는 남자 주인공의 트로피였다. 여자는 〈페리스의 해방Ferris Bueller's Day Off〉에 나오는 악동 '페리스'의 우아하면서도 섹시한 여자 친구 '슬론' 같아야 했다. 젊고 예쁜 여자는 유머 감각이 필요 없었다. 남자들이 던지는 농담에 웃어주기만 하면 되었다.

하지만 메릴은 성性만 강조한다든가 남성 중심 영화의 소품 같은 역할을 맡을 생각이 없었다. 그녀에게는 이미 오스카상 2회 수상자라는 경력과 어디 내놔도 지지 않을 야망이 있었으니까. 남자 배우들이 멋진 대사들을 몽땅 가로채게 놔두는 건 당치 않았다.

메릴을 비난하는 사람들은 그녀가 힘을 좀 뺐으면 좋겠다고 했다. 폴린 케일은 비난을 부추기며 "조금 더 웃고 조금 덜 고통스러워하면 좋겠다."라고 말했다. 안티들은 메릴의 연기를 해부하며 지나치게 기술적이라고 깎아내렸다. 그녀와 똑같이 열성적이었던 말런 브랜도Marlon Brando는 겪어보지 못했을 초정밀 검사 수준의 분석이었다. 대부분의 비난은 알게 모르게 여성혐오 냄새를 풍겼다. 메릴은 자수성가한 콧대 높은 여성들에 대한 혐오감을 드러내기 좋은 대상이었다. 또 쉽고 빠르게 성공했다는 이유만으로도 커다란 목표물이 되었다.《할리우드 리포터Hollywood Reporter》의 스콧 브라운Scott Brown은 "하얗고 단단하고 완벽한 고급 도자기 같은 스트립은 가뿐히 성공할 수 있었다. 하지만 동료 배우 제인 알렉산더가 비웃으며 한 말처럼 언론 매체가 왕족도 뭣도 아닌 그녀를 왕족같이 대우해주었다는 말을 누구도 부인하지 못할 것이다."라고 썼다.

《무비라인Movieline》1985년 10월호에 버지니아 캠벨Virginia Campbell이 쓴 씁쓸한 글을 한번 보자. "메릴 스트립은 '스트리피즘Streepism', 즉 그녀가 맡는 예민한 기질의 여주인공들을 더욱 예민해 보이게 만드는 그녀만의 뻔한 버릇들 때문에 혹독하게 비난받아왔다." 캠벨이 이어 말했다.

하지만 관객들은 메릴 스트립을 좋아하고 더 나아가 그녀가 출연한 영화도 좋아한다. 심지어 영화 자체가 별로인데도 좋아하는데, 대부분의 경우 영화가 별로다. 메릴 스트립의 인기는 그녀가 연기한 역할들을 생각해볼 때 대단히 흥미로운 현상이다. 그녀의 캐릭터들은 거의 예외 없이 신경과민에, 임상적으로 히스테리 상태이거나 반대로 아주 무뚝뚝한 여성들이다. 그녀는 그런 역할들만 맡는데도 사랑받는 것인지, 그게 아니면 그녀가 보여주는 그런 외고집과 자아도취 때문에 사랑받는 것인지는 잘 모르겠다. 스트립의 영화를 꼭 봐야 할 관객은 정신과의사협회 의사들이다.

캠벨은 이어서 메릴에게 〈폴링 인 러브〉처럼 '명백히 틀에 박힌 각본' 같은 건 고르지 말았어야 했다고 조언한다. 그는 "메릴은 이제 대작^{大作}에만 출연하는 대배우가 되었다. 하지만 크기만 큰 대작 말고 명작^{名作}에 출연하는 명배우가 될 날이 과연 오기나 할까?"라고 물었다.

캠벨은 아직 그해 연말에 개봉될 예정이었던 명작이 아닌(정말?) 〈아웃 오브 아프리카〉를 보기 전이었다. 1984년 11월에 개봉한 〈폴링 인 러브〉는 1,100만 달러밖에 벌지 못했고 시상식에도 초대받지 못했다. 그다음 해 9월에 제한적으로 개봉된 〈프렌티〉는 박스오피스에서 600만 달러를 벌었고 개봉한 지 4주 만에 극장가에서 사라졌다.

메릴은 그때 한창 마이크 니컬스 감독과 〈제2의 연인〉을 찍고 있었다. 하지만 촬영은 시작이 매끄럽지 못했다. 첫 번째 문제는 노라와 기나긴 이혼 소송 중이던 칼 번스타인이 노라의 대본을 검토할 수 있는 법적 권한을 얻은 것이었다. 그 결과, 노라는 '마크 펠드먼'을 한결같이 좋은 아빠로 그려야만 했다.(또한 이름을 '펠드먼'에서 '포먼'으로 바꾸어야 했는데, 이제 보니 악명 높은 워터게이트 사건의 내부고발자 윌리엄 마크 펠트^{William Mark Felt}의 신분을 감추기 위해서였다. 2005년에 전 FBI 요원 마크 펠트가 내부고발자로 정체를 드러내기 한참 전부터 노라는 이미 그에 대해 정확히 알고 있었다.)

두 번째는 니컬스가 뉴욕에서의 촬영 하루 만에 메릴의 상대 배우 맨디 패틴킨을 빼고 개성파 배우 잭 니컬슨Jack Nicholson을 들인 것이었다.(더스틴 호프먼은 배역 제의를 거절했다. 그는 이미 〈모두가 대통령의 사람들All the President's Men〉에서 칼을 연기한 적이 있었다.) 맨디는 역할에 어울리지도 않았지만 〈제2의 연인〉에 주연으로 출연하는 것을 그다지 기뻐하지도 않았다. 토니상을 수상한 브로드웨이 연극배우 맨디는 영화배우로 본격 데뷔하는 것을 부담스러워했다. 에이전트 샘 콘이 밀어붙이는 바람에 니컬스에게 캐스팅된 것이었다. "대본 읽기 모임을 하고 있는데 갑자기 니컬스 감독이 몸을 앞으로 기울이더니 다짜고짜 '파란색 콘택트렌즈를 끼면 어떨까요?'라고 물었어요. 그래서 저는 '뭐라고요?'라고 했죠." 뒷날 맨디가 《뉴욕 타임스》와의 인터뷰에서 말했다. "우리는 81번가에 있는 피자 가게 우노에서 첫 촬영을 했어요. 카메라는 길 건너편에 있었고 메릴과 저는 창가에 앉아 연기했어요. 감독은 저에게 긴장을 풀고 웃으라는 뜻으로 '그냥 골프공이 다리를 타고 굴러떨어지고 있다고 생각해요!'라고 말했어요. 그런데 그게 우리가 침대에서 발가벗고 베드신을 찍은 직후였거든요. 첫날 촬영인데 침대에서 발가벗고 베드신을 찍고 바로 뒤에 골프공이 제 다리를 타고 굴러 내리고 있는 겁니다. 그리고 다음 날 저는 잘렸어요. 제 삶이 끝나는 것 같았어요."

〈제2의 연인〉의 제작자 밥 그린헛은 파라마운트 픽처스가 맨디의 몸값이 저렴해서 좋아했다고 말했다. 하지만 니컬스는 메릴과 맨디의 궁합이 맞지 않는 것을 봤다. "메릴은 이 문제에 깊이 끼어들고 싶어 하지 않았어요. 메릴은 그냥 괜찮다고 했어요. 그녀는 맨디와 별문제가 없었고 촬영 장면을 분석하며 '그러네요, 정말. 뭔가 정말 잘 안 맞네요.'라고 판단하길 원치 않았어요." 그린헛이 말했다.

맨디가 가고 잭이 왔다.

니컬스는 그가 감독한 1971년 영화 〈애정과 욕망^{Carnal Knowledge}〉에 출연했던 잭에게 도와달라고 했다. 잭은 결코 몸값이 저렴하진 않았다. 잭은 1981년 리메이크 영화 〈포스트맨은 벨을 두 번 울린다^{The Postman Always Rings Twice}〉 때부터 줄곧 메릴과 같이 출연하기를 원해왔다. 메릴은 출연을 거절했고 제시카 랭이 대신 출연했다. "잭은 그 영화에 노출 장면이 많다고 계속 강조했어요. 그래서 저는 '음, 알겠어요. 그 대신 남자 배역도 그만큼 노출 장면이 많아야 해요.'라고 했죠. 하지만 잭은 그건 별로 원하지 않았죠." 메릴이 말했다.

잭은 니컬스와 친했다. 그는 딱 400만 달러만 선불로 받고 친구의 부탁을 들어주었다.(《로스앤젤레스 타임스》에 의하면, 메릴은 〈아웃 오브 아프리카〉로 로버트 레드퍼드 수입의 반인 300만 달러를 받았다.) 잭은 '러시안 티 룸'이라는 맨해튼 레스토랑에서 그의 지인이었던 칼을 만나 회의 겸 점심 식사를 같이 하면서 아무 걱정 할 것 없다고 그를 안심시켰다. "나는 칼을 연기하지 '않을' 목적으로 특별히 고용된 거예요. 마이크 감독과 노라와 메릴은 영화를 허구처럼 만들어야만 했기 때문에 매우 긴장하고 있었어요. 전 불과 촬영 며칠 전에 통지받았고 칼과 똑같이 연기할 마음이 전혀 없었어요." 잭이 《롤링 스톤》과의 인터뷰에서 말했다.

밥 그린헛은 잭이 메릴에게 강하게 끌렸다고 말했다. "잭은 촬영 초반에는 다소 어설펐어요. 그는 대사를 외우는 데 별로 재간이 없거든요. 하지만 언제가 마지막 순간인지 잘 알고 그때부터는 속력을 내기 시작하죠. 그리고 잭은 메릴과 사랑에 빠지기 시작했어요. …… 왜 있잖아요, '우리 나중에 연습이나 같이 한번 할까요?', '저녁 식사 같이 하지 않을래요?' 이런 말들……. 잭은 정말로 메릴에게 성적으로 끌렸던 것 같아요. 물론 메릴은 남편이 있었고 마이크는 항상 메릴을 보호해주었죠."

니컬스 역시 눈에 보일 정도로 메릴에게 홀딱 빠져 있었지만 잭이 훨씬 더 적극적으로 마음을 표현했다고 그린헛이 떠올렸다. "하지만 메릴은 대처가 능숙했어요. 잭이 선을 넘을 때면 요령껏 그에게 찬물을 끼얹었어요. 메릴은 못되거나 건방져 보이지 않으면서도 아주 독창적인 방법으로 그를 바람맞혔죠. 메릴은 그를 아주 잘 다루었어요."

잭의 전기 작가 마크 엘리엇 ^{Marc Eliot}은 2013년 잭의 전기에 유명한 일화를 적었다. "스트립은 호텔방으로 찾아온 잭을 내쫓으며 다시는 그와 같이 영화를 찍지 않겠다고 했다. 이 일화는 영국 언론에 크게 보도되었고 스트립은 그런 일이 있었던 것을 부인했지만 소식통은 잭이 끈질기게 치근댔다고 전했다."

메릴은 뒷날 잭의 사회성을 칭찬하기도 했다. 그는 새로운 경험을 주저하지 않았기 때문에 삶을 관망하기보다 적극적으로 살아갈 줄 알았다. 두 사람은 1987년 영화 〈엉경퀴꽃〉에서 다시 만나 경제대공황의 어려웠던 시절, 서로에게 기대던 부랑자들로 열연했다.

〈제2의 연인〉에는 메릴의 엄마 메리와 남동생 대나가 저녁 식사 파티에 초대된 손님으로 카메오 출연하기도 했다. 그리고 만 두 살이 된 메이미는 레이철과 꼭 닮은 딸 '애니'로 나왔다. 셋째 아이를 3개월째 임신 중이었던 메릴은 임신 개월 수가 한참 앞서 있던 레이철의 만삭 배를 표현하려고 봉긋한 보형물을 넣기도 했다. 세련되면서도 곤경에 빠져 허등대는 엄마 레이철을 본능적으로 이해했던 메릴은 자기가 알고 지내던 영리한 여성들의 특징을 한데 뒤섞어서 레이철을 만들어냈다. "다 제 친구들이었어요. 제가 그들을 얼마나 자주 연기하는 데에 이용하는지 알면 아무도 저랑 친구 하려 하지 않을 거예요. 제가 알고 지내던 유대인 여자들, 도시에서 나고 자란 여자들……. 거기에다 노라가 종종 쓰는 안경처럼 노라의 특징들도 좀 섞었어요. 그녀만의 특이한 자세 같은 것도요. 그리고 전 정말 그녀만큼 날씬해지려고 노력했지만 그건 불가능했어요. 노라는 그걸 무척 통쾌해하더라고요."

메릴이 노라를 똑같이 따라 하려는 건 아니었다지만, 덥수룩한 갈색 단발머리, 카랑카랑하고 살짝 비음 섞인 목소리, 1980년대의 세련된 의상들은 누가 봐도 노라였다.

〈제2의 연인〉에는 메릴이 멋지게 나온 장면이 하나 있다. 레이철이 칼의 외도 증거를 찾으려고 여자의 직감으로 마크의 서랍을 뒤진다. 그리고 델마의 선물을 산 영수증들을 발견한다. 마크가 집에 도착하는 소리가 들리자 레이철은 서랍을 통째로 빼 들고 화장실로 들어가서 샤워하는 척한다. 만삭인 데다가 남편의 외도로 깊은 절망에 빠진 레이철은 수증기가 자욱한 화장실에서 튀어나와 외도를 들키고 쩔쩔매는 마크에게 애원한다. "이러지 마! 여보, 우리한텐 애가 있잖아! 게다가 둘째도 곧 나올 거잖아! 애들 생각은 안 해?"

메릴은 레이철이 무너져 내리는 그 순간에도 유머를 불어넣었다. 피비 에프런이 보면 좋아서 박수를 쳤을 것이다. 수증기가 가득한 가운데 헐렁한 꽃무늬 원피스를 입고 머리는 산발을 하고 문 앞에 서 있는 레이철의 익살스러운 모습을 한번 봐야 한다. 정말 웃긴다! 하지만 그런 레

이철이 너무나 연약하고 슬프고 절망적으로 보여서 웃음이 나오기보다
는 스크린을 뚫고 들어가 그녀를 안아주고 싶어질 것이다.

👑

결혼에 대한 메릴의 조언 : 현실에 안주하지 마라!

"결혼은 근육과 같아서 꾸준히 운동하고 관리해야 한다고 생각해요." 메릴
이 1986년에 《시카고 트리뷴 Chicago Tribune》 기자 진 시스켈 Gene Siskel에게 말했
다. "또 '근육이 욱신거릴 때까지' 운동해야 효과가 있는 것처럼 결혼도 마
찬가지예요. 결혼의 부분부분을 최선을 다해 단련해야 해요."

"저게 진짜 메릴이지! 메릴은 지금 자기 자신을 연기하고 있는 거
야!" 〈실크우드〉 이후로 계속 메릴의 정체성을 알아내려고 애쓰고 있던
니컬스가 절망하는 레이철을 보고 말했다.

그러고 나서 니컬스는 〈아웃 오브 아프리카〉를 보았고, 연인 데니스
의 부고를 듣고도 차갑게 반응하는 '카렌 블릭센'에 깜짝 놀랐다. 카렌
이 보인 반응은 그의 예상을 완전히 뒤엎었다. 카렌은 히스테릭하게 우
는 대신 감정을 전혀 내색하지 않았다. "블릭센은 담배를 들고 있던 손
이 아주 미세하게 떨리더니 아무렇지도 않게 책을 계속 읽기 시작했어
요. 전 그때 '엇, 저게 진짜 메릴이네' 싶었어요."라고 니컬스가 말했다.
"사실 '레이철'이든 '카렌'이든 둘 다 진짜 메릴이었어요. 메릴은 언제든
역할에 맞는 모습을 자기 안에서 끌어낼 수 있있죠."

1985년 12월 20일에 개봉한 〈아웃 오브 아프리카〉는 그때까지 메릴의 영화 중 가장 많은 관객을 불러모아 메릴을 놀라게 했다. 전 세계에서 2억 2,800만 달러의 수익을 낸 희대의 사건이었다. 마크의 영수증은 외도 사실을 증명해주었지만, 이번 영수증은 메릴의 티켓 파워를 증명해주었다. 영화는 대성공이었다. 비욘세가 노래 불렀듯 '최고의 복수는 벌어들인 수입을 보여주는 것'이다.*

하지만 〈아웃 오브 아프리카〉의 상업적 성공 뒤에는 논란이 뒤따랐다. 아프리카와 아프리카 사람들을 그린 방법이 문제라는 것이었다. 마치 키쿠유 부족을 돈을 주고 사서 소유한 것처럼 구는 유럽 백인 여자의 식민지적 관점으로 그렸다는 것이다.

《뉴욕 타임스》의 빈센트 캔비는 메릴이 그럴싸하게 작가 역할을 해내며 〈프렌티〉로 잃은 점수를 모두 되찾았다고 말했다.(그는 〈프렌티〉의 '냉랭하고 다정하지 못한' 골칫거리 수전 트래헌을 보고 적잖이 실망해 혹평했었다. 수전 트래헌은 아마 메릴이 연기한 캐릭터 중 가장 비호감적인 인물일 것이다.)

캔비는 "카렌은 아프리카가 마치 그녀를 지적으로 자극하기 위해 만들어진 세계인 것처럼 호기롭게 그 안으로 들어간다. 그녀는 소유욕을 빼면 아무것도 아니다. 원주민 하인들을 '내 키쿠유'라고 부르고 커피 농장은 '내 농장'이라고 부른다. 그리고 심지어 아프리카 대륙은 '내 아프리카'라고 한다. 카렌은 데니스가 그녀에게 '카렌, 우리는 이곳의 소유주가 아니야. 그저 지나가는 사람들일 뿐이지.'라고 했을 때 비로소 그 사

---

* 비욘세(Beyoncé)가 2016년에 발매한 앨범 《레모네이드(Lemonade)》의 수록곡 '포메이션(Formation)'의 가사이다. 노래 마지막에 'Always stay gracious, the best revenge is your paper'라는 가사가 나오는데, '나를 비난하는 사람들과 같이 하찮은 수준으로 떨어지지 말고 언제나 품위를 유지하라. 열심히 일해서 부유해지는 것이 최고의 복수'라는 의미이다.

실을 알아차린다. 그러나 카렌은 그녀의 글에서와 마찬가지로 영화 내내 아프리카는 오직 자신이 인지하는 만큼만 존재한다는 인식을 완전히 떨치지 못한다. 그녀에게 아프리카는 자기 영혼을 시험하기 위해 설계된 이국적 풍경에 불과한 것이다."

케냐 국유 신문인《케냐 타임스^{Kenya Times}》는 블릭센의 책이 케냐 사람들을 '수치스럽게' 했다고 보도하면서 카렌 블릭센을 '뼛속까지 인종 차별주의자'라고 맹비난했다. '아나토미 오브 언 액터' 시리즈* 중 캐리나 롱워스가 쓴 메릴 스트립 편을 보면 "흑인 단역배우들은 백인 단역배우들보다 임금을 적게 받았다. 홍보 담당자는 '단순히 수요와 공급의 문제일 뿐'이라고 설명했다."라고 나와 있다.

하지만 '파라'와 '주마'를 각각 연기한 아프리카 배우 맬릭 보웬스^{Malick Bowens}와 마이크 부구라^{Mike Bugura}는 제작진과 함께 1985년에 《케냐 타임스》에 〈아웃 오브 아프리카〉 편을 드는 편지를 써 보냈다. 그들은 "이 영화에 관여한 우리 중 그 누구도 공개석상에서 불평한 바가 없습니다. …… 카렌 블릭센이라는 여자가 인종차별주의자라는 주장 역시 사실과 다릅니다. 그녀가 아프리카에서 한 일들 몇 가지만 봐도 알 수 있습니다. 그녀와 실제로 함께 일했던 케냐 사람들도 직접 증명할 수 있어요. 대본에 보면 아프리카 사람들을 향한 그녀의 연민이 매우 긍정적인 형태로 도처에 깔려 있습니다."라고 썼다.

하지만 감독 시드니 폴락이 '아무도 모르는 내 마음속 경치를 펼쳐

---

* '아나토미 오브 언 액터(Anatomy of an Actor)' 시리즈 : 잭 니컬슨, 로버트 드니로, 알 파치노, 메릴 스트립, 조니 뎁 등 세계적인 배우들의 가장 대표적인 역할 10가지를 분석하여 연기 기술을 종합적으로 연구한 책 시리즈다.

보인 영화'라고 한 것을 미루어볼 때 그가 '식민지적 관점'을 가지고 있었다는 롱워스의 주장을 반박하기 어렵다.

폴락의 촬영감독 데이비드 와킨David Watkin은 케냐의 장엄한 전원 풍경(강과 평원과 야생동물들)을 카렌과 데니스가 함께 발견하는 신대륙, 즉 아직 탐험하지 않은 미지의 땅으로 담아냈다. 많은 미국인들은 그런 곳을 가본 적이 없었고 영화에서 보이는 곧이곧대로 받아들였다. 〈아웃 오브 아프리카〉 개봉 몇 달 전 예고편을 본 관객들의 반응을 조사했던 유니버설 스튜디오의 한 분석가에 따르면 25퍼센트 이상의 관객들이 경치가 숨 멎을 듯 아름답다고 했다. 분석가 데이비드 손더스David Saunders는 "로버트 레드퍼드는 남녀 모두에게 압도적으로 호감을 샀다."라고 한 반면 "스트립은 남성 관객들보다는 주로 강한 여성상을 동경하거나 그녀의 '아름다운 외모'에 기죽지 않는 여성들에게 호감을 샀다."라고 말했다. 이에 따라 유니버설 픽처스는 황당하게도 주인공인 메릴을 제쳐두고 레드퍼드의 이름을 광고 면 제일 앞에 두었다.

이 대서사극은 1986년 아카데미상 시상식에서 작품상, 감독상, 촬영상을 포함하여 7개 부문을 휩쓸었다. 메릴은 제럴딘 페이지Geraldine Page(〈바운티풀 가는 길The Trip to Bountiful〉), 앤 밴크로프트Anne Bancroft(〈신의 아그네스Agnes of God〉), 우피 골드버그Whoopi Goldberg(〈컬러 퍼플The Color Purple〉), 그리고 카렐 라이스가 감독한 전기 영화 〈스위트 드림Sweet Dreams〉에서 패치 클라인 역으로 열연해 메릴의 질투를 유발하기도 한 제시카 랭과 나란히 여우주연상 후보로 올랐다. 카렐 라이스가 감독한 전기 영화 〈스위트 드림〉은 "처음부터 제시카 것이었어요. 비록 라이스 감독은 저랑 굉장히 친하지만요. 제시카가 역할을 너무 멋지게 소화해서 그녀만큼 해내거나 흉내

내는 것조차도 불가능했을 거라 생각해요." 메릴이 말했다.

여우주연상은 제럴딘 페이지가 받았다. 시상식 이후 메릴은 유명인 사들이 자주 가는 베벌리힐스 레스토랑 스파고에서 제시카 랭과 샐리 필드 Sally Field 와 함께 시간을 보냈다. 몇 주 뒤 메릴은 뉴욕에서 딸 그레이스 Grace 를 낳았고 이로써 스트립-거머 가족은 다섯 명이 되었다. 그녀는 얼마간 활동을 중단했지만 〈제2의 연인〉을 홍보하는 언론사와의 인터뷰에는 응했다. 메릴은 《워싱턴 포스트》의 남자 기자를 만나러 가는 길에 갓난아기를 데리고 갔다. 별수 없는 상황이기도 했겠지만 한편 관례에 도전하는 행동이라고 볼 수도 있었다. '엄마들은 아기를 직장에 데려갈 수 있어야 하고 남자들은 협조해야 한다'는 그녀만의 메시지가 아니었을까. "그레이스는 위의 아이들보다 굉장히 예민했어요. 접촉이나 소리에 훨씬 민감했죠. 인정해요. 전 이런 생각이 좀 있었어요. '셋째인데, 뭐. 얘 하나 데리고 일하는 것쯤이야 껌이지. 난 프로니까.' 하지만 이 아이는 정말 보통이 아니었어요. 걸핏하면 깜짝깜짝 놀라는 토끼 같았다니까요."

1986년 7월에 〈제2의 연인〉이 개봉하자 평론가들은 야유했다. 그중 한 명이었던 로저 이버트는 이 영화를 '분노에 가득 찬 노라가 '전혀 매력 없는 두 사람에 관해 쓴 씁쓸하고 기분 나쁜 영화'라고 비난했다. 그리고 메릴과 잭에 대해서는 "궁합이 너무 잘 맞는 두 배우가 궁합이 전혀 안 맞는 두 주인공을 연기했다."라고 불평했다. "두 사람은 배역에 충실하기 위해서 우리가 좋아하는 그들만의 장점들을 모조리 내던져버렸다. 스트립은 볼품없고 짜증스러웠으며 니컬슨은 경박하고 징글징글했다. 처음부터 진짜 같지도 않았던 두 사람의 사랑은 귀중하거나 영원할 것처럼 보이지도 않았다. 그러니 니컬슨이 바람을 피우는 게 크게 충격적이지도 않다. 두 사람의 결혼 생활에는 애당초 배신하고 말고 할 게 없었다."

고인이 된 위대한 이버트님께는 죄송한 말씀이지만 그가 왜 그토록 〈제2의 연인〉을, 나아가 노라를 싫어했을까 생각해본다면 아마도 영화가 남성들의 뿌리 깊은 두려움을 드러냈기 때문이 아니었을까? '고약한 여자가 진실을 폭로하는 글로 복수하네. 엇, 근데 만약 내 전 여자 친구라든가 전처가…… 그런 생각을 하면 어쩌지?' 평론가들은 노라 / 레이철을 비난했지만 다행히 메릴은 곤경을 피했다. 그들은 메릴을, 노라가 칼에게 복수하려고 세운 사악한 계책에 부지불식간에 엮인 피해자로 여겼다.

어쨌든 메릴은 평범하지 않은 역할들을 계속 맡으며 배우의 길을 묵묵히 걸었다. 그리고 자기 일부를 조금씩 떼어 그 역할들에 집어넣었다. 언제나 예상 밖의 행보로 성공작보다는 실패작이 많았지만 메릴은 악명 높은 '린디 체임벌린'이 되어 어둠 속으로 들어가는 것도 마다하지 않았다.

페르소나의 밝음과 어두움

딩고가 우리 아가를 물어 갔어요! - 린디 체임벌린

1988년 〈어둠 속의 외침〉에서

몰라볼 정도로 다른 모습을 하고 무대에 서서 큰 소리로 노래 부르던 메릴은 물 만난 물고기 같았다. 그녀는 언제나 노래 부르는 것을 좋아했고 특히 관객들 앞에서 부르기를 좋아했다. 메릴은 잭 니컬슨과 두 번째로 호흡을 맞춘 〈엉겅퀴꽃〉의 촬영장에서 '그는 내 친구^{He's Me Pal}'를 부르며 라이자 미넬리처럼 온 마음을 쏟아냈다. 옷은 누더기에다 치아는 변색되고 눈언저리는 붉었다. 애처로운 모습으로 열창하는 걸 보면 코끝이 시려왔다. 촬영장에 있었던 배우 프레드 그윈^{Fred Gwynne}은 "눈물을 흘리지 않는 사람이 아무도 없었어요. 목소리가 꼭 천사 같았어요. 너무나 아름다웠죠."라고 했다.

메릴과 색은 처음 같이 찍었던 영화에 대한 뜨뜻미지근한 반응에도 불구하고 1987년 2월 〈엉겅퀴꽃〉을 찍기 위해 다시 한번 뭉쳤다. 퓰리처상을 수상한 윌리엄 케네디 William Kennedy의 동명 소설을 원작으로 하고 엑토르 바벤코 Héctor Babenco가 감독한 〈엉겅퀴꽃〉은 마음 단단히 먹고 봐야 할 만큼 매우 우울한 영화다. 메릴은 미래에 대한 희망이 없는 노숙자 역할로 조연을 맡았다. 그녀의 캐릭터 헬렌 아처는, 갓난아기 아들을 실수로 떨어뜨려 죽게 하고 자책감에 시달리는 알코올 중독자 프랜시스 필런(잭 니컬슨)의 친구다. 프랜시스는 부랑자가 되어, 한때 가수였다가 나락으로 떨어진 헬렌과 서로를 보듬고 의지하며 지낸다. 헬렌이 술집에서 '그는 내 친구'를 부르는 가슴 아픈 장면에서 그녀는 관객들이 열화와 같이 박수 치는 모습을 상상하지만 현실은 훨씬 냉혹하다. 그녀가 노래를 마쳤을 때 박수를 쳐준 사람은 프랜시스 한 명뿐이었다. 헬렌이 받은 이런 괄시는 역사적으로 가난한 사람들을 향한 시선이 얼마나 잔인했는지를 분명히 보여준다. 사람들은 부랑자들이 곤경에서 벗어나지 못하는 이유가 그들의 과오와 부도덕함 때문이라고 생각한다. 메릴은 헬렌을 동정받을 만한 인물로 그려내며 인류의 보편적 인간애에 호소했다.

"메릴과 잭은 말 그대로 떼려야 뗄 수 없는 사이였어요. 누구도 그 사이에 낄 수가 없었어요." 바텐더 오스카 레오 역을 맡았던 그윈이 《레이디스 홈 저널》과의 인터뷰에서 말했다. 혹시 작품을 흥행시키려고 일부러 쇼맨스 showmance를 만들어내는 게 아니냐는 의혹도 있었지만 두 사람은 부인했다. 메릴은 촬영지 올버니에 있던 잭의 임시 거처에서 저녁 식사를 같이 하기도 했으나 그녀의 보디가드들도 따라갔다고 전해진다. 메릴은 촬영 현장에서 사인을 받으려고 따라다니는 팬들 때문에 보디가드가 필요했다. 하지만 그녀에게 여배우의 삶이 전부는 아니었다. 대부분의 날들은 90분 거리에 있는 코네티컷 집까지 운전해 가서 (잭이 아닌) 가족들과 시간을 보냈다.

같은 해 10월, 메릴은 다음 영화 〈어둠 속의 외침^{A Cry in the Dark}〉을 위해 호주로 날아갔다. 이 다큐드라마는 두 달 된 딸 아자리아를 죽였다는 누명을 쓰고 감옥에 갇힌 린디 체임벌린^{Lindy Chamberlain}의 실제 마녀사냥 사건을 영화화한 것이었다. 린디의 재판은 그 뒤 10년이 지나 미국을 뒤흔들었던 O. J. 심슨 사건*만큼이나 숨 가쁘게 보도되며 호주 전역을 뒤흔들었다. 사건은 1980년 8월 16일 밤, 울루루(당시 이름은 '에어스 록'이었다.)에서 캠핑하던 중 아자리아가 사라지면서 시작되었다. 린디와 목사인 남편 마이클 체임벌린^{Michael Chamberlain}은 야생 개 딩고가 아이를 물고 달아났다고 주장했지만 호주 언론들은 (강력범죄의 냄새를 맡고) 린디를 상상도 못 할 범죄를 저지른 악한으로 몰아갔다. 린디의 혐의를 제기하는 쪽에서는 딩고가 그런 행동을 저지를 만큼 잔혹한 동물이 아니라고 개를 변호했다. 급기야 체임벌린 부부가 아자리아를 이상한 종교의식의 제물로 바쳤다는 음모론까지 생겨났다.

이미 대중들에게 유죄로 낙인찍힌 린디는 무죄 판결을 받을 가능성이 없었다. 하지만 린디는 사람들을 자극하는 뻣뻣한 태도를 버리고 동정을 살 생각을 하지 않았다. 그녀는 단호하게 결백을 주장하면서 다른 사람들이 자기를 어떻게 생각하는지는 관심 갖지 않았다. 그런 그녀의 차가운 인상이 한층 더 의심을 키웠다. '왜 저 여자는 오열하거나 슬픔에

---

* O. J 심슨(O. J. Simpson) 사건 : 1994년 6월 미국 로스앤젤레스에서 일어난 살인 사건. 당시 용의자로, 유명한 흑인 컬 미식축구 선수 O. J. 심슨이 체포되었으나 재판에서 무죄 판결을 받고 풀려났으며 진범은 아직도 밝혀지지 않았다. 인종차별 문제와 확률, 통계의 함정 등 여러 면에서 의미를 갖는 사건이다.

빠진 모습을 보여주지 않는 거지? 저 여자는 도대체 어떤 엄마인 거야?' 린디는 사회적으로 쉽게 받아들이는 여성적인 태도를 보여주기 싫어했고 결국 재판에서 중노동과 함께 무기징역을 선고받았다. 마이클도 범행 방조죄로 유죄 판결을 받았으나 린디가 복역하는 동안은 아이들과 집에 있도록 허락받았다. 하지만 약 4년 뒤 울루루 근처에서 조그만 모직 코트(아자리아가 실종 당시 입고 있었다고 린디가 주장한 옷)가 발견되었고, 그녀의 주장이 사실로 밝혀진 동시에 진범이 드러났다. 진범은 딩고였다.

"저는 한 여자가 생김새와 태도 때문에 비방을 받았다는 사실에 마음이 끌렸어요. 만약 그녀가 조금만 연기를 했더라면 사람들은 그녀를 무죄라고 생각했을지도 몰라요. 전 그녀의 외적인 것들을 바꾸지 않고 내면을 표현하는 것으로 그녀를 변호하고 싶었어요." 메릴이 말했다.

영국인 제작자 베러티 램버트 Verity Lambert가 메릴에게 존 브라이슨John Bryson이 쓴 체임벌린 사건에 관한 책 『사악한 천사들 Evil Angels』을 한 권 보내준 적이 있었다. 메릴은 셋째 그레이스가 생후 3주 차이던 그때 그 책을 40장쯤 읽었다. "정말 너무, 너무 우울한 책이었어요." 그래서 읽기를 그만두었다. 하지만 1년 뒤 그녀의 현관 앞에 도착해 읽어본 각본은 그 어느 각본들보다도 확연히 뛰어났다. "세상에! 공권력이 이처럼 남용될 수 있다니……. 부모의 극심한 공포를 이용하는 이야기라니……. 이 안에는 뭔가 강렬하게 끄는 게 있어."

메릴은 램버트가 제작한 〈어둠 속의 외침〉에서 〈프렌티〉의 감독 프레드 셰피시와 조연으로 출연했던 샘 닐 Sam Neill과 다시 만났다. 샘 닐은 그을린 구릿빛 피부를 하고 '마이클 체임벌린'을 연기했다. 메릴은 전에 연기했던 두 실존 인물(실크우드와 블릭센)의 경우와 달리, '린디'는 실존 인물과 똑같이 따라 하려고 애썼다. 메릴은 어울리지 않는 검은색 바가지 같은 가발을 쓰고, 교회에 예배하러 갈 때나 입을 법한 화사한 꽃무늬 드레스를 입었다. 메릴은 일부러 살도 찌웠다.(외모에 신경을 많이 쓰는 동시대인들이 좀처럼 일부러 하지 않는 행동이다.) 또 린디의 독특한 억양을 흉내 냈다.(린디는 뉴질랜드에서 태어나서, 호주 억양에 뉴질랜드 억양이 살짝 섞여 있었다.) 거기에다 여성혐오자들을 짜증 나게 만드는 특유의 말투까지도 따라 했다. 메릴이 말했다. "전 여자들이 호감 얻는 방법이 정해져 있다는 사실과 연약해 보이기 위해서는 주저앉아 눈물을 흘려야만 한다는 사실, 린디가 진실을 말하는데도 사람들은 그녀의 말투가 짜증 나고 매력 없고 매정하다고 생각하며 그녀 말에 귀 기울이지 않았다는 사실에 관심이 갔어요."

메릴은 여느 때처럼 연기를 하기 전에 호주에서 가장 악명 높았던 이 사람에 대해 낱낱이 조사했다. 하지만 실제 린디와의 만남은 생각했던 것과는 너무 달랐다. 린디는 〈어둠 속의 외침〉이 잘되기를 축원해주었다. "린디는 성경책을 가지고 와서 '이것을 촬영 기간 동안 가지고 계시면 좋겠어요.'라고 말했어요. 그녀는 성경을 감옥에 가지고 들어가 찬송가와 말씀 구절들로 힘을 얻었어요."

호주 언론은 사건과 영화를 혼동하며 메릴의 일거수일투족을 감시했다. 기자들은 린디를 대하듯 메릴을 면밀히 조사했다. 밤에는 메릴의 집 밖에 트럭을 세워두고 창문으로 불을 비추기도 했다. 아무도 그놈의 트럭을 치울 생각을 하지 않았다. 기자 마이크 헤머 Mike Hammer 는 사진 기자들이 울루루 촬영장에 쳐들어와 훼방하는 바람에 "스트립이 눈물을 흘렸다. 촬영 조기에 그녀가 지내던 멜버른 근처의 그림 같은 시골 저택은 언론의 놀림감이 되기도 했다."라고 보도했다. 저택 사진에는 '할리우드 퀸에게 꼭 맞는 요새'라고 비아냥대는 표제가 붙었다.

하지만 이런 부정적인 여론 덕분에 메릴은 린디를 따라다니며 괴롭히던 비난의 무게가 얼마나 컸을지 짐작할 수 있었다. 폴린 케일은 아무것도 아니었다. 이건 죽느냐 사느냐의 문제였다. 진실은 밝혀졌지만 정부는 공개적으로 사과하지 않았다. 1992년 린디에게 130만 달러의 보상금을 건넸지만 이미 갈가리 찢긴 명예가 회복되진 않았다. "아직까지도 그녀가 아이를 죽였다고 생각하는 사람들이 있어요." 셰피시의 촬영감독이었던 이언 베이커가 말했다. "호주 어딘가에서 두 남자가 술집에 앉아 '저 여자가 아이를 죽였어.'라고 말하고 있을지도 몰라요."

최근에 나는 캘리포니아주의 팜스프링스를 여행하던 중에 만난 호주인 택시 기사에게 혹시 린디가 아자리아를 죽였다고 생각하는지 물은 적이 있다. 그가 이렇게 답했다. "죽인 거 맞잖아요. 아니에요?"

"린디의 성격이 그랬어요. 콧대가 높고 남자들과 곧잘 부딪쳤기 때문에 사람들은 그녀에게 참을 수 없이 짜증이 났어요. 그녀는 무심결에 자기 스스로에게 가장 큰 적이 된 거예요." 린디를 옹호하는 셰피시가 나에게 말했다.

메릴은 거의 10년 동안 인기가 오르락내리락했지만 린디와는 달리 대중 앞에서 페르소나를 솜씨 좋게 만들어갈 줄 알았다. 그녀는 세간의 이목을 끌면서도 의미 있는 작품을 계속 해나가기 위해서 매우 신중을 기했다. 얼마 지나지 않아 메릴은 자신의 높은 도덕적 신조와 뿌리 깊은 공정심 때문에 입을 열고 목소리를 높여야만 한다는 사실 또한 깨달았다.

♛
비#메소드파 메릴

1988년 〈어둠 속의 외침〉을 홍보하기 위한 기자회견에서 누군가 메릴에게 혹시 밤마다 '린디 체임벌린(실제 인물 말고 캐릭터)'을 그대로 집으로 데려가지는 않는지, 그래서 남편과 세 아이들을 혼란스럽게 만들지는 않는지 물었다. "일단, 저희 가족은 제가 임신한 모습을 봐왔기 때문에 살찐 모습에 대해서는 별로 거부감이 없었고요. 집에 가기 전에 가발도 벗고 화장도 다 지우거든요. 문을 열고 집에 들어설 때 린디의 모습은 하나도 남아 있지 않죠. 전 배역을 집으로 데리고 가지 않아요. 하루 종일 촬영장에서 정말, 정말 긴 시간을 보내잖아요. 너무나 긴 시간이죠. 끝날 때쯤이면 전 집으로 빨리 돌아가고 싶고 더는 일에 대해 생각하고 싶지 않아요. 그리고 생각할 필요 없다는 게 천만다행이죠. 아시겠지만 아이는 부모의 관심을 받고 싶어 해요. 그러니 아이들과 있으면 아이들만으로도 머릿속이 가득 차죠."

호주 법원이 린디와 마이클 체임벌린의 판결을 뒤집은 지 두 달이 채 못 되어 〈어둠 속의 외침〉이 미국과 호주의 극장가를 덮쳤다. 호주에서는 〈이블 엔젤스Evil Angels〉라는 제목으로 나왔다. 미국 영화 배급사 워너 브러더스는 시상식들을 염두에 두고 1988년 11월에 영화를 개봉했다. 전략적으로 시기를 선택한 게 효과가 있었다. 비록 아카데미 시상식에 후보로 오른 건 메릴뿐이었지만(메릴은 〈피고인The Accused〉의 배우 조디 포스터Jodie Foster에게 상을 양보해야 했다.) 〈어둠 속의 외침〉은 국제적으로 '탁월한 영화'라고 인정받았다. 호주의 아카데미상 격인 AACTAAustralian Academy of

Cinema and Television Arts상 여우주연상을 포함해 거의 전 부문 상을 휩쓸었다. 할리우드 외신기자협회가 주최하는 골든글로브 시상식에서도 많은 부문에 후보로 올랐다. 골든글로브는 아무도 집으로 가져가지 못했지만 메릴은 1989년 5월 칸 영화제의 꽃이라는 여우주연상을 수상하며 '칸의 여왕'이 되었다.

하지만 박스오피스의 결과는 조금 달랐다. 〈어둠 속의 외침〉은 미국 319개의 상영관에서 단 몇 주밖에 상영하지 않았고 700만 달러를 버는 데 그쳤다. 그보다 놀라운 사실은 체임벌린 재판에 대한 관심이 그렇게 컸는데도 호주에서의 수익이 300만 달러밖에 되지 않았다는 것이다. 아마도 대중은 지나친 언론 보도로 '린디 피로증후군'에 시달리고 있었는지도 모른다. 혹은 단순히 린디가 싫어서 보지 않은 것일 수도 있었다. 어떤 이유든 간에 메릴이 흉내 낸 호주 억양을 두고서도 어색하다는 부정적 의견들이 있었다. "억양은 완벽했어요." 메릴의 억양을 감정한 호주 사람 프레드 셰피시 감독이 말했다. "린디는 뉴질랜드에서 살았기 때문에 호주 억양에 뉴질랜드 억양이 섞여 있었는데 비평가들이 그걸 알지 못했던 거죠."

반면 미국 비평가들은 억양은 별로 의식하지 못하는 것 같았다. "스트립은 늘 그렇듯 역할을 능숙하게 해냈다.(억양도 또 한 번 해냈다!)"라고 《워싱턴 포스트》의 리타 켐플리Rita Kempley가 썼다. 이버트도 열변을 토했다. "연기는 결코 현란하지 않았다. 여주인공의 내적 갈등이 스트립의 모공에서부터 스며 나오는 것만 같았다. 스트립은 주연으로서 힘만 들고 보상도 없는 임무를 맡았다. 그녀는 '스스로를 돌아보고 변화하려 하지 않는 인물'을 완벽하게 소화해냈다. 그러니 관객들은 당연히 실제 린디를 보듯 그녀의 생각과 감정을 알 수 없어서 답답한 때가 있었다. 관객들은 린디가 마음에 안 들기 시작하면서 호주 대중들이 느꼈던 감정을 이해하게 된다. 스트립의 연기는 위태로우면서도 능수능란하다."

메릴은 미국인들이 이 영화를 볼 기회가 많지 않았다는 사실이 아쉬웠다. "〈어둠 속의 외침〉은 정말 멋진 영화예요. 하지만 많이 상영하지 않으면 보려야 볼 수가 없어요. 제 짐작으로는 배급사들이 블록버스터에 더 집중했던 것 같아요."

3년이 흘러 시트콤 〈사인필드 Seinfeld〉에서 주인공 일레인이 미국의 수백만 시청자들 앞에서 호주 억양을 흉내 내며 "딩고가 댁의 아기를 먹었나 보네요!"라고 소리쳤다. 시트콤 팬들은 그 의미를 곧바로 알아듣지 못했지만 그 뒤 〈어둠 속의 외침〉은 한순간에 문화적으로 중요한 키워드가 되었다.

1988년 12월, 몰리 해스컬은 잡지 《미즈》에 통찰력 있는 글을 썼다. "스트립은 역할을 고를 때 반항아적인 고집이 있다. 그녀는 (비록 호주에서 유명한 사람이긴 해도) 영화 팬들에게 익숙하지 않은 종류의 역할을 선택하더니, 그의 성격을 당혹스러울 만큼 무정하게 그려냈다. 이것은 스트립의 최근 영화 〈엉겅퀴꽃〉과 〈프렌티〉가 박스오피스에서 실패한 것을 고려한다면 대단한 반항심이다. 그녀는 꺼져가는 인기를 살리기 위해서라든가 배우 이력을 잘 유지하기 위해서라도 〈아웃 오브 아프리카〉의 계보를 따라 판에 박힌 멜로 영화를 찍을 수도 있었다."

해스컬이 이어 말했다. "하지만 스트립이 변화무쌍한 역할들에 한 줄기 공통점이 있다면 그건 바로 '소외 효과'다. 말하자면 고지식하게도 스타보다는 배우가 되려 하고, 또 인기가 곧 직업의 성패를 좌우하는 영화

매체에서조차도 꿋꿋이 연극에 나올 법한 이색적인 역할들을 맡으려 한다는 것이다. 자진해서 쉬운 길을 포기하는 그녀는 우리가 그동안 속으로 품어온 의문, '여성은 상냥해야만 사랑받을 수 있는가?'라는 주제를 송두리째 밖으로 끄집어낸다."

해스컬은 메릴이 통념과 다르게 역할들을 선택하는 이유가 '배우로서의 진지함'과 '교육을 잘 받고 자란 개신교도 가정 출신의 절제력'의 조합 때문이라고 생각했다. 해스컬은 '이런 배경을 가진 사람들은 베티 데이비스처럼 실제 자기 모습과 비슷한 역할들만 맡아 연기하는 것을 어설프게 자기표현 하는 것이라고 우습게 보는 부류'라고 말했다. "스트립은 마치 천박한 영화 산업을 구원하려는 것처럼 일부러 스스로를 낮추고 형편없는 곳만 돌아다니는 것 같다. …… 그녀는 진지해 보이려고 일부러 자신의 '미모'를 가리는 것일까, 아니면 스스로 아름답지 않다고 생각해 외모를 가리려고 변장하는 것일까? 그것도 아니면 단지 무비 스타라는 화려한 이름이 싫어서 '위장'하는 것일까? 정말 수수께끼다."

아마도 그 모두가 맞는 말일 것이다. 이 책을 위해 인터뷰하면서 만난 메릴의 지인들은 묻지도 않았는데 하나같이 메릴이 영화에서보다 실물이 훨씬 아름답다는 말을 했다. 그들은 메릴이 영화보다 현실에서 훨씬 더 무비 스타 같다는 사실에 놀라고 당혹스러워했다. 메릴은 빛나는 자기 외모에 그다지 집중하지 않는다. 또 전형적인 미인이 아니었기에 배우로서 장수할 수 있었다고 믿는다. 나이가 들면 뒤로 물러나야 했던 섹시한 배우들과 다르게 메릴은 오직 연기력 하나로 인정받은 배우다. 해스컬이 이어서 말했다.

스트립을 싫어하는 부류는 원색적 영화를 좋아하는 영화 팬들과 미학자들이다. 앤드루 새리스^{Andrew Sarris}는 직감적이고 스스로를 덜 통제하고 자유분방한 여배우를 선호한다고 말하며 스트립을 좋아하지 않는다고 했다. 하지만 직감적 배우들은 누군가가 그들을 적재적소에 둘 수 있어야만 한다. 데브라 윙거, 제시카 랭, 캐슬린 터너^{Kathleen Turner}는 모두 다른 사람이 어떠한가에 따라 영향을 받고 기복이 있는 반면, 스트립은 감독들의 영향을 받지 않고 오래간다. 통제력이란 물론 스트립의 핵심 요소다. 그것 때문에 사람들이 그녀를 좋아하지 않을 수 있다. 하지만 그건 그녀가 신비감을 주는 이유이기도 하다. …… 가끔 스트립은 로런스 올리비에보다도 더하다. 그녀는 가지고 있는 것들을 펼쳐 보여주면서도 몸을 숨길 곳을 찾아 피해 다니는 것처럼 보일 때가 있다. 다시 말하면 그녀가 가진 재능을 즐기기보다는 재능 뒤로 숨는 것처럼 보인다. 연기란 '은폐의 예술'인 만큼 '폭로의 예술'이기도 한데 스트립은 자기 자신을 거의 보여주지 않는다. 만약 그녀가 스스로를 조금만 더 보여준다면 관객들은 그녀의 캐릭터들에 더욱 몰입할 수 있을 것 같다. 그러면 관객들은 자기들과 그녀의 캐릭터들 사이에서 괴리감이 아닌 친밀감을 느낄 수 있을 것이다.

한편 해스컬은 많은 젊은 여성들이 메릴의 통제력과 강한 힘과 독립심 때문에 그녀를 동경한다고 했다. 보아하니 메릴이 해스컬의 글을 읽은 듯했다. 메릴은 1990년에 했던 인터뷰에서 해스컬이 사용한 단어를 그대로 사용했다. "저는 항상 제가 연기하는 캐릭터의 마음을 이해하고 그 인물과 연결고리를 만든다면 관객들도 제 마음을 읽을 것이라고 생각해왔어요. 저는 우리 모두를 보이지 않게 연결 짓고 있는 게 무엇인지 생각해온 거예요. 괴리감이 아닌 친밀감을 생각해왔어요."

해스컬의 이름을 밝히지 않고서 그가 자기 의도를 잘못 파악했음을 에둘러 지적하는 그녀만의 방식이었다. 또한 그 글에 관심이 있었다는 걸 보여주는 것이기도 했다. 메릴은 이런 식으로 그녀가 자기를 오해하는 사람들의 비평에 무감각하지 않다는 것을 드러냈다. 메릴은 비판받을 때면 그냥 넘어갈 것인지 물고 늘어질 것인지를 고민하는 것 같았다. 1988년 메릴이 예일 드라마스쿨의 같은 반 학생이었던 웬디 바서슈타인에게 이렇게 말했다. "난 항상 배우들을 한데 모아서 연기 과정들에 대해 이야기 나누고 주요 비평가들에게 그걸 몽땅 적어 보내서 배우들이 어떤 일을 하는지 가르쳐주고 싶었어. 제아무리 수준 높은 비평가라 해도 대부분 자기들이 그 캐릭터를 좋아하느냐 싫어하느냐에 따라 휘둘리는 것 같아. 춤과 춤꾼을 혼동하는 격이야 그건. 내 연기를 볼 때면 자동차의 기계 부분만 쳐다보고 있는 것 같아. 자동차 덮개를 열면 확연하게 보이는 그 부분 말이야. 그저 내 억양이라든가 헤어스타일을 가지고 이야기하지. 마치 그런 게 캐릭터의 성격과 아무런 관련이 없는데도 내가 신경 쓴 것처럼 말이야. 너무 순진한 것 같아, 정말로. 꼭 산타 할아버지를 믿고 싶어 하는 아이들 같아. 어떤 비평가들은 산타 할아버지가 진짜가 아니라 아빠가 수염 붙이고 분장했다는 것을 도무지 믿고 싶어 하지 않는다니까."

메릴은 이것이 어쩌면 1930~1940년대의 우상들을 잃어버린 것과 관련이 있을지도 모른다고 생각했다. 1930~1940년대 배우들은 그들의 '자아'가 곧 대중에 보이는 '페르소나'였다. 캐서린 헵번, 캐리 그랜트,

로렌 바콜Lauren Bacall, 그리고 1937년에 태어났지만 험프리 보가트*의 대를 잇는 명불허전의 현대판 구식 배우 잭 니컬슨이 그렇다. 그는 레이커스▪ 경기의 코트사이드에 앉아서도 영화에 나올 때처럼 섬뜩한 인상 그대로다. 메릴도 그녀가 원하기만 하면 그렇게 할 수 있었다. 하지만 스스로 밝기를 좀 낮추려고 했는지 모른다. 혹시 그녀도 밝기를 높여 자기 자신을 더 보여주어야만 했던 걸까?

● 험프리 보가트(Humphrey Bogart, 1899~1957) : 미국의 문화 우상으로 여겨지는 영화배우. 거칠면서도 고독한 개성이 돋보이는 연기, 로맨티스트로 각인될 법한 연기를 실감 나게 보여 주었다. 대표작으로 〈말타의 매(The Maltese Falcon)〉(1941), 〈카사블랑카(Casablanca)〉(1942), 〈사브리나(Sabrina)〉(1954) 등이 있다.

▪ 로스앤젤레스 레이커스(Los Angeles Lakers)는 로스앤젤레스를 연고로 하는 NBA 서부 컨퍼런스 퍼시픽 디비전 소속 프로농구 팀으로, NBA 우승 16회를 기록한 명문 팀이다. 잭 니컬슨은 '레이커스'의 골수 팬이다.

자신과 가장 비슷한 캐릭터를 연기할 때

엄마! 애가 잠을 못 잔다고 수면제를 주는 데가 어디 있어요! - 수잰 베일

1990년 〈헐리웃 스토리〉에서

째깍째깍 시간이 간다. 끝이 가까워진 걸까?

메릴은 마흔이라는 나이가 편안하고 좋았다. 그런 한편 시간이 없는 것 같아 불안하기도 했다. 30대 초반 때 메릴은 주연을 맡을 수 있는 시간이 한 15년쯤 남았을 것이라고 생각했다. 서른여덟이 되던 해, 메릴은 돈에게 "이제 다 끝났어."라고 말했다. 〈어둠 속의 외침〉은 연속 세 번째 박스오피스 실패작이었다. "그녀는 친구들에게 고통받는 메릴 스트립 페르소나 같은 건 이제 지겹다고 말하고 다녔다." 레이첼 아브라모위츠 Rachel Abramowitz가 『네 주머니에 든 거 총 맞지? : 할리우드에서 권력을 경험한 여자들의 이야기 Is That a Gun in Your Pocket: Woman's Experience of Power in Hollywood 』에 썼다. 책에 의하면, 메릴은 영화 산업의 시대적 흐름을 이해하고 싶어

했다.

1988년과 1989년에 상업적으로 성공한 영화는 남자들 중심의 영화였다. 〈레인 맨〉에서는 톰 크루즈와 더스틴 호프먼이 형제 역할로 주연을 맡았고, 〈배트맨〉에서는 마이클 키튼이 맡은 '배트맨'이 잭 니컬슨이 맡은 '조커'와 맞붙었다. 흥행에 성공한 또 다른 영화로는 〈다이 하드〉(분노에 휩싸인 브루스 윌리스, 정의로운 마초가 곤경에서 빠져나와 가까스로 승리한다.)와 〈인디애나 존스 : 최후의 성전〉(해리슨 포드와 숀 코너리가 나치와 맞붙는다.)과 섹시한 제시카 래빗(킴 카다시안 같은 호리병 몸매를 가진 만화 인물)이 매력적인 여성 역할로 나오는 〈누가 로져 래빗을 모함했나Who Framed Roger Rabbit〉가 있었다. 만화 캐릭터가 아닌 여자 배우들은 설 자리가 줄어들었다. 메릴이 마력을 잃어가는 동안 덩치 좋고 코믹한 인물, 가령 베트 미들러(〈두 여인Beaches〉)와 캐슬린 터너(〈장미의 전쟁The War of the Roses〉)가 그나마 괜찮은 수익을 올렸다.

결국 영화 시장의 남성적 기류에 발맞춰 메릴은 확실한 이미지 변신을 보여줄 수 있는 밝고 유쾌한 코미디 영화 두 편에 출연하기로 계약했다. 먼저 메릴은 수전 세이들먼Susan Seidelman이 감독한 통쾌한 페미니즘 블랙코미디 〈그녀는 악마She-Devil〉에서 자신감 넘치는 코미디언 로잰 바Roseanne Barr와 맞대결했다. 그러고는 캐리 피셔Carrie Fisher가 위트 있는 자전소설을 직접 각색한 〈헐리웃 스토리〉에서 마이크 니컬스 감독과 다시 만났다.

메릴은 1989년 4월에 촬영이 시작된 〈그녀는 악마〉를 위해서 멀리 갈 필요가 없었다. 촬영지는 뉴욕과 뉴저지주였다. 페이 웰던Fay Weldon의 책 『여자 악마의 인생과 사랑The Life and Loves of a She Devil』을 바탕으로 한 이 영화는 평범한 가정주부가, 바람피운 남편과 그의 내연녀인 유명하고 부유한 로맨스 소설가에게 복수할 방법을 찾는 내용이다. 아마 메릴이 질투심에 불타 불륜 남녀에 보복하는 평범한 루스 패칫 역을 원했을 것이라 예상했겠지만, 아니다. 메릴은 내연녀 '메리 피셔'에 끌렸다. 과하게 여성스럽고 이기적인 데다 대니얼 스틸[*]의 소설들에 나올 법하지만, 살짝 정상이 아닌 여자였다. "메릴이 그동안 맡아왔던 캐릭터들과는 많이 달랐어요." 세이들먼이 말했다. 그녀는 에이전트 샘 콘을 통해서 메릴을 캐스팅했다. 메릴도 처음에는 루스 역을 생각해봤다. 하지만 루스 역은 혜성처럼 나타난 시트콤 스타 로잰 바에게 더 잘 어울렸다. 셰어의 이름도 오갔다. 그러나 평범한 '루스'를 로잰만큼 잘 소화할 것 같지는 않았다. "메릴은 메리 피셔 역을 외모가 눈에 두드러지지 않는 배우가 맡는 게 중요하다고 생각했어요. 메리 피셔 캐릭터와 선명하게 대비시키기 위해 얼굴이 너무 예쁘거나 몸매가 육감적이면 안 된다고 했어요."라고 세이들먼이 말했다.

줄거리는 이러하다. 메리는 구겐하임 뮤지엄에서 열린 화려한 자선 모금 행사에서 회계사인 루스의 남편 밥을 만난다. 밥(야심만만한 에드 비글리 주니어 분)은 고리타분한 중년 유부남이었지만 메리는 그에게 푹 빠진다. "책을 쓰는 건…… 너무나 외로운 작업이에요." 그녀가 끈적하게 속삭인다. 밥은 메리와 살려고 루스와 아이들을 버리고 떠난다. "당신은 여자 같지도 않아. 이 악마야!" 밥이 루스에게 소리친다. 상처받은 루스

● 대니얼 스틸(Danielle Steel, 1947~) : 미국 소설가이자 베스트셀러 작가이다. 세계적으로 8억 부 이상의 소설이 팔렸으나 한국에서는 지명도가 낮다. 소설들의 줄거리는 엇비슷한 편인데, 주로 아름답고 날씬한 백인 여자가 나오고, 부유한 집안이 위기에 직면하는 이야기를 다룬다.

는 복수를 계획한다. 루스는 자기 집에 불을 지르고, 갈 곳 없는 아이들을 평온했던 메리의 저택에 덜컥 맡겨버린다. 전혀 엄마다운 면이 없는 메리는 갑자기 아이들을 떠맡고 정신을 잃다시피 한다. 루스는 그다음으로 메리가 노모를 맡겨두고 나 몰라라 하는 요양원에 취직한다. 루스의 교묘한 책략으로 메리의 엄마 피셔 부인은 이미 진이 다 빠진 딸의 집으로 들어가 살게 되고, 딸과 지내며 밥과 아이들 앞에서 딸이 여태껏 애써 지켜온 비밀을 모두 폭로한다. 메리는 과거의 모습을 감추고 자기 소설 속 주인공 행세를 하며 살고 있었던 것이다. 사랑의 불꽃이 꺼진 밥과 메리는 뒤죽박죽인 현실적 가정에서 아웅다웅한다. 세탁을 주제로 한 메리의 신간 소설 『빨래를 헹구며 피어난 사랑Love in the Rinse Cycle』은 팔리지 않는다.

메리가 지옥을 겪는 동안 루스는 기업가로 성공을 이뤄낸다. 루스는 여성들을 위한 직업소개소를 열고, 밥이 고객들의(심지어 메리에게서도!) 돈을 횡령했다는 사실도 알게 된다. 루스는 당국에 이 사실을 고발하면서 마침내 그를 끌어내리려는 큰 계획을 이뤄낸다. 여성 판사는 밥에게 18개월 징역을 선고한다. 한때 로맨스 소설가였던 메리는 동화 속 공주 같은 분홍 드레스를 벗어 던져버리고 학구적으로 보이는 안경을 쓴다. 그리고 『신뢰와 배신 : 사랑, 돈, 의심에 관한 다큐 소설Trust and Betrayal: A Docu-novel of Love, Money and Skepticism』을 써서 베스트셀러 작가가 된다. 마침내 여성 참정권 운동가처럼 온통 백색으로 차려입은 로잰이 그동안 자기가 도와준 페미니스트 여성들을 양옆으로 거느리고 뉴욕 거리를 당당히 걸어가며 영화는 끝을 맺는다.

〈그녀는 악마〉는 멋졌다. 다만 로잰이 '루스 패칫'만큼 급진적이고 깨어 있는 인물이 아니라는 점은 좀 안타깝다.* 그리고 메릴에 대해 말하자면, "전 메릴이 훌륭한 배우라는 것을 알고 있었기 때문에 그녀가 정말 웃기길 바랐어요. 코미디를 할 때는 들이밀어야 하는 순간을 잘 알아야 해요. 한순간에 전력투구해서 웃겨야 합니다. 메릴은 언제 들이밀고 또 언제 뒤로 물러설지를 아는 머리와 기술이 있었어요."라고 메릴의 생애 첫 여성 감독이었던 세이들먼이 말했다.

감독은 타이밍을 포착하는 메릴의 감각에 적잖게 놀랐다. 그녀는 클로즈업으로 시작한 한 장면을 예로 들어 이야기했다. "메릴이 침대에 누워 있고 관객들은 그녀가 에드 비글리와 애무하고 있다고 생각합니다. 그런데 카메라가 뒤로 물러나면서 사실은 개가 그녀의 발을 핥고 있었다는 걸 알게 돼요. 관객들은 메릴이 쾌감을 느끼다가 한순간 질겁하는 것을 봅니다. 이렇게 연기로 들이밀었다 물러서는 게 쉽지 않은데 메릴은 그것을 해내요."

카메라가 꺼지면 메릴은 어떤 면에서도 '메리 피셔' 같지 않았다. 메릴은 전문가였다. 너그럽고 지극히 정상이었다. 메릴은 바비 인형처럼 옷을 입고 남자 앞에서 간드러지는 목소리를 내며 미에 대한 통념을 풍자했지만 제작진은 마냥 재미있어하며 웃어댈 뿐이었다. 메릴이 '메리'의 바비 인형 옷을 입고 화장을 진하게 하고 가짜 손톱을 붙이면 제작진은 '메리'를 대하듯 메릴을 '정말로 친절하게' 대하기 시작했다. 정말 우스운 현상이었다.

---

* 로잰 바(Roseanne Barr, 1952~)는 2012년 좌파 대선 후보로 출마했었다. 그런데 2015년 도널드 트럼프가 대선 출마를 선언한 뒤 갑자기 우파로 전향하였고 트럼프를 옹호해왔다. 인신공격, 음모론, 가짜 뉴스를 이용한 홍보로 비난받아왔다.

1989년 6월 22일, 메릴은 드디어 마흔이 되었다. 알다시피 그녀의 연기 인생은 거기서 끝나지 않았다. 메릴은 몇 달 뒤 조금 더 세간의 이목을 집중시킨 〈헐리웃 스토리〉를 촬영하려고 로스앤젤레스로 향했다. 천재 작가이자 약물중독자, 〈스타워즈〉의 레아 공주이자 데비 레이놀즈 Debbie Reynolds의 딸인 캐리 피셔에 빙의하기 위해서였다. 캐리의 각본 데뷔작 〈헐리웃 스토리〉는 책에서도 진솔하게 들려준 그녀의 인생 이야기를 그대로 반영했다. 캐리는 1987년에 마약중독 경험을 바탕으로 중독에 관한 문학의 선구자 격인 소설을 썼고 그 소설을 직접 각색했다. 《로스앤젤레스 타임스》의 캐럴린 시Carolyn See는 브렛 이스턴 엘리스Bret Easton Ellis의 책 『0 이하』*와 캐리의 소설을 비교하는 글을 썼다. "결코 고무적인 소설은 아니다. 그러나 차가운 현실을 적나라하게 보여주는 '진지한' 작품이다. …… 여배우 삶의 단편을 보여주는 이 이야기는 정신이 번쩍 들게도 하고 좀 애처롭기도 하고, (그리고 이 단어가 계속 떠오르는데) 흥미롭다. '수잰'은 어쩌면 평생 남들처럼 사랑에 빠지고 결혼하는 평범한 삶을 살 수 없을지도 모른다. 그녀는 나쁜 남자를 좋아하게끔 만들어져 왔기 때문이다. '나는 진지한 남자들을 만나는 게 옳다는 걸 알고 있지만, 내 눈에는 오로지 나쁜 남자들에게서 뿜어 나오는 빛만 보인다.'라는 그녀의 말처럼."

• 『0 이하(Less Than Zero)』: 코카인 중독에 관한 책으로 1987년 영화화되었다. 한국에서는 〈회색 도시〉라는 제목으로 개봉했다.

메릴, 마흔이 되다

"전 제가 항상 마흔 같았어요. 열일곱 살일 때조차도 제가 순진한 어린아이처럼 느껴진 적이 없어요. 그 시절을 놓친 거죠. 전 마흔이 되어 생애 처음으로 제 나이가 편안했어요. 제 딸 메이미는 항상 현재 나이를 즐겨요. 언제나 자기 모습 그대로를 받아들여요. 아마 그 아인 평생 그럴 거예요. 전 사람들의 정신연령에 따라 반응하지, 실제 나이는 신경 쓰지 않아요. 가장 친한 친구들 중에는 평생 나이 먹지 않는 여자들이 있어요. 캐리 피셔, 트레이시 울먼 같은 친구들이에요. 사실대로 말하긴 싫지만 저보다 일곱 살에서 열 살 정도 어린 친구들이에요. 또 다른 친구 앤 로스(의상 디자이너)는 쉰아홉 살인데 저랑 꼭 같아요. 어린애 같죠." 메릴이 1992년 《보그》와의 인터뷰에서 한 말이다.

캐리는 각본을 쓰며 〈헐리웃 스토리〉를 여자 주인공의 원맨쇼로 만들고 싶었지만, 판권을 낚아챈 니컬스가 각본에서 '엄마-딸의 관계'에 비중을 두라고 조언했다. 여자들이 주연이고 남자들은 조연일 뿐이었다. 어느 눈 오는 밤, 메릴은 대본을 읽으며 흥이 잔뜩 올랐다. "그런 배역을 제의받은 적이 없었어요. 전 정말 기뻤어요. 정말로요." 메릴은 캐리, 아니지 '수잰'처럼 따뜻하고 진솔하고 매력적인 캐릭터를 연기할 기회를 덥석 잡았다. "전 대본을 읽으면서 이렇게 생각했어요. 이 여자 생존력이 보통 아니네. 악동 기질도 대단하지만 유머 감각도 대단해. 남들에게 유머를 후식으로 차려주고 혼자 뿌듯해하는 거 같아. 그 덕분에 남들도 기분 좋아지고…….”

캐리 피셔 캐릭터인 '수잰 베일'은 약물중독 치료를 받은 뒤 다시 연기자로 복귀하려고 한다. 그녀가 중독되었던 약물은 '코카인'과 '퍼코댄'이다. 그녀의 엄마 도리스 맨(셜리 매클레인 분)은 할리우드의 큰 별 데비 레이놀즈같이 전설적인 배우다. 수잰은 건강을 되찾았지만 연기자로 다시 일하려면 반드시 보험을 들어야 했고, 영화사가 보험을 들어주는 조건으로 어쩔 수 없이 엄마의 집으로 들어가 살아야 했다. 하지만 수잰은 고작 수치스러운 경찰 역을 하나 맡아 삼류 영화에 출연할 뿐이고, 능글찬 제작자(데니스 퀘이드 분)가 수잰을 유혹하지만 그도 얼마 뒤 본색을 드러내고 만다. 수잰과 도리스는 서로에게 열받아서 소리를 질러대기에 이른다. 수잰은 엄마가 자기 어렸을 적에 수면제를 먹여 재운 것에 화를 낸다. “그건 수면제가 아니었어! 약국에서 산 거고 분명히 안전한 약이었어. 네 약물중독에 내 탓 하지 마! 나도 내 불행과 알코올중독을 가지고 네 외할머니 탓하지 않으니까!” 도리스가 되받아친다.

수잰은 서서히 자기 인생을 되찾기 시작한다. 그러던 중 불쌍한 도리스가 과일 스무디에 와인을 타 마시고 술에 취해 나무를 들이받는 사고가 난다. 병원으로 실려 간 도리스는 그곳에서 딸과 화해한다. 재미있게도 수잰이 약물 과다 복용으로 기절했을 때 위세척을 해준 의사(리처드 드레이퍼스 분)가 수잰에게 데이트 신청을 하지만 그녀는 거절한다. 마지막은 수잰의 해피엔딩이다. 수잰은 새로운 영화를 촬영하며 무대에서 컨트리풍 노래 '체크아웃 할게요 I'm Checkin' out'를 멋지게 부른다. 게다가 새 영화에서는 경찰 배지 같은 건 달지 않아도 된다. 성공!

메릴과 캐리는 빠르게 친구가 되었고 니컬스는 둘이 뭉쳐서 자기를

셜리 매클레인(왼쪽), 캐리 피셔와 함께한 메릴 스트립. 캐리 피셔의 자전적 소설을 각색한 〈헐리웃 스토리〉에서 메릴 스트립은 자기 본래 모습과 목소리에 가장 가까운 인물을 연기했다.

공격한다고 투덜댔다. 캐리는 "제가 메릴보다는 훨씬 더 예민해요. 제가 더 소녀 같고 더 외계인 같죠. 메릴은 확실히 여성스럽고 저보다 훨씬 더 이 세상에 뿌리를 잘 내린 사람이에요."라고 했다. 한편 메릴은 두 사람이 '특유의 냉소주의와 유머 감각, 낙관적으로 살려는 의지와 노력하는 모습'이 비슷하다고 생각했다. 메릴은 10년이 넘는 세월 동안 다양한 시대와 장소를 넘나들며 신비로운 얼음 여왕 같은 역할들만 맡아오다가 그제야 비로소 긴장을 풀고 '자기 본래 모습과 목소리에 가장 가까운' 인물을 맡게 되었다.

그렇다고 메릴에게 캐리처럼 화려한 과거가 있었던 건 아니다. 엘리자베스 테일러와 사랑에 빠져 어머니 데비를 버리고 떠난 아버지 에디 피셔 Eddie Fisher, 〈스타워즈〉의 대성공*, 폴 사이먼과의 만남과 헤어짐의 반복, 약물 남용, 마약중독······.

"메릴은 마약을 한 적이 없었기 때문에 그게 어떤 기분인지 제가 설명해줘야 했어요. 전 그걸 아주 잘해요. 경험이 정말 많거든요. 그게 메릴이 역할을 연구하는 데 도움이 될지는 몰랐네요. 그래서 내가 약을 한 건가? 메릴에게 도움을 주려고 말이에요, 하하. 전 또 메릴에게 반항아라든가 나쁜 계집애처럼 구는 법을 가르쳐줘야 했고 나쁜 행실들도 가르쳐줘야 했어요. 그런 거 원하는 사람 또 있으면 저에게 오세요. 제 주특기니까요. 메릴은 제가 가르쳐주는 걸 아주 잘 받아들였어요." 캐리가 말했다.

메릴은 촬영장에서 캐리를 그림자처럼 따라다녔고 그녀처럼 스낵 테이블 주변을 맴돌며 쉴 새 없이 먹어댔다. 영화에서 작은 배역을 맡았던 바버라 가릭 Barbara Garrick 은 메릴이 어느 장소에든 들어서면 주변 여건과 상황, 아주 멀리서 일어나고 있는 일들에까지도 아주 민감하게 반응했다고 말했다. 가릭은 그런 메릴의 태도가 정말 특이하다고 생각했다.

"전 제 삶이 없어요. 주변을 둘러보면 좋은 게 많다는 걸 알아요. 그런데 문제는 엄마와의 관계예요. 다 절 사랑하기 때문에 하는 일이지만······. 그걸 믿을 수가 없어요." 메릴은 이 대사로 '수잰'을 이해했다.

메릴은 〈헐리웃 스토리〉가 수잰이 자기만의 방식으로 삶의 주권을 찾아가는 여정을 그리고 있다고 생각했다. 수잰은 다른 사람들, 그리고

---

* 캐리 피셔(1956~2016)는 〈스타워즈〉 오리지널 시리즈의 레아 오르가나 공주 역을 맡으며 유명해졌다. 다른 영화에서는 크게 두각을 나타내지 못했으나 소설과 시나리오 등의 작가로도 활발히 활동했다.

엄마의 그늘에서 벗어난 다음에야 자기 인생을 제대로 누릴 수 있었다.

메릴은 셜리 매클레인을 존중하면서도 거리를 두었다. "메릴과는 전혀 친해지지 못했어요. 전 메릴과 가까워지지 않으리란 걸 곧바로 눈치 챘죠. 저녁 식사는커녕 점심도 같이 한 적이 없었어요. 하지만 그건 배역과 하나가 된 메릴이 일하는 방식이었고 전 그것을 따라주었어요." 셜리가 말했다.

어느 날 셜리는 촬영장에서 사람들과 대화를 나누던 중 메릴에게 물었다.

"메릴, 캘리포니아 어때요?"

"뉴욕엔 좀 미안하지만 아주 좋아요. 왠지는 몰라도 아주 마음에 들어요. 사계절 내내 꽃이 피어 있잖아요. 너무 좋죠. 단지 지진이 좀 겁나네요." 메릴이 답했다.

모두가 웃음을 터뜨렸다. 하지만 셜리는 웃지 않았다. 셜리는 굳은 표정으로 진지하게 물었다. "여기서 얼마나 지낼 생각이에요?"

"모르겠어요. 길어야 2년 정도 있겠죠."

"그럼, 괜찮아요. 1994년 겨울 전까지는 큰 지진이 없을 거니까요."

이럴 수가! 실제로 1994년 1월 17일 진도 6.7의 대지진이 로스앤젤레스를 뒤흔들었다. 영적 직감이 뛰어났던 셜리의 예상이 적중하자 메릴은 놀라지 않을 수 없었다.

메릴은 셜리와 같이 찍는 장면에서 여장부 메리 스트립과 살던 어린 시절로 돌아간 것만 같았다. 엄마는 자신감 없던 10대의 메릴을 친척과 이웃들 앞에 세워놓고 노래를 시키곤 했다. '수잰'의 엄마 '도리스'는 군림자이고 언제나 자기가 주목받기를 원한다. 소극적이고 내성적인 수잰은 그런 엄마를 가리지 않으려고 항상 그늘로 다니는 법을 배웠다. 도리스는 수잰을 위한 환영 파티를 집에서 열어주고 수잰에게 노래도 시키지만 곧이어 직접 나서서 화려한 쇼맨십을 선보이며 '나 아직 여기 있어요 I'm Still Here'를 불러 관심을 독차지한다. 수잰은 도리스가 빛을 발하는 모습을 바라보며 환하게 웃음 짓는다.

수잰이 '체크아웃 할게요'를 부르는 마지막 장면에 가서는 입장이 뒤바뀐다. 수잰이 무대를 장악하는 걸 바라보며 도리스는 자랑스러워 벙글거린다. 하지만 마지막 공연 장면을 촬영하던 날은 메릴에게 까다로운 하루였다. "노래 부르는 장면을 한 번 찍었는데 제작진들은 배경에 있던 반짝거리는 커튼을 마음에 들어 하지 않았어요. 전 처음만큼 노래를 잘할 자신이 없었어요. 처음에 가장 잘했다고 생각했기 때문에 저는 '혹시 처음 녹음한 곡을 그대로 사용하고 연기만 하면 안 될까요? 아까만큼은 잘 부를 수 없을 것 같아요.'라고 했어요. 어쨌든 반짝이는 금빛 커튼을 떼어낸 다음 노래 부르는 걸 다시 촬영했어요. 다행히 처음보다 더 나았어요. 그다음 우리는 샴페인을 잔뜩 마셨고 저는 단역 배우들을 위해 즉흥 공연을 한 번 더 벌였어요. 그러고 났는데 그 장면을 또 찍어야 한다는 통보를 받았지 뭐예요."

메릴은 1989년 가을, 영화사의 임금 문제와 그 밖의 터무니없는 일들로 인해 그토록 원하던 〈에비타 Evita〉의 주역을 놓치고 크게 실망했었다. 고예산 영화 〈에비타〉는 메릴이 노래 실력을 유감없이 보여줄 수 있는 절호의 기회였다.(메릴이 에바 페론 역을 놓친 건 우리에게도 적지 않은 손실이다.) 비록 '아르헨티나여 날 위해 울지 마오 Don't Cry for Me Argentina'는 아니었지만 메릴은 〈힐리웃 스토리〉에서 공연하면서 즐거운 시간을 만끽했다. 그런데 녹음 원본에 잡음이 섞여 들어간 탓에 편집 과정에서 노래만 따로 녹음해 영상에 덧씌워야만 했다.

음성 편집자는 3분짜리 노래를 프레임별로 녹음하는 데 적어도 이틀은 걸릴 거라 예상했다. 하지만 메릴은 처음부터 끝까지 너무나 매끄럽게 녹음했고 화면의 입 모양과 정확히 맞춰 불러 편집자들을 놀라게 했다. "그건 거의 불가능한 일이에요. 화면과 똑같이 부를 수 있는 사람은 아무도 없어요." 〈헐리웃 스토리〉의 제작자 밥 그린헛이 말했다.

그날 메릴은 기술 전문가임을 다시 한번 증명해 보였다. 그런 메릴이라 할지라도 특수효과 촬영만큼은 결코 쉽지 않았다. 그래도 〈죽어야 사는 여자Death Becomes Her〉, 끔찍하게 나이 들어가는 두 앙숙의 풍자극은 놓치기엔 너무나 아까운 아주 기발한 영화였다.

메릴과 캐리의 불발 시나리오

〈디 아더 우먼^{The Other Woman}〉이라는 시나리오였는데 영화로는 제작되지 못했다. 1991년에 메릴과 그녀의 새 친구 캐리 피셔는 19세기 시나리오를 같이 각색했다. "〈죽어야 사는 여자〉에서 메릴이 맡았던 매들린 애슈턴과 같이 일과 사랑이 시들기 시작하는 여배우가 주인공으로 등장한다."라고 1992년에 《보그》가 보도했다. "하지만 〈디 아더 우먼〉은 좀 더 가정에 집중하고 있다. 메릴의 실제 나이와 비슷한 여주인공은 나이가 들어가면서 더는 주름살 제거 수술이라든가 좋은 화장품에만 의존할 수 없었다. 그녀는 용단을 내려야 했다." 《퍼레이드 ^{Parade}》지는 줄거리를 더욱 상세하게 묘사했다. "악명 높은 바람둥이와 결혼한 여배우가 남편의 충성심을 시험하려고 변장해서 그를 유혹하려 든다."

두 사람은 이 어두운 로맨틱 코미디를 메릴이 넷째 아이 루이자를 임신한 막달에 같이 썼다. 유니버설 픽처스가 흥행에 성공할 가능성이 다분했던 이 시나리오를 따냈고 메릴에게 주연을 맡겼다. "죽어라 글 쓴 이유가 뭐겠어요? 제가 쓴 기막힌 배역을 다른 사람에게 줄 순 없죠!" 메릴이 말했다. 마이클 니컬스가 〈헐리웃 스토리〉처럼 다시 한번 스트립-피셔와 합작할 것이라고 전해지기도 했다. 메릴은 원래 〈죽어야 사는 여자〉 다음으로 이 〈디 아더 우먼〉을 찍을 계획이었으나, 곧 〈영혼의 집〉, 〈리버 와일드〉, 〈매디슨 카운티의 다리〉를 이어 찍으며 이탈해버렸다. 동시에 캐리도 다른 두 소설을 출판하고 스크립트 닥터*로 성공했다.

하지만 두 사람은 끝까지 친구로 남았다. 2016년 12월 27일 캐리가 갑작스럽게 심장마비로 세상을 떠났고 바로 다음 날 그녀의 어머니 데비 레이놀즈가 숨을 거뒀다. 메릴은 한 주 뒤 두 사람의 합동 장례식에서 추도 연설을 하며 캐리가 생전 가장 좋아했던 노래 '돌아온 행복한 나날들^{Happy Days Are Here Again}'을 불렀다.

• 스크립트 닥터(script doctor) : 대본 개작 전문가. 시나리오 작가의 각본이 불충분해 보일 때 대사를 수정하고 유머나 결정적 대사를 집어넣거나 이야기 구조를 바꾸는 등 각본에 생기를 불어넣는 일을 하는 직업이다. 캐리 피셔는 할리우드에서 가장 유명한 스크립트 닥터 중 한 명이었다.

중년 여배우의 길

우린 서로를 돌봐야지, 우리한테 누가 있니.
내 궁둥이 좀 칠해줘. 내가 네 궁둥이 칠해줄게. - 매들린 애슈턴
1992년 〈죽어야 사는 여자〉에서

메릴은 로스앤젤레스에 있는 캐리 피셔의 집에서 배우이자 개그맨인 앨
버트 브룩스Albert Brooks를 만났다. 사교계 명사 캐리 피셔가 집에서 파티를
연 것이다. 메릴은 브룩스와 아주 가까워졌다. 이후에 브룩스가 직접 각
본을 쓴 〈영혼의 사랑Defending Your Life〉을 메릴에게 권했다. 브룩스는 교통
사고로 죽은 대니얼 밀러라는 광고회사 임원의 사후 세계에 관한 코미
디를 썼다. 대니얼이 이승으로 되돌아가기 싫어 천국 문지기들에게 스스
로를 변론하는 게 영화의 묘미다. 브룩스는 감독과 주연을 모두 맡을 예
정이었고 대니얼의 연인 줄리아 역을 맡길 배우를 찾는 중이었다. 그는
메릴을 고려한 적이 없으나 메릴을 직접 만나자 생각이 달라졌다.

"요즘 무슨 일 하고 계세요?" 메릴이 브룩스에게 물었다.

"이제 곧 촬영할 영화 각본을 막 마쳤어요." 브룩스가 대답했다.

"혹시 그 영화에 제가 맡을 만한 배역이 있나요?"

두 사람은 같이 웃었다. 하지만 그날 밤 앨버트는 차를 몰고 집으로 돌아가는 길에 생각이 번뜩였다. "오 이런, 내가 왜 그 생각을 못 했지? 메릴에게 그 배역을 줘야겠어!"

브룩스는 워너 브러더스에 알리지 않고 메릴에게 대본을 보냈다. "메릴은 대본을 읽고서 정말 마음에 들어 했어요. 그제야 저는 워너 브러더스에 '메릴 스트립을 쓸까요?'라고 물었고 사람들은 전부 '뭐라고요?'라고 했죠." 브룩스가 말했다.

모두들 귀를 의심했지만 그들은 잘못 들은 게 아니었다. 브룩스는 메릴을 직접 만나고서 그녀의 타고난 유머 감각과 편안한 성격에 적잖이 놀랐다. 이게 바로 진짜 메릴이겠지? 누가 상상이나 했겠는가. 브룩스는 메릴이 줄리아 역을, 캐리의 파티에서 보여준 매력적인 모습 그대로 편안하게 연기해주길 바랐다.(조금 색다른 비교일 수 있지만, 메릴과 브룩스의 만남은 겉보기에 어울리지 않는 레이디 가가와 토니 베넷의 만남과 비슷한 것 같았다. 파격적인 생고기 드레스*를 입던 레이디 가가가 갑자기 고풍스러운 드레스를 입고 나타나 음악계의 전설 토니 베넷과 듀엣으로 재즈를 부를 때의* 느낌과 비슷했다. 내 생각이 그렇다는 것뿐이지 별다른 뜻은 없다.)

〈영혼의 사랑〉은 선량하고 장난기 많은 미녀 줄리아가 불운한 대니얼에게 모든 걸 내려놓고 과감히 도전하도록 가르쳐주는 로맨틱 코미디

---

* 2010년 가수 레이디 가가(Lady Gaga)가 MTV 비디오 뮤직 어워즈에서 입은 생고기로 만든 드레스를 말한다. 《타임》은 이 드레스를 2010년 최고의 패션 아이템으로 선정했다.
* 2014년 레이디 가가는 스탠더드 팝과 재즈의 거장 토니 베넷(Tony Bennett)과 듀엣으로 앨범 〈Cheek to Cheek〉를 발표했다.

다. 두 사람은 사람들이 죽고 난 뒤 영혼이 머무르는 심판 도시에서 우연히 만난다. 심판 도시는 쾌활하고 마음을 편안하게 해주는 캘리포니아 남부의 휴양지와 닮았다. 알고 보니 그곳은 영혼들이 잠시 머무르는 멋진 쉼터였다. 그곳에서 줄리아와 대니얼은 살찌는 것 따위 걱정하지 않고 원하는 만큼 음식을 마음껏 먹을 수도 있었다. 대체 누가 그런 곳을 떠나 지구로 되돌아가고 싶을까? 하지만 천국 심판관들은 머지않아 대니얼을 다른 몸으로 환생시켜 지구로 돌려보낼지도 모른다. 사람들이 전생을 되돌아보는 별관 장면에서는 홀로그램으로 웃기게 잠깐 출연한 셜리 매클레인이 대니얼에게 여러 전생이 담긴 영상을 빠르게 보여준다. 대니얼은 전생에 재봉사와 사자에게서 도망쳐 달아나는 원주민이었다는 걸 알게 된다.

줄리아는 고래잡이, 양복 재단사, 용맹한 왕자였다. 그리고 마지막 생애에서 두 아이의 엄마였던 그녀는 머리를 세게 부딪히고 수영장에 빠져 익사했다. 그녀는 죽음을 받아들이지만 사인은 받아들이기 어려워한다. "아직도 열받네. 나 수영 진짜 잘했단 말이에요!" 그녀가 투덜댄다. 줄리아를 천국으로 들여보낼지 심판하는 자리에서 변호사들이 그녀의 생애를 영사하자 줄리아는 메릴 스트립같이 영웅적인 엄마였다는 걸 알 수 있었다. 줄리아는 불난 집에서 자기 아이들을 (그리고 페르시아 고양이를) 구출했던 것이다. 한편 대니얼의 지난 삶의 하이라이트 영상에서 드러난 건 그의 트라우마다. 그는 아버지에게 학대받으며 자라 한평생 주눅 들어 있었다. 언제나 소심한 방관자로 똑똑한 사람들에게 짓밟히며 살았고, 자립심 같은 건 배운 적이 없었다. 그러므로 심판관들은 그를 환생시켜 이승으로 돌려보내는 '다시 시작해' 버스에 태운다. 술리아는 전국에 들어갈 자격을 얻는다. 하지만 마지막에 가서 대니얼은 평소의 그답지 않은 기지를 발휘한다. 그는 줄리아를 따라 위대한 미지의 세계로 들어가려고 그녀를 태우고 달리는 버스에 껑충 올라탄다. 그리고 그것을 지켜보던 심판 도시의 변호사들은 대니얼의 그 용기를 인정해준다는 의미로 고개를 끄덕인다.

♛

메릴의 영화 속 죽음

메릴이 죽는 연기를 잘한다는 것은 그다지 놀라운 사실이 아니다. 메릴은 〈엉겅퀴꽃〉의 감독 엑토르 바벤코를 깜박 속인 적도 있었다. 헬렌 아처의 마지막 순간을 찍으며 겁날 정도로 긴 시간을 누워 있었던 것이다. "뭐야 이거! 숨을 안 쉽니다!" 촬영팀 한 명이 다음 장면을 촬영하려던 바벤코에게 말했다. 메릴은 바벤코가 촬영을 마친 뒤에도 자리에 누워서 10분 동안 그 자리에서 꼼짝하지 않았다. "봐봐! 저게 바로 진짜 연기라는 거야! 배우라면 저래야지! 바벤코가 열광했다.

다음은 메릴의 연기력을 입증해주는 증거들이다.

영화 〈소피의 선택〉
　　공포의 홀로코스트에서 아이들을 잃고서 도저히 살아갈 수가 없었다.
　　소피는 애인 네이선과 같이 독극물을 마시고 죽는다.

영화 〈실크우드〉
　　공식적으로는 단일 차량 사고였다. 하지만 핵 시설의 내부고발자였던
　　캐런 실크우드가 기자를 만나러 가던 길에 누군가 그녀의 차를 고의

로 밀어뜨린 것은 아닌지에 대한 의문은 여전히 남아 있다.

영화 〈엉겅퀴꽃〉

헬렌 아처는 허름한 호텔방에서 병으로 쓰러져 죽는다. 병약하고 외로웠던 그녀는 가난 속에 그녀를 방치한 부당한 사회의 희생자였다.

영화 〈영혼의 사랑〉

사고로 인한 익사였다. 각본가이자 감독인 앨버트 브룩스가 사후 세계를 그린 드라메디에서 메릴의 배역인 줄리아는 넘어져서 머리를 부딪히고 수영장에 빠져 비명횡사한다.

영화 〈죽어야 사는 여자〉

매들린 애슈턴의 남편은 그녀를 계단에서 밀어뜨리고 그녀가 죽었다고 생각한다. 하지만 그녀는 젊음의 묘약 덕분에 영원히 죽지 않는다.

영화 〈영혼의 집〉

천리안을 가진 성자 같던 클라라는 집에서 크리스마스 장식을 하던 중 심장마비로 죽는다. 그리고 유령이 되어 떨어져 지내던 남편을 찾아간다.

영화 〈매디슨 카운티의 다리〉

자연사였을까 상사병 때문이었을까? 아이오와주에 사는 외로운 가정주부 프란체스카 존슨은 사진작가 로버트 킨케이드와 처음 사랑에 빠졌던 다리에 재를 뿌려달라고 유언한다.

영화 〈원 트루 씽〉

헌신적인 아내이자 엄마였던 케이트 굴든은 암으로 죽어가던 중에 모르핀을 과다 복용하고 자살한 것으로 보인다. 메릴의 죽음 중에 가장 슬픈 죽음일지 모른다.

영화 〈맨츄리안 켄디데이트〉

걸프전쟁 참전 용사 벤 마르코(덴절 워싱턴 분)가 단 한 발의 총알로 사악한 상원의원 엘리너 프렌티스 쇼(메릴)와 그녀의 꼭두각시 아들이자 하원의원이었던 레이먼드(리브 슈라이버)를 동시에 쏴 죽인다.

영화 〈레모니 스니켓의 위험한 대결〉

조지핀 숙모는 집이 지주로 받쳐져 있는데도 언제 무너질지 모른다는 불안감 속에 살고 있었다. 하지만 결국 사악한 올라프 백작(짐 캐리 분)이 그녀를 거머리가 들끓는 물속에서 건져주지 않아 죽고 만다.

영화 〈플로렌스〉

뉴욕의 사교계 명사로 오페라 가수를 꿈꾸던 그녀는 심부전으로 죽기 직전 말한다. "모두가 나더러 노래 못한다고는 해도 누구도 내가 노래를 안 했다고는 못 할 거예요."

영화 〈맘마미아! 2〉

살인이다. 살인자는 각색가이자 감독인 리처드 커티스다. 흥행에 대성공한 〈맘마미아!〉 후속 편에서 '도나 셰리든'인 메릴은 죽고 젊은 배우 릴리 제임스가 대신 젊은 도나를 연기했다.

브룩스가 같이 일했던 여느 배우들과 달리 메릴은 촬영하기 전에 철저히 준비해 왔다. 그녀는 단 한 번도 촬영을 방해하며 "이걸 어떻게 해야 될지 모르겠어요."라고 말한 적이 없었다. 항상 앞서서 방법을 찾아냈다. 좋은 제안은 받아들이고 불필요한 제안은 무시했다. 2010년 잡지 《배너티 페어》와의 인터뷰에서 메릴은 브룩스가 한 말을 인용했다. "그는 '조금만 더 사랑스럽게 연기해보면 안 될까?'라고 제안했고 그 이후로 몇 년 동안 다른 사람들이 그 말을 따라 했어요. 그걸 받아들인 적은 단 한 번도 없었지만요."

하지만 〈에비타〉를 놓치고 낙심하던 때 그가 해준 말은 정말 위로가 되었다. 메릴은 40대에 들어서면서부터 그런 멋진 배역을 맡을 기회가 확실히 줄고 있었다. 메릴은 여러 차례 거절의 쓴맛을 봤다. 세월이 그녀의 영혼을 짓밟으려고 작정한 것만 같았다. 그때 브룩스가 말했다. "메릴, 당신은 할 수 있어. 당신은 인생에서 가장 어려운 일을 해냈다고 느낄 거야. 이건 기념비적인 작품이 될 거고. 정말 멋질 거야. 꼭 성공해서 모두가 '자, 다음은 뭘 보여줄 거야?' 하며 궁금해할 거야." 브룩스가 그녀를 격려해주었다.

그러나 1989년 12월에 개봉한 〈그녀는 악마〉는 폭삭 망했다. 몇 년 동안 이 영화의 마니아층이 늘어나면서 영화에 대한 평가도 조금 나아지긴 했다. 메릴이 〈그녀는 악마〉 개봉 뒤에 말했다. "전 일을 계속해야만 했는데 더 이상 할 게 없었어요. 그리고 전 〈그녀는 악마〉가 정말 좋았는데 종합적으로는 결과가 좋지 못했네요." 하지만 당시 메릴은 최고의 찬사를 듣기도 했다. 《뉴욕 타임스》의 빈센트 캔비는 "웃기는 설정의 역할과 역할을 잘 살려주는 대사를 가지고 스트립은 화면을 홀로 장악한다. 그녀에겐 명석한 지능과 막힘 없는 속도감이 있다. 그녀를 보는 것만으로도 표가 아깝지 않다."라고 썼다. 모든 비평가들에게 쓰레기 같은 영화가 한 사람에게는 보물이 될 수도 있었다. 로저 이버트는 남성 비평가들이 무시해버리곤 하는 여성들에 관한, 여성들을 위한 영화를 드물게 진지한 눈으로 들여다봤다. "로잰 바가 배역에 제격이었다면 스트립 또한 그랬다. 사생활에서도 유머 감각이 넘치는 스트립 아니셨는가. 그녀만큼 영화에서보다 인터뷰하러 실제로 만났을 때 더 유쾌한 사람은 많지 않다." 하지만 감독 세이들먼에 대해서는 이렇게 말했다. "그녀의 유머는 확실히 주류에서 벗어나 있다. 장면 설정이라든가 결정적 한 방의 대사들을 두고 하는 말이 아니다. 영화 속 인물들이 딜레마에 빠졌을 때 생각하는 논리가 이상하다는 말이다."

세이들먼은 이버트에 대해 콕 집어 말했다. "어떤 남성들은 주제 자체를 모욕적으로 느껴요. 매력 없고 세련되지도 못한 가정주부가 주연하는 뻔뻔함이 싫었나 봐요."

♕

마흔 살이 된 메릴은 그해에 세 가지 다른 마녀 역할을 제의받았다. 영화사들이 중년이 된 여배우를 두고 어찌할 바를 모르기 때문이라고 생각한 메릴은 그런 제안에 모욕감을 느꼈다. "여성의 인생에서 가장 활기 있는 시기잖아요. 너무나 오랫동안 영화 산업에서 여성은 매력적이거나 결혼하고 싶거나 성적 충동을 일으키는 존재여야만 했어요." 메릴이 말했다.

1990년 8월 1일, 메릴은 미국배우조합의 여성회의에서 놀랍도록 대담하고 짜릿하기까지 한 연설을 했다. "여성 주연 배역들이 주로 매춘부인 마당에, 마흔 넘은 여자들에게는 일거리가 별로 없어요. 여배우들도 꼭 매춘부들처럼 그 나이가 되면 상업적인 매력이 사라지나 봅니다." 메릴은 영화에서 여성의 비중이 29퍼센트까지 떨어졌다는 통계를 근거로 들었다. 메릴은 "2010년이 되면 영화 속에서 여자 배우는 아예 사라져버릴지도 모르겠어요."라고 경고했다.

그해 초반 〈귀여운 여인〉이 개봉했다. 순진무구한 매춘부 역할로 나온 줄리아 로버츠^{Julia Roberts}는 일약 스타덤에 올랐고, 영화는 불과 두 달 만에 1억 달러의 수익을 거둬들였다. 메릴이 여성회의에서 기조연설을 할 그 당시에도 극장가에는 이 동화 같은 블록버스터의 간판이 높이 걸려 있었다. 메릴은 《로스앤젤레스 타임스》와의 인터뷰에서 "열다섯 살 난 여자아이들이 그 영화를 보러 극장에 대여섯 번씩 간다는 사실에 무척 속상했어요. 신데렐라 신드롬 때문이라는 걸 아는데, 그게 너무 불편했죠. 많은 여성 각본가들이 있고, 발전해가고 있는 수많은 여성들이 있는데도 이 여성들은 가로막힌 유리천장을 뚫고 올라서려고 어쩔 수 없이 '우리 〈다이 하드 2〉나 같이 찍읍시다. 제가 뒤에서 밀어드릴게요.'라고 말할 수밖에 없어요."

메릴은 점점 상업적 영향력이 줄어들어 더 이상 잃을 것도 없다고 생각했지만 그녀의 전설적인 위신은 그 누구도 쉽게 무너뜨릴 수 없었다. 그녀가 그동안 쌓아온 위상이 일종의 보호 구실을 했고 신뢰감을 더해주었다. 그녀가 평소와 다르게 공개적으로 불만을 드러내자 사람들이 주목했다. 그녀가 할리우드에서 빈번히 일어나는 여성의 성적 대상화와 불공정한 대우에 대해 입을 열자 그것은 중요한 문제가 되었다.

"그래요. 전 잭 니컬슨처럼 선불로 1,100만 달러를 한 번에 받는 그런 배우가 아닙니다." 메릴이 상대 남자 배우보다 여자 배우에게 돈을 적게 주는 영화 산업의 불공정성을 꼬집어 말했다. "제가 욕심을 부리는 게 아닙니다. 릭 모라니스°가 미셸 파이퍼^{Michelle Pfeiffer}만큼 벌고 있다면 아마 그가 그녀만큼 사람들을 끌어모으는 배우라고 생각하겠죠. 물론 누가 얼마만큼 돈을 버는지 아무도 말하지 않기 때문에 진실은 알 수 없어요. 하지만 저울질을 한번 해봅시다. 남자들이 1달러를 번다고 할 때 여자들은 고작 40에서 60센트밖에 벌지 못합니다. 이게 바로 제가 하려는 말이에요. 물론 저는 여성들의 대변인이 아니에요. 하지만 정말로 이 조합에 있는 제 형제들이 저를 대신해서 목소리를 내주길 바랍니다. 제 자매들도 마찬가지고요. 누군가는 우리를 지지해주는 것을 보고 싶습니다."

여러분도 한번 상상해보시라. 만약 당신이 세리나 윌리엄스*처럼 자기 분야에서 최고인데 릭 모라니스 정도로만 돈을 번다고 치자. 결코 기쁘지 않을 것이다.

미국배우조합의 1989년 조사 결과에 따르면 남성 배역이 영화의 71퍼센트를 차지했고 남자 배우들은 총 6억 4,400만 달러를 벌었다. 반면 여자 배우들은 총 2억 9,600만 달러를 버는 데 그쳤다. 레이철 아브라모위츠는 진실을 밝힌 메릴에 대해 "아무도 듣고 싶어 하지 않는 불길한 예언을 떠벌리는 카산드라처럼 스트립은 영웅보다는 심보 고약한 여자 같아 보였다. 다른 여배우들은 그녀와 거리를 두려 했다. 그녀들은 남자 배우들만큼은 아니어도 충분히 잘 벌고 있다고 생각했다."라고 기사를 썼다. 익명의 에이전트는《로스앤젤레스 타임스》에 메릴의 노력을 무시해버리는 말 한마디를 남겼다. "요컨대 정말로 대단한 여배우가 주연

- 릭 모라니스(Rick Moranis, 1953~) : 캐나다 배우로 〈고스트 버스터즈〉, 〈아이가 커졌어요〉 등에 출연했다.
- 세리나 윌리엄스(Serena Williams, 1981~) : 미국의 프로 테니스 선수. 세리나는 2002년에 프랑스오픈과 윔블던대회, US오픈을 모두 우승해 메이저 대회 3연승을 달성했으며, 2003년 1월 호주 오픈까지 4개의 메이저 대회 우승을 석권하며 이른바 '세리나 슬램'으로 불리는 커리어 그랜드슬램을 이루었다.

을 맡아 영화를 박스오피스에서 어마어마하게 흥행시키기 전까지는(이 나라에 그럴 만한 역량 있는 여배우도 몇 안 된다.) 아무것도 달라지지 않을 것이다."

익명 뒤에 숨을 만큼 비겁했던 한 사람의 말이 있고 나서 분위기는 여성을 탓하는 쪽으로 흘러갔다. 의지만 있다면 영화 산업의 폐해를 안에서부터 바꿔갈 수 있는 힘 있는 남성들의 문제가 아니라는 것이었다. 메릴만큼 대담하지 못한 다른 여배우들은 남자들이 협조하지 않자 당연히 메릴과 같이 목소리 내기를 어려워했다. 그러나 누구도 기존 체제에 쉽게 도전하지 못하던 그때 메릴은 젊은 후배들을 위해 길을 놓고 있었던 것이다. 시간이 한참 흘러 젊은 여배우들은 서로 팔짱을 끼고 세상을 향해 단호하게 말했다. '이제 그만!Time's up!' •

메릴의 거침없는 발언이 있은 지 한 달이 지나 〈헐리웃 스토리〉는 박스오피스 정상에 올랐고 열렬한 호응을 얻으며 미국에서 총 3,900만 달러를 벌어들였다. 《워싱턴 포스트》 기자 핼 힌슨Hal Hinson은 "스트립이 역대 최고의 코믹 연기를 선보였다. 그동안 그녀가 넌지시 비쳐왔던, 우리가 그녀에게 간절히 바라던 연기였다."라고 썼다.

1991년 3월 25일, 메릴은 아카데미상 후보에 오르고도 처음이자 마지막으로 시상식에 참석하지 않았다. 메릴과 돈은 다가오는 6월에 넷째 루이자Louisa의 출산을 앞두고 있었다. 마흔한 살이 된 메릴은 주제가상 후보로 오른 '체크아웃 할게요I'm Checking Out'를 부를 예정이었다. 그러나

• 타임스 업(Time's Up) : 하비 와인스타인에게 성폭력 피해를 입은 여배우들의 폭로로 시작된 #미투 운동에서 한발 더 나아가 성폭력 방지 연대 운동을 위해 여성 영화인을 중심으로 2018년 1월 결성한 단체이다.

임신을 이유로 취소하게 되어 리바 매킨타이어 Reba McEntire 가 대신 불렀고, 메릴은 리바가 자기보다 7,000배는 더 잘 불렀다고 생각했다. 또 메릴은 뛰어난 두 여배우와 나란히 여우주연상 후보에 올랐다. 한 명은 〈귀여운 여인〉으로 돌풍을 일으킨, 남자들의 환상 줄리아 로버츠였고, 다른 한 명은 〈미저리 Misery〉에서 공포스럽게 변한, 남자들의 악몽 캐시 베이츠 Kathy Bates 였다. 남자들은 〈미저리〉를 보며 캐시가 제임스 칸 James Caan 을 감금하고 고문하는 것처럼 자기들에게도 그럴 것만 같아 보는 내내 두려움에 떨었다. 상은 베이츠가 받았다. 영화 산업은 어쩐지 단순하고 이분법적인 관점으로 여성을 바라보길 좋아하는 듯했다. 천사 아니면 악마이거나, 천사 같은 현모양처 아니면 악마 같은 독신 커리어 우먼이거나, 줄리아 로버츠 아니면 캐시 베이츠이거나.

하지만 메릴은 그 틀 안에 들어맞지가 않았다. 영화사들이 그녀를 두고 어찌할 바를 몰라 한다는 것도 놀랄 일은 아니었다.

같은 해 5월, 메릴이 에이전트 샘 콘과 계약을 끊고 그의 경쟁자이자 유력한 '크리에이티브 아티스트 에이전시 CAA' 소속 에이전트 브라이언 로어드 Bryan Lourd 와 계약했다는 소식이 대대적으로 보도되었다.(때마침 브라이언 로어드는 캐리 피셔와 사귀고 있었다.) 이러한 변화는 겉보기엔 자연스러워 보였다. 우선 메릴은 그 얼마 전 가족과 함께 코네티컷에서 로스앤젤레스의 브렌트우드 고급 주거지로 이사했다. 동부에서만 살던 그녀는 세계 엔터테인먼트의 중심지로 옮겨 가면서 영화 산업의 거물들과 한층 더 가까워질 수 있었다. 콘은 오로지 뉴욕에만 집중하는 에이전트였다. 하지만 에이전트를 바꾼 이면에는 콘이 메릴의 믿음을 저버린 일이 있었다. 발단은 마이크 니컬스였다. 그는 가즈오 이시구로가 1989년에 발표해 부커상을 받은 소설 『남아 있는 나날The Remains of the Day』을 영화화할 계획이었는데, 영화에는 메릴에게 제격인 알짜 역할 '미스 켄턴'이 있었다. 미스 켄턴은 일에만 열중하는 동료 집사를 몰래 짝사랑하는 하녀장이었다. 니컬스는 메릴과 제러미 아이언스에게 먼저 대본을 보내주었지만, 결국 에마 톰슨(메릴보다 열 살 연하)과 앤서니 홉킨스(에마 톰슨보다 스무 살 연상)에게 배역을 맡겨버렸다. 니컬스의 에이전트이기도 했던 콘은 메릴에게 이 사실을 명확히 말해주지 않았다. 메릴이 《뉴욕 타임스》와의 인터뷰에서 말했다. "전 마이크가 저지른 일 때문에 떠난 거였어요. 그리고 샘은 그런 일에서 저를 지켜줘야만 했어요. 마이크는 자기 잘못을 잘 알고 있어요. 하지만 그 일로 샘이 상처를 입었죠." 시간이 한참 흘러 메릴은 샘 콘과 니컬스 모두를 용서했다. 그녀는 "저도 살면서 용서가 필요한 순간이 너무나 많았거든요."라고 강조하며 말했다.

리즈 스미스Liz Smith는 인기 있는 자기 가십 칼럼에다 사람들이 메릴이 많이 변했다고 한다면서 '전설적인 배우였던 그녀가 가탈스러운 배우가 되었다'고 이야기한다고 썼다.

영화 〈남아있는 나날〉은 1994년 아카데미상 시상식에서 8개 부문에 후보로 오르고도 수상하지 못했지만 메릴이 출연했던 또 다른 B급 영화 〈죽어야 사는 여자〉는 겉만 번드르르한 드라마라는 인식을 뛰어넘어 컬트 고전으로까지 자리 잡았다. 〈죽어야 사는 여자〉는 '젊음을 향한 여자들의 갈망'이라는 시공간을 초월한 주제를 다루었다.(할리우드가 특별히 좋아하는 주제다.) 〈죽어야 사는 여자〉에서는 일과 남자를 모두 놓치지 않으려는 두 여자가 득도 실도 없이 결투를 벌인다. "여자들과 성형수술, 변신과 몸을 마구 비트는 이야기죠. 그게 뭐냐고요? 20대의 몸매를 가진 살아 있는 송장이라고나 할까요?" 메릴이 말했다.

　메릴은 〈죽어야 사는 여자〉가 시대를 앞선 영화라고 생각했다. 로버트 저메키스^{Robert Zemeckis}가 감독했고, 메릴의 친구 골디 혼이 출연해 브루스 윌리스^{Bruce Willis}를 사이에 두고 메릴과 우스꽝스러운 몸싸움을 벌였다. 브루스 윌리스는 온순한 성형외과 의사 '어니스트 멘빌'을 연기하기 위해 마초적인 매력을 감추었다.(원래는 케빈 클라인이 맡으려 했던 배역이었다. 성사되지는 않았지만 그에게도 잘 어울렸을 것이다. 케빈은 리처드 애튼버러^{Richard Attenborough} 감독의 전기 영화 〈채플린^{Chaplin}〉을 찍으러 가버렸다.)

　요란한 사건의 발단은 어니스트가 약혼녀 헬렌 샤프(골디 혼)와 함께 그녀의 앙숙 같은 친구 매들린 애슈턴(메릴)의 형편없는 브로드웨이 공연을 보러 간 것이었다. 자아도취가 심한 매들린은 무정하게도 헬렌에게서 어니스트를 빼앗아 그와 결혼해버리고, 그 때문에 정신이 나가버린 헬렌은 결국 정신병원에 갇힌다. 그녀는 너무나 분해 엉망진창으로 망가진 채 복수에만 집착한다. 그러고는 긴 시간에 걸쳐 복수를 계획한다. 몇 년이 지나 헬렌은 『영원한 젊음^{Forever Young}』이라는 멋진 소설을 출판하고 출판기념회에 책 제목처럼 젊어진 모습으로 나타난다. 젊음을 주는 샘물이라도 퍼마신 것 같았다. 출판기념회에는 불행한 부부, 매들린과 어니스트도 참석한다. 세월이 흘러 매들린은 인기가 완전히 식었고 어니스트는 알코올에 중독된 장의사가 되었다. 반면 전성기를 맞은 헬렌은 딱 붙는 붉은 드레스를 입고 나타나 어니스트를 유혹한다. 그러는 동안 절망에 빠진 매들린은 어떻게든 젊어질 방법을 찾아 헤매다가 라일 본 루먼(이저벨라 로셀리니^{Isabella Rossellini} 분)을 만나 그녀에게 묘약을 받아 마신다.(일흔한 살의 라일은 서른다섯 살밖에 되어 보이지 않는다.)

매들린은 젊음을 되찾는다. 그러나 그 대가로 묘약의 비밀을 지키기 위해 10년이 지나면 사람들 앞에서 사라져야만 한다. 새롭게 다시 태어난 매들린은 어니스트와 마주하자 그를 '남자 구실도 못 하는 장의사'라고 조롱한다. 그 말에 상처 입은 어니스트는 매들린을 계단에서 밀어뜨리고 매들린은 목이 부러지고 심장이 멎는다. 하지만…… 매들린은 죽지 않았다. 엄밀히 말하면 죽었지만 '살아 있는 송장'이었다. 헬렌이 매들린을 두고 "정말 형편없는 배우였어."라는 치욕적인 말을 하자 그 말을 엿들은 매들린이 총을 들고 나타나 헬렌을 쏴 죽인다. 그런데 총을 맞고 죽은 줄 알았던 헬렌이 벌떡 일어난다. 배에는 커다란 구멍이 생기고 눈은 미친 시베리안 허스키같이 하고서 말이다. 헬렌도 비밀의 묘약을 이미 마셨던 것이다. 매들린과 헬렌은 삽으로 상대방의 머리통을 후려치며 난투극을 벌인다. "감히 나와 경쟁할 생각을 하다니! 넌 내 상대가 안 돼!" 매들린의 이 대사는 메릴에게 정말 잘 어울렸다.

어니스트는 두 여자에게서 벗어나고 싶어 하지만 두 여자는 망가진 몸을 고쳐달라고 부탁한다. 만약 어니스트가 계속 보수해주지 않는다면 송장 같은 몸은 세월을 따라 다 허물어질 터였다. 두 여자는 그에게 묘약을 억지로 먹여 영원히 노예 복원사로 가둬두려 한다. 하지만 묘약을 거부하고 가까스로 도망친 어니스트는 행복하게 재혼해 인생을 마음껏 누리다 간다. 37년이 지나 어니스트의 장례식에 찾아간 매들린과 헬렌은 신도 좌석에 앉아 그의 죽음을 애도한다. 두 여자의 얼굴은 과도한 성형 부작용을 희화화하듯 갈가리 갈라져가고 있었다. 둘은 장례식장을 나와 불편한 다리로 뒤뚱뒤뚱 걷다가 그만 계단에서 굴러떨어진다. 몸에서 머리통이 떨어져 나간 헬렌은 마지막으로 이렇게 말한다. "너 어디다 주차

했는지 기억나?"

백금색 긴 가발을 쓴 메릴은 저메키스의 세련된 특수효과 촬영이 썩 즐겁지는 않았다. 그러나 새로운 기술을 매우 빠르게 익힐 수 있었다. 컴퓨터 기술과 보형물을 가지고 작업하는 지루한 촬영 과정은 취향에 맞지 않았지만 분노를 마구 쏟아내는 천박하고 못된 '매들린'을 연기하는 것은 너무나 재미있었다. "매들린 애슈턴은 자기 몸에 눈곱만큼의 호의나 동정도 베풀지 않는 여자예요. 저는 그 점이 좀 걱정되었어요. 하지만 그녀 같은 악역을 연기할 준비가 되어 있었어요. 정말 오랫동안 못된 사람을 연기하길 꿈꿔왔었거든요. 얼마나 재밌는지 몰라요!"

〈벤자민 일등병Private Benjamin〉과 〈전선 위의 참새Bird on a Wire〉와 같이 인기 있는 코미디 영화에 나왔던 활기 넘치는 배우 골디 혼은 1960년대 NBC 스케치 코미디쇼 '래프-인Laugh-in'에 출연한 이후 줄곧 사랑스럽고 유쾌한 소녀 역할로 굳어져 왔기 때문에 악역을 연기하는 게 더더욱 신이 났다.

👑

〈죽어야 사는 여자〉에서 잘려 나간 결말

로버트 저메키스는 시사회 관객들의 시큰둥한 반응 때문에 오리지널 버전의 결말을 삭제할 수밖에 없었다. 원래의 결말에서는 메릴의 친한 친구이자 〈프렌티〉에 같이 출연했던 트레이시 울먼이 '토니'라는 이름의 바텐더로 등장한다. 그녀는 어니스트를 죽은 것으로 위장시키고 매들린(메릴)과 헬렌(골디)에게서 도망치게 돕는다. 시간이 많이 흐르고 두 여자는 토니와 어니스트를 염탐하러 스위스로 간다. 노인이 된 두 사람은 행복하게 손을 꼭 붙잡고 있다. 그때 골디 혼과 메릴은 영화의 주제 같은 대사를 주고받는다.

매들린 "저것들 좀 봐, 쭈글쭈글한 것들."

헬렌 (감정이 북받쳐)"난 저걸 원했어. 난 평범한 삶을 원했다고."

매들린 "이제 어디 갈까? 파리?"

골디는 원래의 결말이 '주제를 잘 보여주긴 했지만 재미가 없었다'고 말했다. 결국 저메키스와 각본가들은 더 암울하고 웃긴 결말을 만들어냈고 결말의 부조리한 느낌이 한층 강해졌다. 우리는 씁쓸한 두 여주인공이 어니스트의 장례식장에 앉아 있는 것을 본다. 연설자가 풍요롭고 의미 있는 삶을 살다 간 어니스트를 칭송하고 있는 동안 두 여자는 다 허물어져가는 얼굴을 보수하려고 애쓴다. 두 여자는 계단에서 굴러떨어지며 완전히 산산조각 난다. 몸에서 떨어져 나간 두 머리통을 보면서 관객들은 이번만큼은 몸을 영원히 복원할 수 없으리라는 것을 눈치챈다. 헬렌은 충격과 슬픔을 표현하는 대신 무표정한 얼굴로 마지막 한마디를 던진다. "너 어디다 주차했는지 기억나?"

골디는 그녀의 연인이자 〈실크우드〉에서 메릴의 남자 친구 역으로 나왔던 커트 러셀의 소개로 메릴을 처음 만났다. 그녀는 '헬렌'이 어니스트에게 버림받고 '미친 듯 뚱뚱해지는 것'이 커트의 발상이었다고 말했다. 보형물과 고무 옷을 입고 극적으로 뚱뚱해진 몸을 표현했던 덕분에 복수하려고 돌아온 헬렌의 늘씬한 몸매가 더욱 두드러져 보였다. 골디는 마틴 도너번Martin Donovan과 데이비드 켑David Koepp이 쓴 대본이 정말 훌륭하다고 생각했다. 그처럼 강하고 복잡한 성격의 여성들이 주연으로 나오는 영화가 드물었다. 다른 한 예로 〈델마와 루이스Thelma & Louise〉가 있었다. 메릴과 골디도 이 1991년 페미니즘 로드무비의 두 범법자 여주인공 역을 따내려고 시도했었다. 메릴이 진중한 루이스 역을 맡고 골디가 별난 델마 역을 맡길 원했다. 리들리 스콧Ridley Scott 감독은 최종적으로 수전 서랜던Susan Sarandon과 지나 데이비스Geena Davis를 캐스팅했다. 그는 메릴을 보고 '훌륭하다'고 생각했지만 그녀가 과연 총을 가진 거친 사내와 씨름할 만큼 '강한가'에 대해 의문을 가졌다. 게다가 메릴은 많은 사람들 사이에 논란이 되었던 여자 주인공들이 차를 몰고 절벽에서 떨어지는 결말을 수정하자고 강하게 주장하기도 했다. 영화 〈델마와 루이스〉의 역사를 다룬 책 『오프 더 클리프Off the Cliff』(제목이 아주 적절하다.)의 저자 베키 에이크먼Becky Aikman에 따르면, 메릴은 처참하면서도 상징적인 이 장면에서 차가 절벽으로 떨어지기 전에 루이스가 영웅처럼 델마를 밖으로 밀어 구해내는 것으로 대본을 바꾸자고 제안했다고 한다.

스콧은 골디도 델마 역에 적합하지 않다고 생각했다. 그러나 다행히 골디는 〈죽어야 사는 여자〉에서 친구와 함께 출현할 기회를 얻었다. 이 영화에서 골디와 메릴은 즉흥연기를 이어갔다. "서로의 입에서 무슨 말이 튀어나올지 몰랐어요. 둘이서 꼭 놀이터에서 노는 것 같았죠." 골디가 삽을 휘두르며 싸우는 장면을 두고 말했다.

성형수술에 대해 부정적인 메릴은 외모에만 집착하는 매들린의 불안감이 무엇인지 이해하려고 애썼다. 메릴은 이 악마 같은 여자가 무정하기만 한 것은 아니라고 생각했다. 그녀는 각본가 데이비드 켑에게 매들린이 그녀를 향한 어린 내연남의 사랑이 진심이라고 그녀가 착각했던 것으로° 대본을 수정해달라고 부탁했다. 대본 초안에서는 매들린이 내연남을 자기 마음대로 좌지우지하는 장면이 들어가 있었다. 이처럼 메릴은 가끔 자기 캐릭터 편을 들며 역할에 보다 나은 쪽으로 대본을 수정하려고 영향력을 발휘했다.

로스앤젤레스 촬영장에 있던 메릴의 트레일러에서는 미국 공영 라디오 방송이 흘러나왔고 카푸치노 기계가 하나 놓여 있었다. 그리고 그 옆에는 아이들의 사진 액자가 있었다. 메릴이 아이들에 대해서 말했다. "아이들이 모두 이 업계로 들어오고 싶어 한다는 불길한 느낌이 들어요."

이제 막 열두 살이 된 헨리는 하키와 이성에 푹 빠져 있었다. 어느 날 그는 엄마에게 질문했고 메릴은 지혜롭지만 모호한 대답을 했다.

헨리가 물었다. "엄마 우리 반에서 누가 제일 예쁜 거 같아?"

메릴이 대답했다. "그게 뭐가 중요하니."

메릴은 이제 허영심(노화에 관한 예지적 블랙코미디)을 버리고 위험한 급류를 타러 나갔다. 〈리버 와일드 The River Wild〉를 위해서였다.

●   영화에는 매들린이 라윔 본 루먼을 찾아가기 전, 젊고 섹시한 내연남을 찾아갔다가 그가 젊은 여자와 바람피우고 있는 현장을 목격하고 충격을 받는 장면이 있다.

인생의 급류타기

누구 편도 든 적 없어. 엄마는 그냥 엄마일 뿐이야. - 게일 하트먼

1994년 〈리버 와일드〉에서

메릴은 가족과 함께 목가적인 코네티컷에서 복작복작하고 스모그가 자욱한 로스앤젤레스로 이사했다. 그리고 그곳에서 삶을 최대한 평범하게 꾸려가려고 애썼다. 그녀는 1990년 〈헐리웃 스토리〉를 촬영하기 위해 로스앤젤레스에 어린이 수영장이 딸린 스페인풍의 집을 300만 달러에 구입해 이사했다. 돈은 모래가 깔린 보헤미안 분위기의 베니스 지구에 작업실을 두었다. 로스앤젤레스에서 메릴의 삶은 아이들을 중심으로 돌아갔다. 그녀는 아이들을 사립학교에 입학시켰다. "같이 수영하고 자전거를 타고 종종 하키 게임을 보러 다녔어요. 헨리의 학교 하키 팀이 주^州 우승 팀이었거든요. 롤러블레이드도 타고요. 아, 제가 직접 탔다는 말은 아니에요. 타다가 무릎이 깨질까 무서워요."

슈퍼스타가 슈퍼맘이 되었다. 일에 대한 열정이 양육에 대한 열정으로 바뀌었다. 메릴의 친구들은 그녀가 도대체 어디서 그런 힘이 나는지 알 수 없어 했다.

"전 주말만 되면 몸이 부서져 내릴 것 같고 보모의 도움 없이는 아이들을 볼 수가 없는데 메릴이 미니버스에 열 명이나 되는 아이들을 싣고 와서는 제 딸에게도 같이 갈 생각이 있는지 물어보는 거예요." 어린 두 아이의 엄마였던 트레이시 울먼이 1992년 《보그》에서 말했다. 캐리 피셔도 비슷한 말을 했다.(메릴은 피셔의 딸 빌리의 대모다.) "메릴은 가정생활이 정말 원만해요. 아이들이 넷이나 있는데도 보모가 상주하지 않아요. 게다가 일하러 와서는 아내이자 엄마라는 티를 조금도 내지 않고요. 메릴은 정말로 모든 것을 가졌어요. 하지만 굉장히 노력해요. 만약 제가 메릴의 친구가 아니었더라면 메릴의 그런 모습을 보고 제 자신에게 화가 났을 거예요. 메릴을 보면 여자들은 자괴감이 들거든요." 캐리가 말했다.

메릴과 돈은 부모로 헌신하면서도 각자가 창의적이고 온 정신을 집중해야만 하는 직업을 가진 부부였다. 그래서 메릴이 영화 촬영을 하는 동안은 아이들을 위해 요리사를 고용하고 비서를 뒀다. 하지만 메릴은 운동하는 것을 좋아하지 않았다. 1980년대에 돌풍을 일으켰던 제인 폰다의 '필 더 번feel the burn' 에어로빅 비디오도 따라 하다가 중간에 그만두었다. 그런데도 메릴은 매들린의 날씬한 몸매를 만들기 위해서 매일 러닝머신에서 27킬로미터를 달리는 지루한 과정을 견뎌냈다. 메릴이 이렇게 말한 적이 있다. "제가 출산한 뒤에 찍은 영화들을 한번 보세요. 주로 〈엉겅퀴꽃〉같이 뱃살이 눈에 띄지 않는 영화들이죠."

비록 언젠가 메릴은 헨리, 메이미, 그레이스, 루이자가 자기를 따라

롤러코스터 같은 연예계로 들어설 것만 같아 불안하다고 말했지만, 메릴 또한 가족의 대장이었던 어머니한테 지대한 영향을 받으며 자란 걸 결코 부인할 수 없을 터였다. 아내가 가정 살림을 하고 남편이 주로 영화사의 경영진인 가정이 주류를 이루던 동네에서 메릴의 가족은 분명 남달랐다. 헨리는 로스앤젤레스의 부유층 또래 아이들과 다르게 강한 페미니스트이자 일을 하는 엄마를 보며 자랐다. 그녀는 양육 방식도 색달랐다. 메릴의 딸들은 어땠을까? 그녀들도 엄마가 열정적으로 연기하는 걸 바로 곁에서 지켜보며 엄마의 능력과 열성을 그대로 빨아들였다. 메릴과 꼭 닮은 금발에 파란 눈을 한 메이미는 일찌감치 연기에 빠져들었다. "그 아이는 연기를 정말로 좋아했어요." 메릴이, 세 살에 〈제2의 연인〉에 출연했던 메이미에 대해 말했다. "'컷' 소리가 나면 '다시 해요?'라고 묻는 거예요. 심지어 테이크를 더 찍자고 졸랐어요. 기관차보다도 더 기운이 넘쳤죠. 머리칼을 갈색으로 염색할 때에는 꼭 세례받는 것처럼 꼼짝않고 누워 있었다니까요."

사람들은 메릴이 뉴잉글랜드 지역*에서 캘리포니아로 옮겨 가자 수군대기 시작했다. '로스앤젤레스에 너무 안 어울리잖아. 도대체 왜 갔대?' 안티들은 메릴이 영화를 세 편이나 찍으러 로스앤젤레스에 갔던 것은 생각하지 않고 꿍꿍이가 있을 것이라 넘겨짚었다. 여자들이 야심을 품으면 수상쩍고 계산적이라는 오해를 종종 받는다. 반면 남자들이 성공을 갈망하면 추진력 있고 부지런하다고 말한다. 평소에는 메릴을 지지하던 《뉴욕 타임스》도 메릴이 서부로 이사한 이유가 단순히 인기를 좇기

* 뉴잉글랜드 지역은 미국 북동부의 코네티컷, 메인, 매사추세츠, 뉴햄프셔, 로드아일랜드, 버몬트, 6개 주를 이른다.

위해서라며 추측성 기사를 냈다. 메릴은 속에서 피가 끓었다.

"《뉴욕 타임스》는 제가 시들어가는 인기를 어떻게든 되살리려고 이사한 것이라 말했어요. 분명히 말하지만 그건 전혀 아니에요. 제 인기가 정말로 줄고 있었는지는 몰라도 전 그 사실을 전혀 몰랐어요. 아무도 저한테 그런 말을 하지 않았어요. 또 전 돈을 꽤 많이 벌고 있었고 제가 출연한 영화들이 괜찮은 영화들이라 생각했거든요. 제 아이들은 저 때문에 학교를 많이 옮겨 다녀야 했어요. 헨리는 학교를 일곱 번이나 옮겨 다녔어요. 영국에서 어린이집을 다녔고 아프리카에서도 어린이집을 다녔어요. 코네티컷주에서 초등학교 1학년을 다녔고 호주에서 2학년을 다닌 다음 다시 코네티컷으로 돌아와 3학년을 다녔어요. 아, 그리고 텍사스주에서도 유치원을 다녔어요. 헨리는 정말로 애를 많이 먹었고 일곱 살이 되자 저에게 '엄마, 나 이제 학교 옮기기 싫어요.'라고 했어요. 제가 아이를 힘들게 한 거예요. 아이들을 위해서 이제 그만 옮겨야겠다고 생각했어요."

5,500만 달러를 들여 제작한 〈죽어야 사는 여자〉는 1992년 여름에 개봉해 북미에서 5,800만 달러를 벌어들이며(릭 모라니스가 출연한 코미디 〈아이가 커졌어요 Honey, I Blew Up the Kid〉와 엇비슷한 수익이었다.) 중간 정도의 성적을 냈다. 하지만 해외에서는 성과가 훨씬 더 좋았다. 해외에서만 추가로 9,000만 달러를 벌어 1억 4,900만 달러의 총수입이 집계되었다. 이른바 전성기가 지난 두 여배우가 주연한 영화치고 결코 초라하지 않은 결과였다. 개봉일 저녁 메릴과 골디 혼의 대결을 보고 싶어 하던 여성 관객들이 몰려들었다. 하지만 영화평론가들은 눈을 찌푸렸다. "누군가 여성혐오 영화라고 쓴 걸 봤어요. 아니, 아니죠. 진실을 그린 영화죠!" 메릴이

말했다. 다른 평론가들과 마찬가지로, 재닛 매슬린은 두 여주인공의 입담으로 빛을 발하는 이야기가 특수효과에 가려졌다고 말했다. 영화 대사는("이제 와서 경고한다고요?"[●]) 무한히 인용될 만큼 재치 있었다. 두 여성의 입담은 영화가 마니아층을 이룬 이유이기도 했다. 특별히 동성애 커뮤니티에서 이 영화에 열광했다. 이 영화는 성소수자 축제인 프라이드 먼스[■]와 드래그 쇼[★]에서 열렬히 환영받았다. 또한 남자들이 여장을 하고 무대에 나와 경연을 벌이는 리얼리티 TV 프로그램 '루폴의 드래그 레이스 RuPaul's Drag Race'에도 영향을 미쳤다. 남성 동성애자들은 자극적인 대사가 가득하고 저급하면서도 기발한, 여자들끼리 치고받는 영화라고 생각했다. 성질 고약한 미녀들이 대담하게 덤벼들며 지지 않으려고 싸우는 걸 재미있어했다. 메릴은 이 영화가 반향을 일으키리라는 것을 직감적으로 알고 있었다. 평범하지 않아도 그 나름의 의미가 있어서 오랫동안 사랑받는 영화를 고르는 탁월한 안목이 있었기 때문일 것이다. 이처럼 비주류 관객들의 관심을 끄는 것도 영화의 흥행 성공 요인이 될 수 있었다.(다른 예로 〈맘마미아!〉가 있다.)

하지만 유망한 작품을 고르는 그녀의 탐지기가 다음 작품을 고를 때에는 제대로 작동하지 않았다. 이사벨 아옌데 Isabel Allende의 유명한 소설을 원작으로 하며, 칠레의 정치적 격변을 배경으로 벌어지는 가족 서사 드

● 라일이 매들린에게 묘약을 마시게 한 뒤에서야 경고를 하겠다고 하자 매들린이 어이가 없다는 표정으로 "이제 와서 경고한다고요?(Now a warning?)"라고 소리친다.

■ 프라이드 먼스(Pride Month) : 매년 6월 세계 각지에서 열리는 성소수자 축제. 각종 행사와 퍼레이드가 진행된다. 이 축제 기간 동안 〈죽어야 사는 여자〉를 술집 등에서 상영했다.

★ 드래그 쇼(drag show) : 남자가 여장을 하고 나오는 쇼를 의미한다. 〈죽어야 사는 여자〉의 '매들린'과 '헬렌'을 흉내 내곤 했다.

라마 영화 〈영혼의 집 The House of the Spirits〉이 다음 영화였다. 메릴을 위해 약간 변명을 하자면, 《로스앤젤레스 타임스》가 '캣우먼 이래로 가장 탐나는 배역'이라고 말한 클라라 역을 두고 배우들이 그야말로 너 나 할 것 없이 달려들고 있었다.

클라라는 에스테반(제러미 아이언스 분)과 결혼하는 예지력이 있는 인물이고, 에스테반은 부유한 지주로서 소작농 여인을 강간하고, 마음씨 좋은 친누이(글렌 클로즈 Glenn Close 분)를 클라라와 친하게 지낸다는 이유만으로 집에서 쫓아내는 비열한 인물이다. 클라라는 스페인어식 억양을 쓴다. 아네트 베닝 Annette Bening 은 출산 때문에 배역을 거절했고 미셸 파이퍼도 알 수 없는 이유로 거절했다.(혹시 미셸도 클라라처럼 예지력이 있었던 건 아닐까? 아마도 그녀는 이 영화가 클라라의 딸 블랑카(위노나 라이더 분)의 폭력적인 강간 장면에 너무 집중하고 이야기가 엉망으로 뒤섞이리라는 것을 미리 알았던 모양이다.) 감독 빌리 오거스트 Bille August 는 클라라 역에 줄리아 로버츠, 맥 라이언 Meg Ryan, 니콜 키드먼 Nicole Kidman, 킴 베이신저 Kim Basinger 를 생각했다. 그러나 마흔다섯 살의 글렌 클로즈는 클라라를 맡기엔 나이가 너무 많다고 생각했다. 그녀는 고맙게도 옆으로 비켜서며 클라라의 친한 친구 페룰라 역을 맡아주었다. 반면 메릴은 클로즈보다 고작 두 살 더 어렸지만 오거스트의 마음을 단숨에 사로잡아 클라라 역을 맡게 되었다. 《로스앤젤레스 타임스》에 의하면 글렌은 "메릴의 출연은 무척 잘된 일"이라고 밝히며 메릴의 출연에 동의했다.

솔직히 말하자면, 메릴과 글렌의 출연이 이 영화에서 유일하게 '잘된 일'이었다. 1992년 9월에 캐스팅 확정 소식이 흘러나왔고 같은 달 메릴은 〈야망의 함정 The Firm〉에는 출연하지 않기로 했다. 존 그리샴의 책을 영화화한 블록버스터급 스릴러 〈야망의 함정〉은 메릴이 연기하려던 여자 변호사 역할을 집어넣기 위해 각본을 고쳐 쓸 필요가 없어졌다. 그렇게 〈야망의 함정〉은 톰 크루즈의 독무대가 되었다. 메릴은 곧이어 세찬 급류를 타며 살인자 케빈 베이컨Kevin Bacon을 대면할 예정이었다. 손에 땀을 쥐게 만드는 액션 모험 영화 〈리버 와일드〉는 캐리 피셔가 브라이언 로어드와 헤어진 뒤 스크립트 닥터로서 작업한 것이었다.(캐리 피셔는 훗날 "내 마음을 치료하기 위한 건 아니었지만, 덕분에 신경을 딴 데 집중할 수는 있었죠."라고 말했다.) 메릴은 덴마크와 폴란드에서 〈영혼의 집〉 촬영을 끝마친 다음, '게일 하트먼'을 연기하려고 1993년 여름 몬태나와 오리건주로 갔다. 교사이자 모성애 강한 엄마, 그리고 급류타기 전문가인 '게일 하트먼'은 가족과 단란한 휴가를 떠나지만, 휴가는 두 탈옥수를 만나면서 풍비박산 난다. 탈옥수 웨이드(케빈 베이컨 분)와 테리(존 C. 라일리John C. Reilly 분)는 고무보트를 타고 강 하류로 내려가던 게일과 열 살 난 아들 로어크(조지프 마젤로Joseph Mazzello 분)와 건축가인 남편 톰(데이비드 스트래선David Strathairn 분)을 납치한다. 웨이드는 잘생긴 공원 경비원(벤저민 브랫Benjamin Bratt 분)을 망설임 없이 쏴 죽여버린다. 간담이 서늘해지던 그 순간 게일은 이 사이코의 손아귀에서 빠져나가기로 마음을 단단히 먹는다.

톰의 일중독으로 관계가 흔들리던 게일과 톰 부부는 시련을 겪으며 다시 가까워진다. 그런데 톰이 강가 캠핑장에서 테리의 총을 훔치려다 부부는 헤어진다. 분노한 웨이드가 톰에게 총을 쏘고, 그는 톰이 죽은 줄로 알았기 때문이다. 웨이드는 게일과 로어크를 인질로 잡아 그들을 고무보트에 강제로 다시 태우고, 게일에게 노를 저어 래프팅이 금지된 건틀릿 계곡을 지나가라고 시킨다. 게일은 거절한다. 게일은 젊은 시절, 이 거친

아들 역을 연기한 조지프 마젤로와 함께한 〈리버 와일드〉의 한 장면.
메릴 스트립은 이 영화를 위해 6개월 동안 매일 세 시간 반씩 운동했다.

급류를 타다가 겨우 살아남았던 세 래프팅 전문가 중 한 명이지만 아들이
같이 있는 이상 건틀릿은 너무 위험하다고 주장한다. 그런데도 그녀는 그
일을 해낸다. 그리고 톰은 건틀릿의 끝자락에서 기다리다가 테리를 공격
하고, 그 틈에 게일이 총을 잡아 웨이드를 한 방에 쏴 죽여버린다.

　이름을 밝히지 않은 한 영화계 관계자는 《어스》지에서 메릴이 〈리버
와일드〉에 출연한 것을 두고 "처음부터 이룰 수 없는 것을 좇은 절망적
인 시도였다."라고 말하며 비꼬았다. 그는 대범한 역할에 도전해 박스오
피스에서 좋은 결과를 내고 싶어 하던 메릴의 진실한 바람을 비웃은 것
이다. 거기에 "그나마 래프팅 장면들은 아주 조금 기대되지만."이라고
한마디를 덧붙이며 빈정거렸다.

메릴은 "(《리버 와일드》를 찍으면서) 예전에 나무 위로 높이 올라가던 기분을 다시금 느꼈어요. 꼭 살얼음 위에서 스케이트를 타는 기분이랄까요."라고 했다. "하지만, 맞아요. 중년의 위기를 좀 겪고 있었던 것 같아요."라고 뒷날 인정하기도 했다. 어쨌든 그녀는 영화를 위해 근육을 정말 많이 단련해야 했다. 메릴은 6개월 동안 매일 세 시간 반씩 운동했다. "그야말로 매일 900칼로리씩 태우며 조리하지 않은 음식만 먹었어요." 메릴이 회상했다. "아, 돌이켜보면 정말 말도 안 되었죠. …… 더 놀라운 사실은 그렇게 애를 썼는데도 영화에서 제 모습이 별반 달라지지 않았다는 거예요! 저는 근력 운동을 한 시간 반에서 두 시간씩 하고 요가를 한 시간씩 했어요. 요가는 아직도 하고 있어요. 요가는 정말로 정신을 집중하는 데 좋아요."

한때 히말라야에서 강 가이드였고 당시에는 오리건주 모지에 Mosier 시의 시장이었던 알린 번스 Arlene Burns 덕분에 메릴은 극단적인 모험을 즐길 수 있었다. 감독 커티스 핸슨 Curtis Hanson 은 아이다호에서 촬영 장소를 찾던 중 알린과 우연히 만났다. 메릴은 사춘기에 들어선 열세 살의 헨리를 데리고 알린과 함께 오리건주 로그강에서 배 선실에 올라탔고, 알린은 메릴에게 래프팅 이론을 가르쳐주었다. 알린은 촬영 기간 4개월 동안 메릴의 대역을 맡았는데, 얼마 지나지 않아 메릴이 자기 버릇을 그대로 따라 하고 있다는 것을 깨달았다.

"착각을 하나 했어요. 웃긴 게 뭐냐면, 전 메릴과 제가 마음이 잘 통한다고 생각했거든요. 메릴이 저와 비슷하게 행동하고 있었으니까요. 일단, 전 제 자신을 좋아한단 말이에요. 그래서 전 '와, 저 사람 나랑 닮은 점이 정말 많네. 뭔가 통하는 데가 있어.'라고 생각한 거예요. 그러고 나서 서서히 깨닫기 시작했죠. 메릴이 저를 따라서 제가 앉는 대로 앉고 제가 손을 움직이는 대로 손을 움직이고 있었다는 걸요. 전부 메릴이 한 거였어요. 절 흉내 냈던 거예요. 너무 웃겼지만 신기한 경험이었어요. 메릴은 저와 닮은 게 아니라 저처럼 연기하고 있었던 것뿐인데 착각을 했던 거죠." 알린이 말했다.

알린은 키가 170센티로 메릴과 엇비슷하기도 했다. 그래서 메릴은 알린을 대역으로 추천했다. 몬태나주 쿠테나이강에서 촬영하는 동안 메릴은 강가에 앉아 알린에게 래프팅 기술을 배웠다. 그런 다음 메릴이 혼자 래프팅하는 데 자신감이 생길 때까지 알린과 함께 고무보트를 타고 여러 차례 같이 코스를 돌며 연습했다.

"전 메릴의 보디가드가 도착하기 전까지는 그녀와 매우 가깝게 지냈어요." 알린이 말했다. 알린은 로이 헬랜드를 가리켜 "꼭 메릴의 보디가드 같았어요. 그가 오자 전 뒤로 물러나야 했어요. 알다시피 로이는 덩치가 매우 크잖아요?"라고 했다.

알린은 메릴과 로이의 관계가 꼭 그녀가 여행 중 만났던 티베트 승려와 추종자의 관계 같다고 생각했다. 메릴이 티베트 불교의 추앙받는 지도자를 일컫는 린포체^{Rinpoche}이고 로이가 그의 신봉자 같았다. 린포체에게는 무서울 정도로 충성하면서도 다른 사람들에게는 그다지 친절하지 않은 신봉자였다. 로이는 메릴과 알린의 머리색을 맞춰주기도 했다. 알린은 로이에 대해 "사람들이 하는 말을 다 듣고서 메릴에게 그대로 전해줬어요. 아마 메릴이 그걸 원했던 것 같아요."라고 했다. "그런 사람 하나쯤 옆에 있으면 얼마나 좋을까요? 당신을 제일 멋져 보이게 만들어주는 사람 말이에요. 그는 자기 일에 정상히 빠져 있었어요. 꼭 메릴의 관리자 같았어요. 그리고 그는 표현이 좀 노골적인 남자였죠." 예를 들어, 로이는 자기 유리잔을 핥은 다음 알린에게 "한 모금 마실래요?"라고 물었다. '고맙지만 됐어요.' 그러면 그는 "왜, 에이즈라도 걸릴까 봐 겁나요?"라고 했다. 로이는 이성애자 남자가 대다수였던 제작진에게 자기가 동성애자임을 보여주기라도 하듯 촬영지에서 드러내놓고 분홍색 바비 인형 드레스를 뜨개질했다. '이게 바로 나야. 그러니까 그냥 받아들여.'라는 식이었다. "어떤 면에서는 메릴이 그에게 그렇게 행동할 권한을 준 것 같았어요. 그가 원하는 대로 괴짜처럼 구는 걸 내버려둔 셈이에요." 알린이 말했다. "왜냐면 그를 해고할 일은 전혀 없었거든요. 그는 그냥 붙박이였어요. 그러니 게임 끝난 거죠."

〈리버 와일드〉 촬영지는 매우 가족 친화적이었다. 메릴은 촬영지로 딸들과 보모를 데려왔고 돈과 헨리는 가끔 들렀다. 케빈은 아내 키라 세드윅kyra Sedwick과 아들, 딸과 같이 지냈다. 히피 같은 아버지 데이비드 스트래선은 두 아들과 강 근처 트레일러에서 지냈다. 그는 블랙베리를 따다가 파이를 만들어주곤 했다. 상업적으로 엄청나게 성공했던 영화 〈쥬라기 공원〉의 주연배우 조지프(조) 마젤로는 〈리버 와일드〉 촬영이 너무나 재미있었다고 떠올렸다. 조지프는 아역배우였기 때문에 보통 촬영하면서 무리에 끼지 못하던 때가 종종 있었다. "하지만 〈리버 와일드〉를 촬영하면서는 그런 게 전혀 없었어요. 촬영이 너무나 어려웠는데 메릴 선생님이 도와줬어요. 아니, 같이 촬영한 배우 모두가 그랬어요. 케빈, 데이비드, 존 아저씨 모두가요. 아무도 저를 얕잡아보거나 가르치려 들지 않았어요. 그냥 저도 똑같은 배우로, 배에 올라탄 다섯 명 중 하나로 대해 줬어요."

메릴이 화합의 분위기를 만들었다. "메릴 선생님은 놀랄 정도로 진짜 엄마 같았어요. 저를 너무 편하고 즐겁게 해주셨고 제가 기분 좋게 일에 집중할 수 있게 해주셨어요. 대기 시간이 정말 길었거든요. 선생님은 제 머리를 쓰다듬어주시곤 했어요." 조지프가 말했다.

조지프는 커티스 감독에 대해서는 '멋진 아저씨'지만 〈쥐라기 공원〉의 감독 스티븐 스필버그와는 달리 '거리감이 느껴지는 분'이었다고 설명했다. 스티븐 스필버그는 스스로가 아이 같아서인지 아이들과 어울리길 좋아했다. 커티스는 사악한 유모에 관한 스릴러 〈요람을 흔드는 손 The Hand That Rocks the Cradle〉의 감독이기도 했다. "커티스 감독님은 영화를 촬영하는 동안 어디 저 높은 곳에 있다가 촬영 장소까지 내려오는 데에 시간이 한참 걸렸어요. 우리에게 가까이 오는 데 거의 20분 정도가 걸렸어요. 그러면 케빈 아저씨와 메릴 선생님과 저희 모두는 감독님 흉내를 냈어요. 감독님이 오시는 것을 보면 케빈 아저씨든 누구든 '케빈, 좋아요. 한 번 더 찍어야겠어요.'라고 감독님처럼 말했어요. 감독님은 그 말밖에는 안 했거든요. 마침내 감독님이 가까이 오면 정말 딱 그렇게 말한다니까요. '메릴, 좋아요. 한 번 더 찍어야겠어요.'라고요."

하루는 메릴을 포함한 한 무리의 사람들이 머저리들처럼 카메라에 대고 엉덩이를 까 보였다. 너무 민망했던 조지프는 끼지 않았다. "모두가 같이 잘 어울렸고 정말로 즐거웠어요. 그리고 아주 신나고 강렬한 경험이었어요." 그가 그때 기억을 떠올리며 말했다.

어쩌면 강에서 생기는 예측 불허한 상황들이 배우들을 하나로 단단하게 묶어줬는지도 모른다. 촬영 도중 예상 못 한 아찔한 물살의 변화로 배우늘이 급류에 휩쓸려 늘어가기도 했다. 상가에 있던 제삭신은 공포에 질려 지켜보았다. 메릴이 돌아보며 "조, 꽉 붙잡아!"라고 말했다. 조지프는 고무보트 안쪽에 있던 밧줄로 팔을 동여맸다. 어른들의 대처로 조지프는 급류에서 무사히 벗어났다. 정말 겁나면서도 굉장히 재미있는 일이었다.

하루는 기나긴 촬영의 끝자락에 메릴이 고무보트에서 튕겨져 나가 익사할 뻔한 끔찍한 순간이 있었다. 물에 빠진 메릴이 보이지 않았다. 사람들이 "메릴이 사라졌어요!"라고 소리치자 감독 커티스 핸슨의 얼굴이 공포에 질렸다.(메릴은 지쳐서 촬영을 그만하길 원했지만 핸슨이 밀어붙였던 것이다.) 구명조끼를 입었던 메릴은 기적적으로 물 위로 떠올랐고 생명에는 지장이 없었다. 안전요원이 카약을 타고 그녀를 안전하게 데려왔다. 핸슨은 저 멀리 떨어진 언덕에서 내려와 발발 떨고 있던 메릴 곁으로 다가갔다. "다행히도 메릴은 같은 장면을 다시 찍기로 동의했어요. 물론 그날 바로는 말고 다음번에요." 그가 회상했다. 메릴은 핸슨에게 만약 다음번에 자신이 더 이상 찍지 못하겠다고 말할 때는 자기 말을 꼭 믿어달라고 했다.

메릴은 〈리버 와일드〉를 찍은 뒤로 한참 동안 운동신경이 필요한 모험 영화는 찍지 않았다. 이제 메릴은 아주 여성적이고 낭만적인 역할로 돌아갈 생각이었다. 그녀의 전성기였던 1980년대처럼 다시 한번 새로운 억양도 배워볼 계획이었다. 메릴은 물살을 가르는 험난한 여정을 끝마치고 마침내 익숙한 자리로 돌아왔다.

환경운동가 메릴

1988년 〈어둠 속의 외침〉을 홍보하는 기자회견에서 기자가 메릴에게 만약 배우가 되지 않았더라면 무엇을 했겠냐고 물었다. 메릴은 "아마 어떤 식으로든 환경운동에 참여했을 거예요. 그것도 아주 적극적으로요."

메릴은 배우가 되었지만 환경운동에도 적극적으로 참여했다. 그녀는 〈어둠 속의 외침〉을 호주에서 찍을 동안 호주 지역에서 오존층 파괴로 주민들이 흑색종으로 심각하게 고통받고 있다는 사실에 매우 놀랐다. "우리는 밖에 나갈 때면 아이들에게 자외선차단지수 26 선크림을 매일 발라주어야 했어요." 그녀가 말했다. "제 의상을 담당했던 한 여자분은 나보다 불과 몇 년 더 어렸는데, 벌써 흑색종 수술을 세 번이나 했고 얼굴 반쪽이 다 깎여나가다시피 했어요. 제가 화가 너무 나서 부엌에서 친구들에게 계속 열변을 토하니까 친구들이 제게 '이제 입 좀 다물고 뭐라도 해보지 그래?'라고 했어요. 그래서 자연자원보호협회*에 전화를 걸었어요." 자연자원보호협회는 로버

---

* 자연자원보호협회(Natural Resources Defense Council) : NRDC는 미국 뉴욕에 있는 비영리 국제 환경보호 시민단체다. 1970년에 설립되었으며 워싱턴, 샌프란시스코, 로스앤젤레스, 시카고, 베이징에도 사무소가 있다.

트 레드퍼드가 소개해준 환경보호 단체였다. 그 사람들이 전화를 받더니 "때마침 전화하셨네요. 저희가 (1989년) 1월에 농약과 어린이 식사의 연관성에 대해 막 발표할 참이었거든요. 너무 충격적이고 우울한 일이어서 대변인이 꼭 필요했어요."

그리하여 메릴은 농약 사용을 반대하는 캠페인을 대표하는 얼굴이 되었다. 그녀는 미국 전역에 걸쳐 농약이 아이들에게 끼친 영향과 대중들의 건강 문제에 대한 경각심을 불러일으켰다. 이 단체가 2년간 연구한 바에 의하면, 수백만 명의 유치원 아이들이 과일과 채소의 농약 잔여물 때문에 암에 걸릴 확률이 높은 상태였다. 메릴은 이 비영리단체와 함께 워싱턴의 국회의원들을 만나는 자리에 참석했다. 그 덕분에 농약 회사들이 시중에 유통시키는 모든 농약의 등록을 요구하는 법안이 12년간의 지체 끝에 마침내 국회를 통과했다.

"화학제품은 많은 젊은 여성들이 난임을 겪고 유방암에 걸리는 이유이자 후천적으로 백혈병에 걸리는 원인입니다." 메릴이 말했다. "생각을 한번 해봤어요. 저희 조부모님은 90대까지 사셨고, 제 어머니 아버지는 여전히 아주 건강하세요.(부디 변함없이 건강하시길 바라고 있어요.) 그리고 전 깨달았어요. 제 조부모님과 부모님이 어렸을 적에는 그 어떤 물질도 먹는 것에 덧발라져 있지 않았다는 것을요."

메릴이 코네티컷주 하트포트에서 워싱턴으로 가는 비행기에 올라타면서 걱정했다. '이 멍청아, 지금 뭐 하는 거야? 이 아줌마가 워싱턴으로 국회의원을 만나러 간다니, 말도 안 돼.' 그때 메릴은 동서가 해준 충고를 떠올렸다. "그냥 형님이 얼마나 말도 안 되는 짓을 해낼 수 있는 사람인지만 기억하셔요."

가장 위협적인 농약은 '다미노자이드'라는 식물 생장 조절 화학제로 사과에 사용되는 것이었다. 메릴은 1989년 3월에 '농약의 사용 제한을 바라는 마더스 앤드 아더스Mothers & Others For Pesticide Limits'라는 단체 활동을 시작했고 캐피톨 힐*에서 식물 생장 조절 화학제 사용을 반대하며 "엄마들이 해야 할 일이란 게 과연 무엇이겠어요?"라고 반문했다. 하지만 정부 관리들이 사과 생산 업계 편을 들었기 때문에 메릴은 대중을 향하여 호소하며 유기농 제품을 사용하길 강력히 권장했다.

"제 친구들은 아주 의욕이 넘치는 사람들이죠.(그중 제가 제일 게을러요.) 친구들은 코네티컷에 있는 우리 동네에서 심포지엄을 개최했어요."메릴은 아이들을 걱정하지만 바빠서 선뜻 나서지 못하는 엄마들에게 확실한 동기를 부여하기 위해서라고 말했다. "약 500명이 몰려왔고 그중에는 마트를 운영하고 있는 지배인 두 명도 있었습니다. 심포지엄에 참석한 지 2주가 채 지나지 않아 두 마트에서 모두 유기농 채소와 과일을 팔기 시작했어요. 심지어 두 가게가 가격 경쟁까지 살짝 붙었다니까요. 그건 아주 좋은 현상이에요. 왜냐면 중요한 목표 중 하나는 유기농 제품의 가격을 낮추어 소비자들이 쉽게 살 수 있도록 만드는 것이거든요."

석 달이 지나 식물 생장 조절 화학제 제조업체는 대중들의 격렬한 반응에 손을 들었고 그 농약을 시장에서 전부 거둬들였다. 그래서 메릴은 '마더스 앤드 아더스'의 활동 방향을 친환경 제품 소비의 중

● 캐피톨 힐(Capitol Hill) : 미국 국회의사당.

요성을 알리는 것으로 바꾸었다. 농산물 직판장을 이용하고 독성 페인트 사용을 피해야 한다는 등의 유용한 조언을 했다. 메릴은 2001년에 그 단체를 폐지했지만 10년이 지나 인터뷰를 하기 위해 공동 설립자였던 웬디 고든^{Wendy Gordon}과 다시 만났고, 홀 푸즈[■]와 같은 유기농 매장에서 좀 비싼 값을 주더라도 유기농 식품을 사 먹어야 하는 이유를 말했다.

메릴은 "케이블 TV 수신료도 중요하지만 식비도 그만큼 중요하죠. 어쩌면 스포츠 채널 스무 개는 전부 필요하지 않을 수도 있어요. 케이블 채널에 쓰는 돈을 줄이고 더 건강하고 안전한 먹을거리에 돈을 쓸 수도 있어요. 어떤 음식들은 살 때는 비싸 보일지 몰라도 인생을 길게 보면 유기농을 먹는 게 더 싼 셈이에요. 모든 건 길게 봐야죠."라고 했다.

2019년으로 넘어와 보자. 토요일 아침마다 곳곳에서 농산물 직판장이 열리는 것은 흔한 풍경이다. 그리고 주요 고객들은 케이블 TV 선은 끊어버리고 오직 유기농 식품만 구매하는 건전한 부모들이다.

.

■ 홀 푸즈(Whole Foods) : 미국의 대형 유기농 마트이다. 채소값이 비싼 것을 풍자하는 '홀 페이체크(Whole Paycheck)'라는 별명을 얻었다.

책임과 갈망 사이의 로맨스

나는 다른 여자가 된 것 같으면서도 진정으로 내 자신이 된 기분이었다. – 프란체스카 존슨
1995년 〈매디슨 카운티의 다리〉에서

〈리버 와일드〉가 극장가를 덮치기 한 달 전인 1994년 9월, 메릴과 트레이시 울먼은 아이들을 데리고 매사추세츠주에 있는 자그마한 강으로 래프팅 여행을 떠났다. 트레이시(메릴의 '단짝'이다.)가 메릴에게 "어디 한번 래프팅 실력 좀 뽐내봐. 좀 놀려먹게."라고 해서였다. 메릴은 물 소리를 듣자 다시금 아드레날린이 뿜어져 나오며 가슴이 쿵쾅댔고 래프팅이 미친 듯이 하고 싶었다.

"〈리버 와일드〉를 찍으며 삶에 대한 지혜를 얻었어요." 메릴이 영화를 홍보하려고 《뉴욕 타임스 매거진》과 인터뷰하면서 말했다. "살면서 때로 눈에 보이는 위험을 무릅쓰고 과감히 도전할 수 있어야 해요. 목표를 이루려고 최선을 다해야 하지만 결과는 운명에 맡겨야 하죠."

영화에 대한 입소문이 나기 시작했다. 뉴욕 영화 시사회에서의 반응은 매우 뜨거웠다. 어떤 관객은 벌떡 일어나 "저 여자 완전 멋지다!"라고 소리 질렀다. 하지만 메릴은 유니버설 픽처스가 〈리버 와일드〉의 예고편에다 자기가 총을 겨누고 있는 장면을 끼워 넣은 것에 기분이 몹시 상했다. "전 정말 화가 났어요. 그런데 영화사에서는 '그냥 2주뿐인데 어때요. 영화를 통틀어 그만큼 강력한 클로즈업 장면이 없었다고요.'라고 하더군요. 크리스마스 시즌 2주 동안만 그 예고편을 보여준다는 거예요. 미국 전 국민에게 크리스마스 선물로 총을 들이대는 것만 같아 반대했어요. 그런데 그 예고편 반응이 너무 좋아서 영화사는 그걸 그냥 쭉 사용하기로 결정해버렸죠. 사람들이 알겠다고 말해놓고서 대수롭지 않게 여겨버릴 때 너무 화가 나요. 그냥 여자 하나 달래려고 아무 말이나 한 거잖아요."

메릴은 홍보용 포스터에도 총을 든 장면이 실리는 걸 원하지 않았다. 그녀가 1999년 《모어More》지에서 말했다. "미국을 향해 총을 겨누는 배우들은 영화와 같이 총을 끼워 팔고 있다고 생각해요. 전미총기협회는 이 배우들을 데리고 총기 광고를 찍을 만한 돈이 없어요. 그런데도 배우들이 나서서 공짜로 총기 광고를 찍어주고 있는 셈이에요. 이 업계의 사람들은 자기들이 세상에 보여주는 모습에 대해 도통 책임지지 않는 것 같아요."

유니버설 픽처스의 홍보팀은 메릴이 총을 든 장면이 영화 홍보에 효과적이라고 믿는 듯했지만 〈리버 와일드〉는 결코 총과 폭력을 미화하는 영화가 아니었다. '게일'은 웨이드가 자기 가족을 죽이려고 했기 때문에 그를 쏴 죽인 것이다. 메릴은 액션 모험 영화에서 주로 남자가 하는 역할을 맡은 것이 뿌듯했다. 보통 이런 장르에서는 유력한 용의자들(톰 크루즈의 영화를 한번 보라.)이나 잘 생기고 멋진 주인공들이 영화를 이끈다.(〈스피드〉에서 머리를 짧게 깎고 나타나 여자들의 가슴을 설레게 한 키아누 리브스 Keanu Reeves를 아마 기억할 것이다.)

  "〈리버 와일드〉는 제 딸들이 보고 즐거워할 만한 영화였어요. 건장한 남자가 아니어도, 혹은 특이하게 변장하지 않아도 영웅 역할을 맡을 수 있단 걸 딸들에게 보여준 거죠. 이 영화는 액션 영화를 좋아하는 남성 관객들에게 바치는 영화가 아니에요. 물론 그분들이 좋아해준다면야 너무 좋죠. 하지만 아니어도 괜찮아요. 어쨌든 저희는 최선을 다한걸요." 메릴이 말했다.

  1994년 8월 15일, 클린트 이스트우드 Clint Eastwood가 로버트 제임스 월러 Robert James Waller의 베스트셀러 소설 『매디슨 카운티의 다리 The Bridges of Madison County』를 각색해서 만드는 화제의 영화에 메릴을 캐스팅했다는 기사가 나왔다. 미국 동부 지식인들은 『매디슨 카운티의 다리』를 두고 '여피족 여성을 위한 포르노'라든가 '품위 있는 척하는 대중소설'이라고 깎아내렸지만 오프라 윈프리 Oprah Winfrey는 유난스러울 정도로 이 책을 찬미했다. 이스트우드는 이 영화를 감독하는 한편《내셔널 지오그래픽》의 감성적인 사진작가 로버트 킨케이드 역을 겸했다. 킨케이드는 지붕 달린 다리 사진을 찍으려고 아이오와주 시골에 갔다가 그곳에서 이탈리아 여자 프란체스카(메릴)와 사랑에 빠지는 인물이다. 프란체스카는 이탈리아로 출정 온 군인과 결혼해 미국으로 이주한 외로운 주부다. 프란체스카 역을 두고 제시카 랭, 앤젤리카 휴스턴 Anjelica Huston, 셰어 등이 경쟁했다. 하지만 미국인 배우들 중에 이탈리아 여자의 이국적 억양을 제대로 구사할 수 있는 사람은 별로 없었다. 캐리 피셔는 이스트우드에게 메릴의 전화번호를 가르쳐줬다. "그가 전화해서는 투덜대며 말했어요. '이 책을 별로 안 좋아했다고 들었습니다만.' 하더군요. 전 잠시 조용히 있다가 말했어요. '아니, 아니에요! 다른 사람들처럼 책에 완전히 빠져든 건 아니라는 말이었지 싫다는 게 아니었어요.'라고요." 메릴이 과거를 떠올리며 말했다. "대본 읽어봐요. 잘 만들어졌으니까." 이스트우드가 말했다.

각본가 리처드 라그라베네스 Richard LaGravenese는 월러의 책에서 화려한 미사여구들을 지워내고 중심인물을 킨케이드에서 프란체스카로 바꾸어 각색했다. 메릴은 대본을 읽고 눈물을 흘렸다. 결국 〈핫존 Crisis in the Hot Zone〉에 같이 출연하자던 로버트 레드퍼드의 제안을 거절하고 이스트우드의 제안을 받아들였다. 〈핫존〉은 메릴 이전에 이미 조디 포스터가 출연하려다 그만두었고 얼마 뒤 레드퍼드까지 출연을 그만두면서 끝내 영화로 만들어지지 못했다.

로빈 윌리엄스 Robin Williams가 주연한 1991년 영화 〈피셔 킹 The Fisher King〉을 쓴 작가이기도 한 라그라베네스가 〈매디슨 카운티의 다리〉의 배우 캐스팅 과정에 대해 밝혔다. "좀 더 젊은 배우들을 두고 고민하는 걸 듣고서 제가 말했습니다. '그러면 영화가 이 책 여성 독자들의 공감을 사지 못할 거예요. 30대 배우는 결혼한 지 20년 가까이 된 40대 여성과는 느낌이 달라요. 결국 대본의 프란체스카와 완전히 다른 캐릭터가 될 거예요.'라고요."

그때 이스트우드는 예순네 살이었고 메릴은 그보다 스무 살이 더 어렸다. 그런데도 워너 브라더스는 메릴의 나이가 많다고 생각했다. "제가 그 배역을 맡기에는 너무 나이 들었다고 생각했대요. 그때 클린트가 저를 감쌌던 것 같아요. 그걸 알고선 정말 기뻤어요." 메릴이 말했다.

〈매디슨 카운티의 다리〉에 출연한 것은 메릴에게 큰 이득이었다. 교차로에 서 있던 메릴은 〈리버 와일드〉 덕분에 길을 제대로 들어선 셈이었다. 그 무렵 메릴의 마지막 박스오피스 흥행작은 1985년의 〈아웃 오브 아프리카〉였다. 그 뒤로는 길을 잃고 헤맸다. 아카데미상을 낚을 만한 괜찮은 영화들 〈남아 있는 나날〉, 〈델마와 루이스〉, 〈에비타〉를 전부 놓쳤다. "메릴은 훌륭한 고전 배우에서 누가 연기해도 상관없을 배역만 맡는 보통의 할리우드 배우가 되었어요. 가끔 영화에서 보면 메릴은 조그만 차 안에 억지로 쑤셔 넣은 커다란 전동기 같았다니까요."〈소피의 선택〉의 감독 앨런 J. 퍼쿨라가 말했다.

남모르게 기민한 사업가 기질이 있었던 메릴은 한 걸음 더 뛰어오를 준비가 된 듯했다. 그녀는 1994년에 새 홍보회사 PMK를 고용해 〈매디슨 카운티의 다리〉 다음으로 리엄 니슨^{Liam Neeson}과 범죄 영화 〈비포 앤 애프터^{Before and After}〉를 찍을 일정을 잡았다. 〈리버 와일드〉에 대한 호평 덕분에 이스트우드 영화 제작사는 메릴의 출연료를 대략 400만~500만 달러로 올려주었고 박스오피스 수입 총액의 몇 프로를 주기로 계약했다. 맥 라이언과 데미 무어 같은 스타 배우들이 이 같은 방법으로 영화 개봉 뒤 수익 일부를 받고 있었으나 메릴은 처음이었다. 이는 그녀의 영역을 한층 넓히는 계기가 되었다.

아이오와주 윈터셋에서 〈매디슨 카운티의 다리〉의 촬영이 시작되었다. 하지만 프란체스카처럼 머리를 갈색으로 염색한 메릴은 〈리버 와일드〉의 로스앤젤레스 개봉 행사에 참석하기 위해 잠시 촬영을 중단했다. 그날 그녀는 맨즈 차이니스 시어터* 앞 광장 바닥 시멘트에 손바닥을 찍었다. 메릴이 옆에서 웃으며 지켜보던 케빈 베이컨에게 손에 묻은 끈끈한 잔여물을 문지르려 하자 그가 웃으며 막았다. 4,500만 달러를 들여 제작한 〈리버 와일드〉는 세계적으로 9,400만 달러를 벌며 그런대로 성공했다. 한편 같은 해 개봉한 〈스피드〉는 3억 5,000만 달러를 벌어들였고 섬세하면서도 강인한 매력을 보여준 키아누 리브스는 단박에 여기저기서 데려가려는 스타 배우가 되었다.

내가 대중문화에 완전히 빠져 있던 열세 살 무렵, 엄마가 나를 데리고 〈리버 와일드〉를 보러 극장에 갔다. 처음 본 메릴의 영화였는데 좀 충격적이었다. 남자들이 남자다움을 과시하는 장면이 없는데도 긴장감과 흥미가 흘러넘치는 영화라니. 여성 액션 배우라는 흔치 않던 경험에 적잖이 놀랐다. 영화평론가들은 모험 영화에 여자를 주연 삼은 게 흠이라고 했지만 나는 생각이 달랐다. 이 영화에서 품위 있고 폼 나게 위기를 헤쳐나가는 새로운 여성상을 찾았다. 또 나는 같은 해에 개봉한 위노나 라이더 Winona Ryder 주연의 리메이크 영화 〈작은 아씨들 Little Women〉에도 홀딱 빠져들었다. 〈작은 아씨들〉은 전형적인 성장 드라마처럼 소년들의 성장 과정을 보여주는 영화가 아니었다. 위노나 라이더가 연기한 대담한 조마치는 소녀들의 우상이었다. 조는 꿈을 좇으려고 근사한 이웃집 남자 친구 로리(인기 최절정의 크리스천 베일 분)의 청혼도 거절한다. 그리고 〈작은 아씨들〉은 여전히 반향을 불러일으킬 수 있는 영화이기에 2019년 그레타 거윅 Greta Gerwig 감독이 다시 한번 영화로 만들었다. 시어셔 로넌 Saoirse Ronan이 조 역을 맡았고, 메릴이 성미 고약한 마치 고모 역을 맡았다. 배

●　맨즈 차이니스 시어터(Mann's Chinese Theatre) : 할리우드 명예의 거리에 있는 중국풍 건물의 극장이다. 2001년 이후 'TCL 차이니스 시어터'로 이름이 바뀌었다.

우이자 사회운동가인 지나 데이비스가 말했듯 여자들도 꿈을 꾼다면 이룰 수 있는 것이다. 하지만 작가로 독립적인 삶을 살려고 뉴욕으로 이사했던 조가 다시 '오처드 하우스'로 돌아갈 수밖에 없었던 것처럼 메릴은 로스앤젤레스에서 코네티컷으로 돌아갔다. "그곳에서 사는 게 정말 싫었어요. 저는 정말로 사생활이 필요한 사람이에요. 밖에서 항상 사람들 눈에 띄고 옷을 차려입어야 하는 게 정말 싫었어요." 메릴이 로스앤젤레스에 대해 말했다. 《뉴욕 타임스》는 이름을 밝히지 않은 어느 감독이 한 말을 실었다.(말할 것도 없이 맨해튼에 본거지를 둔 앨런 J. 퍼쿨라나 마이크 니컬스 같은 감독이었을 것이다.) "어느 유명 감독이 메릴에 대해 'LA에서는 에이전트라든가 변호사라든가 온갖 소문들로부터 항상 거리를 두고 초연할 수 있어야 합니다. 전 메릴이 분명히 직업상의 이유로 로스앤젤레스로 이사했다고 생각해요. 아마 이런 생각을 했을 겁니다. '아무래도 주류에 끼어야겠어. 에이전트들의 말에 귀 기울여야지.' 하지만 메릴은 그 뒤로 바보 같은 영화에 너무 많이 나왔습니다. 자기 자신이 아닌 다른 사람들의 목소리에 귀 기울여서 그래요.'라고 말했다."

👑
메릴의 심슨 에피소드

1994년 11월 6일, 메릴은 세계가 열광한 만화영화 시리즈 〈심슨네 가족들 The Simpsons〉에 목소리로 출연했다. 메릴은 '바트의 여자 친구' 편에서 티모시 러브조이 목사의 딸 제시카의 목소리를 맡았다. 그녀는 바트보다도 영악해서 바트에게 교회에서 헌금을 훔친 죄를 뒤집어씌운다.(돈은 나중에 제시카의 침대 밑에서 발견된다.) 메릴이 녹음실에 들어오자 바트의 성우 낸시 카트라이트^{Nancy Cartwright}는 주눅이 들어 메릴에게 선뜻 사인해달라고 말하지 못했다. 앗, 그런데 메릴이 카트라이트에게 먼저 사인을 요청하는 것이 아닌가. 메릴의 아이들은 1990년대 거의 모든 아이들처럼 바트의 열렬한 팬이었던 것이다.

마흔다섯 살이 된 메릴은 나이 든 여자를 무시하는 영화업계의 관행에 계속 맞섰다. 비슷한 연령의 여배우들은 관행에 손들고 무슨 배역이든 맡겨만 준다면 넙죽 받아들였다. 제인 폰다는 1990년대 초 돌연 은퇴를 선언했다. 〈펀치라인^{Punchline}〉에서 톰 행크스의 연인 역할을 맡았던 샐리 필드는 그 뒤로 6년이 지나 겨우 마흔일곱 살이 되던 해에 〈포레스트 검프^{Forrest Gump}〉에서 톰 행크스의 엄마 역할을 맡았다. 제시카 랭은 제작자 라이언 머피^{Ryan Murphy}가 2011년 TV 드라마 시리즈 〈아메리칸 호러 스토리^{American Horror Story}〉에 그녀를 출연시켜주기 전까지 사라져서 아예 보이지도 않았다.

하지만 메릴은 자기도 철저히 계산해서 역할을 고르는 건 아니라고 단호하게 말했다. "전략 같은 건 없어요. 배우는 항상 주어지는 역할 중에 고를 뿐이에요. …… 전 흥행에 크게 성공할 만한 영화를 목표로 한 적이 없어요. 아니, 저한테는 그걸 미리 알 수 있는 능력이 없어요. 그리고 전 제가 어떻게 생겼는지 꽤 잘 알고 있어요. 저는 샤론 스톤처럼 생기지도 않았고 몸매가 좋진 않죠." 여러 해가 지나 메릴이 미국 공영 방송 NPR의 테리 그로스^Terry Gross 라디오 쇼에 출연했을 때 한 말이다. 메릴은 자기가 중년의 나이에도 꾸준히 배역을 맡을 수 있었던 건 관능적인 배우가 아니었기 때문이라고 했다.

아이러니하게도 메릴은 그동안 영화에서 한 번도 보여준 적 없던 진한 관능미를 〈매디슨 카운티의 다리〉에서 여지없이 드러냈다. 덥고 습한 8월의 밤에 흘러내리는 땀방울처럼 프란체스카의 땀구멍에서 성적 매력이 솟구쳐 나왔다. 다정하지만 따분한 농부인 남편 리처드 존슨은 아내가 배우 소피아 로렌만큼 관능적이라는 걸 전혀 모르거나 신경 쓰지 않는 것 같았다. 그러나 로버트 킨케이드는 그녀의 매력을 알아보았다.

때는 1965년, 킨케이드는 길을 찾다가 우연히 프란체스카를 만난다. 그는 그녀에게 얼핏 보면 몰라보고 그냥 지나칠 정도로 평범하면서도 소박하게 아름다운 '로즈먼 다리'의 위치를 묻는다. 그는 그 다리가 《내셔널 지오그래픽》에 실릴 만큼 멋지다고 생각했고 나중에 '로즈먼 다리' 사진은 잡지 표지로 나온다. 프란체스카의 남편과 아이들이 일리노이주 송아지 품평회에 참가하려고 여행을 떠난 뒤에 그녀 앞에 나타난 킨케이드는 그녀가 오랫동안 잊고 지내던 것이 무엇인지 깨닫게 해준다. 생각이 깊어지는 밤길 산책과 긴 철학적인 대화가 오가는 저녁 식사에서 서로를 알아가며 나흘이라는 짧은 시간밖에 허락되지 않은 로맨스가 서서히 피어난다.

프란체스카는 아이오와에서의 삶이 어릴 적 꿈꾸던 삶은 아니라고 고백한다. 그녀는 자기가 일하는 걸 싫어하는 남편 때문에 어쩔 수 없이 보람 있던 교사직을 그만두었다. 그녀의 가족들은 식사하는 동안 서의 말을 하지 않지만 킨케이드는 그녀가 하는 말에 진심 어린 관심을 보인다. 그녀가 한 번도 가보지 못한 먼 나라로의 여행 이야기를 하며 그녀를 배꼽 잡고 웃게 해준다. 마음이 달뜬 프란체스카에게 "남자들도 요리해요."라고 말하며 부엌일까지 도와준다! 그리고 프란체스카가 스스로를 촌구석에 사는 가정주부로 여기고 자신 없어 하는 걸 눈치 채고선 "당신은 결코 평범한 여자가 아니에요."라고 말해준다.

메릴은 말을 하지 않고도 프란체스카의 꽃피는 관능미를 선명하게 그려냈다. 친절하고 신사적인 킨케이드를 만나는 순간, 프란체스카는 호기심과 호감에 눈을 깜박거린다. 입술에 손끝을 갖다 대고 치맛자락을 매만진다. '로즈먼 다리'로 가는 차 안에서 그의 팔이 우연히 그녀의 다리를 스치자 그녀는 놀라서 움찔댄다. 그의 곁에만 있으면 모든 감각이 예민해진다. 그녀는 종종 그의 손길이 닿는 상상에 사로잡힌 것처럼 신경이 곤두서 보인다. 두 사람이 처음으로 저녁 식사를 같이 한 날 그가 떠나고 나서 그녀는 현관에 홀로 앉아 시집을 읽는다. 그러다가 갑자기 칠흑 같은 밤하늘을 향해 잠옷 가운을 열어젖힌다. 또 그녀는 그가 먼저 샤워했던 욕조에 몸을 담그고 누워 샤워기에서 똑똑똑 떨어지는 로버트를, 아니(죄송!) 물방울을 맞으며 고요한 황홀경에 한참을 머문다. "로버트 킨케이드에 관한 모든 것이 날 흥분하게 했다." 욕실 장면 밖에서 프란체스카가 회상하며 말하는 소리가 들려온다.

"메릴은 영화 앞부분에서는 프란체스카가 현실에 대해 느끼는 불만족과 다른 무언가를 향한 갈망 사이의 균형을 잘 잡아주었어요. 그리고 뒷부분에 가서는 로버트를 향한 사랑과 현실 대한 책임감 사이에서 기가 막히게 균형을 잘 잡아주었습니다." 라그라베네스가 말했다.

클린트 이스트우드와 함께한 〈매디슨 카운티의 다리〉의 한 장면.
메릴 스트립은 이 영화에서 조용하고 도발적인 연기로,
뭔가 다른 것을 원하면서도 결단하지 못하는 여성들을 흔들어 깨웠다.

　두 사람은 육체적 사랑을 거부할 수 없었다. 하지만 불행히도 그건 육체적 사랑 이상이었다. 두 사람은 진짜 사랑에 빠졌다. 킨케이드가 프란체스카에게 같이 떠나자고 한다. 그녀는 가방까지 싼다. 하지만 차마 떠날 수가 없다. 사랑하는 사람과 행복해지려고 아이들의 인생을 망칠 수는 없다며 도덕적 책임감에 손을 들고 만다. "이런 확실한 감정은 일생에 단 한 번 오는 거요." 시적 표현을 즐겨 쓰는 킨케이드가 문을 나서며 말한다.(내가 가장 마음에 들어 하는 그의 시적 대사는 "옛 꿈은 멋진 꿈이었다. 이루진 못했지만 꿈이 있었다는 것만으로도 기쁘다."이다.)

　며칠이 흐르고 비가 억수같이 쏟아지던 날, 프란체스카는 남편이 사게에서 나오길 기다리며 트럭에 앉아 있었다. 그때 길 건너편에서 비에 흠뻑 맞고 서 있는 킨케이드가 보인다. 그녀가 억지로 미소 지어 보이지만 그의 눈빛은 너무나 슬프다. 얼마 뒤 리처드가 모는 차 앞에 킨케이드의 차가 있다. 프란체스카는 눈물 젖은 눈으로 킨케이드가 그녀가 준 십자가 목걸이를 빼서 백미러에 거는 것을 바라본다. 그들은 교차로에 서 있었다. 신호등이 초록불로 바뀐다. 하지만 킨케이드는 한참 시간을 끌며 프란체스카가 자기 차에 타기만을 기다린다. 문고리를 꽉 붙든 프란체스카는 금방이라도 뛰쳐나갈 것만 같다. 이스트우드 감독은 그녀의 갈등을 극대화해서 보여주기 위해 그녀가 포기하는 순간 메릴의 얼굴을 정면으로 비춘다. 그녀는 눈물을 쏟으며 자리에서 무너져 내린다.(그리고 관객도 같이 눈물을 쏟는다.)

"시간이 지나 관객들의 기억에 남는 건 대본에 쓰인 대사가 아니라 화면에서 보이는 시각적인 것들이에요. 문고리를 부여잡은 손, 빗속의 킨케이드, 창밖을 내다보는 프란체스카, 신호등, 그녀가 놓쳐버린 기회 같은 거죠. 관객들은 영화를 보며 무엇을 느낄지 강요받는 것을 좋아하지 않아요. 오히려 장면을 보면서 자기들의 감정을 또렷이 느끼길 원하죠. 그러려면 대사가 없어야 해요. 그래야 화면에 대고 직접 소리 지를 수 있거든요. '제발 그 문을 열란 말이야!'라고요." 메릴이 말했다.

우리는 내심 달콤하면서도 씁쓸한 진실을 이해한다. "프란체스카의 성격을 보면 그녀가 왜 떠나지 않는지 알 수 있어요. 그녀는 가정에 깊이 뿌리내리고 있거든요." 메릴이 설명했다. 메릴은 두 이탈리아 여자를 보고 프란체스카를 어떻게 연기할지 영감을 얻었다. 한 명은 이탈리아 배우 안나 마냐니^{Anna Magnani}였고 다른 한 명은 어린 시절 이웃이었는데, 이탈리아 풀리아^{Puglia}에서 만난 출정 미군과 결혼해 뉴저지로 이주한 이탈리아 여자였다. 〈매디슨 카운티의 다리〉는 여성의 희생에 초점을 둔 사랑 이야기다. 말하자면 한 여자가 가족에 대한 책임과 새로운 삶에 대한 갈망 사이에서 선택하는 이야기다. 이스트우드와 메릴은 영화를 자연주의로 채색했다. 절제의 중요성을 이해하는, 즉 언제 밀고 언제 당길지를 아는 두 예술가가 힘을 합쳐 만든 영화다.

"클린트는 영화를 꼭 외국 영화처럼 찍었어요. 그는 장면 안에 대사가 없는 걸 불편하게 생각하지 않았어요. 카메라를 툭 던져두고 그 앞에서 연기가 한껏 펼쳐지게 내버려두었어요. 꼭 한 편의 프랑스 영화 같았어요." 라그라베네스가 말했다.

바로 한 해 전, 〈용서받지 못한 자^{Unforgiven}〉로 아카데미 감독상을 받았던 이스트우드는 〈매디슨 카운티의 다리〉 촬영을 시작하기 전까지 일부러 메릴과 대화를 거의 나누지 않았다. 그는 장면을 시간순에 따라 촬영하면서 두 사람이 '킨케이드'와 '프란체스카'처럼 서먹한 단계에서부터 서로를 알아가며 서서히 가까워지는 게 영화 촬영에 도움이 될 것이라 생각했다. 메릴은 이스트우드의 결단력 있는 촬영 방식이 새로웠다. 메릴은 이스트우드가 첫 테이크를 찍은 이후 도리어 앞서 리허설 때 찍은 장면을 영화에 넣기로 한 걸 보고 놀랐다. 그녀는 촬영감독 잭 그린^{Jack Green}과 같이 모여 있던 제작진을 돌아보며 "항상 이런 식인가요?"라고 물었다. 촬영을 시작한 지 3일이 지나 메릴은 그린에게 "이런 촬영 방식 너무 좋네요. 훨씬 재미있어요! 다음 테이크에 더 잘하려고 애쓸 필요가 없잖아요. 처음 찍은 걸 감독님이 제일 마음에 들어 할 수도 있으니까요."라고 말했다.

메릴은 촬영 신호와 함께 눈물을 흘리기 시작하면 멈출 수가 없었다. "눈이 퉁퉁 부어 아무리 얼음을 많이 갖다 대도 잘 가라앉지 않았어요." 로이 헬랜드가 《뉴욕 타임스 매거진》에서 말했다. "눈에 눈물이 한가득 찼죠. 인공눈물 같은 건 필요 없었어요. 울어야 할 때면 그냥 계속 울었어요." 그런은 아무도 모르게 눈물을 훔쳤고 이스트우드도 그랬다고 한다. 한편 헬랜드는 이스트우드가 감독할 때 너무 작게 말해 보청기를 꼈다. 이스트우드는 "액션!" 하고 소리 지르는 대신 "음, 준비되면 시작하세요."라고 말했다.

〈더티 해리^{Dirty Harry}〉로 스타가 된 이스트우드는 메릴과 전혀 다른 장르의 영화를 주로 찍어왔다. 그 때문에 두 사람 사이에는 자기와 상반되는 사람에게 끌리는 감정이라는 게 있었다. "그 감정이 사랑의 묘약처럼 작용한 거죠." 메릴이 말했다. 이스트우드는 정치적으로 강경하게 목소리를 내는 우익이고 메릴은 열혈 좌익이었지만 킨케이드와 프란체스카가 '사회적 아웃사이더'라는 데에는 두 사람의 생각이 같았다. 어찌 보면 이스트우드와 메릴도 똑같이 아웃사이더였다. 두 사람 다 베테랑 배우이면서도 로스앤젤레스라는 영화 중심지에서 벗어나 살고 있었고 또 유력한 평론가 폴린 케일에게 맞서며 살아왔으니까. 폴린 케일은 두 사람 모두를 개인적으로 아주 싫어했다. 고맙게도 이제는 은퇴했다. 이스트우드는 촬영장에서 메릴과 친구가 되어주었고 두 사람은 촬영 중간에 같이 춤을 추며 즐거워하기도 했다.

"두 사람은 한순간에 마음이 통했어요. 클린트와 메릴은 곧 우리가 기대하는 로맨스와 남녀 간의 뜨거운 사랑을 보여주었죠. 영화를 보고 있으면 두 사람이 정말 서로에게 깊이 빠졌다고 믿게 됩니다." 〈매디슨 카운티의 다리〉의 제작자 캐슬린 케네디 ^{Kathleen Kennedy}가 말했다.

〈매디슨 카운티의 다리〉는 여성 팬들이 압도적으로 많았다. 그들은 스트립과 이스트우드가 정말로 첫눈에 반했다고 믿는 것 같았지만 당연히 모든 건 신빙성 있게 꾸며진 허구였다. 원작자 로버트 제임스 월러가 해낸 일을 메릴도 해냈다. 사랑에 절망하던 사람들에게 희망을 보여준 것이다. 베티 프리댄^{Betty Friedan}이 1963년에 획기적인 책 『여성성의 신화 The Feminine Mystique 』*를 쓰고 난 뒤 불행한 주부들로부터 들었던 수많은 고백들처럼, 메릴은 연기를 통해 20세기 중반 여성들이 전업주부로서의 삶에 만족하며 살고 있다는 믿음은 착각일 뿐임을 말해주었다. 또한 가정 살림과 자녀 양육만으로는 성취감을 느끼지 못하는 주부들의 내적 갈등이 어떠한지 훤히 드러내 보여주기도 했다. 하지만 '프란체스카'는 그 시대에 무작정 참고 살아가던 수많은 가정주부들처럼 가정에 대한 의무를 등에 지고 자아를 실현하지 못한다. 메릴은 조용하고 도발적인 연기로 가정만이 행복의 원천이라고 속고 있는 현대 여성들에게 정말 그런지 되물었다. 그녀의 연기는 뭔가 다른 걸 원하면서도 결단하지 못하는 여성들을 흔들어 깨우는 신호탄과 같았다. 가정에 깊이 뿌리를 두고도 자아를 실현한 메릴은 영화들을 통해 끊임없이 여성들의 이야기를 들려줄 터였다.

메릴은 자기처럼 현실에 안주하기를 거부하며 남다른 길을 가는 캐릭터들에 언제나 마음이 끌렸다. 그러니 현실의 장벽을 당돌하게 뚫고

---

* 『여성성의 신화』: 미국의 페미니스트이자 사회심리학자인 베티 프리댄(1921~2006)의 저서로 물질적 안락을 누리면서도 불행을 느끼는 미국 전업주부의 삶을 논한다. 저자는 책을 출판한 뒤 미국 전역의 주부들로부터 수많은 편지를 받았다. 미국 여성운동에 한 획을 그은 책으로 평가되며 2세대 여성운동을 촉발시켰다.

나가는 남다른 바이올린 교사 로베르타 과스파리 Roberta Guaspari 역 또한 메릴에게 아주 잘 맞아떨어졌다.

메릴을 비껴간 영화들

할리우드 퀸조차도 원하는 배역을 다 얻을 수는 없었다. 한번 보시라, 다음은 메릴의 손을 빠져나가거나 애당초 그녀에게 들어오지 않았던 영화 네 편이다.

스위트 드림

메릴은 아카데미 여우주연상(〈블루 스카이Blue Sky〉)과 여우조연상(〈투씨〉)을 모두 수상한 제시카 랭을 오래도록 동경해왔다. 제시카는 디노 드 로렌티스 감독의 1976년 리메이크 영화 〈킹콩〉의 주연을 따내기도 했다. 메릴은 〈킹콩〉 오디션을 보러갔다가 드 로렌티스가 그녀의 외모를 비하해 박차고 나와버렸다. 연예 기사에서는 종종 두 여배우를 비교하곤 했다. 두 사람 모두 매력적이고 지적인 금발 여인들인데다 흥미로운 영화를 많이 찍는다는 공통점 때문이었다. 1983년 아카데미 시상식에는 두 사람이 같이 여우주연상 후보로 올랐고(이때는 메릴이 이겼다.) 3년 뒤에도 같이 후보로 올랐으나 그땐 둘 다 제럴딘 페이지에게 졌다. 제시카 랭이 여우주연상을 타지 못했지만 메릴은 〈스위트 드림〉에서 미국의 음악 전설, 패치 클라인Patsy Cline 역을 연기한 그녀가 너무나 부러웠다. "전 제시카 랭이 〈스위트 드림〉 주연을 맡았을 때 정말 부러웠어요. 매우 훌륭한 영화거든요. 그리고 제 시카의 연기는 정말 끝내줬어요."(메릴은 결코 자기가 제시카보다 더 잘할 수 있었을 것이라 생각하지 않았다.)

에비타

1980년대 후반, 유명한 뮤지컬을 각색한 고예산 영화이자 뜻밖에도 올리버 스톤^{Oliver Stone}이 감독하기로 한 〈에비타〉의 에바 페론 역을 두고 메릴의 이름이 오갔다. 메릴은 1979년쯤부터 브로드웨이 무대에 오른 앤드루 로이드 웨버^{Andrew Lloyd Webber}의 뮤지컬 〈에비타〉를 봤을 때부터 그 역할을 하고 싶어 했다. 뮤지컬에서는 맨디 패틴킨이 체 게바라 역을 맡았고 패티 루폰^{Patti LuPone}이 아르헨티나 대통령 후안 페론의 빈민 출신 영부인 에바 페론 역을 맡았다. 그로부터 10년이 지나 메릴에게 기회가 왔다. 메릴은 스톤에게 보여주려고 노래를 녹음했고 폴라 압둘^{Paula Abdul}이 안무를 짤 예정이었다. "이 역할을 원했던 건 노래하고 싶어서였어요." 그 당시 메릴이 말했다. 하지만 메릴이 '아르헨티나여 날 위해 울지 마오^{Don't Cry for Me Argentina}'를 열창하는 모습을 보고 싶어 했던 팬들에게 아쉬운 소식이 들려왔다. 1989년 가을, 끝없는 협의 과정과 영화사의 쩨쩨한 수작들에 지친 메릴은 출연을 그만두기로 한 것이다. 메릴을 배웅하러 문밖까지 따라 나온 스톤에게 그녀가 말했다. "정말 씁쓸하고 실망스러워요. 하지만 영화는 영화일 뿐이니까요."

펀치라인

메릴은 1988년 코미디 영화 〈펀치라인〉에서 샐리 필드가 맡았던 역할 또한 간절히 원했었다. 한 코미디언(톰 행크스 분)의 도움으로 스탠드업 코미디언이 되는 가정주부 역할이었다. "저에게 그 역할을 제의했더라면 놓치지 않았을 거예요. 정말 너무 하고 싶었어요. 전아이가 셋이나 있잖아요. 아, 제가 정말정말 잘할 수 있었는데 말이에요." 그런 메릴에 대해 일간지 《로스앤젤레스 해럴드-이그재미너 Los Angeles Herald-Examiner》는 아주 무례한 기사를 썼다. "메릴 스트립이 〈펀치라인〉에 출연하고 싶다고 했다는데 우습게도 아무도 그녀에게 대본을 보내지 않았다. …… 샐리 필드가 남 주기 싫어서 대본을 꽉 붙들고 있었던 건 아니라고 누군가 스트립에게 말해주면 좋겠다." 메릴이 부엌에서 뛰쳐나와 무대 위에서 개그우먼으로 승승장구하는 여인 역할로 영화를 완전히 장악하는 것이 상상이 가지 않는가. 그들은 메릴이 웃기는 역할에 맞지 않는다고 생각한 모양이다. 하지만 그녀는 1989년 〈그녀는 악마〉와 1992년 〈죽어야 사는 여자〉에서 금발머리 미녀로 나와 그들이 틀렸다는 것을 증명해 보였다.

남아 있는 나날

1993년, 가즈오 이시구로의 소설 『남아 있는 나날』을 영화화할 때 마이크 니컬스가 제작자로 참여하면서 메릴은 무심한 집사를 애절하게 사랑하는 하녀장 미스 켄턴 역을 맡을 수도 있었다. 니컬스는 〈실크우드〉, 〈제2의 연인〉, 〈헐리웃 스토리〉 세 편에서 메릴과 같이했고 메릴의 열렬한 지지자이기도 했다. 그는 메릴에게 이 영화의 대본을 줬지만 최종적으로 그녀가 배역에 맞지 않는다고 판단했다. 하지만 그는 결정 사항을 메릴에게 명확히 전해주지 않았고 그 때문에 메릴은 상처받았다. 나중에 메릴은 아픔을 극복하긴 했다. 훗날 메릴이 말했다. "제가 그만큼 속상하다는 사실에 더 속상했어요. 하지만 저도 살면서 남들의 용서를 바라던 순간이 너무나 많은걸요." 배역은 에마 톰슨이 얻었다. 그리고 메릴에게는 두 가지 큰 변화가 있었다. 첫 번째는 메릴이 그녀의 오랜 에이전트였던 샘 콘을 해고한 것이고, 두 번째는 코네티컷에서 로스앤젤레스로 이사한 것이다.

QUEEN MERYL
12

배우의 영화 취향

교육위원회와 지방 교육감은 음악이 중요하지 않다고 생각합니다.
그들이 틀렸어요! 전 그들과 당당히 맞서 싸울 겁니다! - 로베르타 과스파리
1999년 〈뮤직 오브 하트〉에서

호러 영화의 거장 웨스 크레이븐^{Wes Craven}은 '제작자들이 피하고 싶어 하는 악몽 같은 상황'에 직면했다. 하지만 그는 당황하지 않고 침착하게 배트맨을 호출하듯 하늘 위로 SOS 신호를 쏘아 올렸다. 메릴에게 간절한 편지를 쓴 것이다.

크레이븐은 실화를 바탕으로 한 〈뮤직 오브 하트^{Music of the Heart}〉의 바이올린 교사 로베르타 과스파리 역에 마돈나^{Madonna}를 캐스팅했다. 크레이븐의 다른 영화들과 성격이 매우 다른 〈뮤직 오브 하트〉는 '오퍼스 118 할렘 음악학교' 재단의 공동 설립자로서 꼭 필요한 음악 교육 자금을 얻으려고 뉴욕 시를 상대로 싸운 바이올린 교사의 이야기다. 그러나 얼마 지나지 않아 크레이븐은 마돈나와는 맞지 않는다고 생각해 메릴에게로

돌아섰다. 때는 1998년 여름이었고 메릴은 그해 크리스마스까지 더는 영화를 찍지 않을 생각이었다. 게다가 크레이븐이 출연을 제의했을 때는 영화 시작 전까지 바이올린을 배울 시간도 넉넉하지 않았다. 그러나 메릴은 크레이븐의 편지를 받고 마음이 바뀌었다. 크레이븐의 글은 절실했다. "전 이 영화를 꼭 만들어야 해요. 실패하면 안 돼요. 제가 하던 장르와는 완전히 다른 이 영화를 만들려고 전 20년을 기다렸어요. 저에게는 너무나 소중한 기회예요." 메릴은 차마 거절할 수가 없었다. "전 아주 쉬운 사람이거든요." 그녀가 말했다.

마돈나는 메릴이 그토록 출연하길 원했던 1996년 뮤지컬 영화 〈에비타〉를 촬영하기 전에 음넓이를 넓히려고 목소리 훈련을 받았다.("전 그녀의 멱살을 잡을 수도 있었어요." 메릴이 마돈나에 대해 농담했다. 1990년 메릴이 〈에비타〉에서 손을 뗀 뒤 에바 페론 역을 두고 팝가수 마돈나의 이름이 오갔다. 그러자 《로스앤젤레스 매거진》은 메릴이 마돈나에 대해 에바 페론 역을 맡기에는 음넓이가 아쉽다고 말했다는 가십성 기사를 보도했다.) 열정적인 마돈나는 로베르타 역을 위해서 실제로 로베르타를 뉴욕에 있는 자기 집으로 불러들여 바이올린 개인 수업을 받았고 가명으로 바이올린 초급반에도 들었다. 로베르타는 마돈나에게 호감을 느꼈다. "마돈나는 진짜 일중독이었어요. 그러면서도 그 당시 마음이 굉장히 여렸어요." 로베르타가 말했다. 그런데 문제가 생겼다. 마돈나가 각본가 파멜라 그레이 ^Pamela Gray 에게 대본에서 로베르타가 두 남자에게 버림받은 부분을 지워달라고 부탁한 것이다. 로베르타는 첫 남편과 이혼했고 그 이후에 사귀던 연인(영화에서는 에이든 퀸 ^Aidan Quinn 이 연기했다.)이 결혼을 원하지 않아 헤어졌다. "마돈나는 그 이야기를 영화에 넣고 싶어 하지 않았어요." 결국 크레이븐은 마돈나를 하차시

컸다. 로베르타가 수업하러 마돈나에게 가던 도중 울면서 전화한 마돈나가 하차당했다는 사실을 말해줬다. "마돈나가 너무 깊이 끼어들려고 해서 감독이 하차시켰다고 했어요." 로베르타가 말했다.

미라맥스Miramax는 이 영화 제작을 잠시 멈췄다. 과스파리 역에 수전 서랜든과 마리사 토메이Marisa Tomei가 물망에 올랐지만 결국 메릴의 출연이 확실해지면서 다시 제작되기 시작했다. 메릴이 바이올린을 들고 일터로 나갔다.

그보다 3년 전인 1995년 2월, 메릴은 〈매디슨 카운티의 다리〉와 다르게 차갑고 어두운 드라마 영화를 촬영하기 시작했었다. 매사추세츠주를 배경으로 한 음산한 이 영화 〈비포 앤 애프터〉는 한번 보면 다시 볼 생각은 들지 않을 그런 영화다. 감독 바벳 슈로더Barbet Schroeder는 〈위험한 독신녀Single White Female〉와 〈이중 노출Kiss of Death〉 등으로 스릴러 분야를 한층 세련되게 개척한 감독이다. 각본가 테드 탤리Ted Tally가 로셀른 브라운Rosellen Brown의 1992년 작인 동명의 범죄 추리소설을 각색한 〈비포 앤 애프터〉는 슈로더의 쓸쓸한 영화 분위기와 잘 어울렸다. 메릴이 소아과 의사 캐럴린 라이언 역을 맡았고 리엄 니슨이 건축가 남편 벤 역을 맡았다. 로버트 드니로가 그보다 3년 전에 맡을까 생각했던 역이기도 했다. 평온하기만 하던 라이언 부부의 삶은 10대 아들 제이컵(에드워드 펄롱Edward Furlong 분)이 여자 친구 마사(앨리슨 폴랜드Alison Folland 분)를 살인한 혐의를 받고 달아나면서부터 망가지기 시작한다. 돌아온 제이컵은 부모에게 사실을 털어놓는다. 제이컵은 마사가 그를 배신하고 다른 남자와 바람을 피워 아이를 가졌다는 사실에 충격을 받았던 것이다. 그래도 두 사람은 제이컵의 차 안에서 같이 잤고 차 밖에는 눈이 쌓이기 시작했다. 두 사람이 눈에 파묻힌 차를 빼내려고 잭*으로 차를 들어 올리려고 하다가 말싸움이 붙는다. 제이컵이 마사의 뺨을 때리고 화가 난 마사는 쇠지렛대로 그를 치려 한다. 제이컵은 쇠지렛대를 빼앗아 도리어 마사의 머리를 친다. 마사는 날카로운 잭 위로 쓰러져 죽는다.

벤은 거짓말로 제이컵의 죄를 덮으려고 하지만 캐럴린은 기자회견을 하는 동안 사건의 진실을 말하려고 한다. 벤이 분노하며 캐럴린에게 화를 낸다. 그녀는 자신이 옳은 일을 한 것에 대해 사과하지 않는다. 하지만 아들을 배신한 미안함에 눈가가 붉어진다. 제이컵은 양심의 가책을 느껴 경찰에 자백한다. 그는 살인죄로 5년 징역에 처해지고 2년을 복역하고 출소한다. 벤은 증거인멸죄로 교도소에서 1년 이하의 징역살이를 한다. 그 뒤 라이언 가족은 마이애미로 이사한다. 마지막 장면에서 그들은 카누를 타고 물길을 따라 유유히 내려간다. 하지만 그 평화로운 광경을 보며 관객들은 어딘가 마음이 불편해진다. 영화가 제아무리 제이컵의 편을 들며 마사의 죽음을 그녀의 문란함과 폭력성의 대가인 것처럼 몰아붙이고 있어도 제이컵의 살인죄가 정당화될 수는 없기 때문이다. 한 소녀가 제이컵 때문에 목숨을 잃었으니까.

"저는 이 사건이 힝클리 사건*과 비슷한 것 같아서 관심이 갔어요. 한 남자가 그저 관심을 받으려고 레이건 대통령에게 총을 쐈는데 그는

● 　잭(jack) : 무거운 것을 수직으로 들어 올리는 기중기의 한 종류.

▪ 　힝클리 사건(the Hinckley case) : 1981년 3월 30일 배우 조디 포스터의 관심을 끌기 위해 존 힝클리 주니어가 벌인 레이건 대통령 암살 미수 사건. 레이건 대통령은 방탄차에서 튕겨 나온 유탄이 심장을 비껴가 간신히 목숨을 건졌고, 백악관 대변인이던 제임스 브레디는 대수술 끝에 목숨을 건졌으나 평생 하반신 불구로 살다 세상을 떠났다. 힝클리는 13가지 혐의로 재판받았으나 심각한 정신질환으로 처벌이 불가하다고 판단받고 정신병원에 수용되었다.

아주 행복한 가정에서 자랐다고 전해지잖아요? 그러고 나서 그의 가정이 완전히 망가졌죠. 인생은 한순간에 방향이 완전히 틀어지면서 영원히 달라질 수 있어요." 메릴이 말했다.

〈비포 앤 애프터〉를 촬영한 지 한 달쯤 지났을 때 메릴은 다이앤 키튼과 리어나도 디캐프리오 Leonardo DiCaprio 와 함께 〈마빈의 방 Marvin's Room〉에 출연할지 말지를 두고 이야기 중이었다. 제리 잭스 Jerry Zaks 가 감독하고 드니로가 제작에 참여했다. 이 최루성 영화는 문제 많은 한 여인이 한동안 사이가 소원했던 불치병 걸린 언니와 다시 만나는 스콧 맥퍼슨 Scott McPherson 의 희곡을 바탕으로 만들었다. 전해지기로는 메릴과 다이앤 모두 출연료를 깎기로 했다. 출연진이 화려한데도 〈마빈의 방〉은 일류 영화 제작사 미라맥스의 영화치고 예산(2,300만 달러)이 비교적 적었다. 밥 와인스타인과 하비 와인스타인이 1979년에 설립한 미라맥스 제작 및 배급사는 1990년대 초·중반에 이르러 할리우드에서 가장 강력한 독립영화 제작사로 자리 잡았다. 디즈니가 1993년에 6,000만 달러로 미라맥스를 인수했지만 미라맥스는 여전히 와인스타인 형제가 이끌고 있었다. 미라맥스의 성공한 영화로는 〈섹스, 거짓말 그리고 비디오 Sex, Lies and Videotape〉, 〈크라잉 게임 The Crying Game〉, 〈펄프 픽션 Pulp Fiction〉이 있다. 〈펄프 픽션〉의 성공으로 각본가이자 감독이었던 쿠엔틴 타란티노 Quentin Tarantino 가 세계적으로 이름을 알렸고, 독립영화가 비주류에서 주류 영화로 올라섰다.

하지만 메릴은 〈펄프 픽션〉이 편치 않았다. 〈펄프 픽션〉이 성공하면서 존 트라볼타 John Travolta 는 1994년에 다시 한번 전성기를 맞았지만 메릴은 이 기발한 (그리고 피가 낭자한) 영화가 거북했다. "아주 잘 만들어진 영화라고 생각했어요. 영리했어요. 매우 영리했어요. 하지만 그 영화가 너무 싫었어요. 제 친구들은 '영화 정말 좋다!'라고 했지만 전 그 영화에 대고 '좋다'는 단어를 쓸 수가 없었어요. 그 말과는 전혀 어울리지 않았으니까요."

메릴의 친구이자 1990년대 로맨틱 코미디 〈시애틀의 잠 못 이루는 밤Sleepless in Seattle〉의 감독인 노라 에프런처럼, 메릴 또한 〈펄프 픽션〉을 '탁월한 영화'라고 보는 건 과대평가라고 생각했다. "제가 보기에는 그저 너무 우울했어요. 그런 쓰레기를, 아니 그런 영화를 밖에다 내놓아 애들이 보게 놔두는 건 애들의 머릿속에 잔인한 장면들을 선명하게 새겨 넣는 것과 같아요. 정말로 애들이《보그》잡지 같은 것을 뒤적이며 낸 골딘* 작가의 모델들과 헤로인 중독자들을 보게 놔두고 싶나요? 도시 전광판에 걸린 포르노 같은 '캘빈 클라인' 속옷 광고는 또 어떻고요. 그게 멋있나요? 전 하나도 멋있지 않아요. 그런 걸 좋아하지 않아요."메릴이 걱정스러운 듯 말했다.

《로스앤젤레스 타임스》의 매튜 길버트Matthew Gilbert는 메릴에 대해 이렇게 썼다. "그녀는 그야말로 사커 맘"이다. 승합차에 아이들을 태우고 다니며 밖에서 한참 기다리고 집에는 빨랫감이 잔뜩 쌓여 있는 그런 엄마 말이다." 이에 대해 메릴은 사커 맘인 것을 인정하며《피플》에서 말했다. "네, 저 사커 맘 맞아요. 다만 축구는 잘 모르지만요. 모두가 다 같이 우르르 올라갔다가 내려갔다가 하는데 도대체 누가 무슨 경기를 하는지 도통 모르겠어요." 메릴은 아이들에게 열중하는 다른 부모들처럼

- 낸 골딘(Nan Goldin, 1953~) : 미국의 다큐멘터리 사진작가. 미국 언더 문화의 상징적인 존재들을 사진에 담아왔다.
- 사커 맘(soccer mom) : 자녀들을 스포츠, 음악 교습 등의 활동에 데리고 다니느라 여념 없는 미국의 전형적인 중산층 엄마.

학부모 교사 연합회 PTA*에 대해서도 생각이 확고했다. "전 PTA가 싫어요. 제가 너무 감정적이 되거든요. 제가 하도 예측 밖의 말을 해서 친구들은 저보고 '쉿! 그만 말해.'라고 하죠."

메릴과 타란티노는 결코 함께 일할 수 없는 사이였다.(상상도 안 간다.) 메릴은 영화에서 인간적인 감정을 소통하는 공간이 필요했고 그런 영화를 찍는 감독과 어울렸다. 그러니 나이 들어서는 감동적이고 진실한 영화를 주로 찍은 클린트 이스트우드 감독과는 매우 잘 맞았다.(2012년 공화당 전당대회에서 그가 했던 빈 의자 연설만큼은 좀 당황스러웠지만.)▪ 1995월 6월 2일 〈매디슨 카운티의 다리〉는 가족 영화인 〈캐스퍼 Casper〉의 뒤를 쫓으며 박스오피스 2위에 올라섰고 이어서 세계적으로 1억 8,200만 달러를 벌어들였다. 메릴은 6월 26일 자 《피플》지의 표지를 아주 오랜만에 장식했다. 표지에는 '메릴의 열정 meryl's passion'이라는 표제가 붙었다. 영화에 대한 극찬이 이어졌다. 《뉴욕 타임스》의 재닛 매슬린은 "영화는 어딘가 군더더기가 없고 놀랄 만큼 품격 있다. 최근 몇 년 사이 메릴 스트립이 맡은 배역 중 단연 최고였다." 또 매슬린은 "프란체스카는 마치 앤드루 와이어스 Andrew Wyeth 의 그림 〈크리스티나의 세계〉*에서 튀어나온 듯 외로움과 강렬한 열망을 보여주었다."라고 말했다. 《타임》의 리처드 콜리스

- 학부모 교사 연합회(parent-Teacher Association) : 미국의 각 학교마다 조직된 교육 관련 단체. 부모와 교직원이 주도하며 주로 기부금을 모으거나 교직원을 지원함으로써 학교와 학생들의 유익을 도모한다.
▪ 클린트 이스트우드는 할리우드에서 몇 안 되는 열성 공화당 지지자다. 2012년 8월 30일 공화당 전당대회에 깜짝 게스트로 출연해 빈 의자를 옆에 두고 마치 거기에 버락 오바마가 앉아 있는 것처럼 삿대질하며 그를 비난했다.
★ 〈크리스티나의 세계(Christina's World)〉 : 다리가 불편한 여인이 황량한 초원에 쓸쓸히 앉아 도저히 도달하기 어려워 보이는 언덕 위의 집을 하염없이 바라보고 있는 그림이다. 여인의 뒷모습을 그렸지만 집을 향한 절실함이 묻어난다.

Richard Corliss는 〈매디슨 카운티의 다리〉를 가리켜 '이스트우드가 프란체스카에게, 그가 사랑했던 모든 여성들에게, 그리고 스트립에게 바치는 선물'이라고 했다. 콜리스는 지독히 감상적인 문학이 메릴의 연금술 덕분에 지적이고 열정적인 영화로 바뀌었다고 말했다.

맨해튼의 어느 상영관에서는 〈매디슨 카운티의 다리〉를 보고 나가는 관객들을 위해 눈물을 닦으라고 티슈를 놓아두었다. 그러는 동안 메릴은 또 다른 감성 영화 〈마빈의 방〉을 촬영하기 시작했다. 촬영은 뉴욕에서 했다. 메릴은 헬리콥터를 타고 주기적으로 코네티컷과 뉴욕을 오갔다. "저는 하루 막바지에 가서는 굉장히 조바심이 났어요. 사람들이 서둘러 일을 끝내야만 헬리콥터를 타고 돌아갈 수 있었으니까요." 메릴이 말했다.

메릴의 배역인 '리'는 프란체스카와는 상당히 달랐다. 목소리는 담배 연기와 인생에 대한 쓸쓸함으로 훨씬 깊은 저음이었다. 이혼한 미용사 리는 마음의 문을 꽉 닫아 두 아들과도 감정적으로 소통하지 못한다. 사춘기 맏아들은 단지 엄마에게 관심 받고 싶어서 집에 불을 질러버린다. 행크(야성적이고 열정적인 디캐프리오 분)는 정신병원으로 자기를 데리러 온 엄마에게 불 지른 것을 사과하지만 무덤덤한 리는 아무런 반응도 없다. 그녀는 아들이 있던 병원의 정신과 의사에게 "행크는 제가 어찌할 수 있는 애가 아니에요. 그러니 제가 찾아올 이유가 뭐가 있어요?"라고 말했던 엄마다.

리는 과거의 상처로 감정이 마비된 여자였다. 그녀는 행크가 아주 어렸을 적에 행크를 때리던 폭력적인 남편과 헤어지고 행크와 둘째 아들 찰리(핼 스카디노Hal Scardino 분)와 함께 고향 플로리다주를 떠나 오하이오주로 이사했다. 그러면서 언니 베시(다이앤 키튼 분)와 뇌졸중으로 20년간 병상에 누워 있는 아버지 마빈(성미 고약한 흄 크로닌^{Hume Cronyn} 분)과도 연락을 끊었다. 아버지를 간호하던 베시는 어느 날 의사(무덤덤한 드니로 분)한테서 자기가 백혈병인 데다 골수이식을 받지 못하면 죽는다는 청천벽력 같은 소식을 듣는다. 그녀는 리에게 전화를 걸고, 리는 짐을 꾸려 아이들과 함께 선샤인 스테이트[●]로 향한다. 이모의 존재조차 몰랐던 행크는 베시가 자기 골수를 이식받고 싶어서 일부러 잘해준다고 의심한다. 하지만 행크는 베시에게 서서히 마음을 열며 어른을 다시 믿게 된다. 인내심 있고 인정 많은 베시는 리에게 다른 사람의 말에 귀 기울이는 법과 마음을 여는 법을 가르쳐주고 리는 가족의 소중함을 깨달아간다.(세라 매클라클런의 음악이나 나의 10대 때보다도 더 순수하고 진실한 영화다.)

메릴은 원래 마음 좋은 베시 역을 맡기로 계약했다. 하지만 너무 익숙한 역할이었기에 '리'로 역할을 바꿨다. 출생 순서에 관련한 프랭크 J. 설로웨이^{Frank J. Sulloway}의 책 『타고난 반항아^{Born to Rebel}』를 읽어본 메릴은 맏이로 태어나 남동생만 둘 있었던 게 자기 성격에 영향을 미쳤다고 말했다. "맏이면서 다른 여자 형제가 없다는 것이 제 성격에 큰 영향을 끼쳤죠. 제 아들 헨리도 그래요. 맏이면서 남자 형제 없이 여동생만 셋이니까요. 딸들은 제멋대로 하지만 아들은 정말 책임감이 있어요."

메릴은 다이앤이 중심인물인 베시를 맡는다면 〈마빈의 방〉에 출연하겠다고 말했다. 메릴은 "전 언니가 없었기 때문에 언니처럼 느낄 수 있는 배우를 원했어요. 그러니까 전 제 '언니'를 고른 거죠."라고 말했다.

● 선샤인 스테이트(Sunshine State) : 미국 플로리다주의 속칭. 플로리다는 햇빛이 비치는 날이 아주 많기 때문에 붙여진 이름이라 한다.

메릴은 다이앤을 좋아하고 우러러봤다. "너무 아름다웠어요! 전 계속 그녀를 쳐다보았죠." 메릴이 호들갑스럽게 말했다. 다이앤은 베시가 리에게 그녀의 두 아들의 골수가 모두 자기와 맞지 않는다는 사실을 전하는 장면에서 눈물을 쏟는 것이 어떻겠느냐고 했다. 하지만 감독 제리 잭스는 도리어 그와 반대로 하라고 했다. ― 항상 다른 사람을 먼저 생각하는 베시가 리를 위해서 눈물을 참는 게 맞지 않을까? 다 잘될 것이라고 리를 다독이면서 말이야. "다이앤은 제 뜻을 받아들이기 어려워해서 전 무척 당황스러웠어요. 제가 좀 제멋대로거든요. 전 배우들이 제 말을 그냥 받아들이는 쪽이 익숙했어요." 잭스가 말했다.

잭스가 옳다고 생각한 메릴이 다이앤을 설득했다. "감독님이 하는 말이 일리가 있어요." 메릴이 말했다. 결국 다이앤은 자신이 병으로 죽게 될지도 모른다는 소식을 전할 때 바닥에 주저앉아 눈물을 쏟는 대신 자기보다 나약한 가족을 위로했다. 그녀의 연기는 매우 감동적이었다.

"메릴은 보편적인 정서를 갖고 있어요. 다이앤은 메릴을 아꼈기 때문에 그녀의 말을 귀담아들었어요. 메릴이 없었더라면 전 제가 원하는 장면을 얻지 못했을 거예요. 그리고 그 장면은 지금 다시 봐도 다이앤이 정말 멋지게 나오거든요. 미소를 띠고 있으면서도 눈가에 눈물이 맺혀 있어요. 동시에 하기에 불가능한 두 가지를 한 번에 해낸 겁니다." 잭스가 말했다.

1997년 아카데미상 후보가 발표되던 날, 메릴이 아닌 다이앤이 여우주연상 후보로 올랐다. 한 해 전 메릴은 〈매디슨 카운티의 다리〉로 여우주연상 후보로 올랐으나 〈데드맨 워킹 Dead Man Walking〉의 수전 서랜든이 상을 받았다. '수전'이라는 이름을 보니 떠오르는 게 있다. 메릴은 〈소피의 선택〉 이후로 꾸준히 아카데미상 후보로 올랐지만 〈소피의 선택〉 이후로는 수상 이력이 없었다. 메릴은 마치 영화계의 수전 루치*가 된 것 같았다. 어쩌면 투표자들이 "메릴은 벌써 두 번이나 탔잖아?"라고 어깨를 으쓱하고서 안 주는 건지도 몰랐다.

1997년에 메릴은 드라마 영화 두 편을 더 계약했다. 첫 번째는 아일랜드의 연극 〈루나사에서 춤을Dancing at Lughnasa〉을 영화화한 팻 오코너Pat O'Connor 감독의 저예산 영화로, 메릴은 결혼하지 않는 다섯 자매 중 맏이 (가장 깐깐한 자매) 역할을 맡았다. 두 번째는 유니버설 스튜디오 작품으로 딸과 엄마의 관계를 다룬 최루성 영화 〈원 트루 씽One True Thing〉이었다. 메릴은 암으로 죽어가는 평범한 엄마 역할을 맡아 그녀를 간호하러 집으로 돌아온 딸 르네 젤위거Renée Zellweger 와 호흡을 맞췄다.

메릴은 〈루나사에서 춤을〉을 촬영하러 아일랜드로 갈 때 가족을 데리고 갔다. 〈루나사에서 춤을〉은 8월에 아일랜드 수도 더블린 남쪽에 있는 위클로주에서 촬영했다. 메릴은 억양과 춤 실력이 걱정되었다. 그녀는 코네티컷 집 근처에 사는 아일랜드 춤 강사에게 스텝을 조금 배웠다. 그리고 아일랜드 억양은 기네스 맥주를 마시고 술기운으로 배웠다. "억양이 좀 어렵더라고요. 차라리 술을 한 500밀리나 1,000밀리 마시고 나면 긴장이 풀려서 한결 더 잘됐어요." 출연진 중에 가장 유명했던 메릴은 영국과 아일랜드 배우들과 화합하는 게 너무 좋았다. 연극배우 시절의 기억이 기분 좋게 떠올랐다. 메릴은 1979년 맏아들 헨리가 생후 18개월 때 퍼블릭 시어터에서 〈테이큰 인 메리지Taken in Marriage〉로 무대에 선

• 수전 루치(Susan Lucci, 1946~) : 미국의 배우이자 TV 쇼 진행자로 에미상 후보에만 계속 오르다 후보로 오른 지 19년 만인 1999년에 처음으로 에미상을 탔다.

뒤로 연극을 하지 않았다. "전 그때 연극은 잠깐 쉬어야겠다고 생각했을 뿐이었어요. 제가 애를 이렇게 많이 낳을 줄 몰랐네요. 인생은 정말 철저히 계획대로 된다니까요!"■

따져보니 영화는 단점보다 장점이 많았다. 연극보다 돈을 더 많이 벌 수 있었고 저녁과 주말에는 아이들과 같이 지낼 수 있었다. 메릴은 이제는 주로 더울 때, 그리고 뉴욕이나 그 주변에서 영화를 찍었다. 〈원 트루 씽〉은 1997년 10월 뉴저지주에서 촬영을 시작했다. 메릴은 매일 코네티컷에서 자기 차로 출퇴근했다. "메릴은 꼭 경주하듯이 차를 몰아요." 〈원 트루 씽〉의 감독 칼 프랭클린 Carl Franklin이 말했다. 그는 덴절 워싱턴이 주연한 암울한 누아르 영화 〈블루 데블 Devil in a Blue Dress〉을 감독하기도 했다. 프랭클린은 그해 일찍이 메릴을 만나러 아일랜드로 갔다. 두 사람은 술집 겸 레스토랑에서 기네스 맥주잔을 기울이며 이야기를 나눴다. "메릴이 가까이하기 편안한 사람이라 마음이 한결 놓였어요." 그가 말했다.

메릴은 〈루나사에서 춤을〉 촬영 때문에 대본 읽기 모임과 리허설에는 참여하지 못했지만 자기 촬영 때에 맞춰 촬영장에 도착했다. 영화는 케이트의 암 진행 순서에 따라 시간순으로 촬영할 계획이었다. 메릴은 '케이트 굴든'이 점점 위독해지는 것을 표현하려고 식이요법으로 살을 빼고 목소리와 말투까지도 바꿨다. 케이트 굴든은 메릴이 맡은 엄마 역할 중 '가장 성자 같은 엄마'였다. 애너 퀸들런 Anna Quindlen의 1994년 소설을 원작으로 한 이 영화는 가족을 잇는 역할을 하면서도 그다지 대우받지 못하는 케이트와 야심 있는 기자인 딸 엘렌의 관계를 중심으로 한다.

■　메릴 스트립은 이렇게 농담을 잘한다.

엘렌은 교수로서 일에만 몰두하는 냉담한 아버지 조지(윌리엄 허트^{William Hurt} 분)를 우상같이 생각하고 살림밖에 모르는 쾌활한 엄마를 그다지 좋아하지 않았다. 하지만 케이트가 불치병 진단을 받자 엘렌은 엄마가 그동안 딸에게 베푼 무조건적 사랑에 고마움을 느낀다. 두 사람은 매우 가까워지고 가족과 같이 크리스마스트리 점화식을 보러 시내로 나가기도 한다. 위독한 케이트가 외출해서 행복해하는 모습을 보면 가슴이 찡하다.

"우리 세대의 엄마들이 전업주부로 살아간 마지막 세대라고 할 수 있어요. 이 영화는 그런 현실을 보여줘요. 커리어우먼과 집에서 살림만 하는 여성 간의 갈등을 그리고 있죠. 전 이 이야기에 공감할 수 있었어요. 우리 엄마는 프리랜서 삽화가였지만 진짜 커리어우먼은 아니었거든요. 주로 저와 제 동생들을 돌볼 뿐이었죠. 그래도 엄마는 여러모로 제게 좋은 본보기가 되었어요." 메릴이 말했다.

〈원 트루 씽〉은 호평을 받았다. 하지만 감독 프랭클린은 한 비평가가 던진 의혹에 경악을 금치 못했다. 영화가 케이트 굴든을 떠받들다시피 하면서 젊은 여성들에게 은연중에 '다시 주방으로 돌아가라!'는 메시지를 전하고 있다는 것이었다. "저흰 누구도 그렇게 생각하지 않았어요. 더욱이 메릴은 그 말에 동의하지 않아요." 프랭클린이 말했다. 그는 '엘렌이 엄마와 같은 여성상을 더 잘 이해하게 되었지만 다시 일터로 돌아갔다'는 사실을 강조했다.

〈원 트루 씽〉은 개봉 첫 주 동안 660만 달러를 벌었고, 같은 때 개봉한 성룡의 〈러시 아워^{Rush Hour}〉는 3,100만 달러를 벌어들이며 〈원 트루 씽〉보다 나은 성과를 냈다. 메릴은 당황했다. 〈마빈의 방〉은 북미에서 겨우 1,300만 달러를 거두며 완전히 망했다. 메릴은 찍을 영화를 까다롭게 골랐고, 영화가 망하든 흥행하든 항상 자기가 선택했던 영화들의 편에 섰다. 하지만 그 당시 인물 중심의 단란한 드라마를 훨씬 좋아했던 걸 보면, 확실히 흥행성은 그녀가 영화를 선택하는 데에 가장 중요한 기준은 아니었다. "대본을 수도 없이 받았지만 제 에이전트가 저한테 아예 보내지 않는 것도 많았어요. 제가 '이런 쓰레기를 왜 보내세요? 이거 우리 애들한테 색칠 공부 하라고 주리라는 걸 알고 계시잖아요.'라는 말을 자주 했거든요."

 메릴은 마돈나가 빠진 〈뮤직 오브 하트〉에 출연해달라는 요청을 받아들였다. 성격이 대범하고 주저하지 않는 주인공 로베르타 과스파리는 흉내 낼 만한 기벽이 많았다. 로베르타의 아들들은 엄마는 생각을 걸러내는 필터가 없어 생각을 전부 말로 쏟아낸다고 했다. 그게 엄마의 매력이라고도 했다. 그녀는 음악교육 학위가 두 개나 있었지만 근무지를 계속 옮겨야 하는 해군 장교 남편을 따라다니느라 직장을 가질 수 없었다. 그러다 남편이 이혼을 요구하자 아들들을 데리고 먹고살려고 직업 전선에 다시 뛰어들었다. 의지 하나는 대단했던 로베르타는 이스트 할렘 지구의 '센트럴파크 이스트 스쿨'에 바이올린 임시 교사직을 얻어낸다. 그곳에서 가난하지만 실력 좋은 아이들을 가르치며 좋은 평판을 얻었고 입소문이 나면서 도시 안의 다른 두 학교에도 바이올린부를 개설할 수 있었다. 하지만 10년이 지난 1991년 뉴욕 시는 로베르타가 아이들을 가르치는 데 필요한 지원금을 끊었다. 그리고 그녀는 직장을 잃었다. 좌절했지만 단념하기에는 일렀다. 산전수전을 다 겪었던 로베르타는 포기하지 않고 후원자들을 모았고 카네기홀에서 제자들과 자선 음악회를 열었다. 든든하게도 바이올린의 거장 이츠하크 펄먼 Itzhak Perlman과 아이작 스턴^{Isaac Stern}이 그들과 함께 무대에 올라 연주했다. 뉴욕 시는 〈뮤직 오브 하트〉를 촬영하는 동안 지금까지 실재하는 '오퍼스 118' 재단에 돈을 쏟아부었다.

메릴은 1998년 7월 중순부터 8월까지 정확히 6주 동안 하루 6시간씩 바이올린을 배웠다. 촬영을 시작하자 일정 중간에도 연습하려고 애썼지만 시간이 거의 없었다. 로베르타는 9월 초순 메릴을 한 번 가르쳤고 그 뒤 메릴은 로베르타가 수업하는 모습을 두 번 정도 지켜봤다고 했다. 기술자 같은 배우 메릴은 카네기홀에서 공연하는 절정 장면을 위해서 이듬해 1월까지 뉴욕 필하모닉 오케스트라 출신의 바이올리니스트에게 교습을 받았다. 메릴은 로베르타의 거침없는 성격과 뉴욕 억양을 완벽하게 표현했다. 〈뮤직 오브 하트〉는 오스카상 후보로도 오른 1995년 다큐멘터리 영화 〈작은 기적들^{Small Wonders}〉을 바탕으로 하고 있는데 로베르타는 메릴이 그 다큐멘터리 영화를 보았을 거라 확신했다. "메릴은 저처럼 말하고 걷는 법을 알고 있었고 완벽하게 따라 했어요." 로베르타가 말했다. 그녀의 학생들과 학부모들도 같은 생각이었다.

"실존 인물을 연기할 때는 만들어낸 허구 인물과는 전혀 다른 차원의 책임을 느껴요. 그래서 최대한 많이 조사했어요. 그러고 나서는 모두 머릿속에서 지워버렸어요. 왜냐면 로베르타는 에너지와 영감이 넘치고 성실하고 성격이 보통 아닌 대단한 사람이었거든요. 저는 그녀의 세세한 부분들을 포착해서 하나로 모아 표현하려고 노력했어요. 그런데 로베르타가 촬영장에 있어서 조금 정신이 없었어요. 잘못 연기해서 그녀를 불편하게 하고 싶지 않았거든요. 하지만 단순히 흉내 내기의 문제는 아니었죠."

마침내 카네기홀 촬영 순간이 왔다. 메릴은 바이올린을 연주하는 동안 바이올린의 거장 스턴과 펄먼 옆에서 전혀 주눅 들지 않았을 뿐만 아니라 재능을 펼쳐 위대한 음악가들을 놀라게 했다. 모두가 정말 깜짝 놀랐다. 메릴이 얼마나 긴장했던지 땀이 너무 나서 로이 헬랜드가 그녀의 겨드랑이 쪽으로 헤어드라이어를 들고 있어야만 했다.

〈뮤직 오브 하트〉는 1999년 9월에 개봉했다. 그 후 3년 동안 메릴은 영화에 출연하지 않았다. 스티븐 스필버그의 2001년 공상과학 드라마 영화 〈에이 아이A.I.〉에 파란 요정 목소리로 카메오 출연한 것을 빼면 말이다.

〈뮤직 오브 하트〉는 개봉 첫 주에 370만 달러의 수익을 올렸고 두 달이 넘는 상영 기간 동안 1,500만 달러를 버는 데 그치며 기대보다 못한 성과를 냈다. 메릴이 출연했던 모든 영화들 중에 〈크레이머 대 크레이머〉만이 북미에서 1억 달러 이상을 벌었다. 하지만 메릴은 로베르타 연기로 널리 호평을 받았다. "이 영화를 보면서 스트립이 억양을 전혀 바꾸지 않았다고 생각할 수 있지만 과스파리가 말하는 것을 들어보면 생각이 달라질 것이다. 그녀는 다른 억양들만큼이나 과스파리의 억양을 완벽하게 따라 했다. 스트립의 목소리가 아닌 다른 사람의 목소리였다. 어릴 적에 어려운 환경에서 자라다가 교육을 받으며 점차 다듬어진 것 같은 사람의 매끈한 느낌이었다." 평론가 로저 이버트의 말이다.

쉰 살이 된 메릴은 가속도를 잃어가고 있었다. 그녀는 우아하게 나이 들어갔지만 시대정신을 포착하는 대세 영화로부터는 멀어졌다. 하지만 스파이크 존즈Spike Jonze를 만나자 모든 게 달라졌다.

연기가 인생의 전부는 아니라는 것

나에게도 부끄럽지 않은 열정이 하나 있다.
열정을 품는 느낌을 알고 싶다는 열정이다. – 수전 올리언
2002년 〈어댑테이션〉에서

1999년 가을, 메릴은 뉴욕의 첼시 피어스 ^{Chelsea Piers}에서 독립영화상인 고섬 어워드 ^{Gotham Award}의 평생공로상을 수상했다. 유명 인사들이 대거 참석한 이 시상식은 독립영화 제작자들을 위한 모금 행사이기도 했다. 코언 형제 ^{Ethan and Joel Coen}, 마이클 무어 ^{Michael Moore}와 대런 아로노프스키 ^{Darren Aronofsky}도 참석했다. 미라맥스의 거물 하비 와인스타인은 메릴에게 상을 건네면서 바보 같은 농담을 던지기도 했다. "우리는 연극 〈욕망이라는 이름의 전차〉에 같이 출연했었죠. 아, 메릴, 그때는 정말 끔찍했는데."•

이듬해 3월 26일에 열린 아카데미 시상식에서 메릴은 열두 번째로

● 두 사람은 연극에 같이 출연한 적이 없다.

후보에 오르며 캐서린 헵번과 후보에 오른 횟수가 같아졌다. 메릴은 드레스와 턱시도를 입은 수많은 스타들 사이에서 메리 맥패든^{Mary McFadden}의 오버사이즈 정장을 입고 나타났다. 메릴의 짝은 열세 살이 된 딸 그레이스였다. 시상식은 슈라인 오디토리엄^{Shrine Auditorium}에서 열렸다. 독립영화 〈소년은 울지 않는다^{Boys Don't Cry}〉에서 고도의 예술적 기교를 보여준 힐러리 스웽크^{Hilary Swank}가 여우주연상을 수상하는 영예를 안았고, 중년의 위기를 풍자한 영화 〈아메리칸 뷰티^{American Beauty}〉가 작품상, 남우주연상(케빈 스페이시^{Kevin Spacey} 분)을 포함해 그해의 상을 휩쓸었다. 케빈 스페이시는 〈제2의 연인〉에서 단역을 맡아 '레이철 샘스탯'의 집단 치료 시간에 쳐들어온 강도로 아주 짧게 나오기도 했다. 별이 총총 빛나던 그날 밤 스페이시는 멋진 주연배우가 되어 있었다. 그때로서는 그가 2017년에 일어난 충격적이면서도 신뢰할 만한 #미투 운동으로 하비 와인스타인과 더불어 동료들에게 쫓겨날 줄은 누구도 상상하지 못했다.

메릴은 2002년에 영화 두 편에 출연해 찬사를 받았다. 하나는 〈디 아워스^{The Hours}〉로 미라맥스가 국제 배급을 맡았다. 다른 하나는 소니 픽처스의 실험적 블랙코미디 영화 〈어댑테이션^{Adaptation}〉이었다. 〈어댑테이션〉에서는 사커 맘 메릴이 〈헐리웃 스토리〉 이후 좀처럼 보여준 적 없던 아주 차가운 모습을 보여주었다. 당시 소니의 임원이었던 에이미 파스칼^{Amy Pascal}이 섹시한 수전 올리언 역에 메릴을 추천했다. "아마 남자가 이끄는 영화사였다면 '오, 이건 아니지, 왜 하필 메릴을?'이라고 했을 거예요. 그들은 영화에서 자기 아내같이 생긴 여자가 섹시한 역할로 나오는 것을 원하지 않아요. 전 아내를 떠올리게 하는 여자거든요. 하지만 에이미는 그 역할을 자기와 비슷한 배우가 연기했으면 했던 거죠." 메릴이 말했다.

메릴은 이 역할로 세련된 이미지를 얻게 되어 스파이크 존즈에게 고마워했다. 30대 초반의 신동 스파이크 존즈는 유명한 뮤직비디오 감독에서 영화감독으로 전향했고 데뷔작은 1999년의 초현실적 영화 〈존 말코비치 되기Being John Malkovich〉였다. 존즈는 별난 천재 각본가 찰리 코프먼Charlie Kaufman의 기상천외한 각본을 시각적으로 잘 보여준 이 영화 덕으로 젊고 혁신적인 재주꾼으로 널리 인정받았다. 코프먼과 존즈는 〈어댑테이션〉에서 다시 한번 뭉쳤다. 이 영화는 각본가 코프먼 자신이 콜롬비아 픽처스의 의뢰를 받고 기자 수전 올리언의 책 『난초 도둑The Orchid Thief』을 각색하려고 몸부림치는 아주 흥미진진한 내용을 담고 있다.

실제로 『난초 도둑』의 각색을 맡았던 코프먼은 비소설 베스트셀러인 이 책을 충실히 각색하기보다 영화 속에 각본가인 자기를 집어넣어 사건을 허구로 지어내 메타영화*로 만들었다. 노이로제와 콤플렉스 덩어리 '찰리'는 『난초 도둑』을 각색하는 데 글이 잘 써지지 않아 절망에 빠진다. 그러면서도 책의 저자 '올리언'을 만날 자신조차 없다. 그와 반대로 좀 바보 같으면서도 해맑고 순응적인 그의 쌍둥이 동생 '도널드'는 기막힌 심리 스릴러 각본을 써서 성공한다. 결국 도널드가 찰리인 척해 뉴욕에서 올리언을 대신 만나지만 그녀가 뭔가를 숨기고 있다는 낌새를 느낀다.

두 형제는 플로리다주 깊숙이까지 올리언을 미행하고 그녀가 『난초

* 메타영화(meta-movie) : 영화가 청중으로 하여금 그 작품 속의 세계가 허구에 불과하다는 것을 인지하게 만드는 기법의 영화. 예를 들자면 소설 속의 소설, 만화 속의 만화처럼 영화 작품 안에 다른 작품이 들어가 있는 것이다.

도둑』의 주인공, 열정적이고 강박적이면서 독특하게 잘생긴 '존 라로슈'와 마약에 취해 사랑을 나누는 모습을 목격한다. 원예사 라로슈는 자연 보호구역에서 야생 유령난초 '폴리리자 린덴니Polyrrhiza lindenii'를 몰래 채취해 암거래하는 범법자였다. 열정적인 라로슈에 완전히 빠진 올리언은 코프먼 형제에게 총을 겨눠 늪으로 차를 몰게 한다. 거기서 죽일 생각이었다. 다른 사람을 연구하는 데에만 몰두하고 인기 없던 그녀가 베스트셀러 작가가 되었는데 그걸 망칠 수는 없는 노릇이었다. 그러다가 라로슈가 실수로 총을 쏴 도널드가 죽게 한다. 이어 불현듯 악어가 나타나 심판이라도 하듯 라로슈를 물속으로 끌고 들어가 죽인다. 올리언은 체포된다. 도널드에게 자기 스스로를 믿고 글을 세상에 내놓아야 한다는 귀중한 교훈을 얻은 찰리는 마침내 각본을 끝마친다.

도널드는 라로슈와 마찬가지로 전염성 있는 긍정의 기운을 가진 인물이다. 라로슈는 실존 인물이고 영화 속에서도 실존 인물만큼 열정이 넘친다. 올리언은 1998년에 출판한 『난초 도둑』에서 라로슈에 대해 이렇게 썼다. "그의 가장 큰 자산은 낙천주의다. 그는 삶의 거의 모든 면, 심지어 재앙조차도 긍정적으로 해석한다. 몇 년 전, 그는 실수로 상처 난 손에 유독한 살충제를 쏟아 심장과 간에 영구 손상을 입었다. 하지만 그는 그 경험을 바탕으로 「당신은 식물들을 위해 기꺼이 죽을 것인가?Would You Die for Your Plants?」라는 글을 써 원예 학술지에 실을 수 있었으니 결과적으로 다 잘된 일이라 말했다." 올리언은 난초에 대한 라로슈의 열정에 감동했다. 《뉴요커》의 기고 작가 수전 올리언은 처음에는 코프먼이 '수전 올리언'을 삐뚤어지고 정신 나간 캐릭터로 희화화하는 것에 반대했다.

"엄청난 충격이었죠. 제 첫 반응은 당연히 '절대로 안 돼요!'였어요.

그 사람들은 제 허락을 받아야 했고 전 '안 돼요! 지금 장난하세요? 제 일을 완전히 망쳐버릴 생각이에요?!'라고만 했어요. 그 사람들은 현명하게도 저에게 강요하지 않았어요. 그냥 모두가 이 각본을 마음에 들어 했다고만 했어요. 그 때문에 저는 좀 더 대담해졌어요. 물론 영화를 처음 볼 때는 무서웠어요. 동의한 게 미친 짓이었단 생각이 들면서 후회했어요. 하지만 지금은 영화가 정말 마음에 들어요."

메릴 스트립이 배역을 맡았다는 것도 안심이 되었다.

"메릴이 저를 그대로 따라 하려고 하지 않아서 좋았어요. 게다가 정말 멋진 배우잖아요! 메릴은 제 책을 보고서 새로운 캐릭터를 만들어냈어요. 그리고 전 그녀가 맡았던 역할 중에 '수전 올리언'이 제일 좋아요. 팔이 안으로 굽는 건지 몰라도 어떻게 안 그럴 수 있겠어요? 전 메릴이 연기한 그 이상한 여자가 너무 마음에 들어요!" 올리언이 말했다.

메릴은 영화 개봉 전까지 올리언을 직접 만나지 않았다. 메릴은 그녀와 사전에 인터뷰하지 않은 게 아주 조금 마음에 걸렸지만 다른 한편 이 영화가 다큐드라마가 아니라는 사실을 잘 알고 있었고, 실제 인물을 만나 생각이 바뀌길 원하지 않았다. 메릴은 2000년 가을에 〈어댑테이션〉의 주연 니컬러스 케이지('찰리'이자 '도널드')와 크리스 쿠퍼 Chris Cooper(라로슈)와 합류했다. 메릴은 다양한 생각과 감정이 넘치는 창의적인 각본을 읽고 지금껏 본 것 중 최고라 생각했다. 그녀는 존즈의 유능함, '강철같이 차가운 지성미'에 감탄했다. 그건 메릴이 가치 있게 생각하는 자기 자신의 특성이기도 했다. "존즈는 철저히 준비되어 있었어요. 그게 배우로서 얼마나 안심이 되는지 몰라요. 감독들이 전부 그렇지는 않거든요."

존즈는 처음에 메릴을 조금 겁냈다. '어디까지 지시해도 되는 걸까?

혹시라도 기분 나빠 하면 어쩌지?' 하지만 메릴은 촬영 첫날부터 존즈를 편하게 해줬다. 촬영은 2001년 봄, 로스앤젤레스에서 시작했고 메릴은 촬영 내내 웃음을 참을 수가 없었다. 하도 킥킥대서 촬영을 중단할 뻔하기도 했다. 올리언이 난초 마약을 코로 흡입하고 라로슈와 통화하는 장면에서 메릴의 활력은 절정에 달했다. "'뭐, 밤새도록 합시다. 원하는 대로 마음껏 한번 해보세요.'라고 했어요. 전 가슴이 내려앉았어요. '이런, 어떻게든 기발하게 해내야 하는데.'라고 생각했죠. 그래서 전 그 상황을 마음껏 즐겼어요. 정말 끝이 없었어요. 입김을 불고 코로 글자를 써댔어요. 코를 납작하게 눌러대기도 했어요. 하지만 그 장면들은 영화에 집어넣지 않았더라고요. 찾아보면 이 호텔방에서 찍은 마약에 취하는 아홉 가지 다른 연기를 볼 수 있을 겁니다."

존즈가 영화에 넣기로 한 테이크는 보이지 않게 슬픔의 기류가 흐르면서 순전한 기쁨이 있는 장면이었다. 라로슈처럼 열정을 품는 게 어떤 기분일지 궁금했던 '올리언'은 난초 도둑과 통화하면서 같이 전화 신호음을 흉내 내며 화음을 만들어보자고 한다. 올리언은 웃기면서도 외로운 여자였고 자기 자신과 동종같이 느껴진 라로슈와 하나가 되길 갈망했다. 한편 메릴은 카메라가 꺼진 순간에 크리스 쿠퍼에게 한 가지를 조언했다. "메릴은 제가 연기하면서 너무 진지한 게 문제랬어요." 크리스가 말했다. 메릴은 그가 변덕스럽다고 생각했다.(다시 말하면 '라로슈'에 제격이다.) "테이크 사이에 전 잔뜩 짜증이 났고 그러면 메릴이 옆을 스쳐 지나가며 부드럽게 속삭였어요. '그만 투덜대요.' 그 말이 꼭 명언 같았어요. 저한테 필요한 말이었고 평생 고맙게 생각해요." 크리스가 말했다.

《인터뷰》지에서 라로슈와 같은 열정이 있느냐는 질문을 받자 메릴이 대답했다. "가끔가다 용솟음치곤 하죠. 그러고는 또 게을러져요." 메릴은 자신뿐만 아니라 쿠퍼와 같은 동료들에게서도 탁월함을 이끌어내려는 열정이 있었다. 하지만 그런 열정이 별것 아니라는 듯 여러 인터뷰에서 자신이 게으르다고 말해왔다. 우리는 그녀가 무거운 의무를 가득 짊어지고 열정적으로 살아온 것을 알고 있다. 그러니 그 '게으르다'는 말의 의미는 그녀가 직업적 성공에만 집중하면서 산 게 아니라는 뜻이라고 생각된다. 영화와 시상식과 매체에 출연하는 사이사이의 사적이고 정적인 시간을 의미할 터였다. 〈원 트루 씽〉의 감독 칼 프랭클린은 메릴이 촬영이 끝나는 순간 배역을 완전히 내려놓는 것을 보고 놀랐다. "역할이 아무것도 아닌 것처럼 툭 내려놓았어요. 메릴은 연기에 인생의 모든 가치를 두지 않았고 전 그게 정말 인상적이었어요." 그의 말이다.

그건 아마도 연극에서의 훈련 덕일지도 몰랐다. 2001년 8월 13일, 메릴은 마이크 니컬스의 센트럴파크 리바이벌 공연 〈갈매기 The Seagull〉로 마침내 연극 무대에 다시 올랐다. 마지막으로 무대에 선 지 무려 20년 만이었다. 메릴은 퇴색해가는 여배우 이리나 아르카디나 역을 맡아 매력을 뽐냈다. 상대 배우들은 케빈 클라인, 크리스토퍼 워컨, 내털리 포트먼 Natalie Portman, 필립 시모어 호프먼 Philip Seymour Hoffman 등으로 출연진이 화려했다. 《뉴욕 타임스》의 벤 브랜틀리 Ben Brantley 는 "20년간 카메라 앞에만 섰지만 무대에서의 거대한 존재감은 전혀 줄어들지 않았다. 스트립은 머리 끝부터 발끝까지 온몸으로 연기하며, 그녀가 오직 목 위로만 연기한다는 폴린 케일의 유명한 비평을 가뿐히 지르밟았다."라고 썼다. 그는 또 "그녀는 동료 배우들에게도 항상 감정적 신호를 주지만 대부분은 알아차리지 못한다."라고 농담하듯 말했다.

2001년 9월은 암울한 달이었다. 세계무역센터가 무너졌고 2주 뒤 메릴의 어머니 메리가 심장병 합병증으로 뉴욕 병원에서 생을 마감했다. 향년 86세였다. 2002년 9월, 가슴 아픈 두 사건의 1주기 무렵 한 잡지와 인터뷰하려고 기자를 만난 메릴은 많이 약해져 있었다. "저에 대해서 이야기하기에는 별로 좋은 시기가 아닌 것 같아요." 메릴이 말했다.

유명세는 힘들 수 있다. 그녀는 일에 힘을 쏟으며 과연 옳은 길을 가고 있는 건지 의문이 들어 끊임없이 피로와 결핍을 느꼈다. 가족들에게는 너무 고마웠다. 그리고 〈어댑테이션〉과 〈디 아워스〉가 곧 개봉하는 것에 대해서도 기대가 아주 컸다. 두 영화는 12월에 먼저 전문 극장들*에서 연달아 개봉했고 두 달 뒤 널리 세계로 퍼져나갔다. 제작 기간은 〈디 아워스〉가 더 오래 걸렸다. 본 촬영이 끝난 지 1년이 지나 재촬영을 해야 했기 때문이다. 감독 스티븐 달드리 Stephen Daldry 는 영화 내용상 서로 다른 이야기 세 편을 찍어 일관성 있는 하나의 이야기로 엮어내는 무척 고된 작업을 해야 했다. 메릴과 〈프렌티〉로 만난 적 있던 데이비드 헤어가, 퓰리처상을 수상한 마이클 커닝엄 Michael Cunningham 의 소설을 각색하는 임무를 맡았다. 소설은 버지니아 울프의 고전 소설 『댈러웨이 부인 Mrs Dalloway 』의 영향을 받은 세 여자의 하루를 각각 묘사한 이야기다. 니콜 키드먼은 인공 코를 붙이고, 자살로 생을 마감한 울프를 연기했다. 줄리앤 무어 Julianne Moore 가 어린 아들을 버리는 1950년대 가정주부 로라 브라운 역을 맡았고, 절박한 심정의 매력적인 여인을 잘 표현해주었다. 그리고 메릴은 현대판 '댈러웨이 부인' 클러리사 역을 맡았다.(댈러웨이 부인은 사

---

* 멀티플렉스 영화관과 대조되는 작은 영화관.

교계 명사로 파티를 준비하면서도 머릿속은 온통 '금기의 사랑'이었던 한 여인과 옛사랑의 기억으로 가득 차 있다.) 줄리앤 무어는 메릴이 '매우 웃기고 대장 노릇 하기 좋아한다'고 생각했다.

클러리사는 현대의 뉴욕에 사는 출판편집자로 동성 연인 샐리(앨리슨 재니^{Allison Janney} 분)와 드러내놓고 같이 살고 있지만, 에이즈로 죽어가고 있는 친구이자 옛 애인인 시인 리처드 브라운(에드 해리스^{Ed Harris} 분)을 돌보는 데 시간을 더 많이 쏟는다. 리처드가 큰 문학상을 받은 것을 축하하려고 요란한 파티를 준비하던 클러리사는 누가 봐도 두 사람의 과거에 매여 있었다. 그러나 리처드는 파티가 시작되기 전 클러리사가 보는 앞에서 창문 밖으로 뛰어내려 자살한다.

메릴과 가까이 지내던 데이비드 헤어는 그녀에 대해 이렇게 말했다. "메릴 안에서 의무와 자유가 서로 밀고 당기는 힘이 얼마나 강력한지 그 두 가지가 일으키는 갈등이 곧 최고의 연기를 만들어낸다는 걸 깨달았어요. 제가 가장 좋아하는 연기는 〈실크우드〉(캐런은 자기 임무가 무엇인지 깊이 깨달아가는 여자였고 메릴의 연기는 최고였어요.)와 〈어둠 속의 외침〉입니다. 그리고 그러한 갈등은 〈소피의 선택〉에도 명백히 드러나 있어요. 그런 갈등을 표현하는 게 메릴의 주특기 같아요. 그녀의 한 면은 자유로운 영혼이고 무정부주의고 유머예요. 그리고 다른 한 면은 고결한 의무감입니다."

헤어가 이어 말했다. "〈디 아워스〉에서 메릴은 캐릭터의 '의무감' 면을 가지고 연기했기 때문에 매우 강렬해 보여요. 그녀는 자기 친구 리처드를 반드시 살려놔야 한다는 의무감에 젖어서 그에게 모자란 '삶에 대한 애착'을 계속 불어넣어요. 하지만 어느 순간 그를 놓아야만 한다는 사실을 깨닫고 가슴이 미어지죠. 이 영화가 힘이 있는 이유는 메릴 스트립조차도 다른 한 사람에게 삶을 강요할 수 없다는 걸 보여주기 때문이에요."

너태샤 리처드슨*이 메릴에게 커닝엄의 책을 권했다. 메릴은 그 책을 안 읽을 수가 없었다. 책에 자기 이름이 나오니 말이다.(책에서는 클러리사가 맨해튼 시내에서 메릴 스트립이 영화 촬영하는 걸 본 것 같다고 생각하는 장면이 나온다.) 영화에서의 역할 때문에 메릴은 결코 들여다보고 싶지 않은 곳을 들여다봐야 했다. "악몽 같았어요. 하지만 그게 바로 출연하기로 계약하는 이유죠. 도전적인 일을 원하고 그걸 찾아다니지만 결국 그런 건 존재하지 않는다는 것을 깨닫고는 에이전트를 원망해요. 그러다 드디어 찾으면 촬영하기 전날 밤 생각해요. '도대체 내가 왜 이 역할을 하겠다고 한 거지?'라고요." 메릴이 말했다.

그녀의 확신이 흔들리는 이런 순간들에 남편 돈은 이렇게 말해주곤 했다. "그냥 해. 처음부터 다시 시작한다는 마음으로." 메릴도 때때로 자기가 내린 결정들로 인해 괴로워했지만 자기 몸에 해로울 정도로 젊은 시절에 집착하는 나약한 클러리사와는 차원이 달랐다. "저는 현재를 살아가고 있고 클러리사는 많은 시간을 과거에 살고 있는 인물이죠."

이제 메릴은 뉴욕으로 다시 이사했다. 아이들은 성장했고(아이들 나이는 열한 살부터 스물세 살까지였다.) 메릴과 돈은 예술가 부부로서 코네티컷이나 로스앤젤레스보다 예술을 더 많이 보고 들을 수 있는 뉴욕이 좋았다. "가족과 친구들이 살고 있었고, 전 뉴욕에서의 삶이 훨씬 더 익숙

---

* 너태샤 리처드슨(Natasha Richardson, 1963~2009) : 영국/미국 배우로 리엄 니슨의 아내이고 메릴의 절친한 친구였다. 스키 레슨을 받다가 사고가 나서 뇌출혈로 2009년 3월 18일에 숨을 거뒀다.

하거든요. 길거리도 좋고 다양한 활동이 있다는 것도 좋고 계절도 좋아요." 그녀가 이사한 이유를 설명했다.

메릴의 가족은 그리니치 빌리지에 있는 벽돌로 된 5층짜리 타운하우스에서 살았다. 트라이베카에서 지하철로 아주 약간 떨어진 곳이었다. 트라이베카에는 그 오래전 메릴이 살던 존 커제일의 아파트가 있었다. 아무도 몰라보던 그 시절엔 지하철을 타고 브로드웨이 개막 공연에 가볼 수도 있었는데……. 커제일을 잃은 것은 너무나 고통스러웠지만 그의 죽음은 메릴로 하여금 인생에서 중요한 것들, 사랑하는 사람들과 예술에 더욱 집중할 수 있게 해주었다.

너무 일찍 세상을 떠나버린 아까운 사람들과 상실의 아픔 때문에 그녀는 인생에서 더 높이 올라설 수 있었다. 물론 〈엔젤스 인 아메리카 Angels in America〉에서 메릴은 더 높은 정도가 아니라 저 높이 천국까지 올라섰지만 말이다.

천의 얼굴, 변신의 귀재

난 멍청하게 구는 꼴은 못 보겠어. – 해나 핏

2003년 〈엔젤스 인 아메리카〉에서

마이크 니컬스는 단연 최고라 불리는 연극을 각색하고 무려 6,000만 달러의 제작비를 들여 HBO 채널의 드라마를 만들기로 했다. 그는 메릴에게 이 드라마 〈엔젤스 인 아메리카〉에서 세 가지 배역을 맡아줄 수 있냐고 물었다. 메릴은 "좋아요!"라고 대답했다. 그녀가 계약서에 서명하고 나자 니컬스는 "네 번째 배역은 혹시 공짜로 맡아주면 안 될까?"라고 물었다.

메릴이 맡은 네 캐릭터는 이러했다. 장례식의 사회를 보는 '랍비', 악당 로이 콘의 임종 때 찾아가는 '에설 로젠버그의 혼령',* 1980년대 뉴욕

---

* 에설 로젠버그는 변호사 로이 콘 때문에 사형을 언도받고 죽은 여자다.

에서 에이즈에 걸린 동성애자 '프라이어 월터'와 친구가 되어주는 모르몬교도 엄마 '해나 팻', 그리고 평범한 옷을 입은 천사위원회의 '천사위원'이었다. 알 파치노는 뭔가를 숨기고 있는 사람으로 분노조절장애가 있는 변호사 '로이 콘'을 맡았고, 에마 톰슨은 친절한 '간호사', '노숙 여인', 그리고 프라이어 앞에 나타나 당장 가서 인류의 진보를 막으라고 명령하는 '천사'까지, 세 가지 역할을 맡았다. 프라이어는 천국을 찾아가 천사위원회에 인류는 진보하지 않고선 살 수 없다고 따지며 하지 않겠다고 한다. "전 더 살고 싶어요." 그가 간청한다.(뛰어난 각본가 토니 쿠슈너 Tony Kushner가 쓴 〈엔젤스 인 아메리카〉의 천국은 샌프란시스코처럼 생겼다.)

니컬스는 유명 배우들과 함께 조금 덜 알려진 탤런트들을 캐스팅했다. 비교적 무명이었던 저스틴 커크Justin Kirk(아주 짧게 방영된 WB 방송의 코미디 드라마 시리즈 〈잭 앤 질Jack&Jill〉에 출연했다.)가 프라이어 역을 맡았다. 쿠슈너의 각본은 로널드 레이건 정부 시절의 동성애 혐오와 무지를 비판하면서 대사와 열정이 과하게 넘쳤다. 프라이어는 그런 각본의 주인공이었다. 커크는 브로드웨이 연극 〈사랑! 용기! 연민!Love!Valour!Compassion!〉으로 토니상을 타고 이름을 알렸다. 서른세 살의 커크는 프라이어를 연기하는 데 필요한 무대 경험과 냉소적 유머 감각을 동시에 갖추고 있었지만 리허설 동안 니컬스에게 지적을 받고는 그가 두려워져 촬영하면서 몹시 불안해했다.

"연기가 왜 그래? 너와 전에 같이 일했던 사람하고 얘기 좀 나누었는데 말이야. 그 사람 말로는 네가 이때쯤 해서 엉덩이를 한번 호되게 걷어차여야 정신 차린다더군." 마이크가 커크에게 말했다. "그 뒤로 전 그 말밖에 생각나지 않았어요. 저는 대충 하고 있는 게 아니었거든요. 지는 속으로 '빌어먹을'이라고 해버렸죠. 그 순간부터 맛이 간 것 같아요." 커크가 말했다.

하지만 2002년 봄 본격적으로 촬영이 시작되던 날 니컬스는 커크에게 다가가 말했다. "바로 이거야. 자네가 이 역할에 딱이야. 이 역할은 자네 것이야."

메릴은 비꼬길 잘하고 약삭빠른 니컬스를 뒷날 〈악마는 프라다를 입는다〉에서 미란다 프리스틀리 역을 연기하면서 흉내 냈다. 메릴은 리허설(촬영은 거의 안 하고 말만 계속하는 시간이다.)에는 가지 않았다. 하지만 대본 읽기 모임에는 또 다른 대배우 에마, 알 파치노와 다 함께 참여했다. 커크는 처음 그들과 같이 촬영하던 날 무척이나 겁을 먹었다. 프라이어가 병원 침대에서 정신착란 증세를 보이는 장면과 해나가 그를 아주 인간적으로 대해주는 장면이었다. 해나는 겉과 속이 완전히 딴판인 사람이다. 보수적으로 옷을 입은 해나는 고지식하고 현실적으로 보이는 것과 달리 깨어 있는 진보주의자다. 프라이어가 에이즈 병변을 보여줘도 그녀는 눈 하나 깜짝하지 않는다. "좀 솔직해지셨으면 좋겠네요. 인생은 이미 충분히 혼란스러우니까요." 프라이어가 그녀에게 말한다.

커크는 자신은 긴장했지만 메릴은 '완전히 느긋했다'고 기억을 떠올렸다. "그분은 항상 역할에 깊이 빠져 있는 게 아니었어요. 촬영장에 들어와서 연기를 하다가 '컷!' 소리가 나면 끝이었어요. 지극히 평범해졌어요. 이건 제가 직접 겪은 건 아니고 다른 사람에게 들은 이야기인데요, 다른 배우들이 메릴 선생님과 촬영을 하는데 선생님이 테이크 시작 전마다 고개를 푹 숙이고 밑을 보더래요. 보니까 '액션' 전에 하는 의식 같았대요. 그래서 그 사람이 용기를 내서 선생님에게 여쭤봤답니다. '선생님, 왜 고개를 숙이시는 거예요? 준비 자세 같은 건가요?' 그랬더니 선생님이 그를 쳐다보면서 이렇게 말했대요. '아, 아뇨, 아뇨. 딸한테 문자 보냈는데요?'"

담배는 커크에게 살 빼는 식사 요법 같은 것이었다. 메릴은 가끔가다 그에게 담배를 한 개비씩 얻어 갔다. "메릴 선생님은 애연가는 아니었지만 어쩌다 한 번씩 담배를 피웠어요. 퀸스에 있는 아주 작은 제 분장실에서 선생님과 담배 피우던 게 기억나요." 커크가 말했다.

그것 말고 메릴은 테이크 중간에 로이 헬랜드와 어울리거나《뉴욕 타임스》의 낱말 맞추기를 하곤 했다. 〈엔젤스 인 아메리카〉를 찍던 때 니컬스의 어시스턴스였던 트립 컬먼Trip Cullman은 분위기가 전반적으로 즐겁고 '창의적'이었다고 떠올리며 "메릴 스트립이 분장실에서 나올 때마다 사람들은 '저건 또 누구야?' 식으로 반응했어요."라고 말했다.

메릴이 드라마 첫 장면을 찍으려고 어깨에 가짜 비듬을 뿌리고 수염 난 랍비 노인으로 나와 추도 연설을 할 때, 단역 배우들은 그녀를 거의 알아보지 못했다. 동화책『괴물들이 사는 나라Where the Wild Things』의 저자이자 랍비 역으로 묘지 촬영 신에 나왔던 모리스 센닥Maurice Sendak 역시 옆에 앉은 랍비가 메릴이라는 걸 전혀 눈치채지 못했다. 니컬스에 따르면, 센닥은 그날 촬영이 끝날 무렵 옆에 있던 '유대인 할아버지'가 벌떡 일어나 키는 자기보다 한 뼘은 더 크면서 사랑스러운 여자 목소리로 말하자 놀라서 기절할 뻔했다고 한다. 모든 배우들에게, 거물급 배우들에게 조차 곧잘 '연기하는 티 내지 말'고 말하는 것으로 유명했던 니컬스도 메릴과 에마의 연기에 감탄했다. 메릴과 에마는 친구 사이였다. '천사'가 된 에마가 크고 화려한 날개를 뿜내며 '해나 핏'이 된 메릴에게 키스해

이 독실한 모르몬교 여인을 황홀경에 빠뜨리는 장면이 있다. 니컬스의 제1 조감독인 마이크 헤일리 Mike Haley는 이 장면을 찍을 때 두 사람이 와이어에 매달려 웃음을 참을 수 없었다고 했다. "공중에서 키스하면서 앞니가 부러지지 않게 조심하는 게 보통 어려운 일이 아니거든요." 메릴이 말했다.

에마는 성격이 굉장히 명랑했고 '부탁한다면 조명도 들고 이리저리 옮겨줄 만한' 배우였다고 헤일리가 말했다. 또 에마는 긴장을 많이 한 커크가 무사히 촬영을 끝내게 도와줬다. 드라마 촬영이 완전히 끝나기 전에 에마는 자기 분량을 마쳤다. 대배우들이 촬영장을 떠날 때면 전통에 따라 촬영장에서 야단법석을 떨며 배웅해야 한다는 것을 깜빡 잊고 있었던 니컬스는 그녀를 예우해주려고 요란한 백파이프 음악가들을 불러들였다. 이에 커크는 "아우! 나 지금 여기서 메릴 선생님과 연기해야 하는데 이게 웬 말이야!"라며 연기에 집중하려고 애썼다고 한다.

〈엔젤스 인 아메리카〉는 2004년 에미상 최우수 미니시리즈상, 남우주연상(알 파치노), 여우주연상(메릴이 에마를 이겼다.)을 수상하며 시상식을 장악했다. "가끔은 제가 과대평가받는다고 생각하기도 해요." 메릴은 에미상에서 두 번째로 트로피를 받으며 농담을 던졌다. 그리고 유머 효과를 높이려고 말을 멈추고 시간을 잠깐 벌었다. 10초가 지나자 정색하던 얼굴이 한순간 행복해 죽겠다는 표정으로 변하며 말했다. "하지만 오늘은 아니에~~~~요!" 메릴의 자기 비하 하는 듯하면서도 자기 인식이 뚜렷했던 수상 소감을 들어보면, 쉰다섯 살의 메릴이 얼마나 관객들의 생각을 훤히 들여다보고 있었는지 알 수 있다. 우선 니컬스 감독을 그녀의 '왕'이라고 불렀고, 친구인 에마에겐 "아마 평생 분할 거다."라고 한마디

던지며 그녀를 놀려댔다. 그 말에 관중들은 더 크게 웃어댔다. 메릴은 수상의 기쁨을 마음껏 누리는 한편 시상식에 오지 않은 에마가 씁쓸한 패배자라는 대중의 인식을 일찌감치 가라앉혀버렸다. 대중은 여자들끼리 앙칼지게 싸우는 것을 굉장히 즐긴다.(베티 데이비스와 조앤 크로퍼드*를 보라.) 메릴은 유쾌한 방법으로 가십거리를 애당초 없애버렸던 것이다.

시상식의 계절이 되면 영화사들이 '포 유어 컨시더레이션For Your Consideration'*이라는 홍보 전략에 돈을 쏟아부었기 때문에 한층 더 소란스러웠다. 거기에 염증을 느낀 메릴이 영국의 《데일리 텔레그래프Daily Telegraph》에서 이렇게 말했다. "아카데미상을 수상하려고 영화사들이 계속하는 홍보 행태가 꼭 정치 선거운동 같아서 두려워요. 정말 불쾌하고요. 조만간 작품상, 주연상이나 이런 상들을 타려고 TV 광고도 찍을 판이네요."

2003년 3월 23일 제75회 아카데미 시상식에 메릴은 어깨를 드러내는 까만 드레스에 에메랄드 목걸이를 한 여왕 같은 모습으로 남편 돈과 열한 살 난 딸 루이자(연예인들을 보고 싶어 했다.)를 데리고 나타났다. 메릴은 〈어댑테이션〉으로 여우조연상 후보에 올랐다. 비록 〈시카고Chicago〉의 캐서린 제타존스Catherine Zeta-Jones에게 졌지만 아카데미상 후보에 열세 번

- 1920~1930년대 최고의 스타였던 베티 데이비스(Bette Davis)와 조앤 크로퍼드(Joan Crawford)는 서로를 물고 뜯는 라이벌 관계로 잘 알려져 있다. 1962년 영화 〈제인의 말로(What Ever Happened to Baby Jane?)〉에서 공동 주연이었으나 베티 데이비스만이 아카데미 여우주연상 후보에 올랐고 모두가 베티 데이비스의 수상을 점쳤다. 그러나 상은 앤 밴크로프트에게 돌아갔다. 시상식에 오지 않은 앤 밴크로프트를 대신해 하필 조앤 크로퍼드가 상을 받아주었고, 베티는 조앤에게 스포트라이트를 빼앗겼다.

- 포 유어 컨시더레이션(For Your Consideration) : '한번 고려해달라'는 의미로 1990년대 중반부터 주요 영화사들이 시상식 투표자들에게 자기들 영화가 얼마나 좋은지 홍보하려고 잡지 기사, 우편물 봉투, 행사, 홍보용 DVD, 온라인 제작물 등에 종종 사용하던 제목이다.

째 오르면서 캐서린 헵번의 최다 후보 기록을 드디어 깼다.

　이듬해에는 미국영화연구소에서 수여하는 평생공로상을 수상했다. 이 상을 수상한 여성은 메릴까지 여섯 명뿐이었다. TV로도 방영된 코닥 시어터*에서의 이 행사는 마치 복고 시리즈 '이것이 당신 인생이다This Is Your Life'❖의 메릴 스트립 편 같았다. 메릴과 그녀의 가족은 꽃장식이 놓인 기다란 식탁에 앉아 있었다. 관객 중에는 마이크 니컬스, 트레이시 울먼, 캐리 피셔, 짐 캐리, 클레어 데인즈Claire Danes, 노라 에프런, 케빈 클라인, 클린트 이스트우드, 로버트 드니로, 다이앤 키튼, 잭 니컬슨, 골디 혼, 커트 러셀, 로저 이버트 부부가 있었다. 트레이시 울먼은 메릴을 위한 배꼽 잡게 웃겼던 헌사에서 "일은 언니 혼자 다 한다! 나머지 여배우들은 젖꼭지를 보여줘야만 써준단 말이야!"라고 소리 질러 관중에게 어마어마한 박수갈채를 받았다. 메릴도 자리에서 일어나 박수를 쳤다. 돈은 짐 캐리의 헌사를 사진 찍기도 했다. "당신 도대체 뭡니까? 도대체 뭐. 냐. 구. 요!" 짐 캐리가 무대에서 메릴을 손가락으로 가리키며 말했다. "변신의 귀재! 천의 얼굴!▲"

　로이 헬랜드는 노라의 헌사를 듣고는 요란스럽게 웃어댔다. "전 정말로 여러분이 메릴 스트립에게 여러분 자신을 한번 연기해달라고 부탁해

★　코닥 시어터(Kodak Theatre) : 미국 캘리포니아주 로스앤젤레스에 있는 극장으로 아카데미 시상식이 열린다. 할리우드의 대표적 엔터테인먼트 빌딩인 할리우드 앤드 하이랜드 센터(Hollywood & Highland Center) 안에 있다.

❖　'이것이 당신 인생이다(This Is Your Life)' : NBC TV에서 방영되었던 리얼리티 다큐멘터리 시리즈다. 초대 손님을 두고 그의 동료, 친구, 가족 등이 나와 주인공에 대해 이야기하며 인생을 회고하게 하는 프로그램이다.

▲　원문에서는 '시체 도둑(body-snatcher)'이라고 했다. 시체 도둑은 과거에 실험용으로 팔려고 무덤에서 시체를 파내던 사람을 가리킨다. 다양한 역할(인물) 속으로 빠져들어 마치 그 사람의 몸에 빙의되는 것과 같은 재능을 가리켜 한 말이다.

보면 좋겠어요. 메릴이 여러분보다 더 여러분 같을 겁니다. 아마 여러분 역할로 오디션을 같이 본다면 메릴에게 질 거예요. 생각해보니 좀 우울하네요." 작가이자 감독이자 재담꾼인 노라가 말했다.

골디 혼이 메릴의 고인이 된 부모님에 대해 이야기하자 메릴의 아들 헨리는 엄마를 꼭 안아주었다. 아버지 해리 스트립은 2003년 7월 향년 92세로 세상을 떠났다. 무대에 오른 골디가 메릴에게 말했다. "메릴, 넌 내가 아는 사람 중에서 가장 효심이 지극하고 사랑이 많은 딸이야. 그리고 오늘 밤 너희 어머니와 아버지가 지켜보면서 이 순간 함께 기뻐하고 계셔."

이제 메릴이 무대에 오를 차례였다. 메릴은 이어지던 칭찬에 진이 빠지기도 했지만 한편 너무나 행복해했다. 그녀는 낳아준 부모님 메리와 해리에게 감사했고 너무나 많은 일을 견뎌준 남편 돈에게 감사했고 그날 밤에 입은 파티 드레스를 만들어준 디자이너 아이작 미즈라히 Isaac Mizrahi에게 감사했다. 상패를 쳐다보며 "이번이 마지막이 아니길 빕니다." 라고 말하는 그녀의 목소리가 숨찼다.

하지만 이라크전쟁을 벌인, 별로 인기 없던 미국 대통령에게는 감사하지 않았다. 메릴은 언제나 정치적인 말을 서슴지 않았지만 2004년에는 그 어느 때보다도 강하게 정치적 견해를 드러냈다. 대법원이 동성애 결혼을 합법화하기 11년 전이었던 그해 골든글로브 시상식에서는 동성애 결혼을 지지했다. 도요타 프라이어스를 타고 다니며 탄소 배출량을 줄였고 계속 가솔린에 의지할 필요가 있는지 의문을 던졌다. 메릴은 공화당 조지 W. 부시 대통령의 재임 선거 당시 그를 자리에서 몰아내기 위해 민주당 대선 후보 존 캐리의 선거운동을 지지했다. 공개 석상에서 부시 대통령을 누누이 맹공격했으며 그 이후로 인터넷 토론장에서도 목소리를 냈다. 존 캐리 후보의 모금 행사에서 메릴이 말했다. "정말 충격과 공포였습니다. 우리 대통령의 개인적 구원자이신 예수님이 바그다드에서 잘 자고 있는 가족들 머리 위로 어느 메가톤급 폭탄을 직접 떨어뜨리셨는지 궁금합니다. 과연 예수님은 그 폭탄 하나로 줄줄이 이어질 피해에 대해서는 알고 계실까요?"

무엇 때문에 그렇게 화를 내냐는 질문에 메릴이 대답했다. "무슨 주제든 꺼내서 말해보세요. '모든 게' 절 궁지로 몰아넣었으니까요! 환경 규제를 소리 없이 해체시킨 것이며, 말도 안 되는 '아동낙오방지법'*은 어떡하고요. 저뿐 아니라 모두가 들고일어나서 항의해야 해요. 네, 물론 전 누가 배우의 말에 귀를 기울이겠나 생각하기도 해요. 하지만 직업이라는 게 그 사람의 인간성을 결정하는 게 아니에요. 저는 라디오 쇼를 진행하든, 미술사학 학위를 가지고 있든, 의견을 밝힐 자격이 있는 사람의 말이라면 언제나 귀를 기울입니다. 우리 시대에 가장 유명한 대통령(레이건 대통령을 말함)은 배우였어요. 유명한 사람이라고 해서 한 시민으로서의 권리를 버려선 안 됩니다."

그녀는 나서서 입장을 밝히는 것의 결과가 어떤지 잘 알고 있었다.(두 단어로 말하면 '제인 폰다'다.) 하지만 그녀는 보수 정치인들에게 대놓고 욕하는 것을 멈출 수가 없었다. 모순적이게도 메릴은 부시-캐리 대

• 아동낙오방지법(No Child Left Behind) : 미국의 법률로 일반 교육과정에서 낙오하는 학생이 없도록 미국의 각 주가 성취도 평가 기준을 정하고 이를 충족하지 못한 학교, 교사, 학생은 제재받도록 하는 법이다. 2002년 1월 부시 대통령이 공식 서명하여 미국 공교육에 대한 연방 교육법이 되었다. 이 법은 지적 능력에 문제가 있는 장애 아동들에게 일반 아동과 동일한 성취 목표를 달성하라고 요구하는 문제점 등이 있다.

통령 선거 세 달 전에 개봉했던 조너선 드미^{Jonathan Demme}의 리메이크 영화 〈맨츄리안 켄디데이트〉에서 보수 정치인 역할을 맡았다. 메릴은 파스텔 의상에 우아한 진주목걸이를 둘렀지만 대중의 따가운 눈총을 피할 길 없는 반사회적이고 교활한 상원위원 엘리노어 프렌티스 쇼를 연기했다. 엘리노어는 사악한 기업 '맨추리언 글로벌'이 그녀의 아들 레이먼드 (리브 슈라이버^{Liev Schreiber} 분)에게 마이크로 칩을 삽입하도록 허락한다. 칩이 몸에 삽입된 레이먼드는 자기가 걸프전쟁의 영웅이라고 믿는다. 그 거짓이 바로 그가 부통령 선거에 출마하면서 가장 큰 장점이 된다. 유일하게 진실을 알고 있는 인물인 벤 마르코 소령(덴절 워싱턴 분)은 '맨추리언'의 소유와 다름없는 부통령 후보 레이먼드에게 이 사실을 알려주려고 애쓰지만 허사였다. 킴 카다시안을 성공시킨 엄마 크리스 제너와도 비교 불가능한 '매니저 엄마'로 권력에 잔뜩 굶주린 엘리노어는 마르코를 조종해 대통령을 살해하려 든다. 그러면 아들이 국가 최고 권력의 자리에 앉을 터였다. "전 무슨 일이 있어도 미국을 지킬 거예요. 미국에 대항하면 가만두지 않을 겁니다." 그녀가 의로운 야망을 품은 양 단언한다.

엘리노어에 대해 주목할 만한 다른 하나는 외모가 힐러리 클린턴을 쏙 빼닮았다는 점이다. 티 하나 없이 깔끔한 머리 모양하며 몸에 꼭 맞는 재킷에 자신감까지. 메릴은 외모가 닮은 걸 인정하면서도(한 가지는 빼야 한다. 미술 선생님이 쓸 것 같은 옅은 보라색 렌즈의 안경은 〈디 아워스〉의 '클러리사' 때도 쓰고 나왔다.)《월스트리트 저널》의 기자 페기 누넌^{Peggy Noonan}이라든가 부시 대통령의 고문 캐런 휴스^{Karen Hughes} 등 보수파 여성들에게서 영감을 얻었다고 말했다. 메릴은 뉴스 애청자인 덕에 그들을 잘 알고 있었다. 성격이 또렷한 인물을 연기하는 것은 꽤나 재미있었다. 엘리노어는 자기 기준으로 더 좋은 세상을 만들기 위해 규칙 따위는 얼마든 악용할 수 있는 여자였다. 메릴이 말했다. "'확신'이라는 단어는 꽤나 매력적으로 느껴지죠. 안타깝게도 그 확신이 맹신이 될 수 있지만요."

메릴은 각본에 적힌 엘리노어에 대한 묘사가 매우 마음에 들었다. '나이를 먹지 않은 외모, 부드러운 곡선미가 돋보이는 몸매, 그 속에 면도날처럼 날카로운 발톱과 티타늄으로 된 등뼈를 숨기고 있는 여자.' 외모를 잘 가꾸었다고 해서 속에 품고 있는 용이 감춰지는 건 아니었다. 엘리노어가 된 메릴은 적을 완전히 부숴버리겠다는 의지를 내비치듯 입속의 얼음을 잘게 부순다. 엘리노어가 오이디푸스의 갈망이 담긴 끈적한 눈빛으로 레이먼드를 바라볼 때 사람들은 의문을 품는다. '혹시 넘지 말아야 하는 선을 이미 넘은 건 아닐까?' 그녀는 마치 자기가 가장 똑똑한 것처럼(그건 사실이었다.) 남자 동료들을 모두 무력하게 만든다. "쓸 만한 남자가 하나도 없어." 메릴이 직접 쓴 한 줄 대사를 엘리노어가 나지막이 내뱉었다.

사람들은 권력을 가진 여성에게 이중적 감정을 느끼거나 어떻게 생각해야 할지를 모른다. 이건 비단 여성을 은근히 혐오하는 남자들만의 문제가 아니다. 미국 사회에서 여자가 최고위에 오른 경우는 많지 않거니와 직업적으로 더 발전할 기회를 빼앗기는 경우도 많아서 존경할 만한 여성상을 찾기란 더더욱 어렵다. 성공을 거머쥔 여자들은(최고 경영자든 상원의원이든 혹은 힐러리든) 같은 지위에 오른 남자들보다 더 철저히 파헤쳐진다. 지배하는 게 익숙한 남자들은 평범한 길에서 벗어난 여자들을 싫어한다. 그리고 그들의 부인들도 똑같은 의심의 눈초리로 여성 우등생들을 훑을지 모른다. '자기가 뭐라도 되는 줄 아나? 저 여자 뭐냐구! 변신의 귀재? 천의 얼굴? 어이가 없네.'

하지만 분명 엘리노어 프렌티스 쇼는 괴물이다. 메릴은 엘리노어 인생의 비극을 드러낸다. 그녀가 아무리 높이 올라간다 한들 미국 대통령이 될 일은 절대 없을 것이다. 그녀는 백악관에 들어가고 싶어 레이먼드로 대리만족하며 살아왔다. 그 결과가 어떻게 되었는지 보시길.

하지만 메릴이 다음으로 연기한 악역은 최후의 승리를 얻었을지도 모른다. 미란다 프리스틀리에 비하면 엘리노어는 아무것도 아니다.

15

메릴이 프라다를 입었을 때

누구도 내 일을 대신할 순 없어. - 미란다 프리스틀리

2006년 〈악마는 프라다를 입는다〉에서

얼라인 브로시 매케나^{Aline Brosh McKenna}는 〈악마는 프라다를 입는다〉 각본에 '미란다 프리스틀리'가 등장하는 장면을 이렇게 썼다. "눈부신 미란다의 모습이 보인다. …… 악어 가죽으로 된 2,000달러짜리 '마놀로' 구두, '샤넬' 재킷, 완벽한 머리 모양, 기가 막힌 '해리 윈스턴' 귀걸이……. 미란다가 엘리베이터에서 나오자 처음으로 그녀가 정면으로 보인다. 미란다 프리스틀리가 완전히 드러난다. 그녀는 깜짝 놀랄 정도로 멋지고 스타일은 완벽하게 조화롭다. 목에는 하얀 '에르메스' 스카프가 감겨 있다. 그 독특한 분위기 때문에 100미터 전방에서도 그녀를 알아볼 수 있다. 아무리 아름다운 여성일지라도 미란다와는 상대가 되지 않는다. 그녀는 천하의 미란다다."

매케나는 리허설 동안 메릴이 앤 해서웨이^{Anne Hathaway}에게 미란다의 독설을 나지막이 쏘아붙이는 것을 보긴 했지만 메릴의 변신은 그녀의 상상 이상이었다. 지극히 현실적인 느낌의 무비 스타 메릴 스트립이 최고의 멋쟁이이자 최악의 상사로 완벽하게 바뀌었다. 그녀의 변신은 강렬하면서도 오싹했다. 매케나는 미란다로 변한 메릴이 촬영장에 처음 나타나자 감독인 데이비드 프랭클^{David Frankel}을 보호라도 하겠다는 듯 자기도 모르게 그를 한 팔로 가로막았다.

2년 전 파라마운트 픽처스는 〈맨츄리안 켄디데이트〉 포스터에 영웅 덴절 워싱턴의 사진을 실었다. 그리고 메릴은 극단적인 악한을 연기한 것으로 좋은 점수를 받았다. "'힐러리 클린턴'의 헤어스타일과 '캐런 휴스'의 집요한 에너지를 가졌으면서도 언제나 매력적이고 영감이 넘치고 창의적인 스트립의 모습 그대로다."라고 《샌프란시스코 크로니클^{San Francisco Chronicle}》의 믹 라샐^{Mick LaSalle}이 말했다. 그는 이어서 "그녀는 편집광, 정신 나간 엄마, 정치의 거장이 하나로 합해진 상원위원을 보여준다. 다른 사람들을 인정사정없이 짓밟아 아무도 그녀를 따라잡을 수 없게 만든다. 스트립이 연기를 사랑하는 것만큼이나 엘리노어는 극악을 사랑한다."라고 했다.

〈맨츄리안 켄디데이트〉는 6,600만 달러를 벌었고 2004년에 상영된 영화 중 45번째로 멀티플렉스 영화관의 수익을 많이 올려준 영화였다. '시리즈 영화'가 대세였고 〈슈렉 2〉, 〈스파이더맨 2〉, 〈해리포터와 아즈카반의 죄수〉, 〈본 슈프리머시〉 등의 총수익이 10억 달러를 넘었다. 하지만 아무도 메릴에게 '후속 편은 언제 나와요?' 아니면 '그 영화 시리즈물로 만들어도 될까요?' 하고 묻지 않았다. 메릴은 그나마 괜찮은 영화들이 나오는 가을에 말고는 보고 싶은 영화가 없었다. 그녀는 해외 영화들이 미국 내륙 도시들에까지도 더 널리 배급되어 미국인들이 많이 볼 수 있기를 바랐다. 이대로라면 극장주들이 '컴퓨터 영상 합성 기술로 만든 영웅들이 휙휙 날아다니고 여배우들은 대사가 열 줄이나 있을까 말까 한 영화들'을 더 많이 상영하려고 성숙하고 문학적이고 여성 중심적인 메릴의 영화를 상영하지 않을지도 몰랐다. 블록버스터가 관객을 최대한 많이 낚으려고 물밀듯 쏟아져 나오고 있었다. 영화배우들은 특수 효과와 빈약한 줄거리 때문에 설 자리를 잃을지도 몰랐다. 톰 크루즈, 말하자면 가요 순위 40위 안의 인기 가요만 트는 라디오 방송 같은 그는 새로운 영화 시대에 아주 잘 적응한 경우였다. 하지만 메릴은 꾸준히 익숙한 드럼 박자에 맞춰 연주했다. 다시 말해 그녀는 프리 스타일 재즈 음악가였다. 그녀가 다음으로 출연한 영화 세 편을 한번 보자.

〈레모니 스니켓의 위험한 대결Lemony Snicket's A Series of Unfortunate Events〉(2004)

대니얼 핸들러Daniel Handler의 인기 있는 아동 소설을 각색한 영화로 고아가 된 아이들이 사악한 후견인 올라프 백작(짐 캐리 분)의 손에서 도망치는 이야기다. 올라프 백작은 유산을 노려 아이들을 죽이려 든다. 아이들은 조지핀 숙모(메릴)에게 재빨리 도망간다. 조지핀 숙모는 벼랑 끝에 아슬아슬하게 지어져 곧 허물어질 것 같은 집에서 사는 노이로제에 걸린 노파다. 그녀는 난로가 터질지도 모른다는 불안감에 따뜻한 음식조차 요리하지 못한다. 문법을 사랑하고 부동산업자를 두려워한다. 결국에는 허세 넘치는 선장(변장한 올라프 백작이다.)의 매력에 풍덩 빠져 허우적댄다. 슬프게도 조지핀의 말로는 좋지 못했지만, 메릴과 짐 캐리('변신의 귀재'인 두 사람)가 함께 나오는 장면은 보는 재미가 쏠쏠했다. "두 사람은 배우로서 마치 놀이터의 모래 상자 안에서 같이 노는 친구처럼 금방 통했어요. 메릴은 짐 캐리의 연기에 따라 반응하고 짐은 그녀에 따라 반응했어요. 마이즈너 테크닉°이죠." 브래드 실버링Brad Silberling 감독이 말했다.

〈프라임 러브Prime〉(2005)

당시 서른두 살이었던 벤 영거Ben Younger가 각본을 쓰고 감독한 이 로맨틱 코미디에서 메릴은 어퍼웨스트사이드에서 일하는 상담사 리사 역을 맡는다. 리사는 스물세 살의 아들 '데이비드(브라이언 그린버그Bryan Greenberg 분)'가 자기 고객인 서른일곱 살의 이혼녀 '라피(우마 서먼Uma Thurman 분. 샌드라 블록Sandra Bullock 이 촬영 시작 13일 전에 빠지고 대신 우마 서먼이 맡았다.)'와 사귄다는 사실을 알게 된다. 처음에 리사는 라피가 자기 아들과의 관계에 대해 이야기하는 것인 줄도 모르고 그녀가 한참 어린 남자와 만나는 것을 대찬성한다. 라피의 남자가 자기 아들이라는 사실을 알게 되었을 때 메릴의 반응은 코미디 최우수상감이다. 리사가 라피와의 상담에 대한 솔직한 심정을 말한다. "내 말 믿어요. 라피 씨보다는 제가 훨씬 더 힘들었어요. 몇 주 전만 해도 전 제 아들이 고추가 달린 줄도 몰랐으니까요." 메릴이 이 역할에 끌렸던 이유는 에이전트가 그녀에게 이 영화는 '나이가 더 많은 여자와 한참 어린 남자의 사랑과 갈등에 관한 이야기'라고 했기 때문인데……. 오오! 그때만 해도 '나이가 더 많은 여자'가 '라피'가 아니라

• 마이즈너 테크닉(Meisner technique) : 1990년대 중반 미국의 연극인 샌퍼드 마이즈너(Sanford Meisner)에 의해 만들어진 연기 기법. 대본 연기보다는 상황에 맞는 즉흥적 연기에 중점을 둔다.

'리사'를 가리키는 건지 몰랐다.

〈프레리 홈 컴패니언^{A Prairie Home Companion}〉(2006)

어떻게 하면 고인이 된 로버트 알트먼 감독을 욕보이지 않고 말할 수 있을까? 아무도 듣지 않는 전통적인 라디오 쇼의 팬이 아니라면 이 영화는 굳이 추천하지 않는다. 게리슨 케일러^{Garrison Keillor}의 지루하고 중구난방인 각본을 구원한 사람은 노래하는 '존슨 자매'로 나온 메릴과 릴리 톰린, 그리고 자살에 관한 시만 쓰는 메릴의 독한 딸 린지 로언^{Lindsay Lohan}이었다. 메릴은 린지를 두고 "훌륭한 배우다. 투지 넘치고 활발한 아이다."라고 했다. 그리고 브라이언 그린버그에게 그랬듯 자기가 원하는 연기를 끌어내려고 촬영 시작 전에 즉흥연기를 조금 보여주며 어린 린지를 준비시켜주었다. 린지는 메릴이 잘 이끌어준다고 말했다. 메릴은 린지를 꼭 엄마처럼 챙겼고, 파티만 다니며 파파라치 사진에 계속 찍히는 걸 걱정했다.

미네소타주 세인트폴에 있는 〈프레리 홈 컴패니언〉 촬영장 밖에는 우르르 모여든 로언의 팬들이 있었고 그들은 그 옆을 지나다니는 '여신 메릴 스트립(토니 쿠슈너가 지어준 별명이다.)'을 알아보지 못하는 것 같았다. 톰린이 로언의 팬들을 향해 "여러분 이분이 누군지 몰라요?"라고 소리쳤다. 린지 로언은 〈퀸카로 살아남는 법^{Mean Girls}〉으로 엄청난 유명세를 치렀다. 그녀 덕에 연예지《어스 위클리》의 직원들이 먹고산다 해도 과언이 아니었다. 그녀는 유명세를 매우 즐겼고 메릴은 탐탁지 않아 했다. "기가 막히게 멋진 어린 배우들이라 해도 연예지마다 도배하는 걸 피하는 경우도 많아요. 그런 배우들은 파티만 다니는 이 녀석하고는 좀 다르죠. 모르긴 몰라도 그런 사적인 모습만 기자들에게 계속 찍히면 다양한 역할을 맡는 데 지장이 있지 않겠어요? 아무래도 대중들이 고정관념을 갖게 되니까요." 메릴이 말했다.

〈레모니 스니켓의 위험한 대결〉은 북미에서 1억 1,800만 달러를 벌어들였지만 〈프레리 홈 컴패니언〉과 〈프라임 러브〉는 두 편 합해서 총수익이 4,200만 달러였고 얼마 지나지 않아 두 편 다 관객들의 기억 저편으로 사라졌다. 메릴은 배우 인생 후반에 들어서면서 괴짜 숙모 아니면 린지 로언이나 브라이언 그린버그의 엄마 역할밖에는 맡을 게 없어 보였다. 그게 아니면 쌍둥이 아기와 같이 찍은 사진을 《피플》지에 600만 달러에 팔며 잡지 표지를 장식한 엄마* 역할 정도 할 수 있으려나 싶었다. 놀랍게도 메릴의 다음번 대체 자아인 '미란다 프리스틀리'는 무자비한 잡지 편집자이자 연예 가십 사이트 '페이지 식스^Page Six'에 단골처럼 등장하는 여자였다. '세계 최고의 패션 잡지'인 《런웨이^Runway》의 편집장으로, 브랜젤리나■ 아기 사진을 독점 계약*으로 따내 표지에 실을 수도 있는 사람이지만, 그녀가 만드는 《런웨이》 표지는 그야말로 옷이 전부다. 미란다는 일에 빠져 살고, 비서들을 아침 식사처럼 먹어 치워버린다. 만에 하나라도 여러분이 '해리포터' 미출판 원고를 구해서 미란다의 쌍둥이 딸들 손에 쥐여줄 수만 있다면 어쩌면, 정말 어쩌면, 여러분을 아주 조금 더 부드럽게 대해줄지도 모른다.(사실 그렇지도 않다.)

● 제니퍼 로페즈를 가리킨다.
■ 브랜젤리나(Brangelina) : 브래드 피트(Brad Pitt)와 앤젤리나 졸리(Angelina Jolie)의 합성어.
★ 앤젤리나 졸리와 브래드 피트의 친딸 샤일로 누벨 졸리 피트의 사진은 독점 계약 조건으로 《피플》지에 400만 달러에 팔렸다.

2005년 5월, 데이비드 프랭클(〈마이애미 랩소디〉)이 감독하고 웬디 피너먼(〈포레스트 검프〉)이 제작하는 〈악마는 프라다를 입는다〉에 메릴이 출연하기로 계약했다는 소식이 들렸다. 20세기 폭스 20th Century Fox의 자회사 폭스 2000은 2003년 이래로 쭉 코미디 영화를 만들어왔다. 2003년, 스물여섯 살의 로렌 와이스버거 Lauren Weisberger는 《보그》 편집장이자 그때 패션업계에서 가장 힘 있고 무서운 여자였던 애나 윈투어 Anna Wintour의 비서로 일한 경험을 바탕으로 매력적인 소설을 하나 출판한다. 내용은 이렇다. 젊은 여자 '앤드리아(줄여서 앤디) 삭스'가 《런웨이》사에서 애나 편집장을, 아니지 '미란다' 편집장을 돕는 아주 괜찮은 일자리를 얻는다. 그러나 편집장의 지나친 요구에 시달리다 결국 미란다는 '공허하고 얄팍하고 지독하고 좋은 옷만 많고 딴 건 없는 여자'라는 결론을 내린다. 그리고 미란다에게 꺼지라고 욕을 하고선 '수백만 명의 여자들이 탐내던 일자리'에서 곧바로 잘린다. 앤디는 미란다에게 계속 목매면서 얻는 이득보다 친구들과 가족이 더 중요하다는 것을 깨닫는다. 미란다는 브라운 대학교를 졸업한 유망한 앤디를 그녀가 꿈꾸는 직장, 《뉴요커》사로 이어주는 다리가 될 수도 있었다. 그러나 만약 앤디가 착하고 평범한 여자에서 입에서 불을 뿜는 용으로 변해버린다면 자기 미래가 결국 뭐가 되겠는가? 작은 미란다인가?

와이스버거는 《보그》에서 겨우 10개월 일하다가 《디파처스 Departures》라는 여행 잡지사로 이직했다. 그리고 유명한 글쓰기 강사 찰스 샐즈버그 Charles Salzberg의 지도를 받아 『악마는 프라다를 입는다』를 집필했다. 원고는 2주 만에 더블데이 Doubleday 출판사에 팔렸고 그녀는 25만 달러를 선불로 받았다. 책은 《뉴욕 타임스》의 베스트셀러 목록에서 6개월간 머물렀다. 하지만《보그》를 소유한 잡지 왕국 콘데 나스트^{Condé Nast}는 이 책을 완전히 무시했고《뉴욕 타임스》역시 신랄하게 비판했다.

《뉴욕 타임스》는 한때《보그》에서 일했던 케이트 베츠^{Kate Betts}의 비평을 실어주며 감히 '왕국'에 덤빈 무명 작가 와이스버거를 야단치려 들었다. "《보그》에서 8년을 일하며 애나 윈투어에게 도움을 많이 받았던 한 사람으로서 나는 와이스버거가 '연봉 3만 2,500달러(약 4,000만 원)에 패션계의 악마에게 자기 영혼을 팔았다'고 말한 그 시간에 좀 배웠어야 한다고 생각한다. 와이스버거는 여성들에 막대한 영향을 미치는 패션업계의 독보적 잡지사에 들어가 치열한 전투 현장을 모두 코앞에서 지켜봤다. 그래 놓고는 상사가 일하며 겪는 압박감과 고독에 대해서는 하나도 깨달은 바가 없다. 그런 '미란다 프리스틀리'가 되기까지 어떤 대가를 치렀는지 아무것도 모르는 것 같다." 베츠가 코웃음 쳤다.

아무튼 와이스버거는 잊지 못할 악역을 만들어냈다. 폭스 2000의 사장 엘리자베스 게이블러^{Elizabeth Gabler}와 부사장 카를라 하킨^{Carla Hacken}은 일찌감치 될 성싶은 나무를 알아보고 와이스버거가 초고를 끝내기도 전에 원고의 앞부분만 읽고서 60만 달러에 영화 판권을 낚아챘다. 영화사는 피터 해지스^{Peter Hedges}에게 가장 먼저 각색을 맡겼으나 그는 손을 뗐고 곧이어 남성 각본가 세 명에게 건네봤지만 거절당했다. 마지막으로 로맨틱 코미디 〈사랑에 빠지는 아주 특별한 법칙^{Laws of Attraction}〉의 각본을 썼던 얼라인 브로시 매케나가 '미란다'를 떠맡았다. '미란다'와 얼라인은 하늘이 맺어준 인연이었다.(아니면,《보그》사의 신발 진열대가 맺어준 인연이었다.)

감독 데이비드 프랭클은 어느 각본가가 쓴 '호감 안 가는 캐릭터들의 비열한 복수극'은 거절했었지만 『악마는 프라다를 입는다』에는 깊은 인상을 받았다. 그는 영화 〈악마는 프라다를 입는다〉를 주제에 중심을 두고 만들어야 한다고 생각했다. "'탁월함의 본질과 탁월해지려면 치러야 하는 대가'가 주제입니다. 저는 애나 윈투어와 《보그》의 팬이었고 '미란다 프리스틀리'를 손가락질할 대상이 아닌 공감할 수 있는 영웅으로 그리는 게 옳다고 생각했어요. 자기 분야에서 탁월한 사람을 보면 짜릿한 기분이 들어야 마땅해요. 그건 그들이 상냥하지는 않은 것과는 상관없는 문제죠."

매케나는 알아들었다. 뉴저지주 출신 하버드대 졸업생인 매케나는 똑똑하고 재미있고 패션을 아주 좋아했으며 미란다를 탁월한 사업가로 여겼다. 그녀는 뉴욕의 언론사에 간절히 들어가고 싶어 하는 앤디의 야망 또한 이해했다. 매케나 역시 겪어봤다. 노력이 허사로 돌아가기도 했다. 한번은 프리랜서로 공동 집필한 글이 《글래머 Glamour》지에서 거절당한 적도 있었다. 그녀는 TV와 영화 각본을 쓰기 위해 1991년에 로스앤젤레스로 이사했다. 게이블러와 프랭클은 각본에서 앤디의 연인 관계보다 미란다와의 관계를 우선시하는 것에 동의했다. 여성 관객층을 겨냥한 일반 영화와 다르게 이 영화는 벡델 테스트*를 통과했다. 앤디나 미란다나 삶이 남성 중심으로 돌지 않기 때문이다. 오히려 앤디는 군주와 같은 미란다의 점심거리로 뉴욕 3대 스테이크 식당인 스미스 앤드 월렌스키

● 벡델 테스트(Bechdel Test) : 영화 산업에서 성별 묘사의 편향성, 남성 중심 영화가 얼마나 많은지를 계량하려고 고안한 성평등 테스트이다. 1985년 만화가 앨리슨 벡델(Alison Bechdel)의 연재만화 『주목할 만한 레즈비언들(Dykes To Watch Out For)』에서 처음 등장했고 2000년대에 들어서 여러 가지 변형된 테스트가 생겨났다. 이 테스트를 통과하려면 다음 세 가지가 충족되어야 한다. 1)이름을 가진 여성 캐릭터가 2명 이상일 것 2)그 여성들이 서로 대화를 나눌 것 3)그 대화의 내용에 남성 캐릭터와 관련된 것이 아닌 다른 내용이 있을 것.

Smith & Wollensky에서 스테이크(부위는 꽃등심, 굽기는 미디엄 레어)를 사 들고 와서 미란다의 주위를 조심스레 빙빙 돌 뿐이다. 매케나는 앤디가 느끼는 정체성의 위기를 강조하려고 와이스버거의 책에서 불필요하고 부차적인 줄거리를 지워버리고 결말을 새롭게 썼다. 앤디는 '도대체 난 어떤 사람이 되길 원하는가?' 고민한다. 그리고 미란다를 따라 '파리 패션 위크'로 갔을 때 결단을 내린다. 앤디는 책에서처럼 미란다에게 욕설을 퍼붓는 대신 그녀 곁을 말없이 떠나버린다. 장면은 미래로 건너뛰어 앤디가 자기의 고상한 감성에 잘 어울리는 허름하면서도 멋진 신문사에서 취업 면접을 보고 있다. 놀랍게도 미란다가 조금 떨떠름해하긴 했지만 추천서를 써 보냈다. 새내기 앤디가 그래도 미란다에게 인정받았던 것이다.

메릴은 감독 프랭클이 미란다 역을 맡기고 싶은 첫 번째 배우였다. "제가 '이런 내용을 집어넣을까 싶은데요.'라고 할 때마다 사람들은 '오, 좋아요!'를 외쳤어요. 유쾌하면서도 짓궂은 반응이라고나 할까요. 그런 반응이 굉장히 재미났어요." 매케나가 말했다. 각본을 쓰는 동안 매케나와 프랭클은 '미란다'를 메릴이 맡을 걸 상상하며 즐거워했다. "그러니까 만약에 메릴이 이 배역을 맡는다면 우린 이 부분에 대사를 쓸 필요가 없는 거죠. 다른 배우라면 대사를 써넣어 둬야 했겠지만 메릴이라면 따로 써놓지 않아도 돼요." 각본을 쓰며 매케나가 프랭클에게 말했다. 메릴은 매케나의 대본을 받고서 프랭클을 만나 '미란다의 프라다 구두'를 신겠다고 말했다. 프랭클이 이 소식을 전하려고 전화했을 때 라치몬드 대로변에 서 있었던 매케나는 소식을 듣자마자 길거리에 털썩 주저앉아 울기 시작했다. "전 거기 앉아서 산꼭대기를 한번 올려다보았어요. 메릴이 출연한다면 이 영화가 완전히 다른 차원이 되리라는 것을 알았죠." 매케나가 말했다.

메릴은 인기 작품을 손에 쥔 것을 알았지만 출연료를 듣고는 잠시 멈칫했다. "말하기 조심스럽지만 처음 제의받은 액수가 영화에서의 제 가치에 살짝 미치지 못한다는 생각이 들었어요." 메릴이 《버라이어티》의 기자 라민 세투데Ramin Setoodeh에게 말했다. "그 순간 영화와 작별할까 했는데 액수를 두 배로 올려 제안하더라고요. 제 나이가 쉰다섯 살이었고 그제야 겨우 제 자신을 위해 흥정하는 법을 알았거든요." 메릴은 '미란다'에게 힌트를 얻어 영화사가 제안한 금액보다 더 높은 액수를 불렀다.(사장 게이블러는 메릴에게 '아마 400만 달러를 주었을 것'이라고 기억했지만 메릴의 출연료는 500만 달러였다고 보도된 바 있다.) 폭스는 이를 받아들였다.

매케나는 까만 기모노 상의를 입고 메릴을 만나러 맨해튼에 있는 메릴의 타운하우스로 향했다. 비가 오는 날이었고 매케나는 미용실에 들르지 못해 곱슬곱슬한 머리털이 꼭 개털 같았다. 머리를 정수리에 한데 모아서 묶어버려야 하나 아니면 지금이라도 미용실을 찾아봐야 하나? "근데 말이야, 내 머리가 이렇든 저렇든 메릴은 별 상관 안 할 거야." 매케나가 혼잣말했다. 매케나, 프랭클, 웬디 피너먼은 메릴의 집에서 네 시간을 머물렀고, 메릴은 그들에게 영화에 대한 자기 생각을 말해주었다. "메릴은 부탁하는 대로 다 변신할 수 있어요. 그녀는 연예계에서 제 기대를 만족시켜주는 몇 안 되는 배우예요. 어떤 역할을 바라든 놀랍도록 똑똑하게 해냅니다. 그리고 직접 만나보면 눈이 부실 정도로 아름다워요." 매케나가 말했다. 메릴의 피부는 안에서부터 빛이 뿜어져 나오는 것만 같았다. 하지만 메릴은 이 영화에서 절대로 혼자 뽐내거나 관심을 독점하길 원하지 않았다. 메릴은 말이 아닌 행동으로 보여주자고 했다. 폭풍 속의 고요가 되길 원했다. 메릴은 매케나가 줄을 그어놓은 대사 중에 마음에 드는 부분들을 가리켰다. 그중에는 "하여튼 보통 굼뜬 게 아냐. 아주 마음에 든다니까."라는 대사도 있었다.

앤디를 기죽이는 반어적이고 메마른 이런 대사가 바로 미란다의 특성이라고 메릴은 생각했다. 〈악마는 프라다를 입는다〉 제작 팀은 대스타가 겁먹고 도망갈까 봐 미란다의 사나운 어조를 좀 더 누그러뜨렸지만 메릴은 오히려 "아니, 아니에요. 더 사납게 만들어요."라고 했다. 영화 속 디자이너 '제임스 홀트'가 선보인 최신 컬렉션을 보고 실망한《런웨이》의 여왕 미란다가 길게 대사를 늘어놓는 부분에서 메릴은 고개를 저었다. 그녀는 "이런 말은 전부 안 해도 돼요."라고 했다. 결국 대사를 모두 없애고 미란다는 입술 한 번 오므리는 것으로 실망감을 표현했다.(홀트에게는 가장 절망적인 무언의 반응이었다.)

매케나는 로스앤젤레스에 있는 스타벅스에서 각본을 고쳐서 프랭클에게 보냈고 프랭클은 다시 메릴에게 보내 피드백을 부탁했다. 메릴은 '미란다가 (패션이 별게 아니라고 생각하는) 앤디에게 그녀가 입고 있는 파란색 스웨터에 대해 말해주는 장면'에서 대사가 더 길어지길 바랐다. 그 장면을 촬영하기 겨우 며칠 전이었고 매케나는 그 장면을 아예 지워버릴까도 생각했었다. 하지만 메릴은 더 많은 대사를 원했다. 프랭클이 매케나에게 말했다. "대사를 최대한 길게 써봐요. 메릴에게 '아리아'를 써준다 생각해요." 매케나는 미란다가 파랑의 미묘한 색감 차이를 알 것이라 믿고 메릴에게 아청색 lapis, 하늘색 azure, 밝은 파랑 cerulean, 세 가지 파랑 색조 중 하나를 골라달라고 했다. 메릴은 청록색에 가까운 밝은 파랑색 '세룰리안'을 택했다.(게다가 발음하기도 더 재미난 이름이었다.) 매케나는 **무리나**

케 대사를 써 플랭클에게 쏘아 올렸지만 너무 장황해서 그대로 다 쓸 거라곤 기대하지 않았다. 그러나 메릴은 한 음절도 빼놓지 않았다. 이 대단한 미란다의 훈계는 아무것도 모르는 비서를 망신 주는 것 이상의 의미가 있었다. 메릴의 대사는 2분여 짧은 시간 동안 고급 패션이 부유층에서 서민층으로 어떻게 흘러내려 가며 영향을 미치는가를 깨닫게 해준다.

이런 거? 아, 이게 너와는 상관없는 일이다, 이거지? 넌 옷장에서 보풀이 잔뜩 일어난 파란 스웨터나 찾아 껴입고 대단한 지성이나 갖춘 양 잘난 척하는데, 넌 네가 껴입은 게 뭔지도 모르고 있어. 그 스웨터는 그냥 파랑이 아니야. 튀르쿠아즈*나 라피스도 아니고 정확히는 세룰리안이지. 또 당연히 모르겠지만 2002년에 오스카 데라렌타^{Oscar de la Renta}는 '세룰리안 드레스 컬렉션'을 선보였고 그리고 이브생로랑이었지 아마? '세룰리안 밀리터리 재킷 컬렉션'을 선보인 게?

그러고는 이어서 이렇게 말한다.

그다음 다른 여덟 디자이너도 이에 질세라 세룰리안 컬렉션을 보여줬어. 그 파랑은 백화점에서 명품으로 사랑받다가 슬프게도 네가 그 옷을 산 할인 매장으로 흘러들어 갈 때까지 수백만 달러 수익과 무수한 일자릴 창출한 거야. 근데 넌 이 방에 있는 사람들이 '이런 거' 따위 고심해

• 튀르쿠아즈(turquoise) : 터키옥색

선택한 그 파란 스웨터를 입고 있으면서 패션업계와는 아무 상관 없다고 생각하다니 코미디가 따로 없지?

메릴은 미란다가 매일같이 일에 열중하는 모습을 보여주는 게 아주 중요하다고 생각했다.《런웨이》모델들이 착용할 적절한 디자인의 세룰리안 벨트를 고르거나, 회의 때 직원들을 겁주는 것 같은 장면들 말이다.("꽃 장식? 봄 잡지에? 정말 참신하네.") 제작자 피너먼은 두꺼운 서류를 두 묶음 엮었다. 하나는 '패션업계 직장 생활과 의상 디자이너들에 관한 자료'였고, 다른 하나는 '애나 윈투어에 관한 것'이었다. 메릴은 그걸 전부 다 읽었을 뿐만 아니라 더 많은 정보를 달라고 해서 피너먼을 놀라게 했다. 하지만 메릴은, 언제나 여성스러운 꽃무늬 드레스를 즐겨 입고 실내에서도 선글라스를 쓰며 항상 티 하나 없이 깔끔한 단발머리(그녀처럼 되고 싶어 하는 사람들조차 따라 하기 어려운 스타일)를 하고 있는 세련된 영국 여자 애나 윈투어를 똑같이 흉내 내려 하거나 직접 만나보려 하지 않았다. 메릴이 와이스버거의 책에 대해 말했다. "이 책을 보면 지도자 위치에 있는 여성을 바라보는 시선의 문제점을 알 수 있어요. 여성 리더들에겐 끊임없는 이해심을 바라는 거예요. 그녀들은 직원들이 당혹감을 느끼건 말건 상관하지 않아요. 그러나 '여성' 상사이기 때문에 그런 당혹감을 공감해주길 바라는 거죠. 남성 리더들에게는 그런 것을 기대도 하지 않아요. …… 흥미로운 사실은 우리는 애나 윈투어가 더 많이 웃고 더 상냥하고 더 사랑스럽게 행동하길 기대한다는 거예요. 여성이라면 당연히 상냥해야 한다고 생각하니까요."
메릴은 일단 '상냥함' 같은 건 빼고 다른 걸 생각하기 시작했다. "노대체 이 여자가 하는 일이 뭐지? 해야 하는 일이란 게 뭘까? 그녀에게 마감 시간이란 게 뭐지? 패션업계는 뭣 때문에 이렇게 치열한 거지? 패션업계에서 중요한 게 뭐지? 드레스, 구두, 그리고 여성스러움? 뭘까?"

앤 해서웨이 또한 놀랄 만큼 열정적으로 '앤디 삭스'를 쫓았다. 폭스가 앤디 역으로 첫 번째로 점찍었던 배우는 〈퀸카로 살아남는 법〉과 〈노트북^{The Notebook}〉으로 일약 스타가 된 레이철 맥애덤스^{Rachel McAdams}였다. 하지만 한동안 주류 영화를 쉬고 싶어 했던 그녀는 여러 번 부탁해도 끝내 배역을 거절했다. 폭스의 당시 임원진은 앤 해서웨이가 10대들의 동화 〈프린세스 다이어리^{The Princess Diaries}〉와 〈엘라 인챈티드^{Ella Enchanted}〉에 출연하며 얻은 인기는 과소평가했다. 앤은 부사장 카를라 하킨과 만난 뒤 하킨의 책상 위에 있던 조그마한 일본식 정원의 모래에다 "절 써주세요." 라고 잘 보이게 써두었다. 앤은 오디션을 보지 않아도 되었다. 프랭클은 앤이 마음에 들었고 매케나도 마찬가지였다. 매케나는 스물두 살이었던 앤 해서웨이에 대해 "책과 미술을 사랑하는 아주 똑똑한 친구란 걸 알 수 있었어요. 그건 꾸며내기가 어려운 것들이죠. 자신감이 넘치더군요. 자기 세상이던 대학에서 갓 졸업해 사회로 나온 우등생의 거만함 같은 게 있었죠."라고 말했다.

그리고 미란다의 수석 비서 에밀리 역에는 엉뚱한 유머 감각과 딱 부러지는 영국 억양으로 프랭클의 마음을 사로잡은 신인 배우 에밀리 블런트^{Emily Blunt}가, 말은 거칠어도 마음은 그렇지 않은 《런웨이》의 부사령관 나이절 역에는 스탠리 투치가 뽑히면서 출연진이 완성되었다. 〈빅 나이트^{Big Night}〉, 〈로드 투 퍼디션^{Road to Perdition}〉, 〈러브 인 맨하탄^{Maid in Manhattan}〉 등 긴 필모그래피를 자랑하는 개성파 배우 투치는 2005년 가을 뉴욕에서 〈악마는 프라다를 입는다〉 촬영을 시작하기 몇 주 전에 뒤늦게 합류했다. 나이절 역에는 스탠리 투치 말고도 고급 백화점 '바니스 뉴욕'의 크리에이티브 디렉터 사이먼 두넌^{Simon Doonan}과 TV 채널 'E!'의 패션 기자 로버트 베르디^{Robert Verdi}와 BBC 채널의 유명 인사 그레이엄 노턴^{Graham Norton}도 오디션을 봤다.(두넌은 투치가 이성애자면서 동성애자 나이절 역을 맡은 것에 불만을 나타냈다.) "뉴욕에 있는 배우란 배우는 다 만난 기분이었어요. 전 이 지역에서 유명한 지식인들이나 배우가 아닌 사람들도 많이 만났죠. 그들도 연기할 수 있다고 생각했고 캐릭터를 더 진짜처럼 보이게 만들고 싶었거든요. 하지만 결국엔 탁월한 배우를 뽑는 게 낫다는 결론을 얻었죠. 스탠리를 만나자마자 바로 이 사람이다 했어요." 프랭클이 말했다.

다 같이 모여 대본 읽기를 할 때 블런트는 메릴(재킷과 카키색 바지를 입고 머리는 하나로 묶었다.)이 허스키하게 웃는 소리를 들었다. 그러고 나서 한 10분쯤 지났을까, '미란다'가 나타났다. "우리가 생각하던 미란다의 목소리란 게 있었거든요. 단호하고 권위적이고 호통치는 목소리일 거라 생각했어요. 그래서 메릴이 거의 속삭이듯 말하기 시작하자 방 안에 있던 모두가 동시에 '헉' 했어요. 상상도 못 했는데 너무나 멋졌어요." 앤 해서웨이가 말했다.

미란다의 '모욕 주기' 개그

"전 자라면서 아빠처럼 돈 리클스®의 열렬한 팬이었어요." 〈악마는 프라다를 입는다〉의 각본가 얼라인 브로시 매케나가 말했다. "전 남 모욕 주는 개그맨들을 정말 좋아했고 지금도 너무나 좋아해요. 그게 항상 웃겨요. 미란다 프리스틀리는 최고의 '모욕 주기' 개그맨이에요. 미란다가 할 만한 대사를 당장 열 장쯤 쓰라 해도 전 할 수 있어요."

미란다의 신랄한 대사를 몇 줄만 써보겠다.

"무능하다고 나한테 자랑할 거 없어."
"내 커피는 언제 오는 거지? 사 오다 죽었나?"
"한번 바꿔보자 싶었지. 모험을 해보자. 똑똑한 뚱보를 써보는 거야."
"하여튼 보통 굼뜬 게 아냐. 아주 마음에 든다니까."
"그리고 나이절더러 귀네스 펠트로 커버 사진 가져오라고 해. 살은 좀 뺐나 모르겠네."
"꽃 장식? 봄 잡지에? 정말 참신하네."

엘리자베스 게이블러는 메릴이 캐릭터에 몰입하면 앤 해서웨이를 쳐다보는 눈빛이 마치 "이 멍청한 것"이라고 말하는 것 같았다고 했다. 메릴은 남자들을 모델 삼아 '미란다'를 만들었다. 따라 할 만한 여성 권력

●   돈 리클스(Don Rickles, 1926~2017) : 미국의 코미디언이자 영화배우.

자는 많지가 않았다. "목소리는 클린트 이스트우드를 따라 했어요." 메릴이 설명했다. "그는 절대로, 절대로 목소리를 높이는 법이 없었기 때문에 그의 말을 들으려면 모두 조용히 귀를 기울여야만 했어요. 그러면서 클린트는 자연히 방에서 가장 힘 있는 사람이 되었어요. 하지만 그는 웃기진 않았죠. 그건 마이크 니컬스에게서 따왔어요. 잔인한 독설에 반전 유머를 아주 살짝 섞으면 가장 효과적이고 기억에 오래 남는 명령이 돼요. 다른 사람들뿐만 아니라 표적이 된 사람조차 웃거든요. 그리고 걸음걸이는 안타깝게도, 그냥 제 걸음걸이예요."

대본 읽기 모임을 마친 다음 임원진은 모두를 집으로 보냈고 메릴과 앤만 남았다. 임원진 중 한 명이 메릴에게 말했다. "혹시 얼라인에게 하실 말씀 없으세요? …… 원하는 대로 해드릴 겁니다." 메릴은 매케나를 돌아보며 말했다. "칭찬밖에는 말할 게 없네요, 이쁜 작가님." 매케나는 그 말은 곧 촬영 내내 같이 있길 원한다는 의미로 받아들였다. 앤은 메릴을 따라 각본가에게 다른 아무런 말도 하지 않았다.

메릴은 두 번째 대본 읽기 모임에서 미란다와 앤디가 차 뒷좌석에 앉아 파리 패션쇼로 향하는 절정 장면의 대사를 살짝 바꾸기 전에 매케나를 힐끗 쳐다봤다. 그리고 다른 설명 없이 "모두가 나처럼 되고 싶어 해."를 "모두가 우리처럼 되고 싶어 해."로 바꿨다. 그런 뒤 매케나에게 미란다는 다른 사람들이 그녀처럼 되고 싶어 하건 말건 상관하지 않는다고 설명해줬다. 미란다가 신경 쓰는 사람들은 '그들'처럼 되려고 출세를 바라는 사람들이다. '그들'이란 바로 《런웨이》와 이 잡지가 상징하는 것이었다.

메릴과 로이는 힘을 합쳐 백발에 섞은 머리가 뒷머리 아래로 슬쩍 보이는 미란다의 독특한 헤어스타일을 만들어냈다. 은빛 머리는 70대 최고령 모델 카르멘 델로레피체[Carmen Dell'Orefice]와 우아한 프랑스 정치인 크리스틴 라가르드[Christine Lagarde]에게 영감을 얻었다. 〈섹스 앤 더 시티〉에서 캐리 브래드쇼의 스타일을 창조했던 의상 디자이너 퍼트리샤 필드[Patricia Field]는 미란다의 헤어스타일을 마음에 쏙 들어 했다. 영화사의 반응은 어땠을까? 사실 별로 좋아하지 않았다. 임원진은 메릴이 너무 나이 들어 보일까 봐 염려했다. 그러나 가발을 직접 쓰고 나타난 모습을 보자 마음이 확 바뀌었다. 메릴은 눈부셨다. 로이 헬랜드와 퍼트리샤 필드 덕분에 미란다만의 특급 스타일이 생겼다. 패션업계의 우상 같은 편집장들에겐 자기만의 스타일이 있어야 했다.

제작비 3,500만 달러의 오트 쿠튀르*에 부치는 시, 〈악마는 프라다를 입는다〉는 의상 디자이너들에게는 돈으로도 살 수 없는 절호의 홍보 기회였지만 자기들의 직업적 성패를 쥐락펴락하는 애나 윈투어의 심기를 건드릴까 봐 아무나 선뜻 메릴 스트립의 의상을 맡으려 하지 않았다. 한편 피너먼이 1998년에 제작한 줄리아 로버츠 주연의 〈스텝맘[Stepmom]〉 촬영 때 옷을 빌려준 것을 계기로 피너먼과 가깝게 지내던 발렌티노 가라바니[Valentino Garavani]는 미란다가 메트로폴리탄 미술관에서 열린 갈라 축제에 입고 참석한 화려한 검은 드레스를 제작했고, 패션쇼 무대 뒤에서 미란다를 맞이하는 카메오로도 출연하는 위험을 무릅썼다. 그게 또 다른 VIP들도 영화에 출연하는 계기가 되었다. 마니아들의 사랑을 받는 리얼리티쇼 '프로젝트 런웨이[Project Runway]'의 진행자 하이디 클룸[Heidi Klum]이 발

---

* 오트 쿠튀르(haute couture) : 소수의 고객만을 위한 고급 여성복, 디자이너의 예술성을 극대화한 옷을 의미한다. 상업적인 옷, 품질이 우수한 기성복 '프레타포르테(prêt-à-porter)'와 대조되는 말이다.

렌티노와 함께 짧게 나왔고, 슈퍼모델 지젤 번천 Gisele Bundchen 은 좀 더 비중 있는 역할 '미란다의 부하 직원'으로 나왔다. 매케나가 연착된 비행기 안에서 그녀에게 다가가 역할을 제안했다. 같이 있던 지젤의 에이전트가 '바짝 긴장했다'고 매케나가 떠올렸다. "계속 '메릴 스트립'이란 말만 반복했어요. 그래야 '이건 진짜고 확실한 영화다!'라는 느낌을 줄 것 같았거든요." 작전이 들어맞았다. 지젤이 넘어갔다. "알았어요. 하지만 모델로 그대로 출연하긴 싫어요. 나쁜 여자 역할을 주세요." 지젤이 말했다.

퍼트리샤 필드는 의상 예산이 겨우 10만 달러로 제한되자 패셔니스타 친구들에게 SOS를 청했다. 필드는 앤 해서웨이의 스타일을 '베르사체'와 대조적인 '샤넬' 분위기로 구상했다. 카를 라거펠트 Karl Lagerfeld 가 수장으로 있던 프랑스 명품 '샤넬'은 앤디의 패션이 입이 떡 벌어질 정도로 달라지던 날 입었던 옷을 제공해주었다. 앤디가 검은색 스커트와 정장 재킷으로 된 앙상블에 허벅지를 다 덮는 부츠를 신고 나타나자 에밀리와 미란다는 앤디를 다시 한번 쳐다봤다. 앤디는 '돌체 앤 가바나'와 '캘빈 클라인'도 입었다. 메릴을 위해서는 필드가 '도나 카란'의 1987년 의상들과 '빌 블라스'의 수석 디자이너 마이클 볼브라트 Michael Vollbracht 의상 중에서 유행을 타지 않는 옷들을 골랐다. 그런 옷들은 눈에 두드러지지 않기 때문에 유행에 휘둘리지 않는 대담하고 독창적인 '미란다'의 이미지를 만들어줄 수 있었다. 동물보호협회 회원들은 썩 좋아하지 않았겠지만 필드는 뉴욕에 진열실이 있는 러시아 모피 상인에게 직접 전화를 걸어 미란다가 앤디 책상 위로 내던질 수 있는 모피 코트를 여러 벌 빌려달라고 했다.

필드는 어림잡아 100명쯤 되는 디자이너가 무려 100만 달러의 가치가 있는 옷들을 빌려줬다고 했다.(앤 해서웨이의 출연료보다 비싼 금액이었다.) 많은 사람들이 마음을 졸였다. '애나 윈투어가 이걸 어떻게 생각할까?'

♔

패션 디자이너 잭 포즌이 말하는
〈악마는 프라다를 입는다〉가 패션업계에 대해 정확히 집어낸 점들'

"일단 힘들다는 거죠. 그리고 고되고 단조로운 일이란 것. 뛰어나야만 살아남을 수 있는 분야라는 것. 성공하기 위해서는 죽을힘을 다해야 한다는 것. 그리고 가차 없는 분야라는 거요. 끝이 없다는 것도요. 이 모든 게 전부 예술과 상업이 결합된 드문 분야에서 일하며 얻는 보상과 명예의 현실적 대가겠죠."

메릴은 핸드백 하나가 1만 2,000달러나 한다는 걸 믿을 수가 없었다. 메릴은 '앤디의 우울한 파란 스웨터'와 '앤디가 패션계에 느끼는 회의감'이 더 마음에 들었다. 하지만 메릴이 미란다가 되어 '프라다' 검은 코트와 '프라다' 회색 가방을 들고 엘리베이터에서 내릴 때 풍기던 흉포함은 진짜였다. 메릴의 변신에 매케나와 프랭클은 깜짝 놀랐다. 촬영 첫날 단체 회의 시간에 영화사 직원 몇 명은 메릴이 무엇을 입어야 하는가에 대해 지나치게 의견을 많이 내고 있었다. "전 다수결로 결정하지 않아요." 제작자 웬디 피너먼은 메릴이 했던 말을 기억했다. 메릴은 피너먼의 의견을 따랐다. "웬디, 어떤 귀걸이를 할까요?" "웬디, 벨트는 어떤 것으

로 하죠?" "웬디, 어디 갈 거 아니죠? (결정할 게 많으니까 갈 생각 말라고요.)"

메릴은 일부러 앤 해서웨이와 에밀리 블런트와는 거리를 두었지만 앤에게 자신이 그녀를 바라보는 싸늘한 시선은 결코 사적인 감정이 아니라고 미리 알려줬다. "리허설을 할 때는 언제나 메릴 선생님 그 자체였어요. 따뜻하게 미소 짓고 별명을 불러주시고 안아주시기도 하고 '무슨 일이니?' 하고 물어주시곤 했어요. 하지만 '미란다'로 변하자 그런 것들은 상관도 안 하셨어요. 미란다는 그런 걸 신경 쓰지 않으니까요." 앤이 말했다.

프랭클은 메릴이 앤을 절대로 '신인 배우'라고 하지 않았다고 했다. "하지만 '지금 우린 같은 영화에 출연하고 있고 네 배역이 내 것보다 더 비중 있을지 몰라도 너와 난 결코 같은 위치가 아니야.'라는 분위기를 계속 풍겼어요."

앤은 메릴과 차에서 내리는 촬영을 할 때 바짝 긴장했다. 이 장면을 찍기 위해 테이크를 찍고 또 찍으면서 차로 한 구역을 계속 빙빙 돌아야 했다. 앤은 억지로라도 그날 하루를 즐기려고 애쓰며 메릴과 대화를 시도했지만 평범한 대화를 주고받는 대신 자기도 모르게 자꾸만 메릴에게 잘 보이려고 했다.

"선생님, 혹시 닉 드레이크 Nick Drake 앨범 〈핑크 문 Pink Moon〉 들어보셨어요? …… 원하시면 제가 복사본을 만들어드릴 수 있는데요……."

고마워요, 애니.

"선생님, 혹시라도 재프리 유지니데스 Jeffrey Eugenides 작가의 책 읽어보셨어요?"

아뇨.

"선생님, 혹시라도 어젯밤에 존 스튜어트 ^{Jon Stewart}의 '데일리 쇼'*보셨어요? 그분 너무너무 멋져요. 전 그분이 미국을 구원할 거 같아요."

메릴은 아무 말도 하지 않았다. 메릴이 맞장구쳐주기만을 기다리던 앤은 침묵에 어찌할 바를 몰랐다. 마침내 메릴이 대답했다. "전 존 스튜어트가 미국을 구원할 것 같지 않아요. 스티븐 콜베어"가 구원할 거예요."

〈악마는 프라다를 입는다〉의 헤어 스타일리스트 앤젤 드 앤젤리스 ^{Angel De Angelis}가 앤에 대해 말했다. "앤은 촬영장에 늦게 오곤 했어요. 메릴이 먼저 와 있는데도요. 메릴 앞에서 어떻게 그럴 수 있을까요? 한참 선배잖아요."라고 말했다. 그러고 나서 이어 말했다. "앤은 사실 그때 어렸고, 밤 문화를 즐기는 남자와 사귀고 있었잖아요. …… 메릴이 정말 대단했어요. 앤을 끝까지 잘 참아주었고 선을 지킬 줄 알아야 한다는 것을 자기만의 방식으로 가르쳐주었어요." 드 앤젤리스가 말했다. "앤은 촬영 막바지에 가서는 훨씬 나아졌어요." 앤이 이탈리아 부동산업자 라파엘로 폴리에리 ^{Raffaello Follieri}에게 폭 빠졌을 때 나이가 겨우 스물한 살이었다. 폴리에리는 앤을 레드카펫이 깔린 행사에 데리고 다녔고 제트기를 타고 세계를 놀러 다니거나 지중해에서 요트를 타며 호화 생활을 보여줬다. 두 사람은 연예 잡지의 단골 기삿거리였다. 하지만 폴리에리는 앤을 감쪽같이 속이고 투자자들의 수백만 달러를 횡령했다. 앤은 그와 3년 가까이 만나다가 그가 인터넷 금융 사기, 돈세탁, 사기 투자 음모에 가담한 죄로 기소되기 직전인 2008년 6월에 헤어졌다. 그는 유죄 판결을 받아 4

● 데일리 쇼(The Daily Show) : '코미디 센트럴'에서 방영 중인 정치 풍자 뉴스쇼.
■ 스티븐 콜베어(Stephen Colbert) : '데일리 쇼'에 같이 출연하던 개그맨.

년 반을 복역한 다음 2012년에 이탈리아로 떠났다.

"촬영하는 날은 하루가 무척 길었어요. 애니는 정말 감정적이 되었어요. 수백만 달러를 횡령한 흉악범과 같이 살고 있었고 그는 앤이 일하는 것을 아주 반대했거든요. 특히나 밤늦게 일하는 것은 더더욱 싫어했어요. 우리가 밤늦게까지 촬영할 때면 앤은 항상 불안하고 초조해 보였어요." 프랭클이 말했다.

앤은 또 낭종과 관련한 건강 문제가 있었다. 다른 사람들은 그녀가 〈악마는 프라다를 입는다〉 촬영을 위해 살을 빼야 한다고 말했지만 메릴은 그 말을 듣지 말라고 조언했다. 앤은 수술 뒤에 5킬로그램 정도 몸무게가 늘었고 촬영 의상을 처음 입어보던 날 '명품 옷들이 맞지 않았다'고 앤이 기억을 떠올렸다. "그래서 5킬로그램를 빼야만 했어요. 정말 눈물 나는 나날들이었죠." (앤은 블런트의 대사 한 줄을 실감했을 것이다. "이제 설사만 한 번 더 하면 목표 몸무게야!")

한편 메릴은 촬영 기간 동안 3킬로그램이 빠졌다. "정말 죽을 것 같았어요." 메릴이 말했다. 상대 배우들, 특히 투치와 블런트는 유쾌하고 재미난 젊은이들이었지만 메릴(평소에 농담을 잘하고 사람들과 어울리는 것을 좋아하는 그녀.)은 일부러 홀로 있으며 압박감을 느꼈다. 메릴은 불안감 때문에 몸무게가 빠졌다고 했다. "미란다는 불안감이 많은 인물이었어요. 모두가 묻더군요. '악역을 연기하는 게 재밌었나요?' 아니요. 그 여자의 몸에 들어가 있는 것은 조금도 재밌지 않았어요. 전 미란다의 중압감을 오롯이 느꼈고 심적으로 너무나 힘들었어요. 하지만 저는 그게 영화의 일부라고 생각했어요. 대본을 읽으면서 미란다가 편집장의 자리를 다른 사람에게 뺏길지도 모른다는 중압감에 시달렸다는 것을 알았죠. 그리고 저는 우리 사회에서 중년 여성이 얼마나 쉽게 자리를 뺏길 수 있는지 이해했기 때문에 그녀가 된다는 것이 더욱이 즐겁지 않았어요. 그런 옷들을 입는 것도 힘들었어요. 꼭 잠수복을 입고 수중 장비를 장착하고 있는 기분이었어요. 아마 보통 여자들은 그런 옷을 입는 걸 매우 좋아했을 것 같아요. 하지만 전 그다지 즐기지 않았어요. 꼭 정신 이상자들에게 입히는 구속복 같았거든요."

메릴은 미란다가 긴장을 늦추고 눈물이 그렁한 눈으로 앤디에게 남편이 이혼 소송을 신청했다는 사실을 알리는 장면에서 화장을 전혀 하지 않았다. 타블로이드 신문이 자기를 물어뜯으며 즐거워하리라는 걸 알고 있는 미란다가 말한다. "언론사들이 내 덕에 판매 부수 많이 올리겠어. 하지만 그들이 뭐라 떠들든 난 상관 안 해. 다만 우리 애들이 가엾어서……."

연약함이 드러나는 아주 짧은 순간에도 미란다는 한결같이 차갑다. "여하튼 보통 굼뜬 게 아니야." 보아하니 인질이 인질범과 동화되는 스톡홀름 증후군에 빠진 듯한 앤디는 그런 모욕쯤은 귀에 들리지도 않는 듯 툭 털어낸다. 메릴은 카메라 밖에서도 앤을 가까이하지 않았지만 앤과 블런트는 실제로 아주 가까운 친구 사이가 되었다. "두 사람은 메릴을 대하기 전 서로 각오를 다졌어요. 둘이 서로를 많이 격려해주더라고요." 프랭클이 말했다.

앤이 진지하게 연기하는 동안 블런트는 유머 감각을 한껏 과시했다. 매케나는 마지막에 앤디가 에밀리에게 전화를 걸어 '파리 패션 위크'에서 받은 디자이너 옷들을 전부 주겠다고 하는 장면을 추가로 집어넣었다. 수화기 너머 에밀리의 목소리는 단호하고 매정하게 들리지만 관객들은 에밀리의 눈가가 기쁨과 감동으로 촉촉해지는 장면을 본다.

블런트가 자기의 마지막 촬영을 끝낸 뒤에 메릴(이미 미란다의 백발 가발과 프라다 명품을 집어던지고 풍덩한 재킷을 걸치고 있었다.)이 작별 인사를 하려고 트레일러에서 뛰쳐나왔다. "정말 너무 멋졌어!" 메릴이 소리 질렀다. 그러자 블런트는 정말로 울기 시작했다. 메릴의 칭찬은 블런트가 생각했던 것 이상으로 의미가 깊었던 것이다.

〈악마는 프라다를 입는다〉는 수십 년 동안 이어지던 메릴의 필모그래피 중에서 가장 성공한 영화였다. 이 영화 덕에 메릴은 배우로서의 매력도 깊어지면서 신비감도 강해졌다. 혹시 실제 메릴도 미란다처럼 강하고 단호하지는 않을까? 정말로 어린 배우들을 쥐 잡듯 잡지는 않았을까? 메릴의 다음 영화 〈다우트Doubt〉에 같이 출연한 에이미 애덤스Amy Adams는 곧 진실을 알게 될 터였다.

〈악마는 프라다를 입는다〉로 날아오르다

순식간에 명작 반열에 오른 이 영화는 새로운 스타들을 키워냈다. 그 뒤에는 메릴의 도움이 있었다.

앤 해서웨이 　　곧이어 〈레미제라블〉에서 절망에 빠진 판틴 역을 맡아 아카데미상을 수상하고 〈레이첼, 결혼하다〉, 〈다크나이트 라이즈〉, 〈인터스텔라〉에 출연하여 명성을 널리 날렸다. 그녀도 메릴과 마찬가지로 배우로서의 기반을 활용해 꾸준히 인도주의를 표방하고 있다.

스탠리 투치 　　역동적인 배우 투치는 〈악마는 프라다를 입는다〉에서 미란다의 유능하고 재치 있는 아트 디렉터 나이절 역을 맡아 영화 팬들의 사랑을 받았다. 그는 〈줄리 앤 줄리아〉에서 아내를 지지하는 남편 폴 차일드 역을 맡으며 또 한 번 메릴과 호흡을 맞췄다. 스트립은 투치와 펠리시티 블런트 Felicity Blunt 의 결혼식에도 참여했다.(혹시 에밀리 블런트의 언니냐고요? 딩동댕~)

얼라인 브로시 매케나 메릴과 데이비드 프랭클과 20세기 폭스사 모두 똑똑한 작가 매케나의 덕을 톡톡히 봤다. 매케나는 그 뒤로 〈27번의 결혼 리허설〉의 각본을 쓰고, 인기 있는 TV 코미디 시리즈 〈크레이지 엑스 걸프렌드〉를 제작하며 탄탄대로를 달렸다.

에밀리 블런트 〈악마는 프라다를 입는다〉로 스타가 된 블런트는 〈엣지 오브 투모로우〉, 〈걸 온 더 트레인〉, 〈콰이어트 플레이스〉에서 주연을 맡았다. 게다가 〈숲속으로〉와 〈메리 포핀스 리턴즈〉에는 메릴과 같이 출연했다. 그녀 역시 메릴처럼 코미디와 드라마 사이에서 교묘히 균형 잡고 있다.

의심과 확신 사이

의심이 가요. 의심이! – 수녀 알로이시스

2008년 〈다우트〉에서

온갖 법석에 디자이너들은 애나 윈투어가 두려워 〈악마는 프라다를 입는다〉 근처에는 얼씬도 하지 않았지만 메릴은 마침내 진짜 '미란다'와 마주했다. 정정당당한 스포츠 정신을 가진 애나 윈투어가 2006년 6월 19일 영화 개봉 때 정말로 모습을 드러냈다. 흑백이 조화된 프라다 치마 정장을 입고 레드카펫에 올라선 그녀는 배우들보다도 빛이 났다. 언론들은 그날 밤 최고의 가십 기삿거리를 얻은 셈이었다. 메릴과 애나 두 사람은 서로를 소개받는 자리에서 출구로 도망치는 대신 아주, 아주 다정하게 인사했다.

이튿날 윈투어의 대변인이 보도진에 성명을 발표했다. "윈투어 편집장님은 영화가 아주 재미있었다고 합니다. 풍자적이기도 하고요. 싫어

할 게 뭐가 있었겠습니까?" 영화 덕에 윈투어는 이제 패션과 출판 업계의 테두리 밖에서도 유명 인사가 되었다. 그래서 그녀의 페르소나가 '미란다'와 얽히긴 했지만 그게 결코 나쁜 건 아니었다. 윈투어는 아무도 못할 대단한 일을 해낸 사람이었고 사람들은 〈악마는 프라다를 입는다〉 이후에 그녀의 강인함을 우러러봤다. 그해 말 전설적인 앵커 바버라 월터스 Barbara Walters 는 윈투어를 '2006년 가장 매력적인 사람 10인'에 포함시켰다. 바버라 월터스는 결단력 있는 리더십을 치켜세우며 말했다. "메릴이 보여준 '미란다'의 강인함이 바로 내가 존경하는 점이에요."

이 '패션에 보내는 러브레터'는 세계 박스오피스에서 3억 2,600만 달러를 모으며 기대 이상의 성과를 냈다. 이것은 메릴의 이력 중에서도 단연코 상업적으로 가장 성공한 영화였다. 메릴은 이 영화로 자연스레 오스카상에 열네 번째로 후보에 올랐다. 그녀가 아니었다면 '미란다'는 그저 얄팍하고 만화 같은 악당이 되었을 수도 있다. 《뉴욕 타임스》의 A. O. 스콧 A.O.Scott 은 메릴 덕에 "미란다는 더 이상 악의 화신이 아니다. 이제 그녀는 놀랍도록 우아한, 기품과 결단력의 화신이다."라며 놀라워했다.

메릴은 맡은 일을 했을 뿐이었다. 하지만 그녀가 해낸 걸 그 누구도 대신하진 못했을 것이다. 그런데 메릴은 남자들도(이게 웬일이지?) '퀸 미란다'를 인정해줄 줄은 정말 몰랐다.

메릴이 미국 공영 라디오 방송 NPR에서 말했다.

〈악마는 프라다를 입는다〉를 찍고 나자 난생처음 남자가 저에게 다가와 말했어요. "전 그 느낌이 뭔지 이해해요. 저도 그런 일을 하거든요." 처음이었어요. 제가 그동안 맡은 역할 중 남자들이 가장 좋아하는 역할은 언제나 〈디어 헌터〉의 '린다'였거든요. 제가 수년간 대화해본 이성애자 남자들은 하나같이 "'린다'가 제일 마음에 듭니다."라고 했어요.

'린다' 아니면 '소피'였어요. 두 인물 모두 성격이 유난히 여성적이고 소극적이었죠. 둘 다 저녁 만찬에서 대화를 이끌어갈 사람들은 절대 아니었죠. 남자들은 그녀들과 사랑에는 빠졌지만 공감한 것은 아니었어요. 하지만 〈악마는 프라다를 입는다〉에서 제가 맡은 이 '강하고, 어려운 결정을 내리고, 조직을 이끄는 여성'은 어떤 남자들 입장에서는 정말로 공감하고 이해할 수 있었던 거예요. 남자가 다가와 공감한다고 말한 건 그때가 처음이었어요.

〈악마는 프라다를 입는다〉는 출연진과 제작진이 생각하지도 못한 길로 문화 속에 깊이 파고들었다. TV에도 자주 나왔다. 시트콤 〈더 오피스 The Office〉에서는 지지리도 운 없는 남자 마이클 스콧(스티브 커렐 Steve Carell 분)이 미란다를 흉내 냈다. 〈4차원 가족 카다시안 따라잡기 Keeping Up with the Kardashians〉에서는 크리스 제너 Kris Jenner가 미란다처럼 옷을 빼입고 그녀를 흉내 냈다. 〈악마는 프라다를 입는다〉는 명품을 만들고 '패션 위크'의 패션쇼를 이끌어가는 유명 인사들에 점점 더 매료되는 대중 심리와 시대상을 잘 보여주었다. 2006년에 기발한 표어("해내란 말이야! Make it work!")를 자랑하던 리얼리티쇼 '프로젝트 런웨이'가 그와 같은 문화 현상이었다. 스웨덴의 패스트패션* 브랜드 H&M은 미국 쇼핑센터에 입점해서 저렴한 가격으로 명품 스타일을 내놓았다. 원투어는 자신의 강철 같은 이미지를

● 패스트패션(fast-fashion) : 유행 따라 소비자의 기호에 맞게 디자인을 빠르게 바꿔서 내놓는 옷을 가리킨다.

이용해 '멧 갈라'*를 세계에서 가장 매력적인 런웨이 쇼로 만들었다. 미란다의 사진, 영상, 그림이 인터넷에 넘쳐났고 그녀의 신랄한 대사들은 끊임없이 인용되었다. '미란다'는 메릴이 맡았던 역할 중 여전히 가장 인기가 많다.

그래서 〈악마는 프라다를 입는다〉를 따라잡기란 결코 쉽지 않았다. 그 뒤로 2년 동안 메릴은 그녀의 독보적인 존재감으로 어찌하지 못하는, 영 아닌 영화들에 곧잘 나왔다. 흥행에 참패한 애니메이션 〈앤트 불리 The Ant Bully〉에 여왕개미 목소리로 나왔고, 실화를 바탕으로 한 저예산 드라마 영화 〈다크 매터 Dark Matter〉에 돈 많고 친절한 보헤미안 후원자로 나왔다.(옷은 중년 아줌마 스타일이다.) 그녀는 영특한 중국 학생이 미국 대학 생활에 적응하도록 도와주지만 학생은 한순간 분노가 폭발해 강의실에서 총을 쏘아댄다.(선생님? 이 영화는 왜 찍으셨어요. 총도 싫어하시면서.) 그리고 2007년에는 〈이브닝 Evening〉에서 메이미 거머의 나이 든 역할로 매우 짧게 나왔다. 이 영화는 스물두 살이던 메이미의 주연배우 데뷔작이었다. 메이미는 노스웨스턴 대학교에서 연극학과를 졸업하고 오프브로드웨이 연극 〈미스터 마멀레이드 Mr.Marmalade〉와 〈워터스 에지 The Water's Edge〉에 출연해 두 연극으로 모두 상을 받았다. 그러나 라요스 콜타이 Lajos Koltai가 감독한 〈이브닝〉은 지나치게 공들인 나머지 너무나 지루했고 스트립을 쏙 빼닮은 메이미의 재능뿐만 아니라 버네사 레드그레이브, 너태샤 리처드슨, 글렌 클로즈, 클레어 데인즈, 토니 콜렛 Toni Collette의 탁월한 재능까지 전부 낭비해버렸다. 영화는 지독한 혹평을 받으며 완전히 망했고 극장가에서

---

* 멧 갈라(Met Gala) : 메트로폴리탄 미술관에서 모금을 위해 열리는 패션 행사로《보그》의 편집장 애나 윈투어가 주관한다. 유명 스타들이 어디서도 볼 수 없는 화려하고 독특한 옷을 입고 등장한다.

딱 한 달 머무르다가 소리 없이 사라졌다. 하지만 메이미와 메릴의 이름이 나란히 나와 있는 영화 포스터만큼은 사라지지 않고 스트립 집 안 벽 한구석에 영원히 걸려 있을지도 모른다.

버락 오바마의 역사적이고 희망찬 대선 승리가 있기 한 해 앞서 메릴은 명백한 정치 영화를 다시 찍었다. 스릴러 영화 〈렌디션 Rendition〉은 CIA가 독일과 레바논 시민인 칼리드 엘마스리 Khalid El-Masri를 잘못 체포해 고문하는 실화를 바탕으로 한다. 제이크 질런홀 Jake Gyllenhaal은 양심 있는 CIA 정보원으로 등장하고 메릴은 양심 따위 없는 국가 고위 정보원으로 나온다. 메릴의 억양은 리즈 위더스푼과 살짝 비슷한 미국 남부 억양이다.*

그리고 로버트 레드퍼드가 감독한 〈로스트 라이언스 Lions for Lambs〉는 평범하지 않으면서 지성을 자극하는 전쟁 드라마로 레드퍼드와 메릴, 톰 크루즈가 함께 출연했다. 진보주의 TV 기자 재닌 로스 역을 맡은 메릴은 검은색 뿔테 안경에 수첩을 들고, 이글거리는 눈빛의 야심 찬 상원의원 재스퍼 어빙(톰 크루즈 분)을 찾아간다. 그의 새로운 아프가니스탄 군사 전략에 대해 인터뷰하기 위해서였다. 그는 새 전략이 미국을 통합하고 공화당에 승리를 안겨줄 것이라 믿고 있었다. 재닌이 재스퍼를 '미국 공화당의 미래'라고 기사에 쓴 적이 있었기 때문에 그는 그녀가 이번에도 자신의 아프간 전략에 대해서 좋은 기사를 써줄 거라 기대했다. 하지만 그녀는 그의 술수에 넘어가지 않는다. 화가 난 재스퍼는 재닌 앞에서 언론도 결국 정부의 이라크전쟁을 합리화하는 데 공모한 위선자라고 비

---

* 리즈 위더스푼(Reese Witherspoon)은 〈렌디션〉에 칼리드 엘마스리의 아내 역할로 나온다.

난한다.

사무실로 돌아온 재닌이 잔뜩 흥분해서 남자 편집장에게 재스퍼에 대해 분노를 터뜨린다. 하지만 편집장은 그녀에게 침착하라며, 도덕적 원칙에 맞지 않을지라도 아무 생각 말고 재스퍼의 편에 서서 기사를 쓰라고 시킨다. 속물 편집장은 그녀 나이가 쉰일곱인 것을 들추며 충고한다. "멋대로 기사 쓰고 여기서 나가면 불러주는 방송사도 없어 이제." 그러나 재닌은 자기 생각을 고수한다. 떠난다 해도 양심은 떳떳하게 지킬 수 있으니까. 메릴은 〈로스트 라이언스〉가 '나서서 소신을 밝히는 게 얼마나 어려운지 보여주는 영화'라고 했다. 그녀는 "모든 영화는 정치적이에요. 침묵하거나 무시해버리는 것 또한 정치적인 것이죠."라고 주장했다.

하지만 영화 팬들은 9·11 테러 이후 불확실한 현실을 떠오르게 하는 우울한 영화들을 정말로 피하고 싶어 했다. 관객들은 〈렌디션〉과 〈로스트 라이언스〉를 피했고 두 영화는 북미에서 모두 합쳐 2,500만 달러밖에 벌어들이지 못했다.

메릴이 현실을 보여주는 이 우울한 영화들에서 벗어날 유일한 길은 아바의 경쾌한 노래들로 구성한 고예산 주크박스 뮤지컬*에 출연하는 것이었다. 메릴이 유니버설 픽처스가 제작하는 영화 〈맘마미아!〉에 주연으로 출연한다는 소식이 들리자 안티들은 킥킥대며 비웃었다. 〈맘마미아!〉는 선풍적인 인기를 모은 브로드웨이 뮤지컬을, 주디 크레이머Judy Craymer가 제작하고 톰 행크스, 리타 윌슨Rita Wilson, 아바의 작곡·작사가인

● 주크박스 뮤지컬(jukebox musical) : 대중에게 잘 알려진 노래들로 구성된 뮤지컬.

베니 안데르손^{Benny Andersson}과 뵤른 울바에우스^{Bjorn Ulvaeus}가 협력해 영화화한 것이다. 영화사는 연출가 필리다 로이드^{Phyllida Lloyd}를 감독으로 뽑았다. 크레이머의 뮤지컬은 1999년 런던에서 초연한 이후 세계 곳곳에서 매진 행렬을 이뤘다. 불야성 뉴욕 브로드웨이 극장가에서 아홉 번째로 오랜 기간 상연한 뮤지컬이며 세계적으로 20억 달러 이상을 벌어들이는 티켓 판매량을 자랑했다. 젠체하는 고급 문화 소비자들은 〈맘마미아!〉를 무시했지만 메릴은 정말 좋아했고, 제작자 주디 크레이머에게 그런 마음을 전하려 편지까지 썼다. 그녀는 9·11 테러가 있은 지 얼마 지나지 않아 막내딸 루이자와 그녀의 친구들 여섯 명을 데리고 공연을 보러 갔었다. 하도 신이 나 통로에 서서 춤도 췄다. 그 기쁨이란! 그 음악이란! 그 사랑이란! 그게 바로 인생의 전부 아닐까?

크레이머는 편지 덕분에 메릴에게 감히 도나 셰리든 역을 부탁할 수 있었다고 했다. '도나'는 아름다운 그리스 섬에서 부티크 호텔을 홀로 경영하고 있는 엄마다. 에이전트는 메릴이 그 배역을 거절할 거라고 생각했다. "아니, 무슨 소리예요? 꼭 하겠다고 전해주세요!"

"제게 그 배역을 준 걸 믿을 수가 없었어요. 정말 행복했어요. 전 계속 물었어요. 정말이에요? 저 주는 거 확실하세요?" 메릴이 그때를 떠올렸다.

도나의 딸이자 예비 신부인 소피 역에는 어맨다 사이프리드^{Amanda Seyfried}가 계약했다. 소피는 식장에 아빠 손을 잡고 들어가고 싶어 했다. 그런데 아뿔싸! 아빠가 누군지 모른다. 소피는 엄마의 연인이었던 세 남자에게 초대장을 보낸다. 세 남자는 피어스 브로스넌^{Pierce Brosnan}, 콜린 퍼스^{Colin Firth}, 스텔란 스카르스고르드^{Stellan Skarsgård}가 각각 맡았다. 잘생긴 세 남자가 딸의 결혼식을 위해 나타나 자유분방했던 도나의 히피 시절 이야기를 끄집어내자 도나는 깜짝 놀란다. 브로스넌은 사실 좀 음치지만 그래도 도나의 가슴을 다시금 뛰게 한다. 메릴은 예일 드라마스쿨 시절 즐겨 입던 청 멜빵바지를 입고 그리스 스코펠로스섬에서 '승자가 모든 걸 가진다The Winner Takes It All'를 목청껏 불렀다. 활기 넘치던 마지막 장면에서는 소피가 아니라 도나가 결혼한다. 신랑은 브로스넌이다. 메릴을 통해 대리만족을 느끼던 여성들의 환상이 마침내 이루어진 것이다. 인생의 어느 때고 사랑은 오기 마련이라는 희망이 싹튼다. 영화는 야심 차고 대담했다. 그러나 주요 신문사나 잡지사의 대다수를 이루는 이성애자 남성 영화평론가들은 〈맘마미아!〉를 전혀 '쿨하게' 보지 않았다. 〈맘마미아!〉의 축제에 낄 자리가 없었던 남성들은 재빨리 영화를 깎아내렸다. 《가디언》은 "수그러들 기미 없이 시작부터 끝까지 발랄하기만 한 뮤지컬 영화에서 스트립이 노래방에서 부르면 딱 좋았을 아바의 노래들을 열창했다. 언론 시사회에서는 그녀가 이력에 큰 오점을 남겼다고 수군대는 소리가 들렸다. 사실 스트립이 그런 영화에 출연할 급은 아니지 않은가."라고 썼다.

하지만 '아바'가 메릴을 죽였다는 풍문은 지나친 것이었다.

메릴과 돈의 결혼 30주년 기념일을 두 달 앞둔 2008년 6월에 개봉한 〈맘마미아!〉는 세계적으로 6억 900만 달러라는 충격적인 수치의 수익을 올렸다. 제작비는 5,200만 달러였다. "정말 감사한 건 이 영화가 할리우드가 관심 없어 하던 여성 관객들을 끌어들였다는 거예요." 메릴이 《로스앤젤레스 타임스》에서 말했다. "아무도 〈맘마미아!〉를 만들고 싶어 하지 않았어요. 똑똑한 남자들은 〈헬보이Hellboy〉에 투자했어요. 그런 영화들이 만드는 데까지는 순탄했을지 몰라도 결과는 〈맘마미아!〉가 훨씬 앞질렀어요." 그리고 부정적인 비평에 대해서는 전혀 신경 쓰지 않았다. "전 많은 사람들이 보고 즐거워할 줄 알고 있었어요. 혹평이 나오니까 블로그에서 여자들이 일제히 이런 식으로 말했어요. '평론가들 정신 나갔네! 도대체 뭐가 문제야, 인생이 싫어요? 감성이 메마른 아재들?'"

메릴은 가부장적 할리우드에서 다시 한번 여성에 관한, 여성을 위한 영화가 돈이 되는 사업임을 증명해보였다. "메릴은 중년 여성도 대단한 스타가 될 수 있다는 걸 보여주면서 여성들을 가로막았던 유리천장을 깨부쉈어요. 이전에는 한 번도, 정말 단 한 번도 없었던 일이죠." 마이크 니컬스가 말했다.

그녀는 계속해서 새로운 캐릭터에 몰두했다. 미라맥스는 크리스마스에 〈다우트〉를 개봉했다. 메릴은 근엄한 가톨릭 수녀 역을 맡아 진보적 신부 필립 역의 시모어 호프먼과 함께 출연했다. 수녀는 신부가 복사服事 아이를 성추행했다고 믿고 있다. 눈을 뗄 수 없을 만큼 흥미진진한 이 드라마는 퓰리처상을 수상한, 존 패트릭 셴리John Patrick Shanley의 희곡을 작가가 직접 각색하고 감독한 것이다. 메릴의 캐릭터인 알로이시스 보비에르 수녀는 노동자 계층이 주류를 이루는 '브롱크스'에 있는 교구 학교의 교장이다. 수녀는 진한 뉴욕 억양을 쓰고 세상을 흑백 논리로 바라보며 유머라고는 눈곱만치도 없다.

때는 1964년이고 시대가 달라지고 있었다. 그녀는 '톨렌티노의 성니콜라스 성당'으로 새로 부임해 온 진보적이고 사교적인 브렌던 플린 신부가 학교 안 유일한 흑인 학생 도널드 밀러(조지프 포스터Joseph Foster 분)에게 특별히 관심 갖는 것을 두고 어떻게 생각해야 할지 혼란스러워한다.

그리고 사랑스럽고 순수한 제임스 수녀(에이미 애덤스 분)에게서 플린 신부가 도널드를 사제관으로 불러들였다는 이야길 듣자 의혹은 눈덩이처럼 불어난다. 제임스 수녀는 도널드가 사제관을 다녀온 뒤로 우울해하고 술 냄새가 나는 걸 눈치챘던 것이다. 플린 신부는 도널드가 성당에서 와인을 마시다 들켰다고 주장한다. 하지만 알로이시스 수녀는 거짓말이라는 것을 냄새 맡는다.

제작자 스콧 루딘 Scott Rudin이 셴리와 메릴의 점심 식사 자리를 마련했다. 셴리가 메릴에게 각본을 건네자 메릴이 말했다. "당연히 알고 계시겠지만 영화는 연극과 달라요."

"네, 압니다. 사실 제가 원하는 건 이 영화에서 '바람 the wind'을 하나의 캐릭터로 만드는 거예요. 뭔가 새로운 바람은 보는 관점에 따라 혼란스러울 수도 신선할 수도 있으니까요."

"오! 멋지네요!" 메릴이 말했다.

그때 셴리는 메릴이 출연할 것을 확신했다. 메릴은 브롱크스 출신 극작가 셴리에게 읽는 법을 가르쳐준 초등학교 1학년 때의 담임 교사 페기 수녀를 비롯해 다른 여러 수녀들과 대화를 나누며 역할을 연구했다. "수녀는 코미디 소재가 되기 쉬워요. 그래서 영국 희극 그룹 '몬티 파이선 Monty Python'부터 극작가 크리스토퍼 듀랑까지 모두 수녀를 웃음거리로 만들었잖아요? 세속에서는 여자들이 평생 남자를 만나고 남편감을 만나고 아이를 갖고 외모를 가꾸는 데 공을 들여요. 그리고 세상은 그 모든 걸 포기하는 수녀들을 이해 못 하는 것 같아요. 수녀들은 이 모든 것을 쓰레기처럼 내버리잖아요. 하지만 전 그 뒤에 굉장한 자유가 있으리라 생각해요." 메릴이 말했다.

셴리는 플린 신부 역에 톰 크루즈를 고민했으나 마지막에는 신비스러운 이미지의 호프먼을 골랐다. 호프먼은 그로부터 7년 전 니컬스의 센트럴파크 리바이벌 공연 〈갈매기〉에 메릴과 함께 출연했고 〈카포티 Capote〉로 아카데미 남우주연상을 탔다. 그는 사회 변두리의 괴짜들을 주로 연기해왔지만 그 괴상한 캐릭터들조차 사랑받게 했다. 카리스마와 오싹함이 모호하게 뒤섞인 플린 신부 역을 호프먼처럼 잘 소화할 배우는 없었다. 유쾌한 플린 신부는 정말 소아성애자일까? 아니면 찬물 끼얹기 잘하는 알로이시스 수녀가 과민하게 반응하는 걸까?

"필립은 메릴을 자기 친척쯤으로 여겼어요. 성가신 친척 말이에요. 그는 메릴이 자꾸 참견해서 집중을 흐린다고 생각했어요. 아마 연극 〈갈매기〉 때였을 겁니다. 무대 뒤에 있을 때 메릴이 귀에다 대고 그의 캐릭터에 대해 듣고 싶지 않은 말을 자꾸 속삭였대요. 그는 메릴의 말에 휘둘리지 않으려 애썼다고 해요." 셴리가 말했다. 대사로 가득 찬 두 사람의 결전 장면을 찍기 바로 전에 "메릴은 '너 어디 한번 혼 좀 나봐라.'라고 중얼거렸어요. 그러자 필립이 유감스러운 듯 웃으며 고개를 가로젓더니 '한번 해보시지.'라는 식으로 한마디를 내뱉었어요. 그리고 촬영이 시작되자 두 사람은 서로에게 맞서면서도 서로를 받쳐주는 놀라운 능력을 보여줬죠."

오스카 시상식의 준비 단계에서 열린 영화 공개 토론회에 셴리가 메릴, 호프먼과 같이 참석해 이 일화를 털어놓았다. 메릴은 웃으며 '너 어디 한번 혼 좀 나봐라.' 같은 말은 한 적이 없다고 했고 호프먼은 "아니오, 분~명히 했습니다."라고 대꾸했다.

셴리는 알로이시스 수녀 사무실에서 촬영할 때 벌어졌던 일이 너무나 인상적이었다. "메릴이 마구 화를 내면서 손을 거칠게 휘두르다가 거기에 서 있는 조명 하나를 깨부순 거예요. 그런데 제가 놀란 건 메릴이 전혀 놀라지 않았다는 사실이었어요. 메릴은 그냥 '제가 어쩌다 한 번씩 그럽니다.' 식이었어요. '어쩜 좋아! 제가 세트장을 망가뜨리고 말았어!' 식으로 호들갑을 떨지 않았어요. 그보다는 '에이, 새로 하나 사셔야겠네요.'라고 시원하게 반응했어요." 셴리가 말했다.

또한 그는 가끔 메릴이 자기의 의심과 싸우는 것을 보기도 했다. 알로이시스 수녀가 '꼬마 눈사람Frosty the Snowman' 노래를 한마디로 이단이라고 해버리는 장면을 두고 메릴은 알로이시스 수녀가 정말로 그렇게 생각했다고 믿기 어려운 눈치였다.

"설마 정말 이렇게 생각했을까요?" 메릴이 셴리에게 물었다.

"분명히 그렇게 생각했죠." 그가 대답했다. 그러자 메릴이 말했다. "이걸 어떻게 연기해야 할지 정말 모르겠네요."

재촬영을 하던 어느 날 "저는 메릴이 '알로이시스 수녀'에게 연민을 느끼고 있음을 알았어요. 그녀는 알로이시스 수녀에게 마음을 많이 쓰고 있었고 사람들이 그녀를 어떻게 받아들일지 걱정했어요. 메릴은 꼭 어린 여자아이처럼 굉장히 연약하고 불안정해 보였어요." 셴리가 《로스앤젤레스 타임스》에서 말했다.

메릴과 에이미 애덤스는 함께 촬영하기 전이면 새까만 옷을 입고 촬영장에 나란히 앉아 말없이 뜨개질을 했다. 메릴 곁에 있으면 에이미의 타고난 밝고 명랑한 분위기가 수그러들었다. 영화에는 성 니콜라스 성당에서 남녀가 명백히 다르다는 걸 보여주는 장면이 하나 있다. 플린 신부와 남성 성직자들은 저녁 식사를 하는 동안 술을 잔뜩 마시고 시끌벅적하게 떠드는데 알로이시스 수녀와 다른 수녀들은 침묵이 흐르는 엄숙한 분위기 속에서 식사한다. 알로이시스 수녀가 플린 신부를 그 자리에서 쫓아내려고 압박하자 그는 결국 물러나기로 하고 전속轉屬을 요청하는데 (여자보다 남자의 말을 더 믿는) 가톨릭교회는 수녀의 경고를 무시하고 플린을 더 큰 교구로 보낸다. 그에게는 부적절한 행동을 할 기회가 더 많아진 셈이다. 알로이시스 수녀는 가부장제와의 싸움에서 졌다. 그녀는 평생을 헌신해온 교회 제도에 대해 신뢰를 잃은 듯했다. 그리고 그렇게 자신만만하던 수녀가 한순간 무너져내리는 모습을 보며 관객들은 마음이 편치가 않다. "의심이 가요. 의심이!" 그녀가 제임스 수녀 앞에서 눈물을 흘리며 말한다.

셴리는 끝까지 나에게 사제관에서 무슨 일이 있었는지 말해주진 않았지만 나도 내 나름의 생각이 있다. 나는 수녀들의 말을 믿는다.

그리고 메릴은 다음 역할을 위해 알로이시스 수녀가 쓰던 보닛 모자를 벗고, 셰프의 앞치마를 걸쳤다. 그러고는 프랑스 요리로 구원을 받은 '줄리아 차일드'의 유쾌한 의식 속으로 빠져들어 갔다.

바이올라의 활약

신인이었던 바이올라 데이비스 Viola Davis는 줄리어드 스쿨의 엘리트 연기 수업을 이수하고 졸업했지만 〈다우트〉에서 메릴 스트립과 함께 촬영하는 것은 너무나 엄청난 일이었다. 그녀는 잔뜩 겁을 먹었다.

바이올라는 미리 영화 속의 궁지에 몰린 '밀러 부인'이라는 캐릭터의 일대기를 상상하며 인물 전기를 50장 넘게 썼다. 비중은 작아도 중추적인 역할이라 생각했고(〈셰익스피어 인 러브〉에서 주디 덴치의 8분짜리 연기를 한번 떠올려보라.) 그 역할을 더 잘 이해하고 싶었다. 까다로운 일이었다. 알로이시스 수녀(메릴)는 밀러 부인의 어린 아들 도널드가 브롱크스 교구 학교의 성추행 피해자라고 믿고 있다. 그리고 수녀에겐 도널드를 잘 챙겨주는 플린 신부가 성추행 가해자라는 심증이 있다. 소년의 아버지는 도널드의 남다른 성 정체성 때문에 아이를 때리곤 했다. 그는 학교에서 유일한 흑인 학생이기도 했다. 알로이시스 수녀는 브롱크스 주택 지구에 있는 밀러 부인의 일터까지 따라가 플린 신부의 비행을 알려주지만 허사였다. 밀러 부인에게 도널드를 보호한다는 의미는 아들이 사회를 헤쳐나가는 데 도움을 줄 수 있는 플린 신부에 대한 의혹을 거두는 것이었다.

"전 밀러 부인을 알로이시스 수녀와 같은 부류로 봤어요. 선택이

제한된 여자이고…… 보기만 해도 우울한 존재들이죠. 하지만 평범하지 않은 방법으로 여전히 아들을 사랑하고 지지하는 엄마입니다."

〈다우트〉의 각본가이자 감독인 존 패트릭 셴리는 영화 촬영이 3분의 2 정도 진행된 시점에서 첫 촬영을 하러 온 바이올라가 안절부절못했다고 말했다. 바이올라는 메릴과 야외에서 대면하는 장면을 실내에서 먼저 연습하는 것을 매우 갑갑해했다. "꼭 갇힌 것 같아요." 그녀가 셴리에게 말했다. 그녀의 남편 줄리어스 테넌Julius Tennon 은 바이올라더러 메릴에게 가서 그녀가 바이올라 자신에게 얼마나 큰 의미가 있는지 얘기하라고 했다. "'전 선생님과 연기하길 한평생 기다렸어요!' 이렇게 말씀드려." 남편이 말했다. 하지만 바이올라는 아무 말도 하지 않았다. 그 대신 촬영 장면에 모든 긴장감을 쏟아부으며 스트립만큼 완벽하게 연기해냈다. 바이올라의 연기 덕에 관객들은 아들의 미래를 위해서 그를 회색 영역에 내버려두겠다고 말하는 '밀러 부인'을 의외로 깊이 동정했다. 〈다우트〉는 바이올라에게 결정적인 기회였고 그 뒤로 그녀는 2016년 영화 〈펜스Fences〉로 오스카상을, 숀다랜드Shondaland 채널의 시리즈 〈범죄의 재구성How to Get Away with Murder〉으로 에미상을, 브로드웨이 연극 〈펜스Fences〉로 두 번째 토니상을 타며 승승장구했다.(2001년 〈킹 해들리 2세King Hedley II〉로 첫 번째 토니상을 탔다.)

바이올라는 2017년에 메릴에게 골든그로브의 평생공로상을 건넸다. 감정이 북받쳐 오른 바이올라는 "선생님 덕분에 전 제가 예술가가 된 사실이 무척 자랑스러워요. 선생님 덕분에 제가 가지고 있는 것들, 제 몸과 얼굴과 제 나이가 부족하지 않다는 것을 깨달았어요."

라고 말했다.

　이듬해 바이올라는 단순히 피부색 때문에 할리우드에서 메릴과 줄리앤 무어보다 대우가 못하다는 사실에 당혹감을 드러냈다. "전 일할 기회와 출연료를 그들의 발톱만큼도 갖지 못해요. 근처에도 이르지 못하죠." 바이올라는 이어서 만약 사람들이 자신을 '블랙 메릴 스트립'이라고 부를 것 같으면 '적어도 그 가치만큼의 출연료를 달라'고 했다. 메릴이 옆에 있었더라면 찬성의 뜻으로 기립 박수를 쳤을 것이다.

QUEEN MERYL
17

연기는 어린아이처럼 즐기는 멋진 모험

본 아페티! - 줄리아 차일드

2009년 〈줄리 앤 줄리아〉에서

네 아이 중 세 명이 집을 떠났다. 메릴의 맏아들 헨리 울프^{Henry Wolfe} (예명)는 로스앤젤레스로 이사했다. 그는 〈굿 셰퍼드^{The Good Shepherd}〉와 같은 고예산 영화부터 〈거짓말^{Lying}〉, 〈기다림^{The Wait}〉과 같은 실험적 영화까지 폭넓게 활동하는 배우이자 음악가다. 둘째 메이미는 엄마처럼 진지한 연기(HBO의 미니시리즈 〈존 애덤스^{John Adams}〉의 샐리 애덤스 역)와 코믹 연기(CBS의 〈굿 와이프^{The Good Wife}〉의 영리하지만 조금 특이한 변호사, 낸시 크로지어 역)를 넘나드는 배우다. 메이미는 2009년 10월에 브로드웨이 연극 〈위험한 관계^{Les liaisons dangereuses}〉에 같이 출연한 벤저민 워커^{Benjamin Walker}와 약혼을 발표했다. "엄마는 그 사람이 너무 마음에 든대요!" 메이미가 한껏 들뜬 목소리로 말했다. 1993년에 영화 〈영혼의 집〉에서 '어린 메릴'로 잠깐 출연했던 그레이스 거머는 배서 대학에서 미술사와 이탈리아어를 전공하고 졸업했다. 하지만 그레이스 역시 엄마의 DNA를 물려받아 연기에 대한 꿈이 있었다. 그레이스는 보배 같은 독립영화 〈프란시스 하Frances Ha〉에서 그레타 거윅의 상대 배우로 나오고, 아마존 채널의 컬트적인 웹-TV 시리즈 〈굿 걸스 리볼트Good Girls Revolt〉에서 노라 에프런 역을 맡아 무대와 영화 모두를 정복하려 했다. 막내딸 루이자는 곧 배서 대학에 입학할 무렵이었다. 그녀는 브루클린에서 빅토리아 에델Victoria Edel과 같은 고등학교를 다녔고 두 사람 모두 학교 연극을 했다. 빅토리아는 메릴이 자기 의상에 단추를 꿰매주던 걸 기억했다. "그리고 한번은 우리 엄마가 알고 지내던 어떤 아줌마와 마주쳤는데 그분이 정말 무례하게 말하는 거예요. 우리 엄마한테 '어머, 전 댁의 아이들이 여기 다닐 만큼 똑똑한지 몰랐어요.'라고 했어요. 그랬더니 메릴 아줌마가 다 들리게 큰 소리로 얘기하셨어요. '이야! 정말 어떤 사람들은 깜짝 놀랄 만큼 무례하다니까.' 이런 식으로요."

메릴은 마침내 한시름 놓을 수 있었다. 그녀는 카메라 안팎에서 한층 더 밝아졌다.

"메릴이 정말 행복한 것 같아요. 아이 넷을 키우고 있다면 누구든 걱정이 있을 수밖에 없지요. 그런데 아이들이 전부 너무 훌륭하게 자라주었으니 이제야 긴장을 풀 수 있는 겁니다. 애들이 각자 좋은 직업도 갖고 행복하게 사랑도 하니까 좀 자유로워지고 안심이 되었겠죠. 물론 여전히 애들 모두와 연결되어 있지만 그래도 편해졌을 테지요. 적어도 '빨리 집에 가야 하는데'라는 생각은 할 필요가 없으니까요. 메릴은 자유를 만끽하면서 더 깊이가 생겼어요." 마이크 니컬스가 2010년 《배너티 페어》지에서 말했다.

혹시 니컬스가 말한 '깊이'라는 게 메릴의 주머니 사정을 두고 한 말은 아니었을까? 메릴은 예순이 되던 해 2,400만 달러를 벌어들였고《포브스 Forbes》가 2008년 6월부터 2009년 6월까지의 수입을 기준으로 선정한 '출연료를 가장 많이 받는 여배우' 3위에 올랐다. 앤젤리나 졸리(당시 34세)와 제니퍼 애니스턴 Jennifer Aniston(당시 40세)이 각각 1, 2위를 차지했다. 그러나 이 세 배우 모두 남자 배우들보다는 상당히 적게 받는 것이었다. 남자 배우 1위였던 해리슨 포드는 6,500만 달러를 챙긴 데 비해 앤젤리나 졸리는 2,700만 달러를 받았다. 이 기간 동안 상위 10위권 안에 드는 남자 배우들의 수입 총액을 합하면 3억 9,300만 달러였고 여자 배우들은 1억 8,300만 달러였다. 이런 당혹스러운 통계만 봐도 불공평한 여건 속에서 여자 배우들의 위상을 높인 메릴의 공헌이 얼마나 대단한 것인지 알 수 있는데, 엘리자베스 여왕은 왜 여태껏 그녀에게 줄리 앤드루스에게처럼* 데임 작위 훈장을 주지 않는지 모르겠다. 정말 이상하다.

♛

메릴의 바너드 대학 졸업 축하 연설

2010년 5월 17일 메릴은 맨해튼의 사립 여자 문과대학에서 졸업생들을 위해 연설하며 지혜와 통찰력 있는 주옥같은 말들을 남겼다. 가장 의미심장한 몇 부분을 소개한다.

---

* 〈사운드 오브 뮤직(The Sound of Music)〉에서 주연을 맡기도 했던 줄리 앤드루스는 공연 예술에 기여한 공로로 2000년에 대영제국 2등급 훈장을 받았다.

"전 27년 전 배서 대학에서 졸업 연설을 하고 대단히 주목받았어요. 정말로 모두가 좋아했어요. 톰 브로커 ^{Tom Brokaw}는 그가 들어본 졸업 축하 연설 중 단연 최고였다고 했어요. 그리고 전 당연히 그 말을 믿었습니다. 그런데 말이에요. 그때는 지금보다 연설문을 쓰기가 한결 쉬웠어요. 술술 잘 써졌어요. 왜냐면 그땐 제가 아는 게 정말 많았거든요! 저는 아이를 막 출산한 엄마였고 아카데미상을 두 번이나 탔으니까요. 모든 게 술술 잘 풀렸어요. 지금의 저는 그때 '그 젊은 여자'가 알던 것의 16분의 1도 알지 못하는 것 같아요. 더는 그렇게 확실하게 보이지가 않네요."

"여자들이 남자들보다 연기를 잘합니다. 왠지 아세요? 우리는 그래야만 하거든요. 수천 년 동안 여성들이 생존해온 방법이 있습니다. 여성들의 생존 전략이란 바로 자기보다 힘이 센 남자들에게 그들이 관심 없어 하는 사실들을 깨닫게 해주는 것이었어요. 연기는 단순히 놀이가 아닙니다. 연기는 열려 있는 가능성입니다. 가장 ^{pretending} 혹은 연기는 사실상 아주 가치 있는 삶의 기술이고 우리 모두가 하고 있는 일입니다."

"저는 행복하게 살기를 원합니다. 하지만 상은 제 행복과 크게 관련이 없어요. 전 제 역할에 격정적으로 공감하면서 세상을 배울 때 가장 행복합니다."

"제가 무대 위에 올라가 상패를 들고 이 말 저 말 쏟아내는 걸 TV에서 보셨겠지만 그건 전부 연기입니다. 유명 인사가 되면서 저는 감추는 법을 배웠어요. 하지만 배우가 되면서는 마음을 터놓는 법을 배웠습니다."

"유명해질 필요는 없잖아요. 그저 여러분의 아빠, 엄마를 자랑스럽게 해드리면 됩니다. 그리고 여러분은 이미 그걸 이뤘죠."

메릴은 중년 여성들을 가로막는 장벽을 허물어뜨렸지만 그것을 자기 공이라 생각하지 않았다. 대신 여성 권력자들이 영향력을 행사한 덕분이라며 그들에게 공을 돌렸다. 2009년 10월 토론토에서 있었던 행사에서 영화평론가 조애나 슈넬러Johanna Schneller는 메릴에게 그녀가 일부러 더 재미나 보이는 영화들을 적극적으로 고르는 건지 물었다. "전 사실 선택권이 없어요. 내가 내 영화를 만드는 게 아니거든요. 전 그냥 파티에 서서 누군가 다가와 같이 춤추자고 해주길 바라는 소녀와 같아요. 제게 그런 질문을 하는 이유는 요즘에 와서 영화 제작에 결정권이 있는 여성 권력자들이 많아져서일 거예요." 메릴이 말했다. 《로스앤젤레스 타임스》와의 또 다른 인터뷰에서는 자기 자신을 '전화기가 울리기만을 기다리는 슬프고 힘없는 여자'에 비유했다.

하지만 노라 에프런은 메릴의 적극성이 없었더라면 〈줄리 앤 줄리아〉는 없었을 것이라 단언했다. 노라는 그녀가 감독한 2000년대 초의 영화 〈럭키 넘버Lucky Numbers〉와 니콜 키드먼, 윌 페럴Will Ferrell이 주연한, 기발하지만 혹평 세례를 받은 리메이크 영화 〈그녀는 요술쟁이Bewitched〉가 흥행에 참패하면서 정체기를 겪었다. 그렇다고 성공한 여성 영화제작자라는 명성이 쉽게 사라지는 건 아니었다. 노라는 톰 행크스와 맥 라이언 주연의 로맨틱 코미디 〈시애틀의 잠 못 이루는 밤〉과 〈유브 갓 메일You've Got Mail〉을 감독하며 잘 알려졌다. 또 각본을 쓴 〈해리가 샐리를 만났을 때When Harry Met Sally〉가 모두의 예상을 깨고 흥행에 크게 성공하면서 1990년대부터 2000년대에 이르기까지 로맨틱 코미디 장르 영화의 영역을 확장시켰다. 하지만 노라는 〈그녀는 요술쟁이〉가 실패한 뒤로는 에이전트를 해고하고 영화에서 멀어져 연극만 파고들었다.

시간이 흘러 소니 픽처스의 공동 회장 에이미 파스칼이 슈퍼푸드를 굉장히 좋아하는 노라에게 줄리 파월Julie Powell의 베스트셀러 회고록『줄리 앤 줄리아』의 각색과 감독을 맡겼다. '블로그'가 무척 새롭고 재미났던 그 시절 서른 살의 파월(환멸에 차 있는 사무원)은 '줄리/줄리아 프로젝트'를 즉흥적으로 생각해냈다. 프로젝트란, 1년 동안 줄리아 차일드의 책『예술의 경지, 프랑스 요리 정복기 Mastering the Art of French Cooking』에 나오는 요리 524개를 모두 만들어 블로그에 올리는 것이었다. 지성이면 감천인법! 그녀는 2005년 한 해 동안 쓴 '요리 여왕에 부치는 송가' 덕에 블로그의 열성 팬들이 생겨났을 뿐 아니라 이윽고 '리틀, 브라운 앤드 컴퍼니Little, Brown and Company' 출판사의 관심까지 받는다. 노라는 줄리의 이야기를 두 시간짜리 영화로 늘릴 수 있을지 확신이 없었다. 파스칼은 노라에게 '줄리'와 '줄리아'의 이야기를 평행 구조로 엮어보라고 조언했다. 노라는 '그거 기발한데!'라고 생각했다.

〈줄리 앤 줄리아〉의 제작자 래리 마크 Larry Mark에 의하면, 그즈음 장례식장에서 노라와 마주쳤던 메릴이 그녀에게 요즘 무슨 일을 하는지 물었다고 한다. 노라는 메릴에게 "이런 우연이 다 있나!"라고 답했다.

메릴과 에이미 애덤스는 수녀로 완벽하게 변해 뉴욕에서 〈다우트〉를 촬영하기 한 달 전인 2007년 11월에 공식적으로 〈줄리 앤 줄리아〉에 출연하기로 계약했다. 두 영화 모두에서 두 사람의 선배-후배 역학 관계가 빛을 발했다. 에이미는 서른세 살의 노련한 배우였지만 2005년 독립영화 〈준벅 Junebug〉으로 주목받기 전까지는 연기를 그만두려고도 했다. 배우 경험이 많은데도 에이미는 전형적으로 평범하고 천진난만한 '제임스 수녀'에 빠져들며 메릴이 맡은 '알로이시스 수녀'의 세속성과 균형을 이

뤄냈다. 두 사람을 와인에 비유하자면 에이미는 거품이 보글거리는 스파클링 와인 프로세코이고 메릴은 진하고 감칠맛 나는 레드와인 카베르네다.

〈줄리 앤 줄리아〉는 두 미식가 여성이 발전해가는 과정을 보여준다. 1963년, 줄리아는 쉰 살의 나이로 획기적인 요리 쇼 '더 프렌치 셰프The French Chef'를 시작했다. 키는 보통 여자들보다 한 뼘은 더 크고 목소리는 노래하듯 높고 특이한 그녀는 이례적인 TV 스타였다. 햇살처럼 밝은 환희를 온몸으로 내뿜으며 혀끝에서 살살 녹는 고급 요리를 평범하고 밋밋한 미국 요리보다도 더 대중화시켰다. 시청자들은 줄리아에게 거부할 수 없는 매력을 느꼈고 그녀 덕에 통닭을 오븐에 넣고 굽는 일도 두려워하지 않게 되었다. 특히 이 영화는 보기 드문 행복한 결혼 생활을 치켜세우고 있다. 남편인 폴 차일드는 줄리아를 거의 숭배하다시피 하며 그녀가 꿈을 이루어가는 것을 자랑스럽게 지켜봤었다.

"이 인물들을 보면 전 자유를 느껴요." 곰곰이 생각하던 메릴이 말했다. "왜냐하면 겉보기엔 어울리지 않는 연인이 가슴 뜨거울 정도로 서로를 사랑하거든요. 두 사람은 서로의 외적인 모습에 전혀 신경 쓰지 않기 때문에 그 관계가 더 진짜 같고 친근해 보여요. 결혼한 지 오래되면 배우자를 쳐다보고 저울질하며 사랑하지 않아요. 저는 매일같이 남편을 쳐다보며 '저 사람 내가 사랑할 만큼 멋진가?' 하고 평가하지 않아요. 남편도 매일 절 보며 평가하는 건 아니겠죠? 그럼 안 되는데!"

그녀는 폴 차일드 역에 스탠리 투치를 추천했다. 두 사람은 함께 영화를 찍은 적이 있었고 관계가 편안했다. 그리고 서로를 순수하게 좋아했다. 그것 말고도 스탠리는 요리하는 남자였기 때문에 줄리아의 사회적

〈줄리 앤 줄리아〉의 감독 노라 에프런(왼쪽), 남편 역의 스탠리 투치와 함께한 메릴 스트립.
이 영화에서 메릴은 줄리아 차일드를 흉내 내야 한다는 압박에서 벗어나
그녀의 넘치는 행복감을 마음껏 펼쳐 보였다.

공헌을 충분히 가치 있게 봐줄 만한 사람이었다.(난 그가 쓴 요리책『투치 쿡북 The Tucci Cookbook』을 갖고 있다. 라자냐를 만들 때 폴렌타 치즈와 고르곤졸라 치즈를 같이 써보길 추천한다.)

메릴은 스스로 요리를 끔찍하게 못한다고 했지만 기준이 너무 높아서 그런 듯했다. 캐리 피셔는 "제가 수플레를 만든 적이 있는데 메릴이 계란을 더 쉽게 분리하는 방법을 보여주더군요."라고 했고, 데이비드 프랭클은 메릴이 촬영장에 있는 사람들이 모두 먹을 수 있게 빵을 구워 온 적이 있다고 말했다. 하지만 메릴은 줄리아를 연기하기 위해서 요리 도구 사용법을 대부분 새로 배웠고("굉장히 좋은 프라이팬이 필요해요~.") 마늘과 양파를 썬 다음에 손끝에서 냄새를 제거하는 좋은 방법같이 실생활에 유용한 팁도 배웠다.("손끝을 소금에 담근 다음 찬물로 씻으세요오~.")

노라는 메릴에게 "진짜 줄리아 차일드 말고 줄리가 생각하는 줄리아 차일드여야 해."라고 말했다. 그래서 메릴은 줄리아를 똑같이 흉내 내야 한다는 압박에서 벗어나 줄리아의 한없이 넘치는 행복감을 마음껏 표현할 수 있었다. 메릴이 고인이 된 어머니 메리를 기릴 수 있는 순간이었다. "엄마는 제 삶에서 '줄리아' 같은 사람이었어요. 엄마가 방에 들어오면 방 분위기가 밝아졌어요. 전 내성적인 면이 훨씬 더 강해요. 전 항상 엄마를 닮길 원했어요. 줄리아를 연기하는 것은 엄마를 흉내 낼 수 있는 기회였어요."

메릴은 촬영을 준비하며 줄리아의 오래된 비디오들을 보고 탐구했다. 그녀의 버릇들을 흉내 내볼까? 충분히 할 수 있었다. 하지만 줄리아는 키가 188센티였고 그건 메릴이 흉내 낼 수가 없었다. 제작진은 카메라 각도와 발판과 하이힐을 이용해 그녀를 188센티 정도로 커 보이게 만들었다. 메릴은 이른 아침 자기 트레일러에서 촬영장으로 가는 동안 함박웃음을 지으며 꼭 진짜 줄리아, 그리고 메리 월킨슨 스트립처럼 떠들어댔다. "메릴은 연기를 멋진 모험이라고 생각해요. 절대로 숙제로 여기지 않아요. 그녀에게 연기는 일이 아니에요. 그런 점에서 스필버그 감독과 비슷해요. 그는 감독하면서 어린아이 같은 활력으로 가득 차거든요." 래리 마크가 말했다.

비평가들은 영화를 보고 좋은 프라이팬 위에 올린 버터처럼 사르르 녹았다. "스트립은 현실로 가능한 최상급의 연기를 다 해버렸다. 이번 연기가 그동안의 연기를 능가했다는 의미는 그녀가 최상급의 연기를 또 한 번 해냈다는 뜻이다." A. O. 스콧이 말했다.

스트립은 줄리아의 둥근 어깨와 피리 소리 같은 목소리를 완벽하게 흉내 냈지만 그녀의 연기는 신체적으로 흉내 내는 것 이상이었다. 가끔 뛰어난 배우들이 우리에게 익숙한 실존 인물을 연기할 때면 영화 속 모습이 실제 인물보다 더 강렬하게 기억에 남을 때가 있다. 가령 우리는 레이 찰스 Ray Charles를 생각할 때 제이미 폭스 Jamie Foxx를 떠올리지 않을 수가 없고 트루먼 카포티를 생각할 때 언제나 필립 시모어 호프먼의 얼굴을 먼저 떠올린다. 하지만 스트립의 줄리아 차일드 연기는 그와 반대였다. 2004년에 고인이 된 진짜 줄리아를 그 어느 때보다도 더 선명하고 생생하게 떠올리게 해주었다.

〈줄리 앤 줄리아〉의 촬영을 마치고 몇 달이 흐른 뒤 메릴은 로맨틱 코미디 〈사랑은 너무 복잡해 It's Complicated〉의 수연 배역을 누고 협의 승이었다. 두 남자와 삼각관계에 빠진 중년 이혼녀 역할이었다. 2년 사이 메릴의 세 번째 여성 감독이었던 낸시 마이어스$^{Nancy\,Meyers}$는 메릴을 생각하면서 '제인 애들러'를 만들었다. "메릴을 만난 적은 한 번도 없었지만 메릴 외에는 다른 누구도 생각할 수 없었어요. 그녀가 이 역을 맡는다고 생각하면 전 더 과감하게 글을 쓸 수 있었거든요. 메릴이라면 어떻게 해낼지 상상이 가니까요. 그런 상상이 글 수준을 끌어올리는 원동력이 되었어요." 마이어스가 말했다. 마이어스는 '부유층의 환상'과 같은 영화 〈로맨틱 홀리데이$^{The\,Holiday}$〉와 〈사랑할 때 버려야 하는 아까운 것들$^{Something's\,Gotta\,Give}$〉의 각본과 감독을 맡았었다. 〈사랑할 때 버려야 하는 아까운 것들〉은 잭 니컬슨과 다이앤 키튼이 함께 주연했고 북미에서 무려 1억 2,500만 달러라는 큰 수익을 얻었다.

솔직히 말해 마이어스는 입이 떡 벌어지게 만드는 〈사랑할 때 버려야 하는 아까운 것들〉의 햄프턴스 해변가 별장에서부터 〈사랑은 너무 복잡해〉에서 샌타바버라에 있는 제인의 평화로운 보금자리(실제 촬영은 뉴욕주 북부에서 했다.)까지 백인 부유층 여성들이 좋아할 만한 호화로운 촬영지와 인테리어에 전 제작 예산을 다 쏟아붓는 것처럼 보였다. 나는 마이어스가 '베어풋 콘테사$^{Barefoot\,Contessa}$'의 아이나 가르텐*과 그녀의 운 좋은 남편을 캐스팅하지 않은 것이 좀 의아했다. 어쨌든 마이어스는 메릴만 바라봤고, 메릴은 각본에 호의적이었다.(《로스앤젤레스 타임스》에 따르면, 메릴은 이때쯤 대략 700만에서 800만 달러 정도의 출연료를 받고 있었다.) 마이어스

● 아이나 가르텐(Ina Garten) : 1984년 뉴욕 브루클린 출신으로 백악관에서 일하다가 구멍가게를 인수해 20년 뒤 스무 명의 요리사가 일하는 푸드 전문 스토어 '베어풋 콘테사'로 성장시켰다. 1999년에 출간한 동명의 요리책은 베스트셀러에 올랐고, 2002년부터 푸드 네트워크 채널에서 같은 이름으로 요리 쇼를 진행하고 있다.

는 가장 중요한 것들의 예산을 우선 정한 다음, '제인'과 다시 같이 살길 바라는 허풍쟁이 전남편 제이크 역에 알렉 볼드윈^Alec Baldwin^을 앉히고 제인의 아늑한 집을 리모델링해주는 정중한 건축가 애덤 역에 스티브 마틴^Steve Martin^을 캐스팅했다. 성공한 베이커리 사장인 제인은 푸드 네트워크 채널에 나오는 아이나 가르텐만큼이나 환상적인 여인이다. 여러분이 그녀의 마음을 사기만 한다면, 그녀는 한밤중에라도 고급스러운 무채색 블라우스를 우아하게 차려입고 고소한 크로크 무슈 빵을 만들어줄지도 모른다. 하지만 그보다 더 중요한 것은, 그녀가 때때로 느슨하게 풀어질 줄도 안다는 점이었다. 메릴이 긴장을 풀고 섹시하게 나오는 장면들이 그녀의 명장면이다. 호화 호텔 바에서 알렉과 시시덕거리거나 스티브와 데이트하면서 같이 마리화나를 피우고 발작적으로 웃어대는 그 장면들 말이다.

마이어스는 메릴이 영화에서 중년 여성을 성욕 없는 할머니 같은 이미지로 그려오던 오랜 관행을 완전히 깨뜨린 배우라고 생각했다. 제이크는 한참 어린 '아그네스'와 재혼하기 위해 세 아이를 함께 낳고 살던 제인을 떠났다. 사납고 비판적인 마케팅 부서 임원 아그네스는 서른 살이 채 안 된, 코믹하면서도 불안정한* 레이크 벨^Lake Bell^이 맡았다. 레이크가 첫날 찍은 장면은 파티 장면이었다. 마리화나에 취한 제인이 애덤과 더없이 즐거운 시간을 보내고 있는 걸 바라보는 제이크는 심정이 복잡하다. 아그네스가 제이크를 보며 그의 감정을 눈치챘다. 아마 제이크는 '도대체 저 사랑스러운 여자를 내가 왜 떠난 거지?'라고 생각하고 있었을

---

* 레이크 벨(Lake Bell)은 아버지가 유대인이고 어머니는 개신교 신자다. 스스로 '코믹하면서 불안정한' 가정에서 자랐다고 말한 적이 있다.

것이다.

한편, 아그네스는 가슴이 철렁한다. "그런데 제가 연기를 제대로 하지 못했어요. 전 그냥 너무 흥분해 있었어요. 꼭 아마추어가 허튼소리 하듯 연기했어요. 두서가 없었죠. 낸시가 저를 옆으로 불러내더군요. '도대체 왜 이래?'라고 하더니 '저 사람들 전부한테 알랑거리면서 환심 사려들지 말고 제대로 연기해요.'라고 했어요." 레이크가 말했다. 마침내 레이크는 아그네스의 따분한 이미지를 제대로 표현했고 그 덕분에 제인의 따스한 성격이 한층 더 뚜렷해 보였다. 제이크에 대해 말하자면…… 진작 잘했어야지. 그는 기회를 놓쳤다. 그는 제인을 안경 쓴 건축가[*]에게 뺏긴다. 자업자득이다.

레이크가 보기에 메릴은 상대방의 마음을 무장해제시킬 만큼 친절했다. 그러나 그것은 그것대로 겁나게 하는 것이어서 레이크는 그녀 앞에서 기가 많이 죽었다. 그녀는 리허설 때 메릴이 마리화나에 취하는 장면에서 대본을 보지 않고 즉흥연기 하는 걸 목격하고서는 마찬가지로 편안하게 즉흥연기를 해 보였다. 하지만 각본 기록 감독은 레이크에게 대사를 즉흥적으로 만들어내지 말라고 주의를 줬다.(낸시 마이어스 영화에서는 절대 해서는 안 될 행동이었다.) 그러자 레이크는 메릴을 따라 했을 뿐이라고 답했다. 각본 기록 감독이 말했다. "제가 스트립 씨에게 메모를 남기도록 하죠." 그러자 레이크가 놀라서 답했다. "아, 아니에요! 메릴 선생님이 즉흥연기 한 게 아니었어요. 신경 쓰지 마세요!" 레이크는 속으로

---

[*] 애덤은 영화에서 한 번도 안경을 쓰고 나오지 않지만 애덤 역을 맡은 배우 스티브 마틴은 종종 안경을 쓰곤 한다. 2010년 아카데미 시상식에도 뿔테 안경을 쓰고 나와 알렉 볼드윈과 시상식의 오프닝 멘트를 했다.

질겁했다. '이런! 내가 방금 선생님을 고자질했어!'

8,500만 달러를 들여 만든 〈사랑은 너무 복잡해〉는 2009년 크리스마스에 개봉했고 14주가 넘는 기간 동안 만에 북미에서 1억 1,300만 달러를 벌어들였다. 그보다 앞서 그해 여름, 4,000만 달러를 들여 만든 〈줄리 앤 줄리아〉가 개봉했고, 비슷한 기간 동안 북미에서 9,400만 달러를 벌어들였다. 메릴의 예일 동창 시고니 위버가 출연하고 제임스 캐머런James Cameron이 감독한 대규모 3D SF 영화 〈아바타Avatar〉가 대권을 장악하던 그때(북미에서 7억 4,900만 달러의 수익을 올렸다.) 메릴의 영화들은 선택의 대안이 될 수 있었다. 2010년 3월에 열린 아카데미 시상식에서 메릴은 〈줄리 앤 줄리아〉로 오스카상 후보에 열여섯 번째로 올랐지만 여우주연상은 〈블라인드 사이드The Blind Side〉에서 열연한 샌드라 블록에게 돌아갔다. "이곳에 온 것만으로도 정말 기뻐요. 진심이에요." 메릴이 레드카펫에 서서 말했다. 그녀는 크리스 마치Chris March가 만든 옷가슴이 깊게 파인 상아색 드레스를 입고 눈부시게 아름다워 보였다. 메릴의 파트너는 동생 해리 3세였다.

메릴은 그날 밤늦게 해리와 그녀의 에이전트인 (CAA 에이전시 소속) 캐빈 휴베인Kevin Huvane과 함께 아카데미 시상식 후 열리는 공식 파티인 거버너스 볼Governors Ball을 즐겼다. CNN 리포터가 메릴을 부르자 그녀가 인터뷰를 하겠다며 바로 카메라 앞에 서서 그를 놀라게 했다. 메릴은 기분이 무척 좋아 보였다. 메릴은 갑자기 더 크레스츠The Crests의 1958년 노래 '열여섯 개의 촛불Sixteen Candles'을 불렀다.(16은 메릴이 그때까지 아카데미상에 후보로 오른 횟수다.) "그게 바로 제가 오늘 마셔야 했던 술잔 개수예요." 메릴이 농담했다. '독보적 최고'가 된다는 것이 어떤 기분인지 묻자 그녀가 웃으며 말했다. "에이, 어디 저만 최고인가요? 저는 고등학교 때부터 '독보적 최고', 뭐 그런 건 없다고 생각했어요. 고등학교 때 '가장 성공할 것 같은 사람'에 전 들지도 못했거든요."

몇 달 후 메릴이 소니 픽처스의 코미디 영화 〈마미 앤 미^{Mommy & Me}〉에 티나 페이^{Tina Fey}와 함께 엄마와 딸 사이로 출연한다는 소식이 언론에 흘러나왔다. 스탠리 투치가 감독할 것이라 했다. 그러더니 다른 코미디에 샌드라 블록, 오프라 윈프리와 함께 출연할 예정이라는 말도 돌았다. 홈쇼핑 케이블 방송 뒤에서 벌어지는 일에 관한 영화라고 했다. 두 영화 모두 제작되지 않았다. 하지만 메릴의 진짜 다음 영화 〈철의 여인〉은 빠르게 만들어졌다. 명백히 코미디는 아니었다. 메릴은 영국의 논란 많은 전국무총리 마거릿 대처로 감쪽같이 변했다. 아마 대처를 사랑할 수도 싫어할 수도 있을 것이다. 그러나 대처는 미움받는 것을 전혀 두려워하지 않는 사람이었다.

철의 여인이 되다

QUEEN MERYL
18

저는 날마다 전쟁을 치르며 살아왔어요.
많은 남자들이 저를 과소평가해왔습니다. - 마거릿 대처
2011년 〈철의 여인〉에서

마거릿 대처 Margaret Thatcher 가 되기 위해서는 도움의 손길이 많이 필요했다.
메릴은 보형물 전문가 마크 쿨리어 Mark Coulier 를 만나기 위해 런던으로 세
번 날아갔다. 그는 메릴이 중년부터 여든 살까지의 진짜 마거릿 대처라
고 해도 누구든 감쪽같이 속을 만큼 그녀를 분장시켰다. 메릴은 거울을
들여다보면 자기 아버지 얼굴이 보인다고 농담했다. 하지만 메릴은 무엇
보다도 같이 연기하는 배우들이 깜빡 속아 넘어가 자기를 '마거릿 대처'
로 분장한 배우가 아닌 마거릿 대처 자체로 봐주길 원했다. 목소리는 또
하나의 중요한 요소였다. 대처는 보수당의 총리 후보로 선거에 나갈 때
투표자들의 (그리고 남성 동료들의) 주목을 (그리고 존경심을) 받기 위해 발성
강습을 받았다.

"대처는 이미 긴 시간에 걸쳐 다져진 우렁찬 목소리를 속에 갖고 있었어요. 이미 그녀 안에, 무기고 안에 그런 목소리가 준비되어 있었죠. 그녀는 출세를 열망하는 상위 중산층 출신으로 상류층 특유의 목소리가 있었던 거예요. 보이스 코치가 한 일이란 그녀의 호흡을 늘리고 목소리를 깊게 해, 그녀가 하는 말이 최대한 강한 어조로 남성들의 귀에 콕콕 박히게 도와주는 것이었어요." 메릴이 말했다.

대처의 주된 목표는 '논쟁에서 이기는 것'이었다고 메릴이 설명했다. 대처의 방법은 "문장에서 사람들이 별로 중요하다고 생각하지 '않는' 단어에 집중하게 만드는 것이었어요. 그녀의 방법은 마치 철도 위의 기관차처럼 매우 빠르고 조용하게 숨을 들이마시고 사람들이 강조점이라고 생각지도 못한 순간에 몇 가지 예를 쉬지 않고 이어 말하며 주장을 펼치는 것이었어요. 그러면 그녀가 말하는 중간에 훼방을 놓으려 해도 기회가 생기지 않았죠. 대처는 그런 능력이 있었어요."

대처의 무한한 폐활량 때문에 메릴은 숨이 가빴다. 메릴은 대처를 따라 호흡하는 게 벅찼다. 〈맘마미아!〉의 감독 필리다 로이드가 감독하고 '맨체스터 타운 홀'을 의회 삼아 촬영한 이 영화는 2011년 초반 겨울에 촬영을 시작했다. 2011년 1월, 메릴은 사전 조사의 하나로 영국 국회의사당에 찾아가 보수당 총리 데이비드 캐머런 David Cameron이 노동당 대표 에드 밀리밴드 Ed Miliband와 토론하는 것을 지켜봤다. 1979년부터 1990년까지 총리로 재직했던 대처는 하원의원들 앞에서 한 주에 두 번씩 연설했다. 그녀는 1980년대 경제 부흥을 이끈 '영국의 로널드 레이건'이라고 할 수 있었다. 〈철의 여인〉은 대처가 1982년에 영국의 속령이었던 포클랜드섬을 침략한 아르헨티나를 향해 선전한 것을 극적으로 그려냈다. 전쟁에서는 승리했지만 그녀를 비판하던 영국 사람들은 공교육과 주택 공급에 대한 긴축 정책에 몹시 분개했다. 아일랜드공화국군[IRA]이 1984년 보수당 대회가 열렸던 브라이턴 그랜드 호텔에서 폭탄을 터뜨리는 바람에 대처와 남편 데니스(짐 브로드벤트[Jim Broadbent]가 맡아 열연했다.)는 거의 죽을 뻔했다.

마거릿이 늙고 홀로되어 치매와 사투를 벌이던 장면에서 메릴은 특히나 더 대단해 보였다. 그러나 영국 정치꾼들은 대처가 버젓이 살아 있는데도 영화가 그녀의 정신적 쇠락을 우습게 만들었다고 격분했다. 대처는 2013년 4월 여든일곱 살의 나이에 뇌졸중으로 세상을 떠났다. 그녀와 그녀의 자녀들은 모두 그 전에 개봉한 〈철의 여인〉을 보지 못했다. 영화에 대해서는 평이 엇갈렸지만 메릴의 연기에 대해서만큼은 거의 만장일치로 극찬이 이어졌다. 《시카고 선 타임스[Chicago Sun-Times]》의 영화평론가로저 이버트는 별 4개 만점에 별 2개를 주었다. 그는 논란 많은 인물에 대해 영화의 태도가 불분명하다는 것으로 점수를 깎았다. 시카고에서 열린 거물급 인사들의 모임에 온 대처를 직접 본 적이 있었던 이버트는 대처에 대해 이렇게 썼다. "모든 남자들이 존경과 동경 어린 눈빛으로 총리를 바라봤다. 그녀가 말할 때면 침묵이 흘렀고 아무도 방해하거나 그녀의 의견을 거스르지 않았다. 그녀가 성명을 발표하면 사실처럼 보도되었다. 지금까지 내가 본 것 중 가장 놀랄 만한 한 개인의 권위였다. 〈철의 여인〉은 그걸 간접적으로 보여줄 뿐이다." 그는 이어서 메릴을 평가했다. "스트립의 연기는 흠잡을 데가 없었다. 하지만 영화는 당시의 많은 사람들이 그랬던 것처럼 도대체 어떻게 대처에게 접근할지를 모르는 것 같나."

극히 드문 여성 정치인의 전기 영화를 이끄는 입장에서 메릴은 관객들이 직접 보고 판단할 수 있도록 대처를 중립적이고 밝게 표현해야 한다는 부담감을 느꼈던 것 같다. 거침없는 진보주의자 메릴은 마거릿 대처와 정치적 견해가 맞지는 않았지만 대처의 '힘과 투지'를 동경했다. "계급주의와 성차별이 퍼져 있던 당시 영국 정치제도에서 정당한 방법으로 단계를 차례로 밟아 총리 자리에 오르기까지, 그 시대와 그녀의 방법들을 생각해볼 때, 정말 어마어마한 일을 해낸 것이었어요. 대처가 총리가 된 것은 대단한 남자의 딸이라든가, 영향력 있는 남편과 사별한 부인이어서가 아니라 스스로 고군분투한 덕분이었어요. 전 그게 바로 위대함의 증거고, 역사적 논란을 가라앉힐 수 있을 만큼 가치 있는 거라 봐요." 메릴이 말했다.

언론이 〈철의 여인〉을 공격하는 동안 메릴은 워싱턴에 국립여성역사박물관National Women'e History Museum을 건립하는 데에 100만 달러를 기부했다. 그녀는 이 박물관이 교과서 한쪽 귀퉁이 자리나 차지하던 여성에 대한 역사적 기록을 모으고 잘 보관해 '우리가 전혀 알지 못했던 기가 막힌 이야기들'을 널리 알릴 수 있게 도와주고 싶어 했다.

와인스타인 컴퍼니가 배급한 〈철의 여인〉은 북미에서 3,000만 달러라는 꽤 괜찮은 수입을 벌어들였다. 메릴은 열일곱 번째로 아카데미상 후보에 올랐고 아카데미상을 세 번째 수상한다. 그 전에 수상한 뒤로 시간이 상당히 흘렀다. 29년 만이었다. 금상첨화로 마침내 로이 헬랜드가 마크 쿨리어와 함께 아카데미 분장상을 수상했다.

"제 이름이 불렸을 때 국민의 반이 '뭐야 이거! 도대체 왜? 왜 또 메릴이야?' 하는 게 제 귀에 들리는 것 같았어요. 그래도 뭐…… 어쩌겠어요." 이어서 남편 돈과 그녀의 '또 다른 파트너' 로이에게 감사하는 메릴의 목이 메었다.

메릴은 한 달 전 골든글로브에서 가장 영예로운 여우주연상을 수상한 뒤에 하비 와인스타인에게 감사를 표했다. 그걸로 나중에 그녀에게 불똥이 튀었다.[•] 메릴은 다소 마지못해 그를 '신'이라고 부르며 '구약성서에 나오는 처벌자' 같다고 했다. 하비 와인스타인은 TV에 모습이 비치는 동안 고개를 세차게 흔들었고 실세 옆자리에 강제로 앉아야 했던 미셸 윌리엄스 Michelle Williams 도 그와 덩달아 웃는 모습이 방송에 나왔다. 윌리엄스는 하비가 제작한 〈마릴린 먼로와 함께한 일주일 My Week with Marilyn〉로 뮤지컬·코미디 부문에서 여우주연상을 수상했다. 이 전기 영화의 다른 제작자는 윌리엄스가 누드 장면을 찍는 동안 하비가 '소름 끼치는 스토커처럼' 미리 말도 없이 나타났던 것을 기억했다. 윌리엄스는 악명 높은 깡패에게 감히 맞설 수 없었다. 하비는 자신의 영향력으로 여성들을 위협하거나 침묵시켰고 배역을 주는 대가로 성 상납을 요구했다가 거절당하면 그 배우의 평판 자체를 망쳐버렸다. 하지만 메릴은 하비에게 마거릿 대처와 같은 영향력이 있었던 것 같다. 하비는 메릴을 동등하게 대해주었다. 어쩌면 그는 그녀를 두려워했는지도 모른다.

메릴은 '마거릿' 이후 4년간 여덟 역할을 맡으며 쉬지 않고 일했다. 우선, 네브래스카주에 사는 권태로운 부부가 다시금 사랑의 불꽃을 되살리려고 상담받으며 애쓰는 모습을 그린 데이비드 프랭클의 영화 〈호프 스프링스 Hope Springs〉에 토미 리 존스 Tommy Lee Jones 와 같이 출연했다. 외로운

[•] 2017년 할리우드를 뒤흔든 하비 와인스타인 성범죄 파문이 일 때 메릴 스트립은 그와 친하다는 이유로 성폭행 사실들을 알고 있지 않았냐는 비난을 받았지만 그 사실을 전혀 알지 못했다고 해명했다.

'케이'는 아내가 옆에 있는지도 모르는 투덜이 남편 '아널드'를 위해 요리하고 청소하는 전형적인 가정주부다. 두 사람은 각방에서 잔다. 케이는 여성 옷 가게에서 일하며 모아둔 돈으로 부부 상담을 받으려 하지만 아널드와 싸움만 하고 만다. 아널드는 결혼이란 '둘이서 같이 결혼자격증을 따고 남편이 모든 공과금을 지불해주는 것일 뿐'이라고 말한다. 하지만 케이를 잃는다는 건 너무 큰 손해라는 데에 생각이 미치자 그도 결국 관계 회복에 애써보기로 한다. 케이가 떠난다면 설거지는 누가 하나? 빨래는 누가 개고? 식사 준비는 누가 하지? 케이는 왜 이 쓰레기와 이혼하지 않지?

메릴은 이 영화를 통해 다시 한번 존재감이 부각되지 않는 여성들의 자존감을 세워주기 위해 노력했다. 그들은 우리가 만나본 적이 있지만 제대로 진가를 평가받지 못한 사람들이다. 하지만 메릴이 꼴 보기 싫은 남자에게 완전히 밀리며 어쩔 줄 몰라 하는 모습을 보는 건 정말 싫었다. 메릴은 아널드 역이 토미 리 존스에게 맞춤옷처럼 잘 맞아 놀라워했다. 2012년 8월 개봉 때, 메릴이 나에게 말했다. "누군가 이 영화에 나온 존스를 두고 '투덜이의 50가지 그림자'▪라고 하는 것을 들었어요! 어쩜 그렇게 잘 어울리죠? 내가 '그 표현 좀 훔쳐 갈게요!'라고 했었는데, 이제 그 표현을 기자님에게 줄게요." 메릴은 세상의 남편들이 '아널드'를 반면교사 삼아 기꺼이 달라지기를 바랐다.

2년이 지나 메릴은 존스를 도와주려고 그의 감독 데뷔작 〈더 홈즈맨

▪ 〈50가지 그림자(Fifty Shades Freed)〉: 영국 작가 E. L. 제임스(E. L. James)의 '50가지 그림자' 3부작을 바탕으로 만든 에로틱 드라마 영화 3부작이다. 〈그레이의 50가지 그림자〉, 〈50가지 그림자 : 심연〉, 〈50가지 그림자 : 해방〉이 있다.

The Homesman〉에서 아주 작은 역할을 하나 맡았다. 1850년대를 배경으로 한 이 드라마에서 존스는 이상 증세에 시달리는 개척자 여성 세 명을 아이오와주에 있는 교회로 태워다주는 부랑자 역을 맡았고, 그레이스 거머는 디프테리아 때문에 세 아이를 잃은 열아홉 살의 긴장증 환자 역을 맡았다. 메이미와 메릴이 각자 다른 장면에서 나오는 〈이브닝〉과 다르게 그레이스는 엄마와 한 장면에 같이 나올 수 있었다. 메릴은 그들에게 쉴 곳을 제공하는 친절한 목사 아내를 연기했다. 〈더 홈즈맨〉은 메릴 가족이 출연한 덕을 좀 보았는지 북미에서 240만 달러를 벌어들였다. 〈호프 스프링스〉는 북미에서 6,400만 달러를 벌어들였다.

메릴은 또 다른 암울한 드라마 영화 두 편에 출연했다. 메릴은 문제 많은 가족에게 횡포 부리는 잔인한 엄마로 변했다. 2012년 가을, 오클라호마주 툴사Tulsa 근처에서 촬영한 〈어거스트 : 가족의 초상August: Osage County〉은 퓰리처상에 빛나는 트레이시 레츠Tracy Letts의 동명 희곡을 바탕으로 만들었다. 구강암으로 인한 약물 중독에 시달리는 '바이올렛 웨스턴'은 첫째 딸 '바버라(줄리아 로버츠 분)'에게는 물론이고 누구에게 할 것 없이 독설을 쏘아댄다. 애니메이션 〈앤트 불리〉에서 곤충 목소리로 같이 출연했던 메릴과 줄리아는 처음으로 이 생생한 액션 영화에서 만나 불꽃이 튀었다. 바버라가 바이올렛에게서 약병을 비틀어 빼내며 "이제 내가 시키는 대로 해!"라고 소리 지른다. 하지만 뭐니 뭐니 해도 최고의 명대사는 저녁 식사 자리에서 바버라가 바이올렛에게 소리치는 말이다. "생선이나 먹어, 이 마녀야!"(이건 줄리아가 1990년대에 주연한 〈귀여운 여인〉을 메릴이 비판한 것 때문에 한 방 날린 건지도 모르겠다.)

메릴은 이 배역을 여러 차례 거절했다. "자기 과거와 암, 그리고 자기 자신 때문에 괴로워하는 이 여자를 연기하고 싶지 않았어요. 자식들은 엄마를 미워하고, 그게 또 납득이 가잖아요. 그 모든 걸 상상하고 경험하고 싶지 않았어요." 하지만 메릴의 에이전트는 그녀에게 "이건 꼭 해야 해요."라며 밀어붙였다. 메릴은 친구가 "날 위해서, 그리고 엄마에게 상처받은 수많은 딸들을 위해서 이 역할을 좀 맡아주면 안 될까?"라고 하는 말을 듣고 마음을 바꾸었다. 그러나 연기는 결코 즐겁지 않았다. 그건 캘리포니아에 두고 온 가족을 그리워하던 줄리아도 마찬가지였다. "실제로 줄리아는 매우 따뜻하고 매력적인 여성이었기 때문에 '바버라' 속으로 들어가는 게 결코 쉽지 않았어요. 바버라는 인생이 사방으로 가로막힌 거 같아 절망하는 인물이었지만 줄리아는 마음을 쉽게 나눌 수 있는 상대거든요. 어떤 캐릭터는 몰입하는 것 자체가 유쾌하지 않죠." 메릴이 말했다.

메릴은 스태픈울프 시어터 컴퍼니Steppenwolf Theatre Company가 제작한 연극 〈어거스트 : 가족의 초상〉에서 연극배우들이 보여준 환상적인 호흡을 그대로 재연하기 위해 배우들에게(특히 줄리아, 크리스 쿠퍼, 에비게일 브레슬린Abigail Breslin) 촬영지의 콘도 마을에서 함께 지내자고 했다. 하루가 저물 무렵이면 모두 메릴의 숙소로 모여들어 거의 대화가 전부인 장면들을 연습했다. 메릴은 치킨, 립, 칠리소스를 잔뜩 얹은 바삭바삭한 칩을 만들어주었다. "때마침 어수선한 대선이 한창이어서 다행이었어요! 끝나고 집에 퍼질러 앉아 뉴스를 보며 소리를 질러댔죠! 그게 영화를 찍으며 유일한 위안이었어요." 메릴이 말했다.

같은 해 10월, 메릴이 디즈니 픽처스의 영화 〈숲속으로Into the Woods〉에 주연으로 출연한다는 소식이 들렸다. 그녀가 오랫동안 기피해오던 마녀 역할을 곧 맡을 듯했다. 그러나 메릴은 이 영화에서 얼마나 대단했던가! 그녀는 스티븐 손드하임Stephen Sondheim의 고전 뮤지컬 노래들을 씹어 먹듯 열창하며 조니 뎁Johnny Depp, 제임스 코든James Corden, 그리고 〈악마는 프라다를 입는다〉에 출연했던 에밀리 블런트, 메릴의 친한 친구인 트레이시 울먼과 함께 연기할 참이었다. 그 후 몇 달 동안 디즈니 픽처스는 나머지 출연진을 모두 모아 2013년 9월 영국에서 촬영을 시작하기로 했다. 메릴은 미국에서 영국으로 대서양을 훌쩍 건너가기 전에 제프 브리지스Jeff Bridges가 제작한 〈더 기버 : 기억전달자The Giver〉에 합류했다. 하비 와인스타인이 제작에 참여한 〈더 기버〉는 로이스 로리Lois Lowry의 빼어난 디스토피아 청소년 소설을 바탕으로 만든 미래 우화다. 메릴은 스스로 꿈꾸는 완벽한 사회를 만들기 위해 감정 표현을 불법화하는 권위주의적인 수석 원로 역을 맡았다. 하비의 딸들이 이 책을 읽으며 자랐다고 한다.

〈어거스트 : 가족의 초상〉을 배급한 와인스타인 컴퍼니는 초대형급 여배우들이 앙칼지게 싸우는 장면을 강조해서 홍보했다. 2013년 10월에 공개한 포스터에는 줄리아가 메릴을 바닥에 밀쳐 넘어뜨리는 모습이 나왔고, 12월 27일 영화 개봉 몇 주 전에는 《내셔널 인콰이어러National Enquirer》 타블로이드 신문에 수상한 기사가 실렸다. 익명의 '할리우드 내부자'의 제보에 따르면, 메릴이 줄리아와 다시는 같이 일하고 싶지 않다고 했다는 것이다. 그 근거는 줄리아가 존 웰스John Wells 감독에게 마지막 장면에서 바이올렛이 서글프게 홀로 앉아 있는 장면(시사회 관객들은 이 마지막 장면을 좋아하지 않았다.) 대신 바버라가 차를 몰고 집을 떠나는 것으로 바꾸자고 제안했다는 것이었다.• 유명 블로그 '레이니 가십Lainey Gossip'은 기사가 헛소리라고 무시했다. 세라 마스Sarah Marrs는 "영향력 있는 두 여성도 사이좋게 공존하는 것이 당연히 가능하다. 메릴과 줄리아가 서로 크리스마스카드를 주고받지 않을 수도 있다. 그건 모를 일이다. 하지만 두 사람 관계에 변화가 있다면 그건 〈어거스트〉에서 벌어진 앙칼진 싸움 때문이 아니라 하비 와인스타인이 관객들은 슬픈 영화를 감당 못 한다고 생각한 멍청이이기 때문이다."라고 썼다.

메릴과 줄리아는 아카데미상에 후보로 올랐지만(각각 여우주연상과 여우조연상 후보로 올랐다.) 이 영화 다음으로 줄리아가 하비와 다시는 일하지 않았다는 게 더 주목할 만한 사항이다. 메릴 또한 〈더 기버〉를 끝으로 그와 일하지 않았다. 메릴은 사람들이 연예계의 성차별에 주목하게 했고 심지어 월트 디즈니에게도 도전장을 내밀었다. 2014년 1월, 메릴은 전미 비평가위원회 National Board of Review 만찬에서 에마 톰슨을 기리며, 거침없이 욕도 섞어서 재미나게 연설했다. 그녀는 신성시되는 영화사이자 테마파크의 거물 디즈니를 맹비난했다. 에마는 그 얼마 전에 찍은 디즈니 영화사의 〈세이빙 MR. 뱅크스 Saving Mr. Banks〉에서 소설 『메리 포핀스』의 저자 P. L. 트래버스를 연기했다. 영화는 소설의 영화 판권을 얻으려 따라다니는 월트 디즈니(톰 행크스 분)의 노력을 시간순으로 그리고 있다. 디즈니의 딸들이 그 책을 읽으며 자랐다고 한다. 메릴도 이 배역을 제의받았으나 거절했다.

메릴은 에마를 위해 축배를 드는 자리에서 말했다. "단언컨대, 셀 수

● 원작인 연극의 결말은 바이올렛이 홀로 앉아 있는 장면이다. 하지만 여러 차례 있었던 영화 시사회에서 관객들이 이 장면을 좋아하지 않아 엔딩 장면을 바버라가 차를 몰고 떠나는 것으로 바꼈다. 바뀐 결말을 제작자 하비 와인스타인이 좋아했고 토론토 국제영화제에서 개봉할 당시 관객들에게 더 나은 평을 받기도 했지만, 연극을 봤던 관객들이나 비평가들은 좋아하지 않았다. (www.collider.com 2013년 9월 12일자 기사)

없이 많은 사람들을 기쁘게 한 디즈니는 인종차별주의자이거나 인종차별적 성향이 있었던 것 같습니다. 그는 반유대주의적 기업을 지지해왔습니다. 그리고 그의 회사가 가진 정책들을 근거로 얘기하자면 그는 성차별이 매우 심한 사람입니다." 메릴은 주장을 뒷받침하기 위해 1938년 디즈니 영화사가 야심 있는 만화가 메리 포드Mary Ford에게 쓴 거절 편지를 보여줬다. "전 여기 에마를 위한 헌사에서 이걸 읽을 거예요. 에마가 기뻐하리라는 것을 알고 있거든요. 에마는 남자를 꼼짝 못 하게 만드는 광적인 페미니스트죠. 저처럼요." 다음은 언급한 편지의 발췌문이다. '여성은 만화 영화 제작과 관련한 창조적 작업을 할 수 없습니다. 이 작업은 전적으로 젊은 남자들이 하는 일이에요. 그러므로 여자들은 기술 양성소에 맞지 않아요.'

"〈세이빙 MR. 뱅크스〉를 보니 월트 디즈니가 작품의 판권을 얻으려고 P. L. 트래버스를 20년간 쫓아다니며 느꼈을 원통함이 상상이 갑니다. 한 여자가, 그가 무시하던 존재가, 그와 똑같이 거만하면서도 우월한 데다가, 대단한 재능과 상상력을 가지고 엄청난 작품을 만들어낸 것을 보고 그는 아마 적잖게 괴로웠을 것입니다."

세계적으로 사랑받는 문화적 우상에 대한 메릴의 공격은 곧바로 대서특필되었고 디즈니 옹호자들은 이에 반박했다. 하지만 그의 손녀 에비게일 디즈니Abigail Disney는 페이스북에 글을 올리며 메릴의 말을 인정했다. "반유대주의자? 맞지. 여성혐오자? 당연하지!! 인종차별주의자? 보세요들, 그분은 인종차별 싸움이 한창이던 때에 '자기와 같은 부류의 사람들과 똘똘 뭉쳐야 한다'는 영화(〈정글북Jungle Book〉)를 만들었어요. 하지만!! 영화 하나는 기가 막히게 잘 만들고 수없이 많은 사람들을 즐겁게 해줬다는 건 그 누구도 부인 못 하잖아? 그러니 어때? 그분을 보면 상당히 복잡한 기분이 밀려올 수밖에."

얼마 뒤 메릴은 영국 여성운동가 에멀린 팽크허스트 Emmeline Pankhurst 역으로 폭스의 〈서프러제트 Suffragette〉에 합류했고, 트라이스타 픽처스가 제작하고 디아블로 코디 Diablo Cody가 각본을 쓴 〈어바웃 리키 Ricki and the Flash〉에서 매력적인 역할을 맡아 곧 기타를 둘러멜 참이었다. 〈서프러제트〉의 촬영은 2014년 2월에 런던에서 시작했다. 캐리 멀리건 Carey Mulligan이나 헬레나 보넘 카터 Helena Bonham Carter에 비해 메릴이 영화에 나오는 시간은 훨씬 짧았으나 그 진지한 (그리고 정의로운) 역할의 비중은 결코 작지 않았다. 20세기 초 영국에서 일어난 여성 참정권 운동의 대모 팽크허스트는 남성 권위자들이 여성을 2등 시민으로 만드는 법을 바꾸게 하기 위해, 창문을 깨고 불을 지르고 소란을 일으키라고 여성운동가 부대를 부추겼다. 팽크허스트로 빙의한 메릴이 멀리건과 서프러제트*들의 가슴에 불을 지피려고 마침내 모습을 드러내자 그녀들은 팽크허스트의 열정과 설득력에 가슴이 뜨거워지지 않을 수가 없었다.

팽크허스트가 단언한다. "우리에겐 정부에 맞서는 것 말고는 대안이 없습니다! 우리의 투표권을 얻기 위해 감옥에 가야만 한다면, 여자들의 몸이 아닌 정부의 창문이 깨져야 합니다! 이 모임과 영국의 모든 여성을 반역자로 선동한 건 바로 접니다! 저는 노예가 될 바에는 반역자가 되겠습니다!" 그러고는 멀리건에게 나지막이 충고한다. "절대 항복하지 마세요. 절대 싸움을 멈추지 마세요."

---

* 서프러제트(Suffragette) : 여성 참정권 운동가.

2015년 가을, 메릴과 멀리건은 팽크허스트의 1913년 연설에서 따온 '노예가 되기보다 차라리 반역자가 되겠다.I'd rather be a rebel than a slave'라는 슬로건이 적힌 티셔츠를 입고《타임아웃 런던Time Out London》지의 화보를 찍어 논란이 되었다. 사진은 〈서프러제트〉 영화 홍보용이었지만 미국 소셜 미디어에서 비난을 받았다. 미국의 노예제도를 전혀 고려하지 못한 둔감함과 무지를 두고 불평이 터져 나온 것이다. 작가 이제오마 올루오*가 트위터에 썼다. "얼마나 좋은 의도를 가졌건 얼마나 좋은 교육을 받았건 혹은 얼마나 진보적이건 간에, 방 안에 백인만 한가득 모인다면 이런 쓰레기 같은 일이 생기는 법이다."

《타임아웃 런던》은 두 배우는 초대받아 촬영하러 왔을 뿐이며 "티셔츠에 적힌 말은 영화 슬로건일 뿐이다. 압력에 굴복하는 것 외에는 아무런 선택권이 없던 사람들을 비난할 의도는 전혀 없었다."라고 해명했다.

메릴은 침묵했다. 그녀는 백인 여성인데도 그런 셔츠를 버젓이 입었던 어처구니없는 실수에 수치심을 느꼈던 것 같다. 비평가들은 상호교차성 페미니즘■이 현실과 거리가 먼 개념에 불과하다는 걸 보여주는 단적인 증거라고 비난했다.

그땐 잘 몰랐다 해도 그 뒤로 그녀는 판단을 흐리던 특혜를 기꺼이 내려놓았다. 메릴은 2018년 1월 성추행 문제를 해소하기 위해 시작된 '타임스 업Time's Up' 캠페인에 참여했다. 또 그녀는 돈 많고 유력한 동료

● 이제오마 올루오(Ijeoma Oluo) : 1980년생 미국 작가이자 기자다. 『인종 토크(So You Want to Talk About Race)』의 저자이고 주로 인종, 페미니즘, 경제, 육아, 온라인 괴롭힘, 사회 정의 등에 대해 글을 쓴다.

■ 상호교차성 페미니즘(intersectional feminism) ; 페미니즘 분파 중 하나로, '페미니즘은 모두를 위한 것' 이라는 개념을 내세우는 페미니즘이다.

인사들, 리즈 위더스푼과 숀다 라임스 ^{Shonda Rhimes}와 함께 외식 산업과 공사장 등과 같은 산업체에서 부당한 대우를 받는 피해자들을 위한 법적 변호 기금으로 각각 50만 달러씩 기부했다. 이 기금을 관리하는 전미여성법률센터 ^{National Women's Law Center}에 의하면, 2018년 10월에 도움을 청한 여성들의 40퍼센트가 유색인종이었으며 65퍼센트가 저임금 수급자였다. 그해 1월 메릴은 골든글로브 시상식에 전미가사노동자연대 ^{National Domestic Workers Alliance}의 대표 아이젠 푸 ^{Ai-jen Poo}와 함께 나왔다. 메릴은 레드 카펫에 서서 라이언 시크레스트 ^{Ryan Seacrest}와 인터뷰하는 동안 이 대만계 미국인 노동운동가에게 스포트라이트를 양보했다. "이 운동은 모두가 참여할 수 있고 모두가 해야 할 역할이 있는 사회운동이에요." 푸가 말했다.★

2015년으로 되돌아가서 그《타임아웃 런던》의 특집 기사를 보자. 메릴은 "당신은 페미니스트인가요?"라는 기자의 물음에 대한 답변으로도 곤욕을 치렀다. 메릴은 "저는 휴머니스트입니다. 전 모두를 편안하게 해주는 균형이 중요하다고 봐요."라고 대답했다. 메릴이 페미니스트임을 말해주는 증거들이 있었고, 그해에는 국회의원 모두에게 편지를 써서 장시간 정체되어 있는 남녀평등 헌법 수정안을 지지해달라고 촉구하기도 했다. 그러니 많은 팬들은 '휴머니스트'라는 답변을 듣고 혼란스러울 수밖에 없었다. 1990년, 미국배우조합에서 그녀가 했던 대담한 연설 때문에도 어느 남자 기자가 그녀에게 페미니스트인지 물은 적이 있었다. "너

★ 2018년 제75회 골든글로브 시상식에는 배우, 감독, 제작자들이 일제히 검은 드레스를 입고 '타임스 업' 배지를 달고 나타났다. 성폭력, 성희롱을 근절하고 피해자들과의 연대감을 나타내기 위해서였다. 메릴 스트립을 포함한 여덟 명의 여성 배우들은 여성운동·노동단체·시민단체 활동가들과 나란히 나왔다. 미셸 윌리엄스는 '미투 운동'의 창시자 타라나 버크(Tarana Burke)와 동행했다.

무나 지루한 주제네요. 저는 명백히 휴머니스트고 저는 여성들에게 분명히 권리가 있다고 믿습니다." 메릴이 대답했었다.

종합적으로 보면 메릴은 유명해진 뒤로《워싱턴 포스트》에서부터 아카데미 기자실에 이르기까지 모든 공개석상에서 '맞아요. 전 페미니스트예요.'라고 밝히는 데에 아무런 거리낌이 없었다. 그녀는 나이가 들어가면서 같은 질문에 똑같은 대답을 해야 하는 것에 진력이 난 건지도 모른다.

그런데 메릴의 다음 배역은 팽크허스트 집회 같은 데에는 죽어도 모습을 드러내지 않을 듯한 인물이었다. '리키'와 그녀의 밴드 '더 플래시'는 캘리포니아주 타자나Tarzana에 있는 텅텅 비다시피 한 술집에서 공연한다. 남자 친구 그레그(무려 릭 스프링필드Rick Springfield이시다!)가 기타를 치고, 목소리가 거칠고 쉰 그녀가 '아메리칸 걸American Girl', '나쁜 로맨스Bad Romance', '아직 내가 원하는 걸 찾지 못했어I Still Haven't Found What I'm Looking For'를 부른다. 리키는 자기 성찰을 할 것 같지 않다. 교양도 없다. 그녀는 오바마에 대해 우스갯소리를 하며 자기는 미군을 지지하기 때문에 두 번이나 조지 W. 부시에게 투표했다고 자랑스럽게 말하는 인물이다. 메릴은 셰어나 크리시 하인드Chrissie Hynde같이 록 가수의 목소리를 내기 위해 아주 낮은 음역대로 노래를 불렀다.

리키는 서부로 가서 록 스타가 되려고('스타'라는 말은 빼자. 그냥 록 가수다.) 여러 해 전 가족을 등졌다. 하지만 전 남편 피터(케빈 클라인 분)가 자살을 기도한 딸 줄리(메이미 거머 분) 때문에 리키를 인디애나폴리스의 집으로 다시 불러들이자 그녀는 현실을 보게 된다. 딸 줄리는 바람을 피운 남편과 이혼하려고 한다.(리키는 심지어 줄리의 결혼식에도 참석 안 한 엄마다.)

영화와 메릴의 현실에는 공통점이 있었다. 둘째 메이미는 2013년 3월 벤저민 워커와의 2년여 짧은 결혼 생활 끝에 이혼했다. "아주 원만하게 해결했어요." 당시 스물아홉 살이던 메이미의 대변인이 말했다. 그보다 몇 주 전 CW 방송사는 메이미가 주연했던 의학 드라마 〈에밀리의 24시 Emily Owens〉를 방영한 지 얼마 되지도 않아 종영해버렸다. 이혼 발표가 있고 나서 메이미와 메릴이 캐나다 밴쿠버에서 같이 시간을 보내는 모습이 눈에 띄었고, 1년이 더 지나 메이미는 맨해튼 첼시 지구에서 주로 독신 여성들이 거주하는 방 두 개짜리 아파트를 샀다. 메이미는 천천히 회복해가고 있었지만 메릴과 함께 뉴욕의 교외 지역에서 엄마와 함께 〈어바웃 리키 Ricki and the Flash〉를 촬영하며 다시 한번 시련의 아픔에 시달렸을 것이 분명했다. '줄리'는 분노와 슬픔으로 똘똘 뭉친 사람이다. 예상 밖으로 리키는 그녀에게 안식이 되어준다. 헌신적이면서도 좀 예민한 계모(오드라 맥도널드 Audra McDonald 분)와 달리 리키는 모든 것을 순리에 맡긴다. 줄리는 한때 행복했던 기억들이 떠오를까 두려워 오빠의 결혼식에 참석하기를 망설이지만 리키는 그녀에게 피하지 말라고 조언한다. "도망치지 마." 리키가 말한다. "계속 걸어가."

리키는 메릴이 맡은 역할 중 단연코 내가 가장 좋아하는 역 중 하나다. 그녀가 맡을 것이라고는 생각하지도 못한 역할이었기 때문이다. 열성적 음악 팬인 감독 조너선 드미는 라이브 공연을 바랐고 예순다섯 살의 메릴은 몇 달에 걸쳐 기타를 연습했다. 리키가 어쿠스틱하게 독창하는 노래 '콜드 원 Cold One'은 정말 탁월하다. 영화 〈스타 이즈 본 A Star Is Born〉의 감성 가수 '잭슨 메인'의 팬이라면 이 노래가 그가 부른 '때가 된 것 같아 Maybe It's Time'에 버금가는 노래임을 알 것이다.

메릴은 노래 부르는 걸 그만둘 생각이 없었다. 그녀는 리키를 끝내고 마이크 니컬스가 감독하는 HBO의 영화에 출연해 오페라의 전설 마리아 칼라스가 될 참이었다. 그러나 테런스 맥널리^{Terrence McNally}의 희곡 〈마스터 클래스^{Master Class}〉를 원작으로 한 이 영화는 끝내 결실을 맺지 못했다. 니컬스가 2014년 11월 20일 향년 여든세 살의 나이에 심장마비로 숨을 거둔 것이다. 메릴은 장례식에서 오랜 동업자였던 그를 기렸다. "그는 영감을 주는 사람이었고, 가까이하는 것 자체가 기쁨인 사람이었고, 웃을 때면 눈물을 쏙 빼던 감독이었습니다. 그가 떠난 세상은 상상하기 힘들 정도로, 그는 좋은 친구였습니다. 그는 잊을 수 없는, 그 누구로도 대신할 수 없는 사람입니다."

그리고 메릴은 니컬스를 눈물 쏙 빼게 웃길 만한 새로운 역할로 뛰어들었다. 세계적으로 유명한 소프라노 가수가 되어 아리아를 부르는 대신, 역사상 가장 악명 높은 오페라 가수가 되어 아리아를 되는대로 막 질러댔다. 그런 뒤 마침내 수정 헌법 제1조로 보장받는 언론의 자유, 그것을 지키는 길로 가는 중대한 역할을 맡게 된다.

메릴 스트립의 유명 팬들

켈리 클락슨　　　그래미상을 수상한 대중 가수 켈리[Kelly Clarkson]는 메릴의 열광적인 팬이다. 2018년 골든글로브 시상식 레드카펫에서 메릴과 처음 마주치자 그녀가 소리 질렀다. "전 선생님을 여덟 살 때부터 동경해왔어요!" 하지만 켈리가 우상에게 말하지 않은 사실이 하나 있다. 그녀는 메릴의 등신대等身大 사진을 가지고 있다는 사실. "전 뉴욕으로 여행갈 때도 '그녀'를 데려갔어요." 켈리가 메릴의 등신대 사진을 두고 말했다. "지극히 자연스러운 일인 것처럼 저흰 그 사진을 들고 비행기에 올랐죠."

민디 캘링　　　훌루*에서 방영하는 코미디 〈더 민디 프로젝트The Mindy Project〉의 기획, 극본, 배우를 모두 맡고 있는 민디[Mindy Kaling]는 한 에피소드에서 메릴 스트립 변장 파티를 열었다. 출연자들은 메릴의 영화 〈악마는 프라다를 입는다〉, 〈어둠 속의 외침〉의 메릴처럼 옷을 입고 변장했다. 민디는 〈줄리 앤 줄리아〉의 '줄리아 차일드'로 변장했다. 2018년에 민디는 여자 도둑들 이야기를 다룬 영화 〈오션스 8〉이 영

●　　훌루(Hulu) : '디즈니'의 자회사로 온라인으로 TV 프로그램, 영화 등 각종 콘텐츠를 서비스하는 엔터테인먼트 기업이다. 경쟁사는 넥플릭스와 아마존 스튜디오다. 훌루는 2020년 현재 미국과 일본에만 서비스한다.

화 관련 웹사이트 '로튼 토마토^{Rotten Tomatoes}'에서 혹평을 받자 메릴을 언급하며 이 영화 편을 들었다. "메릴 선생님이 한 말이 떠오르네요. 여성들을 위해 영화를 찍었는데 그런 영화에 가치를 두지 않거나 여성과 전혀 다른 시각을 가진 남성 비평가들이 영화를 비평한다고 하면서 아무래도 그건 공평하지 못한 것 같다고 했죠. 딱 그런 식이 네요."

빌리 아이크너 　게임쇼 '빌리 온 더 스트리트^{Billy on the Street}'로 유명해진 배우 겸 코미디언인 빌리^{Billy Eichner}는 2012년에 브라보 채널의 나이트 토크쇼 '워치 왓 해픈스 라이브^{Watch What Happens Live}'에 메릴과 같이 출연하며 그녀를 처음 만났다. 5년이 지나 그는 '가족계획연맹^{Planned Parenthood}'의 한 자선행사에서 메릴과 다시 만났고 그녀는 그에게 조언을 하나 했다. "메릴 선생님과 저는 '빌리 온 더 스트리트'에 대해서 이야기를 나눴어요. 그리고 그분은 헤어질 때 저에게 '항상 지금처럼 미쳐 사세요.'라고 했어요." 그의 말이다.

제니퍼 로런스 　배우들도 결국 우리와 똑같다. 2013년 아카데미 여우주연상을 수상한 로런스도 퀸 메릴을 직접 보고 놀라기는 우리와 매한가지였다. "어느 날 누군가 저에게 빌 마허^{Bill Maher}를 소개해주고 있었는데 제가 방 안으로 들어오는 메릴 선생님을 본 거예요. 제가 화들짝 놀라서 빌 마허의 입에 손을 바짝 갖다 대고 '잠깐만요, 아무 말씀하지 마세요!'라고 말한 거 있죠! 그러고는 그분을 뚫어지게 쳐다봤어요." "가서 말을 걸었나요?" "당연히 못 했죠. 그냥 스토커처럼 오싹한 눈빛으로 쳐다만 봤어요."

조 크래비츠 　"전 아직도 그분을 친근하게 이름으로 부르기가 어려워요." 메릴이 크래비츠^{Zoe Kravitz}, 리즈 위더스푼, 니콜 키드먼과 함께 HBO의 드라마 〈빅 리틀 라이즈^{Big Little Lies}〉의 시즌 2에 합류한다는 소식이 전해진 뒤 크래비츠가 연예 정보 프로그램 '엔터테인먼트 투나잇^{Entertainment Tonight}'에서 말했다. "전 출연자들과 함께 그분과 점심도 먹었는데 아직도 이름만으로는 잘 못 부르겠어요. 메릴 스트립. 메릴…(어휴!) 스트립!"

슈퍼 영웅 메릴

내 결정은 그대로고, 이제 자러 가야겠어요. - 캐서린 그레이엄

2017년 〈더 포스트〉에서

아주 오래전, 《큐》 1980년 1월호에서 메릴이 고백했다. "보통 저는 그어떤 역할도 소화해낼 수 있다고 생각해요. 저 자신을 믿거든요. 하지만 제가 메트로폴리탄 오페라하우스에 가서 〈노르마Norma〉의 아리아를 부르고 싶다고 하면 제 친구들은 모두 '아니지. 그건 네가 할 수 있는 게 아니지.'라고 하겠죠."

그녀는 1831년에 초연된 빈센초 벨리니Vincenzo Bellini의 오페라, 제2차 세계대전 이후 마리아 칼라스가 여러 번 공연했던 〈노르마〉를 두고 말하는 것이었다. 메릴이 오페라가 적성에 맞지 않는다는 것을 깨닫고 에스텔 리블링에게 성악 교습 받는 것을 그만둔 게 벌써 수십 년 전의 일이었다. 하지만 그녀는 사라져가고 있는 이 예술 양식과 마리아 칼라스처

럼 뛰어난 성악가들을 분명 존중했다. 그리고 뉴욕의 부유한 사교계 인사로 무작정 소프라노 가수의 길로 뛰어들었다가 웃음거리가 되고만 플로렌스 포스터 젠킨스Florence Foster Jenkins의 대담함도 높이 평가했다.

"모두가 나더러 노래를 못한다고는 해도 누구도 내가 노래를 안 했다곤 못 할 거예요." 플로렌스가 평론가들에 대해 단언한다. 몇십 년간 집에서만 노래 부르던 일흔여섯 살의 그녀는 대중의 바람에 따라 1944년 10월 25일 카네기홀에서 첫 단독 콘서트를 열었다. 다음 날 아침 그녀는 신문을 펼쳐서 몹시 비판적이고 치욕적인 비평과 마주한다.《뉴욕 포스트New York Post》는 그녀의 공연을 '뉴욕에서 가장 괴상했던 대중의 코미디'라고 했다. 5일 뒤, 플로렌스는 심근경색을 앓기 시작했다. 그러고는 한 달간 병상에 누워 있다가 사망했다.《로스앤젤레스 타임스》는 부고란에 그녀가 혹평 때문에 비탄에 빠져 사망한 것이라고 주장했지만, 2005년에 플로렌스의 인생을 그린 연극을 브로드웨이 무대에 올린 연출가 스티븐 템펄리Stephen Temperley는 그 말에 동의하지 않았다. 그는 "플로렌스가 혹평에 충격을 받은 건 사실이겠지만 그래도 그녀가 살았더라면 그쯤 혹평이야 이겨냈을 것이라고 감히 말합니다."라고 했다.

메릴은 한 여가수의 고급스러운 전기 영화가 마음에 들었다.(플로렌스는 너무 형편없으면 오히려 소수의 열광적인 팬들을 얻고 높이 평가될 수 있다는 사실을 일찌감치 깨달았던 모양이다. 그녀가 세상을 떠나고 한참이 지나 영화 〈더 룸The Room〉은 심야상영 표까지 매진시키며 진정한 컬트영화가 되지 않았던가.*) 게다가

---

* 〈더 룸(The Room)〉 : 2003년 개봉한 영화로 토미 위소(Tommy Wiseau)가 감독, 각본, 제작, 주연을 모두 맡았다. 말도 안 되게 터무니없는 전개 등으로 IMDB((Internet Movie Database)에서 최악의 영화 10위에 뽑혔다. 하지만 컬트영화로 자리 잡았다.

〈더 퀸 The Queen〉을 감독했던 스티븐 프리어스 Stephen Frears가 감독하고 휴 그랜트 Hugh Grant가 플로렌스의 말쑥한 남편 '세인트 클레어 베이필드'를 맡게 되었다. 촬영은 2015년 5월 런던에서 시작할 예정이었다.

메릴이 월트 디즈니를 비판했는데도 디즈니 픽처스는 〈숲속으로〉의 홍보 포스터에 조니 뎁의 변태 같은 늑대 대신 메릴의 앙심 품은 마녀 사진을 크게 싣기로 결정했다. 그림형제의 동화를 영리하게 해체시킨 이 음침하고 일그러진 뮤지컬 영화는 북미에서 1억 2,800만 달러를 벌었고, 메릴의 연기를 극찬하는 기사가 이어졌다. "다채로운 노래를 선보인 스트립은 투박한 영화 〈맘마미아!〉에서 노래방용 노래를 부를 때보다 훨씬 멋져 보였다. …… 그녀는 이 역할을 무無에서 새롭게 만들어냈다. 힘찬 보컬, 짓궂은 코믹 본능, 시원시원한 몸놀림, 생생한 감정 표현으로 '마녀'를 완벽하게 만들어냈다."《할리우드 리포터》의 데이비드 루니 David Rooney가 칭찬을 우회적으로 쓴 것이다. 메릴은 곧장 아카데미 여우조연상에 후보로 올라 퍼트리샤 아퀘트 Patricia Arquette(〈보이후드〉), 에마 스톤 Emma Stone(〈버드맨〉), 키라 나이틀리 Keira Knightley(〈이미테이션 게임〉), 로라 던 Laura Dern(〈와일드〉)과 경쟁했다.

여우조연상 수상자는…… 아퀘트였다. 리처드 링클레이터 Richard Linklater 감독의 성장 드라마 영화 〈보이후드〉에서 진지한 싱글 맘 역을 맡았던 그녀는 영화를 빛낸 숨은 공신이었다. 그리고 나는 2015년 2월 22일에 그녀가 했던 수상 소감을 평생 잊지 못할 것 같다. 단어를 조금 바꿔 사용했더라면 더 좋았겠지만 그녀는 새로운 시대를 열었다. 아퀘트는 먼저 동료들과 가족들에게 감사하고 나서 계몽적인 선포로 소감을 마무리했다. "이 나라의 시민들이자 모든 시민을 출산한 여성분들, 우리는 평등권을 위해 싸워왔습니다. 이제는 미국에서 모두가 임금을 평등하게 받아야 하며 특히 여성들도 동등한 권리를 누려야 할 때입니다!" 아퀘트의 말은 성차별과 임금 차별에 엄청난 관심을 불러모았다. 다만 똑같이 임금 차별을 받고 있는 유색인종과 동성애자들을 빼뜨린 게 좀 아쉬웠다. 메릴이 객석에서 힘차게 응원하는 모습이 화면에 크게 나왔다. 메릴의 열광적인 호응은 곧바로 GIF 파일로 만들어져 트위터에서 찬성을 나타낼 때 종종 사용되었다.

페미니즘의 물꼬가 터졌다. 여배우들의 수상 소감 속에 대담하고 새로운 방식으로 페미니즘이 스며들었다. 대형 영화사가 사실상 〈서프러제트〉를 주류 영화로 만든 것이다. 해커들이 2014년 12월 소니 픽처스의 이메일을 유출하면서 슈퍼스타 제니퍼 로런스가 〈아메리칸 허슬 American Hustle〉에 같이 출연했던 제러미 레너 Jeremy Renner와 다른 남자 배우들보다 더 적은 출연료를 받았다는 사실이 세상에 알려졌고 이에 사람들은 분노를 터뜨렸다.

2015년 4월 15일, 힐러리 클린턴이 대선에 출마하겠다고 선언했다. 그녀의 지지자들은 대담해졌다. 만약 힐러리가 가장 높은 유리천장을 깨부수고 백악관을 장악한 첫 여성이 된다면 여자들은 더는 헛소리들을 참아낼 필요가 없어질 터였다. 힐러리의 선언이 있은 지 일주일이 지나 익명으로 글을 게재할 수 있는 텀블러* 페이지에 '여성 감독들이 듣는 헛소리들 Shit People Say to Women Directors'이 만들어졌다. 할리우드의 여성혐오적인 끔찍한 이야기들을 나눌 수 있는 온라인 공간이었다. "사람들이 현실

---

* 텀블러 닷 컴(https://www.tumblr.com) : 쉽고 간단하게 블로그를 만든 뒤 글이나 사진을 친구와 공유할 수 있게 하는 단순 블로그 서비스로 소셜 네트워크 서비스와 일반 블로그의 중간 형태로 통한다.

에 너무 익숙한 나머지 의문을 가진다는 것 자체가 불필요하게 느껴지던 문화적 권태기가 있었습니다. 그리고 비정상적인 불평등을 그냥 받아들이곤 했어요. 지금은 2015년인데도요." 비영리 단체 '위민 인 필름 로스앤젤레스 Women in Film Los Angeles'의 명예회장 캐시 슐먼 Cathy Schulman 이 그 당시 나에게 말했다.

메릴은 1990년부터 여성 인권에 대해 목소리를 높여왔다. 그리고 그녀는 분노를 말이 아닌 행동으로 보여주기 시작했다. 2015년 4월 19일, 메릴이 '뉴욕 위민 인 필름 앤드 텔레비전 New York Women in Film and Television'과 제휴해 마흔이 넘은 여성 시나리오 작가들을 지원하기 위해 매년 열리는 '4일간의 각본 개발 교실 four-day script development lab'에 자금을 댔다는 기사가 났다. 설립 첫해, 최종적으로 뽑힌 지원자들을 지도하려고 저명한 여성 작가, 감독, 제작자들이 뉴욕 북부에 있는 이 소박하고 한적한 곳으로 모여들었다. 메릴은 새내기들을 방해할까 조심스러워했지만 그녀의 존재감이 그곳 어디서든 느껴졌다.

메릴은 다시 한번 영국으로 날아갔다. 이번에는 멋진 옷들과 화려한 티아라 머리 장식을 무궁무진하게 많이 가진 당당한 상속녀가 될 참이었다. 〈플로렌스 Florence Foster Jenkins〉 제작진은 영국 북부 항구 도시인 리버풀의 장엄한 '드루어리 레인 거리'를 1940년대 '센트럴파크 웨스트'처럼 만들었다. 메릴은 음치인 플로렌스를 흉내 내려고 보이스 코치에게 강습받았다. 감독 프리어스는 메릴에게 '밤의 여왕 Queen of the Night'을 엉망진창으로 부르는 장면을 여러 번 찍자고 했다. "생각했던 것보다 훨씬 더 재미있었지만 한편 겁나기도 했어요." 메릴은 처음에는 녹화 장면에다 립싱크를 덧입힐 줄 알았다. "하지만 전부 직접 촬영한 덕분에 활기가 넘쳤어요. 왜냐면 각 테이크마다 노래가 달라졌거든요."

여성들을 형편없는 태도로 대했던 이전의 리얼리티 TV 쇼 진행자 도널드 트럼프라면 아마 플로렌스를 죽어라고 괴롭혔을 것이다. 그는 2015년 6월 16일 대선에 출마했고 결국 공화당 후보가 되었다. 하지만 그의 선거운동은 규범을 벗어나 어둡고 분열적이었다. 그는 산란하게 들떠서 이민자들과 기자들, 그리고 전쟁 영웅 존 매케인^{John McCain} 등 수없이 많은 사람들을 심술궂게 공격했다. 공화당의 경선 후보였던 칼리 피오리나^{Carly Fiorina}를 두고서는 이렇게 말했다. "저 면상을 한번 봐요! 누가 저따위 얼굴을 보고 투표를 하겠습니까? 저 얼굴이 우리의 차기 대통령이 되는 게 상상이나 갑니까?!"

트럼프의 목표는 다툼을 만들어 자기 힘을 다지는 것이었다. 집회에서는 인종차별주의를 강조해 백인우월주의자들이 다른 인종을 싫어하고 위협하게 부추겼다. 그는 "그녀를 감옥으로^{Lock Her Up}", "저기 담을 쌓자^{Build That Wall}", "모든 생명이 중요하다^{All Lives Matter}"[●] 등의 구호를 내걸고 지지자들을 충동질했다. 이런 광대가 또 어디 있을까. 하기야 오바마 대통령의 출생증명서를 가지고 장난질 치는 인종차별주의자에게 무엇을 기대하겠는가.[■]

다행히도 대선에서 힐러리가 우세해보였다. 트럼프는 곧 마러라고^{Mar-a-Lago★}로 떠나고 모든 게 정상으로 돌아올 것만 같았다. 메릴은 민주

● 이는 힐러리 클린턴에 대한 공격(Lock Her Up), 미국-멕시코 간의 장벽 설치(Build That Wall)에 관한 구호이고, '모든 생명이 중요하다(All Lives Matter)'는, 흑인을 향한 폭력과 제도적 차별을 멈추라는 2013년의 흑인 민권운동(구호)인 '흑인 목숨도 중요하다(Black Lives Matter)'에 반감을 부추기는 구호다.

■ 트럼프는 오바마가 케냐에서 출생해서 대선 출마 자격이 없다며 출생증명서 공개를 요구했다.

★ 마러라고(Mar-a-Lago): 플로리다주 팜비치에 위치한 리조트이자 역사적 랜드마크. 1985년 도널드 트럼프가 구입했고, 그가 재임 기간 동안 상당 시간을 이곳에서 보내서 겨울 백악관으로 불리기도 한다.

당 전당대회에서 힐러리를 적극 지지했다.

"무슨 일에서든 첫 여성 지도자가 되려면 무엇이 필요할까요? 투지와 품위입니다. …… 힐러리 클린턴은 가족과 아이들을 지키려고 40년간을 싸우며 몸을 불살랐습니다. 어떻게 그럴 수 있었을까요? 전 정말 그게 알고 싶어요." 메릴이 2016년 7월 26일에 있었던 그 대회에서 성조기가 그려진 원피스를 입고 나와 연설했다.

메이미와 그레이스가 관중석에 서서 박수를 치는 동안 메릴은 힐러리가 "첫 여성 대통령이 될 것입니다! 그리고 훌륭한 대통령이 될 것입니다!"라고 외쳤다.

그다음 달, 파라마운트는 아카데미상 후보 지명을 노리며 미국에서 〈플로렌스〉를 개봉했다. 영화사는 〈줄리 앤 줄리아〉의 전략을 따라 했다. '시상식을 겨냥한 영화들이 쏟아져 나오며 난리법석이 나기 전에 한발 앞서 개봉해서 강한 인상을 남기고 메릴의 후보 지명이 필연적이라는 분위기 만들기'가 그 전략이었다. "나는 이 영화를 좀 더 품위 있는 방법으로 홍보하면 좋겠다고 생각한다. 훌륭한 연기와 심금을 깊이 울리는 우수가 있는, 충분히 좋은 영화이기 때문이다. 비록 스트립이 갈수록 자주 맡는 그 비슷한 귀부인 역할로 나오긴 하지만, 이전에 맡았던, 말하자면 '마거릿 대처'보다 조금 더 미묘하게 연기했다." 《배너티 페어》의 리처드 로슨Richard Lawson이 영국과 프랑스에서의 신통찮은 예매율을 염두에 두고 말했다.

1980년대로 돌아가서, 영화평론가들은 메릴이 자꾸 외모를 달리하고 영화에 나오는 것에 대해 비판하기도 했다. 그들은 메릴이 능수능란한 기술을 좀 내려놓고 좀 더 현실적으로 보이길 바랐다. 하지만 《할리우드 리포터》의 셰리 린든^{Sheri Linden}은 〈플로렌스〉에 대해 이렇게 말했다. "〈플로렌스〉는 '별로 재미없고 정신없는 인물을 너무 세세히 드러내거나 깊이 파헤치지 않으려고 부호로 쓰고 꽉 봉인해서 배달한 헌사'다. 스트립은 빛과 그림자를 적절히 배합하는 재주가 좋다. 기술적으로 엄격하기로 유명한 배우가 열정을 다해 음을 다 틀리는 것을 보니 감동적이면서도 자유로움이 느껴진다. 플로렌스의 자만심, 나약함, 갈망, 망상을 한데 섞어 듣기 괴로운 선율 하나로 풀어낸 것이 아주 재밌다. 그 노래를 듣고 있으면 스트립이 음을 한 단계 낮추고 우리에게 친근한 그녀만의 능수능란함으로, 군더더기 없이 깔끔한 이야기를 들려주었으면 하고 바라게 된다."

〈플로렌스〉는 두 달 동안 북미에서 2,700만 달러를 벌고 2016년 10월 27일 영화관에서 막을 내렸다. 그로부터 12일이 지나 도널드 트럼프가 미국 대통령으로 선출되었다.

이런, 젠장.

♕

스티븐 스필버그는 마음이 조급해졌다. 그는 열정 넘치는 영화 〈에드가르도 모르타라의 유괴^{The Kidnapping of Edgardo Mortara}〉 제작에 몰두하다가 중단하고 서둘러 자리를 떠났다. 《워싱턴 포스트》 발행인 캐서린(케이) 그레이엄이 리처드 닉슨 대통령 정부에 맞서며 용기 있는 결단을 보여주는 리즈 해나^{Liz Hannah}의 짜릿한 각본 때문이었다. 그레이엄은 1971년에 신문사의 사활을 걸고, 크나큰 비난을 받았던 미국-베트남 전쟁에 관한 일급 기밀문서 '펜타곤 페이퍼스 Pentagon Papers'를 폭로했다. 평소 그녀답지 않은 결단이었다. 내부고발자인 군사 분석가 대니얼 엘즈버그 Daniel Ellsberg 가 기밀문서를 《뉴욕 타임스》에 넘겼고 신문사는 문서의 일부를 보도했다. 이에 대통령은 법적으로 대응했다. 《워싱턴 포스트》의 패기 넘치는 편집국장 벤 브래들리는 《뉴욕 타임스》가 남겨둔 정보를 입수하자고 그레이엄을 설득한다. 한참을 망설이던 그녀는 마침내 결단을 내리고 다른 신문사들까지도 그녀를 따라 보도하게 된다.

"1971년 닉슨 정부가 자기들에 불리한 내용이 보도되지 못하게 언론에 재갈을 물리려 했다는 명백한 근거들이 있었어요. 그리고 그런 일들은 지금도 비슷하게 일어나고 있습니다." 스필버그가 말했다. 2017년 3월 3일, 스필버그는 〈더 포스트 The Post〉를 제작하려던 에이미 파스칼에게 전화를 걸어 지금 당장 그레이엄 역에 메릴을, 브래들리 역에 톰 행크스를 캐스팅하고 자신이 감독하겠다고 말했다. 5월 30일, 스필버그(그는 용병을 모아 트럼프 정부에 대항하는 전쟁을 벌일 계획이었다.)는 뉴욕에서 촬영을 시작했다. 어느 때보다도 빠른 제작이었다.

스필버그는 메릴과 톰에게 같은 액수의 출연료를 줬다고 했다. 감독은 메릴을 잘 알지는 못했지만 두 사람 모두 캐리 피셔와 가까웠다. 메릴 또한 톰과 마찬가지로 도덕적 중심축을 가운데 두고 역할을 골라온 배우였다. 또한 그녀는 그해 1월에 열린 골든글로브 시상식의 수백만 청중들 앞에서 대통령 당선자 비판하기를 두려워하지 않았었다. 세상에 종말이 온 것 같았던 취임식에서 트럼프 대통령은 '미국인을 죽이는 사회'*를 끝장낼 것이라고 냉담하게 맹세했다. 취임식이 있기 두 주 전, 메릴은 골든글로브 시상식에서 평생공로상인 세실 B. 드밀 상을 수상하면서 트럼프가 선거 유세 도중 장애인 기자 서지 코발레스키^{Serge Kovaleski}를 모욕한 것을 비판했고 청중들에게 자신과 함께 '언론인보호위원회^{Committee to Protect Journalists}'를 돕자고 호소했다.

"권력을 가진 사람이 공식석상에서 남을 짓누르려는 본능을 드러내면 그것은 모든 이의 삶 속으로 스며들어 갑니다. 마치 다른 사람들에게도 그와 똑같이 행동해도 된다고 허락하는 것과 같기 때문이에요. 혐오는 혐오를 부르고, 폭력은 폭력을 부추깁니다. 권력을 가진 사람이 자기 지위를 이용해 다른 사람을 괴롭힌다면 그건 우리 모두의 패배를 의미하는 것입니다." 메릴이 경고했다.

메릴은 캐리 피셔가 한 말을 들어 소감을 끝냈다. "저의 친구이자 우리 곁을 떠난 사랑스러운 레아 공주가 언젠가 저에게 말했던 것처럼 마음의 상처는 예술로 승화시켜야 합니다."

객석에서 박수가 세차게 터져 나왔다. 하지만 멀리서 지켜보고 있던 보수주의 권위자들은 진실을 말하는 그녀를 트럼프 지지자들의 반감만 일으키고 실제 세상을 잘 모르는 진보주의 할리우드 배우라고 깎아내렸다. 아니나 다를까, 비판에 민감한 트럼프는 트위터에 불편한 심기를 드러냈다. "할리우드에서 가장 과대평가된 배우 메릴 스트립이 나를 잘 알지도 못하면서 어젯밤 골든글로브에서 날 공격했다. 그녀는 실패한 힐러리의 아첨꾼일 뿐이다." 그는 코발레스키를 조롱한 적 없다고 말했다.

하지만 그는 분명히 조롱했었다. 코발레스키는 관절굽음증이 있어서

● 미국인을 죽이는 사회(American carnage) : 좋은 학교와 안전한 이웃과 좋은 일자리를 원하는 시민들의 바람과 다른 어두운 현실을 두고 한 표현이다. 즉, 도심 내부의 가난한 사람들, 문 닫은 공장들, 교육의 기회를 얻지 못하는 학생들, 수많은 사람들의 목숨과 잠재력을 앗아 가는 범죄 단체와 마약이 만연한 사회를 가리키는 말이다.

팔을 자유롭게 움직이지 못한다. 그가 썼던 글 중에 트럼프의 마음에 들지 않은 게 있었고, 그 때문에 트럼프의 표적이 되었다. "여러분은 이 인간을 한번 봐야 합니다." 트럼프가 사우스캐롤라이나주 집회 때 지지자들 앞에서 그 기자를 흉내 내듯 팔을 우습게 흔들며 말했다.

메릴의 팬들과 지지자들은 한데 뭉쳐 메릴 편에 섰다. 다큐멘터리 작가 켄 번스Ken Burns는 "그녀는 나에게 만약 자기가 이스트강에서 사체로 발견된다면 누가 그랬는지 짐작할 수 있을 것이라 했다. 하지만 그들은 겁이 나서 그녀를 함부로 해치지도 못한다. 아무리 그녀가 우리에게 '이 세상 황제들이 벌거숭이'라는 사실을 끊임없이 상기시킨다 해도 말이다."라고 했다. 2017년에 아카데미 시상식을 진행했던 지미 키멜Jimmy Kimmel도 농담했다. "초창기 작품 중 연기가 그저 그랬던 〈디어 헌터〉나 〈아웃 오브 아프리카〉부터, 연기가 아무런 감흥을 주지 못하던 〈크레이머 대 크레이머〉, 〈소피의 선택〉까지 메릴 스트립은 신통찮은 배우 인생에서 50편이 넘는 영화를 찍는 동안 노력을 거의 안 했어요. 이번이 메릴 스트립의 스무 번째 오스카 후보 지명인데요, 올해 그녀가 영화에 나오지도 않았다는 것을 고려해본다면 더욱 놀라운 사실이죠. 우린 그냥 습관적으로 그녀 이름을 후보에 올립니다."

2017년 10월 5일, 《뉴욕 타임스》는 대담하게도 하비 와인스타인의 성추행에 관한 기사를 실었고 그 덕분에 활동가 타라나 버크가 2006년에 시작했던 미투 운동이 확대된다. 공격적인 협상가이자 오스카상 전략가인 하비 와인스타인은 권력을 이용해서 몇십 년간 자기 영화에서 주연을 맡는 여배우들뿐 아니라 많은 여자들을 성추행했다. 와인스타인이 제인 오스틴의 소설 『에마Emma』를 각색한 미라맥스의 영화에서 귀네스

팰트로를 주연으로 캐스팅했던 게 그녀 나이 스물두 살 때였다. 그녀가 맡은 역할은 아카데미 여우주연상에 후보로 오를 수 있을 만큼 매력적인 것이었다. 귀네스는 영화 촬영이 시작되기 전 와인스타인이 페닌슐라 베벌리힐스 호텔에 있는 그의 방으로 불러들여 그녀의 몸에 손을 대고 침실에 들어가 마사지를 하자고 했다고 《타임스》에서 말했다. 팰트로는 거절했다. 그리고 그 당시 팰트로의 남자 친구였던 브래드 피트가 와인스타인과 말다툼을 벌였다. "한 번만 더 팰트로를 불편하게 만들면 죽여버릴 겁니다." 와인스타인은 팰트로를 불러 자기가 한 짓에 대해 입 다물고 있으라고 협박했다. "전 그때 어린애였어요. 영화는 이미 하기로 계약했고, 너무나 겁이 났어요. 그가 절 영화에서 하차시킬 것이라 생각했어요." 귀네스가 말했다.

하지만 메릴은 스스로를 지킬 힘이 있었던 것 같다. 그녀는 이런 일들이 일어나고 있었는지 전혀 몰랐다고 했다. "저는 하비가 어디 사는지도 모르고 그 사람이 우리 집에 온 적도 없어요." 그해 12월, 그녀는 그와 한통속이 아니냐는 의혹을 받자 스스로를 변호했다. "제 평생 그가 자기 호텔방으로 부른 적이 없었어요." 1998년 〈뮤직 오브 하트〉 촬영을 위해 그의 사무실에서 웨스 크레이븐과 같이 만난 적이 딱 한 번 있었다. 하비처럼 남을 학대하는 사람들은 거짓말과 자취를 감추는 데 능하다. 메릴과 같이 존경받는 우상들의 뒤로 숨는 행동도 그와 같은 맥락이다. "메릴이 알았더라면 참지 않았을 겁니다. 메릴은 오랫동안 이런 문제와 싸워왔잖아요." 〈원 트루 씽〉 감독 칼 프랭클린의 말이다.

무슨 일에서든 첫 여성 지도자가 되려 할 때 필요한 덕목은 무엇일까? 투지와 품위다. 케이 그레이엄의 남편 필립은 《워싱턴 포스트》를 장인에게서 물려받았다. 하지만 1963년 필립이 자살한 뒤 워싱턴의 사교계 인사 그레이엄이 회사를 떠맡으며 미국 주요 신문사 최초의 여성 발행인이 된다. 그녀는 성차별과 마주했고 자기 자신에 대한 회의감과 불안감 때문에 괴로워했지만, 닉슨 대통령을 끌어내리는 계기가 된 '워터게이트 스캔들'을 냉철하게 보도하며 언론의 황금시대를 주도했다.

그레이엄은 '펜타곤 페이퍼스'를 다루면서 인생과 경력에 중요한 전환점을 맞았다. 그녀는 자기 안에 리더십이 있다는 것을 세상과 자기 자신에게 입증해 보였다. 메릴은 섬세하고 미묘한 연기로 자신의 리더십을 점차 편안하게 받아들여 가는 한 여성의 내면을 적절하게 잘 보여주며 그녀를 기렸다. 그레이엄의 내적 갈등은 많은 여성들이 공감할 만한 것이었다. 메릴과 가까워지게 된 스필버그와 톰 행크스는 그녀의 신기神技에 놀라워하며 "제가 드디어 메릴과 함께 일했어요."라고 겸손히 말했다. 언론 시사회에서 일찌감치 영화를 본 영화평론가들도 메릴의 연기에 놀라워하긴 마찬가지였다. 스필버그(그 자신도 마술사다.)는 영화 제작을 시작한 지 10개월 만인 2017년 12월에 용케도 영화를 개봉했다. 인터넷에서는 메릴이 영화에서 입고 나온 특별한 카프탄식 드레스(의상 디자이너 앤 루스가 뉴저지주에서 반짝이는 금색 천을 구해 왔다.)에 대한 찬사가 쏟아졌다.

그녀가 했던 모든 일들이 그랬듯, 〈더 포스트〉도 메릴이 한 시민으로 느끼는 의무감을 보여주는 것이었다. 메릴은 그런 의무감을 가지고 있었기에 무식한 멍청이들을 날카롭게 꼬집기도 했다. 2016년 6월 6일, 〈프렌티〉와 〈디 아워스〉를 썼던 각본가이자 감독인 데이비드 헤어는 센트럴파크의 퍼블릭 시어터 갈라 쇼에서 최근 몇 년 사이 가장 마음에 드는 메릴의 연기를 봤다. 메릴은 몸에 맞지도 않는 커다란 옷 아래 보형물을 잔뜩 넣어 입고 얼굴에는 오렌지색 화장품을 문질러 바르고 괴상한 모습으로 무대에 등장했다.* 그녀는 크리스틴 바란스키 Christine Baranski와 함께 콜 포터 Cole Porter의 뮤지컬 〈키스 미 케이트 Kiss Me Kate〉에 나오는 '셰익스피어를 써먹어 봐 Brush up Your Shakespeare'를 불렀다. 고전 뮤지컬 속의 이 노래는 두 깡패가 '셰익스피어를 인용하면 기적처럼 여성의 마음을 사로잡을 수 있다'고 떠벌리는 내용의 이중창이다. "만약 그녀가 네게 악랄하다고 말한다면 / 그녀를 〈코리올라누스 Coriolanus〉로 바로 공략해 / 셰익스피어를 써먹어 봐 / 그러면 여자들이 모두 널 우러러볼 거야." 이것이 가사의 일부다.

헤어가 그때를 떠올렸다. "메릴은 그날 정말 모사의 천재 같았어요. 그녀를 보고 있으니까 머리칼이 쭈뼛쭈뼛 섰어요." 저는 브레히트**가 그 자리에 있었으면 얼마나 좋았을까 생각했어요. 왜냐하면 메릴은 그가 배우에게 바라는 것을 그대로 정확히 하고 있었거든요. 그녀는 역할에 완전히 들어가 있으면서도, 그러니까 트럼프가 콜 포터의 노래를 부르는 말도 안 되게 웃기는 상황 속에 완전히 들어가 있으면서도 동시에 자기

●　메릴 스트립은 2016년 6월 6일 이 공연에서 트럼프 분장을 하고 나와 트럼프 특유의 몸짓을 흉내 냈다.
■　베르톨트 브레히트(Berthold Brecht, 1898~1956) : 독일의 극작가이자 시인, 무대 연출가로 연극에서 소외(낯설게 하기) 효과를 고안했다. 이는 극중 인물이 관객에게 말을 걸거나 갑자기 노래하는 장면을 끼워 넣는 등으로 관객의 몰입과 감정이입을 막아 관객으로 하여금 극중 인물이 놓인 상황을 생소하게 받아들이고 상황을 새롭게 객관적으로 바라보게 한다.

연기에서 벗어나 바로 옆에 서서 자기 자신을 가리키며 말하고 있는 듯했어요. '여러분 평생 이렇게 멍청한 짓을 본 적 있나요?'라고요. 기술적으로 완벽하게 통제된 난장판의 전형을 보여줬어요. 꼭 로런스 올리비에가 '아치 라이스'를 연기하는 것을 보는 것 같았다고 할까요."*

메릴에게 무대란 실험을 하고 사람들을 즐겁게 해주고 목소리를 내지 못하는 사람들을 대신해 목소리를 내주고 폭군을 풍자하는 신성한 놀이터였다. 이번에는 식전 만찬도 거르고 무대 뒤에서 트럼프의 머리 모양을 만들려고 핀을 잔뜩 꽂아 머리칼을 둥글게 부풀리고서 사람들을 박장대소하게 한 것이다. 그녀는 대담하게 타고났다. 용감하게 타고났다. 그런 그녀는, 어둠을 밝히는 빛이다.

---

* 로런스 올리비에(Laurence Olivier, 1907~1989) : 영국의 배우이자 연출가로 영화와 연극계에서 독보적이고 다채로운 재능을 발휘했다. 1960년에 영화 〈엔터테이너(The Entertainer)〉에서 유명 코미디언 아버지(빌리 라이스)의 끼를 물려받았으면서도 삼류 인생을 살아가는 '아치 라이스'를 연기했다.

천재 배우 메릴 스트립

메릴은 드라마스쿨에 다닐 때 연기하는 것을 좀 우습고 하찮은 직업, 그 저 자기만족을 위한 일이라고 생각했다. 그보다는 가치 있는 일을 하며 살아야 하지 않을까? 하고 생각했다. 예를 들자면 지구를 구하는 일이라 든가. 물론, 메릴은 생각이 바뀌었다. 어느 날 워싱턴에서 예술가들을 위 해 마련된 만찬 자리에 갔던 그녀는 레이건, 닉슨, 포드 대통령을 보좌했 던 직업 공화당원 알렉산더 헤이그Alexander Haig의 연설을 듣고 놀랐다. "연 설가가 말하기엔 정말 특이한 주제라고 생각했어요. 그는 술에 잔뜩 취 해 좀 비틀거렸어요. 그는 '사람들은 군대라든가 다리라든가 건물을 만 든 사람을 기억하지 못해요. 그 사람이 어느 예술가와 함께했느냐에 따 라 기억하죠. 그게 바로 우리가 예술을 지원해야 하는 이유죠.'라고 하더군요." 메릴이 1988년 〈어둠 속의 외침〉의 홍보 기자회견에서 말했다.

그때 메릴은 '독특한 대변인' 헤이그에게 전적으로 동의했다. 그녀는 배우라는 사실이 자랑스러웠고 한 번도 그녀의 성공을 당연시하지 않았다. 메릴은 책임감 있게 역할을 골랐고, 영화뿐만 아니라 현실에서도 자신의 신념을 몸소 실천하며, 오해받는 여성들과 동정받아 마땅한 여성들에 관한 이야기를 품격 있게 들려주려 노력했다. 메릴은 2014년 전미 비평가위원회 만찬에서 에마 톰슨을 위한 헌사를 바치며 자기와 에마가 닮은 점을 이야기했다. "에마는 문화에 이바지할 방법을 아주 신중하게 고민합니다. 에마는 '이것이 유익한가'를 생각해요. 그녀는 '이 영화로 내 상품 가치가 올라갈까? 수백만 달러를 벌 수 있을까? 이게 날 멋지게 표현해주는가? 나 말이야, 나! 언제나, 영원히, 어디에서나 특별하고 아름다운 나! 이거 찍고 나면 후속 편도 찍을 수 있으려나? 아니면 배라도 한 척 살 수 있으려나? 그것도 아니면 향수 광고 계약이라도 딸 수 있을까?'라고 생각하지 않아요."

메릴은 70대까지 주연 자리에서 벗어나지 않은 보기 드문 성격파 배우로, 아이러니하게 재산도 모았다. 메릴은 〈디어 헌터〉에서 로버트 드니로의 여자 친구 역할을 맡고 〈크레이머 대 크레이머〉에서 더스틴 호프먼에게 뺨까지 맞으며 거기서부터 정말 먼 길을 걸어왔다. 40년이 넘는 세월 동안 스물한 번 오스카에 후보로 오르면서 이제 두 사람 모두를 넘어섰다. 대배우 로버트 드니로도 그녀의 화려하고 장엄한 이력 앞에서는 한 줄의 각주거리에 지나지 않고, 오늘날 여왕의 발아래 꽃을 놓아주는 한 사람일 뿐이다.

자기 비하를 서슴지 않는 메릴은 스스로를 괴상한 무비 스타라고 말하지만 그만큼 진실과 거리가 먼 단어도 없다. 언제나 더 크고 나은 목표를 향해 발을 디뎠던 메릴은 버나즈 고등학교 시절부터 수없이 많은 소동을 겪어왔다. 성격파 배우들은 화려한 무비 스타가 되지 않는 이상 아카데미상 기록을 깨지 못한다. 그리고 무비 스타라고 해도 죽도록 원해야만 가능하다. 메릴은 간절히 원했다. 〈리버 와일드〉의 거친 급류를 타는 것에서부터 〈악마는 프라다를 입는다〉와 〈더 포스트〉에 이르기까지 열심히 일했고 열심히 싸웠다. 그러면서도 남편 돈과 함께 네 아이를 세간의 이목으로부터 지키며 바르게 키워왔고 동시에 할리우드에서 손꼽히는 건강하고 긴 결혼 생활을 이어가고 있다.

메릴이 예일 대학교에서 공부하던 시절, 한 강사가 학생들에게 왕을 연기하려면 어떻게 해야 하냐고 물었다. "모두가 이렇게 대답했어요. '눈빛과 표정이 확신에 차 있어야 해요.' '아, 좀 더 깊고 낮은 목소리를 내야 해요.' 그러자 선생님이 '틀렸어. 왕이 되는 법은 네가 이 방 안에 들어서는 순간 모두가 일제히 조용해져야 하는 거야.'라고 했어요. 왕이 들어오면 방 안의 분위기가 완전히 달라지는 거죠. 내가 왕이 되는 법은 나 아닌 다른 사람들에게 달려 있는 문제예요. 정말로 대단한 정보였어요." 메릴이 10년도 더 전에 말했다. 그녀가 곧잘 즐겨 하는 이야기였다. 그리고 메릴이 도대체 어떻게 그 스트레스 많은 학교생활을 무사히 끝내고 미국의 퀸 메릴이 될 수 있었는지 이해할 수 있게 만드는 이야기이기도 하다.

"그녀는 자기가 사랑하는 사람들을 밀어붙입니다. 그들이 더 나은 사람이 되길 바라서예요. 하지만 동시에 그들에게 100퍼센트 충성하죠. 메릴이 자기 방식대로 모든 것을 해냈다는 점에서 캐서린 헵번과 비슷하다고도 말할 수 있어요. 하지만 메릴은 헵번보다 재능이 한참 더 뛰어난 배우예요, 사실. 정말 놀랄 만한 일들도 해냈거든요. 메릴은 자기가 가진 힘이 뭔지 잘 알고 그 힘으로 원하는 일을 해낼 줄 압니다. 메릴이 없었더라면 〈프렌티〉도 없었고 〈실크우드〉나 〈어둠 속의 외침〉도 없었을 겁니다. 사람들은 메릴의 인격 때문에 그녀의 연기를 좋아하기도 합니다. 바로 선을 지향하는 그녀의 올곧음 때문이죠." 데이비드 헤어가 말했다.

인권. 기후 변화. 언론의 자유. 그리고 #미투 운동에 이은 '타임스 업' 운동까지. 숭고한 대의명분에 관련해서는 항상 그녀가 지지하고 있을 확률이 굉장히 높다. 그녀가 트럼프에 대항하는 사람들의 리더 격이라는 것은 부인하기 어렵지만 그녀는 사실 공식적 얼굴이 되는 것을 더는 원하지 않는다.

"전 공식적인 대표가 되고 싶지 않아요." 메릴이 2017년 12월에 말했다. 골든글로브 시상식에서 충격적인 소감을 말하고, 여성 행진*에서 시위대들이 '메릴의 명언What Meryl Said'이라든가 '메릴을 대통령으로Meryl Streep for President'라고 적힌 팻말을 든 것을 보고 거의 1년이 지난 시점이었다.

"저는 굉장히 사적인 사람입니다. 사실 연예계의 많은 사람들이 그래요. 저는 사실 너무 수줍음이 많아서 이런 모든 일을 하는 게 굉장히 힘들어요." 메릴이 난색을 표했다.

● 여성 행진(Women's March) : 2017년에 이루어진 여성 행진은 미국 제45대 대통령 도널드 트럼프의 취임 다음 날인 2017년 1월 21일 미국 워싱턴 D.C.를 중심으로 세계 각지에서 일어난 시위다. 시위 목적은 여성 인권과 성소수자 인권 증진, 이민자 정책 개혁, 그리고 인종 차별·노동·환경 문제에 대한 문제 제기였다. 워싱턴의 시위 인원은 50만 명으로 추산되었는데 직무 첫날을 맞은 트럼프 행정부와 전 세계에 '여성의 권리는 인권이다.'라는 강력한 메시지를 전했다.

메릴은 항상 사생활을 지켰다. 그러면서도 〈맨츄리안 켄디데이트〉에 나오는 '엘리노어 프렌티스 쇼'처럼 아랫사람을 부추겨 정치적 적수들에게 폭력을 휘두르는 자들을 가만두지 않는다. 그들에 맞서고자 모든 것을 거는 그녀는 논란을 일으키는, 유명한 반체제적 인사다. 이 어지럽고 불확실한 시대에 대중문화를 통해 끊임없이 저항한다. 메릴은 케이 그레이엄과 '펜타곤 페이퍼스' 다음으로 스티븐 소더버그^{Steven Soderbergh} 감독의 〈시크릿 세탁소^{The Laundromat}〉에 출연했다. 이는 역외 은행 계좌를 이용해 탈세한 국제 정치꾼들과 기밀문서 '파나마 페이퍼스^{Panama Papers}'와 관련해 언론인들이 실제로 조사한 내용을 바탕으로 만들어진 스릴러 영화다.

보다시피 메릴은 보통 여성이 아니다. 하지만 여느 문화 현상과 마찬가지로 그녀는 고급 문화와 저급 문화 사이의 경계선을 지나다닌다. 텔레비전에 방송되는 행사에서 정말 재미있고 다채로운 메릴의 반응이 카메라에 찍히면 곧바로 인터넷에 올릴 수 있는 재미있는 사진이나 영상으로 만들어진다. 영화 〈문라이트^{Moonlight}〉가 아카데미상을 수상할 때, US 오픈 테니스 경기장에서 응원할 때, 그녀의 표정들이 포착되어 소셜 미디어에 5G 속도로 퍼져나갔다. 메릴이 문화 트렌드를 따라잡으려고 일부러 연예인 인스타그램을 할 필요는 없지만 캔디스 버겐이 하듯 엉뚱하고 기발한 일상 사진들을 올려주면 너무나 즐거울 것 같긴 하다.(메릴 선생님, 그 예쁜 주방 사진 좀 보여주세요!) 그 대신 수많은 메릴의 팬 인스타그램 계정이 생겨났다. 일명 '스트립의 맛^{Taste of Streep}'이라고 해서 소셜 미디어에 곧잘 올라오는 사진들, 가령 가느다란 원통 모양의 과자 안에 들어 있는 '미란다 프리스틀리'가 밖을 빼꼼히 쳐다보고 있다든가, 분홍색 도

넛 위에 〈그녀는 악마〉의 '메리 피셔'가 앉아 있는 편집 이미지들은 정말 웃긴다. 그것 말고도 웃긴 사진들이 너무나 많다.

또한 로스앤젤레스에서는 모든 출연자가 남자인 풍자극 쇼 〈스트립 쇼^{Streep Tease}〉를 무대에 올리자 전석이 매진되었다. 거기서 배우들은 〈악마는 프라다를 입는다〉에서 '미란다 프리스틀리'가 '파란색'에 관한 독설을 펼치던 장면을 연기하기도 했다. TV 시리즈 〈더 민디 프로젝트〉의 제작자 민디 캘링은 메릴의 캐릭터들이었던 카렌 블릭센, 알로이시스 수녀, 그리고 린디 체임벌린과 같이 차려입는 변장 파티에 관한 에피소드를 쓰기도 했다.

'스트리퍼'라고도 부를 수 있는 메릴의 팬들에 대해서 메릴은 "전 사실 조금 놀랐어요."라고 했다. "저는 제가 다시금 대중의 관심을 많이 받는 것에 감사해요. 정말 멋진 일이잖아요. 하지만 이 시대에 연예인은 굉장히 특이한 존재가 되었어요. 저는 트위터 계정이 없는데도 알고 보니 제 이름으로 된 계정이 다섯 개나 되더라고요. 전부 제 것들은 아니에요. 그리고 페이스북을 하지 않는데도 제 페이스북이 있어요. 조금 겁이 나기도 하지만 한편으로 생각하면 누구에게나 취미는 좋은 거니까요."

마지막으로 나도 미란다의 대사를 한마디 해보고 싶다. 팬들이여! "이만 가봐.^{That's all}"

감사의 말

뉴욕 AP 통신에서 예술과 예능 기자로 활동하던 13년 전에 해서웨이와의 기자 시사회를 준비하며 〈악마는 프라다를 입는다〉를 처음 봤다. 그리고 한 젊은 여자가 첫 잡지사에서 샤넬 옷을 입고 뽐내며 고군분투하는 이야기에 완전히 빠져들었다. 〈악마는 프라다를 입는다〉는 신선하고 독창적이었으며 용기를 북돋워주었다. 하지만 나이가 들어갈수록 내 관심과 동경은 앤이 연기한 '앤디 삭스'에서 메릴이 연기한 '미란다 프리스틀리'로 옮겨 갔다.(그녀의 능숙함, 압박 속에서도 한결같은 우아함, 세련된 백발의 머리칼)

이 책을 쓰는 건 황홀한 경험이었다. 조직 능력이 놀라운 연구조교 캐럴린 조겐슨과 탁월한 필사생 크리스털 듀언이 없었더라면 결승선을 지나지 못했을 것이다. 내 영원한 독자이자 대중문화 관련 작가들 중 '미란다' 같은, 아니 '메릴' 같은 제니퍼 케이신 암스트롱에게 감사한다. 또한 메릴과 메릴의 영화에 대해 토론하기 위해 시간을 내준 모두에게 감사한다. 골디 혼, 존 패트릭 셴리, 데이비드 프랭클, 얼라인 브로시 매케나, 로버트 벤턴, 웬디 피너먼, 데이비드 헤어, 수전 세이들먼, 프레드 셰피시, 저스틴 커크, 조 마젤로, 앨버트 브룩스, 레이크 벨, 새라 존스, 칼 프랭클린, 버네사 테일러, 제리 잭스, 알린 번스, 앨버트 월스키, 버즈 허시, 래리 마크, 밥 그린헛, 스티븐 골드블랫, 마크 리볼시를 비롯한 멋진 사람들 말이다. 또한 나에게 자료를 제공해준 수많은 홍보 담당자, 매니저, 에이전트 들, 그리고 귀중한 기록 보관소인 로스앤젤레스의 마거릿 헤릭 도서관Margaret Herrick Library과 뉴욕의 미디어 페일리 센터Paley Center for Media에도 감사한다.

나의 에이전트 대니얼 그린버그에게 다시 나를 받아준 것에 무한히 감사를 드리고, 특출한 작업 능력과 인내심, 유머를 갖춘 아셰트 북스의 유능한 편집자 브랜트 럼블에게 감사드린다. 저스틴 테오도로 님, 화려한 일러스트레이션으로 메릴의 역동적이고 유쾌한 예술성을 정확히 그려줘서 고마워요!!

그리고 마지막으로 부모님과 가족, 친구들, 특별히 나에게는 '줄리아 차일드'의 남편 '폴 차일드'와도 같은 남편 데이브 비먼에게 사랑을 보낸다.

출처

기자는 절대 출처를 가르쳐주지 않습니다. (알았어요. 알려드릴게요.)

프롤로그 : 살아 있는 전설

Abramowitz, Rachel, *Is That a Gun in Your Pocket? Women's Experience of Power in Hollywood*, Random House, New York, 2000.

Meryl Streep interview, *Fresh Air*, NPR, February 6, 2012

1. '넌 뭐든 할 수 있어!'

Booth, John Michael, "Meryl & Me," *Us*, August 25, 1986.

Britten, Nick, "Baftas: Meryl Streep's British Ancestor 'Helped Start War with Native Americans,' " *Daily Telegraph*, February 14, 2002.

Burns, Ken, "Meryl Streep," *USA Weekend*, November 29 to December 1, 2002.

Commentary in Richard Shepard's John Cazale documentary *I Knew It Was You*, HBO Films, 2009.

Current Biography, August 1980.

De Vries, Hilary, "Meryl Acts Up," *Los Angeles Times Magazine*, September 9, 1990.

Garey, Juliann, "Meryl Streep," *Us*, October 1994.

Goodman, Joan, "Keeping It in the Family," *Sunday Times*, January 20, 1991.

Good Morning America, ABC, February 17, 1983.

The Graham Norton Show, BBC One, October 9, 2015.

Gray, Paul, "A Mother Finds Herself," *Time*, December 3, 1979.

Greene, Bob, "Streep," *Esquire*, December 1984.

Gussow, Mel, "The Rising Star of Meryl Streep," *New York Times Magazine*, February 4, 1979.

Haddad-Garcia, George, "Mysterious Meryl," *Antonio Light*, October 1981.

Kaplan, James, "I Chose Family," *Parade*, May 28, 2006.

Kroll, Jack, "A Star for the '80s," *Newsweek*, January 7, 1980.

"Mary W. Streep, 86, Artist, Volunteer," newjerseyhills.com, October 4, 2001.

"Meryl Streep: 'I'm Not Always Happy,'" *Talks*, July 13, 2011.

Miller, Julie, "Here's Where Meryl Streep Found the Confidence to Become an Actress," June 19, 2015.

Proudfit, Scott, "Behind the Magic," *Back Stage West*, February 18 to February 24, 1999.

Rosenthal, David, "Meryl Streep Stepping In and Out of Roles," *Rolling Stone*, October 15, 1981.

Schulman, Michael, *Her Again*, HarperCollins, New York, 2016.

Skow, John, "What Makes Meryl Magic," *Time*, September 7, 1981.

Streep, Meryl, appearance in *Faces of America*, PBS, February to March 2010.

Streep, Meryl, speeches to graduates of Barnard College in New York City on May 17, 2010, and of Vassar College in Poughkeepsie, New York, on May 23, 1983.

Streep, Meryl, "2006 (79th) Academy Awards: Nominee Questionnaire," undated.

Winters, Laura, "Master Class," *Vogue*, December 2002.

인터미션 : 메릴이 로이를 만났을 때

Barton, Robert, and Annie McGregor, *Theatre in Your Life*, 3rd ed., Cengage Learning, Stamford, CT, 2014.

Karger, Dave, "Oscars 2012: Love Story," *Entertainment Weekly*, March 2, 2012.

2. 메소드 vs 비메소드

Abramowitz, Rachel, *Is That a Gun in Your Pocket? Women's Experience of Power in Hollywood*, Random House, New York, 2000.

AFI Tribute to Jane Fonda, TNT, June 14, 2014.

Buckley, Cara, "Meryl Streep and Tom Hanks on the #MeToo Moment and 'The Post,' " *New York Times*, January 3, 2018.

Commentary in Michael Arick's *Finding the Truth: The Making of Kramer vs. Kramer*," distributed by Columbia TriStar Home Video, 2001.

De Dubovay, Diane, "Meryl Streep," *Ladies' Home Journal*, March 1980.

"Don Gummer," http://www.imagogalleries.com/bios/Don_Gummer_Biography.pdf.

Dreifus, Claudia, "Meryl Streep: Why I've Taken a Year Off for Motherhood," *Ladies' Home Journal*, April 1984.

Good Morning America, ABC, February 17, 1983.

Graham, Ruth, "Meryl Streep Once Said Dustin Hoffman Groped Her Breast the First Time They Met," slate.com, November 2, 2017.

Gray, Paul, "A Mother Finds Herself," *Time*, December 3, 1979.

Gussow, Mel, "The Rising Star of Meryl Streep," *New York Times Magazine*, February 4, 1979.

Interview with Robert Benton.

Interview with Robert Greenhut.

Kennedy, Dana, "Meryl, Revealed," *More*, December 2002 / January 2003.

Kimball Kent, Ruth, "Actress Meryl Streep: Her Own Woman," *Plain Dealer*, 1978.

Kroll, Jack, "A Star for the '80s," *Newsweek*, January 7, 1980.

Kummer, Corby, "Streep vs. Streep," *Cue*, January 5, 1980.

Longworth, Karina, *Meryl Streep: Anatomy of an Actor*, Phaidon Press, London, UK, 2014.

Rosenthal, David, "Meryl Streep Stepping In and Out of Roles," *Rolling Stone*, October 15, 1981.

Schulman, Michael, *Her Again*, HarperCollins, New York, 2016.

Shalit, Gene, "What's Happening," *Ladies' Home Journal*, December 1979.

Watch What Happens, Bravo, August 9, 2012.

White, Lesley, "Her Significant Others," *Sunday Times*, October 31, 2004.

Williams, Christian, "Scenes from the Battle of the Sexes," *Washington Post*, December 17, 1982.

Winters, Laura, "Master Class," *Vogue*, December 2002.

"Young Actresses: Meryl, Tovah, Jill & Swoosie," *Horizon*, August 1978.

3. 엄마 메릴

Bandler, Michael, "Streep," *American Way*, December 1982.

Behind-the-scenes material, *Sophie's Choice*, DVD, Lions Gate, 1998.

Bennetts, Leslie, "About Meryl," *Vanity Fair*, January 2010.

Biskind, Peter, "The Vietnam Oscars," *Vanity Fair*, March 2008.

Burns, Ken, "Meryl Streep," *USA Weekend*, November 29 to December 1, 2002.

Champlin, Charles, "Meryl Streep as Silkwood and Herself," *Los Angeles Times*, December 18, 1983.

Darrach, Brad, "Enchanting, Colorless, Glacial, Fearless, Sneaky, Seductive, Manipulative, Magical Meryl," *Life*, December 1987.

De Dubovay, Diane, "Meryl Streep," *Ladies' Home Journal*, March 1980.

Deeley, Michael, *Blade Runners, Deer Hunters, and Blowing the Bloody Doors Off: My Life in Cult Movies*, Pegasus Books, New York, 2009.

Ebert, Robert, "Kramer vs. Kramer," *Chicago Sun-Times*, December 1, 1979.

Forster, Evan, "Meryl Streep: A Star in Any Language," *Biography Magazine*, September 1998.

Gittelson, Natalie, "Meryl Streep: Surprising Superstar," *McCall's*, March 1983.

Good Morning America, ABC, February 17, 1983.

The Graham Norton Show, BBC One, April 15, 2016.

Harmetz, Aljean, "Miss Streep and Kline Cast in Movie 'Sophie,'" *New York Times*, July 22, 1981.

Harmetz, Aljean, "Oscar-Winning 'Deer Hunter' Is Under Attack as 'Racist' Film," *New York Times*, April 26, 1979.

Harris, Radie, "Broadway Ballyhoo," *Hollywood Reporter*, August 11, 1980.

Hinson, Hal, "Streep and Irons Make a Big-Time Movie Twosome," *Los Angeles Herald-Examiner*, September 15, 1981.

Interview with Robert Benton.

Item about United Artists offering a studio for Don Gummer on location of *The French Lieutenant's Woman, People*, May 12, 1980.

Kaplan, James, "I Chose Family," *Parade*, May 28, 2006.

Kasindorf, Jeanie, "A Man's Place Is in the Movies," *New West*, January 22, 1980.

Kennedy, Dana, "Meryl, Revealed," *More*, December 2002 / January 2003.

Kroll, Jack, "A Star for the '80s," *Newsweek*, January 7, 1980.

"Jaffe, Benton, Hoffman and Streep Talk About New Films," *Hollywood Reporter*, March 25, 1980.

Jimmy Kimmel Live!, ABC, January 13, 2012.

Jimmy Kimmel Live!, ABC, January 15, 2014.

Maslin, Janet, "At the Movies," *New York Times*, August 24, 1979.

Maychick, Diana, *Meryl Streep: The Reluctant Superstar*, St. Martin's Press, New York, 1984.

"Meryl Streep and Sophie's Choice," *Us*, April 29, 1980.

"Meryl Streep Says She Is Proud to Be Acting 'on Behalf of ⋯⋯ Old Broads,'" *Telegraph*, February 2, 2009.

"Nathan" casting list, Alan J. Pakula collection at Margaret Herrick Library in Los Angeles, June 1980.

Pakula, Hannah, "Meryl, Unrehearsed," *More*, October 1999.

Rea, Steven, "Meryl Streep Talks About 'Sophie's Choice,' Acting & Other Things," *Movie Magazine*, Winter 1983.

Rosenthal, David, "Meryl Streep Stepping In and Out of Roles," *Rolling Stone*, October 15, 1981.

Saltzman, Barbara, item detailing Justin Henry's encounter with Queen Elizabeth II, *Los Angeles Times*, March 26, 1980.

Schulman, Michael, *Her Again*, HarperCollins, New York, 2016.

Shalit, Gene, "What's Happening," *Ladies' Home Journal*, December 1979.

Shoard, Catherine, "Meryl Streep: 'I Wasn't Happy with *The French Lieutenant's Woman*,'" theguardian.com, April 18, 2016.

Skow, John, "What Makes Meryl Magic," *Time*, September 7, 1981.

Sternbergh, Adam, "Why Was *Kramer vs. Kramer* the Top-Grossing Movie of 1979?," vulture.com, October 3, 2014.

Weinraub, Bernard, "Her Peculiar Career," *New York Times Magazine*, September 18, 1994.

White, Lesley, "Her Significant Others," *Sunday Times*, October 31, 2004.

Williams, Christian, "Scenes from the Battle of the Sexes," *Washington Post*, December 17, 1982.

"Young Actresses: Meryl, Tovah, Jill & Swoosie," *Horizon*, August 1978.

4. 진짜 배우는 거짓을 말하지 않는다

Abramowitz, Rachel, *Is That a Gun in Your Pocket? Women's Experience of Power in Hollywood*, Random House, New York, 2000.

AFI Tribute to Meryl Streep, USA Network, June 21, 2004.

Alexis Fisher, Lauren, "An Ode to Cher's Unbeatable Oscars Style," harpersbazaar.com, February 23, 2017.

Anthony, George, "Meryl Streep & Cher Get Together in *Silkwood*," *Marquee*, December 1983.

Bennetts, Leslie, "About Meryl," *Vanity Fair*, January 2010.

Champlin, Charles, "Meryl Streep as Silkwood and Herself," *Los Angeles Times*, December 18, 1983.

Cher, *The First Time*, Simon & Schuster, New York, 1998.

"The Devil Wore Prada, but Meryl Wore⋯," *People*, February 24, 2007.

Dreifus, Claudia, "Meryl Streep: Why I've Taken a Year Off for Motherhood," *Ladies' Home Journal*, April 1984.

Ginsberg, Steven, "ABC Pix Begins Work on Third Feature Sept. 7," *Variety*, September 3, 1982.

Gittelson, Natalie, "Meryl Streep: Surprising Superstar," *McCall's*, March 1983.

Gordon, Wendy, "Role of a Lifetime: Meryl Streep as Eco-Activist Mom," marias farmcountrykitchen.com, February 28, 2012.

Harmon, Katherine, "Fukushima Absorbed: How Plutonium Poisons the Body," blogs. scientificamerican.com, June 26, 2011.

Interview with Buzz Hirsch.

Interview with Albert Wolsky.

"The Karen Silkwood Story," *Los Alamos Science No. 23*, 1995.

Kleiner, Diana J., "Silkwood, Karen Gay," *Handbook of Texas Online*, tshaonline.org/ handbook/articles/fsi35, November 23, 2010.

Kohn, Howard, "Karen Silkwood Was Right in Plutonium Scandal," *Rolling Stone*, October 20, 1977.

Kroll, Jack, "The Reluctant Superstar," *Ladies' Home Journal*, May 1985.

Krupp, Charla, "How Close to the Real Story?," *Glamour*, January 1984.

Latson, Jennifer, "The Nuclear-Safety Activist Whose Mysterious Death Inspired a Movie," *Time*, November 13, 2014.

Luscombe, Belinda, "7 Myths About Meryl," *Time*, June 19, 2006.

Maychick, Diana, *Meryl Streep: The Reluctant Superstar*, St. Martin's Press, New York, 1984.

Mizoguchi, Karen, "Having the Time of Their Lives! Meryl Streep & Cher Share a Kiss at *Mamma Mia* Premiere in London," people.com, July 16, 2018.

Montgomery, Paul L., "Throngs Fill Manhattan to Protest Nuclear Weapons," *New York Times*, June 13, 1982.

"Nation: Poisoned by Plutonium," *Time*, March 19, 1979.

Passafiume, Andrea, "Behind the Camera on Silkwood," tcm.com, undated.

Rashke, Richard L., *The Killing of Karen Silkwood*, Houghton Mifflin, Boston, 1981.

Stogsdill, Sheila, "Forty Years Later, Silkwood's Children Reflect," tulsaworld.com, November 10, 2014.

Watch What Happens, Bravo, August 9, 2012.

Weaver, Hilary, "Cher and Meryl Streep's Friendship: A History," vanityfair.com, July 17, 2018.

인터미션 : 메릴의 반핵운동

Carasik Dion, Diane, "Catching Up with Meryl Streep," *Dial*, July 1984.

Green, Jesse, "What, Meryl Worry?," *New York Times*, July 25, 2004.

Kimball, Daryl G., "Looking Back: The Nuclear Arms Control Legacy of Ronald Reagan," armscontrol.org, July 8, 2004.

Kroll, Jack, "The Reluctant Superstar," *Ladies' Home Journal*, May 1985.

Lebow, Richard Ned, and Janice Gross Stein, "Reagan and the Russians," *Atlantic*, February 1994.

Montgomery, Paul L., "Throngs Fill Manhattan to Protest Nuclear Weapons," *New York Times*, June 13, 1982.

Schell, Jonathan, "The Spirit of June 12," *Nation*, July 2, 2007.

Skow, John, "What Makes Meryl Magic," *Time*, September 7, 1981.

Streep, Meryl, speech to Vassar College grads in Poughkeepsie, New York, on May 23, 1983.

"Streep Throat," *Los Angeles Herald-Examiner*, August 28, 1984.

5. 케냐의 대자연 속에서

AFI Tribute to Meryl Streep, USA Network, June 21, 2004.

Capshaw, Kate, note to Sydney Pollack, dated June 16, 1984, courtesy of Margaret Herrick Library special collections.

Champlin, Charles, "Meryl Streep as Silkwood and Herself," *Los Angeles Times*, December 18, 1983.

Charles Dance's quotes about Meryl Streep and Shirley MacLaine, IMDb.com.

Commentary by Meryl Streep and Sydney Pollack, *Out of Africa*, DVD, Universal Pictures, February 29, 2000.

Darrach, Brad, "Enchanting, Colorless, Glacial, Fearless, Sneaky, Seductive, Manipulative, Magical Meryl," *Life*, December 1987.

Dinesen, Isak, *Out of Africa*, Modern Library ed., Random House, New York, 1992.

Dreifus, Claudia, "Meryl Streep: Why I've Taken a Year Off for Motherhood," *Ladies' Home Journal*, April 1984.

Ebert, Roger, "Silkwood," *Chicago Sun-Times*, December 14, 1983.

Goodman, Joan, "Keeping It in the Family," *Sunday Times*, January 20, 1991.

Greene, Bob, "Streep," *Esquire*, December 1984.

Haskell, Molly, "Who'll Get Oscar?," *Vogue*, February 1983.

Interview with Ian Baker.

Interview with David Hare.

Interview with Ed Pressman.

Interview with Fred Schepisi.

"Isak Dinesen," *Encyclopedia Britannica*, 2016.

Kael, Pauline, "Tootsie, Gandhi, and Sophie," *New Yorker*, December 27, 1982.

Longworth, Karina, *Meryl Streep: Anatomy of an Actor*, Phaidon Press, London, UK, 2014.

Mamie Gummer birth announcement, *Time*, August 29, 1983.

Maslin, Janet, "Styron's 'Sophie's Choice,'" *New York Times*, December 10, 1982.

Maychick, Diana, *Meryl Streep: The Reluctant Superstar*, St. Martin's Press, New York, 1984.

Palmer, Martyn, "Meryl Up Close," *Good Housekeeping*, August 2008.

Passafiume, Andrea, "The Critics' Corner: *Silkwood*," tcm.com, undated.

"Oscar-Winning Artists Share Stories at New Yorker Festival," makeupmag.com, October 19, 2014.

Rea, Steven, "Meryl Streep, Acting Funny," *Home Viewer*, November 1986.

Rovin, Jeff, "I Want It All—But in Manageable Proportions," *Los Angeles Herald-Examiner*, August 17, 1986.

Schneider, Wolf, "Don't Stop Talking," *Hollywood Reporter*, June 10, 2004.

Schneider, Wolf, "Power," *Hollywood Reporter*, June 10, 2004.

Siskel, Gene, "Meryl Streep Not Looking for a Role as American Icon," *Chicago Tribune*, July 20, 1986.

Skow, John, "What Makes Meryl Magic," *Time*, September 7, 1981.

Streep, Meryl, speech to Vassar College grads in Poughkeepsie, New York, on May 23, 1983.

Transcript from 1988 Hollywood Foreign Press Association conference for *A Cry in the Dark*, courtesy of Margaret Herrick Library special collections.

Watch What Happens, Bravo, August 9, 2012.

인터미션 : 메릴 효과

Bradley, Ryan, "The Accent Whisperers of Hollywood," *New York Times Magazine*, July 20, 2017.

Interview with Diane Kamp.

Interview with Rocio Rocier.

Mann, Roderick, "Seymour Loses One, Wins One," *Los Angeles Times*, December 21, 1985.

Wilkinson, Alec, "Talk This Way," *New Yorker*, November 9, 2009.

6. 여자가 진실을 폭로할 때

Attanassio, Paul, "Meryl Streep & the Human Resonance," *Washington Post*, July 25, 1986.

Audience feedback to *Out of Africa* by Universal Studios analyst David Saunders, dated August 28, 1985, Margaret Herrick Library special collections.

Brown, Scott. "Streep at the Top," *Hollywood Reporter*, November 1983.

Campbell, Virginia, "Beloved Neurotic," *Movieline*, October 18 to October 24, 1985.

Canby, Vincent, "Screen: 'Out of Africa,' Starring Meryl Streep," *New York Times*, December 18, 1985.

Carlson, Erin, *I'll Have What She's Having*, Hachette Books, New York, 2017. (Why yes, I cited myself!)

Conconi, Chuck, "Divorce with a Heartburn Cause," *Washington Post*, June 28, 1985.

Ebert, Roger, "Heartburn," *Chicago Sun-Times*, July 25, 1986.

Eliot, Marc, *Nicholson*, Three Rivers Press, New York, 2013.

Haskell, Molly, "Hiding in the Spotlight," *Ms.*, December 1988.

Interview with Robert Greenhut.

Item about Meryl requesting Jack Nicholson do "equally sexually explicit" in *The Postman Always Rings Twice, People*, February 18, 1980.

Item about Meryl (then pregnant with her third child), saying she did not plan to work for another year, *Variety*, March 25, 1986.

Kroll, Jack, "The Reluctant Superstar," *Ladies' Home Journal*, May 1985.

Letter from African cast and crew members of *Out of Africa* to the editor of the *Kenya Times*, dated February 12, 1985, Margaret Herrick Library special collections.

Longworth, Karina, *Meryl Streep: Anatomy of an Actor*, Phaidon Press, London, UK, 2014.

Rea, Steven, "Meryl Streep, Acting Funny," *Home Viewer*, November 1986.

Schneider, Wolf, "Don't Stop Talking," *Hollywood Reporter*, June 10, 2004.

Siskel, Gene, "Meryl Streep not Looking for a Role as American Icon," *Chicago Tribune*, July 20, 1986.

"Sounds Like Heartburn," an item reporting Meryl's $3.5 million salary in 1986, *People*, September 8, 1986.

Witchel, Alex, "Mandy Patinkin: 'I Behaved Abominably,' " *New York Times Magazine*, August 21, 2013.

7. 페르소나의 밝음과 어두움

A Cry in the Dark, boxofficemojo.com.

Abramowitz, Rachel, *Is That a Gun in Your Pocket? Women's Experience of Power in Hollywood*, Random House, New York, 2000.

AFI Tribute to Meryl Streep, USA Network, June 21, 2004.

Attanassio, Paul, "Meryl Streep & the Human Resonance," *Washington Post*, July 25, 1986.

Chamberlain, Lindy, on receiving $1.3 million in compensation following her exoneration, lindychamberlain.com/files/Compensation.pdf.

De Vries, Hilary, "Meryl Acts Up," *Los Angeles Times Magazine*, September 9, 1990.

Ebert, Roger, "A Cry in the Dark," *Chicago Sun-Times*, November 11, 1988.

Eliot, Marc, *Nicholson*, Three Rivers Press, New York, 2013.

Fink, Mitchell, "Happy Birthday, Jack," *Los Angeles Herald-Examiner*, April 22, 1987.

Hammer, Mike, "Why Meryl Takes Chances," *Ladies' Home Journal*, October 1988.

Handelman, David, "Winning Streep," *Vogue*, April 1992.

Haskell, Molly, "Hiding in the Spotlight," *Ms.*, December 1988.

"'Heartburn' Heat?," *Press-Telegram*, August 31, 1986.

Interview with Ian Baker.

Interview with Fred Schepisi.

"Ironweed: Miscellaneous Notes," tcm.com.

Item about Meryl's reported $4 million salary for *A Cry in the Dark, Variety*, April 20, 1987.

Kempley, Rita, "A Cry in the Dark," *Washington Post*, November 11, 1988.

Transcript from 1988 Hollywood Foreign Press Association conference for *A Cry in the Dark*, courtesy of Margaret Herrick Library special collections.

Wasserstein, Wendy, "Streeping Beauty," *Interview*, December 1988.

8. 자신과 가장 비슷한 캐릭터를 연기할 때

Abramowitz, Rachel, *Is That a Gun in Your Pocket? Women's Experience of Power in Hollywood*, Random House, New York, 2000.

Bennetts, Leslie, "About Meryl," *Vanity Fair*, January 2010.

Denby, David, "Meryl Streep Is Madonna and Siren as *The French Lieutenant's Woman*", New York, September 21, 1981.

De Vries, Hilary, "Meryl Acts Up," *Los Angeles Times Magazine*, September 9, 1990.

Garey, Juliann, "Meryl Streep," *Us*, October 1994.

Goodman, Joan, "Keeping It in the Family," *Sunday Times*, January 20, 1991.

Handelman, David, "Winning Streep," *Vogue*, April 1992.

Hopler, Robert, "Meryl as Co-tar and Coach," *Variety*, April 14, 2008.

Interview with Robert Greenhut.

Interview with Susan Seidelman.

Plaskin, Glenn, "Reflections from the Edge," *Press-Telegram*, September 16, 1990.

Schneider, Wolf, "Power," *Hollywood Reporter*, June 10, 2004.

See, Carolyn, "Heartfelt, Original Outtakes from the Life of an Actress," *Los Angeles Times*, July 27, 1987.

인터미션 : 메릴과 캐리의 불발 시나리오

Boboltz, Sara, "Meryl Streep Sings Carrie Fisher's Favorite Song at Memorial with Billie Lourd," huffingtonpost.com, January 6, 2017.

Handelman, David, "Winning Streep," *Vogue*, April 1992.

King, Andrea, "Fisher-Streep Pic May Go to Nichols," *Hollywood Reporter*, August 16, 1991.

Scott, Walter, "Personality Parade," *Parade*, February 12, 1995.

9. 중년 여배우의 길

Abramowitz, Rachel, *Is That a Gun in Your Pocket? Women's Experience of Power in Hollywood*, Random House, New York, 2000.

Aikman, Becky, *Off the Cliff*, Penguin Press, New York, 2017.

Archerd, Army, "Just for Variety," *Variety*, April 7, 1992.

Bennetts, Leslie, "About Meryl," *Vanity Fair*, January 2010.

Canby, Vincent, "Streep Spars with Barr in a Comedy of Revenge," *New York Times*, December 8, 1989.

Darrach, Brad, "Enchanting, Colorless, Glacial, Fearless, Sneaky, Seductive, Manipulative, Magical Meryl," *Life*, December 1987.

Easton, Nina J., "Meryl's Latest Accent Is a Laugh," *Los Angeles Times*, December 10, 1989.

Ebert, Roger, "She-Devil," *Chicago Sun-imes*, December 8, 1989.

De Vries, Hilary, "Meryl Acts Up," *Los Angeles Times Magazine*, September 9, 1990.

Dutka, Elaine, "Meryl Streep Attacks Hollywood's Gender Gap at SAG Conference," *Los Angeles Times*, August 3, 1990.

Handelman, David, "Winning Streep," *Vogue*, April 1992.

Hinson, Hal, "Postcards from the Edge," *Washington Post*, September 14, 1990.

Interview with Albert Brooks.

Interview with Goldie Hawn.

Item about Kevin Kline dropping out of *Death Becomes Her, Screen International*, October 11, 1991.

Item about Meryl backing out of an Oscars performance due to her pregnancy, *Variety*, March 25, 1991.

Longworth, Karina, *Meryl Streep: Anatomy of an Actor*, Phaidon Press, London, UK, 2014.

McHenry, Justin, "The Reasoning Behind Meryl's *Mamma Mia! Here We Go Again* Plotline," vulture.com, July 19, 2018.

Meryl Streep interview, *Fresh Air*, NPR, February 6, 2012.

Rosen, Marjorie, "Who's So Vain?," *People*, August 24, 1992.

She-Devil, boxofficemojo.com.

Smith, Liz, "Streep's Losing Streak," *Los Angeles Times*, May 20, 1991.

Travers, Peter, "Meryl Streep," *Rolling Stone*, November 15, 2007.

Voland, John, "Streep Switching to CAA from ICM," *Hollywood Reporter*, May 15, 1991.

Weinraub, Bernard, "Her Peculiar Career," *New York Times Magazine*, September 18, 1994.

10. 인생의 급류타기

Abramowitz, Rachel, *Is That a Gun in Your Pocket? Women's Experience of Power in Hollywood*, Random House, New York, 2000.

Adams, Sam, "Interview: Carrie Fisher," avclub.com, August 13, 2011.

Azzopardi, Chris, "A Candid Meryl Streep Opens Up About Being 'in Love' with Gay People and Her Iconic LGBT Roles," pridesource.com, August 9, 2016.

Case, Brian, "Hidden Depths," *Time Out London*, February 22 to March 1, 1995.

Elder, Sean, "Getting In on the Action," *Vogue*, July 1994.

Eller, Claudia, "Streep Getting into 'Spirits,'" *Variety*, September 10, 1992.

Garey, Juliann, "Meryl Streep," *Us*, October 1994.

Gittelson, Natalie, "Meryl Streep: Surprising Superstar," *McCall's*, March 1983.

Handelman, David, "Winning Streep," *Vogue*, April 1992.

Holter, Rick, interview with Meryl about *The River Wild*, *Dallas Morning News*, October 1994, archived at the Margaret Herrick Library in Los Angeles.

Interview with Arlene Burns.

Interview with Thomas Mack.

Interview with Joseph Mazzello.

Item about *The Firm* excluding Meryl from its cast, *New York*, September 21, 1992.

Kennedy, Dana, "Meryl, Revealed," *More*, December 2002 / January 2003.

Maslin, Janet, "Squeezing the Humor out of Death," *New York Times*, July 31, 1992.

Murphy, Ryan, "The 'Great-Ephemeral-Quality' A-List Is Quite Long in Hollywood, It Appears," *Los Angeles Times*, October 4, 1992.

Price, Michael H., "Meryl Streep Rides Out Skepticism," *Press-Telegram*, October 2, 1994.

Puchko, Kristy, "The Gloriously Queer Afterlife of *Death Becomes Her*," *Vanity Fair*, August 3, 2017.

Schaefer, Stephen, "The Latest Action Hero," *Us*, August 1993.

인터미션 : 환경운동가 메릴

"Apples: U.S. Officially Declares Fruit Safe," *Los Angeles Times*, 1989.

Champlin, Charles, "Just an Ordinary Connecticut Housewife," *Los Angeles Times*, November 6, 1988.

Gordon, Wendy, "Role of a Lifetime: Meryl Streep as Eco-Activist Mom," marias farmcountrykitchen.com, February 28, 2012.

Gunset, George, "Apple Chemical Alar off Market," *Chicago Tribune*, June 3, 1989.

"Ms. Streep Goes to Washington to Stop a Bitter Harvest," *People*, March 20, 1989.

Transcript from 1988 Hollywood Foreign Press Association conference for *A Cry in the Dark*, courtesy of Margaret Herrick Library special collections.

Wasserstein, Wendy, "Streeping Beauty," *Interview*, December 1988.

11. 책임과 갈망 사이의 로맨스

Abramowitz, Rachel, *Is That a Gun in Your Pocket? Women's Experience of Power in Hollywood*, Random House, New York, 2000.

Archerd, Army, "Just for Variety," *Variety*, August 15, 1994.

Brody, Richard, "Clint Eastwood and Pauline Kael," newyorker.com, October 20, 2011.

Commentary from "An Old-Fashioned Love Story: Making *The Bridges of Madison County*," *The Bridges of Madison County*, Warner Home Video, DVD, 2008.

Garey, Juliann, "Meryl Streep," *Us*, October 1994.

Hammond, Pete, "Two-Time Oscar Winner Jane Fonda Back in the Hunt for 'Youth' Three Decades After Her Last Nomination," deadline.com, November 28, 2015.

Levitt, Shelley, "Heart Land," *People*, June 26, 1995.

"Make Her Day," *People*, June 19, 1995.

Meryl Streep interview, *Fresh Air*, NPR, February 6, 2012.

Miller, Mark, and Karen Schoemer, "Streep Shoots the Rapids," *Newsweek*, September 26, 1994.

Pakula, Hannah, "Meryl, Unrehearsed," *More*, October 1999.

Parker, Donna, "Streep Takes 'Bridges' Leap," *Hollywood Reporter*, August 15, 1994.

"Quotes of the Week," *Screen International*, August 1994.

Rich, Frank, "One-Week Stand," *New York Times Magazine*, July 25, 1993.

"'River' to 'Bridges,'" *Variety*, August 15, 1994.

The River Wild, boxofficemojo.com.

Smith, Liz, "Wild Response for Streep," *Los Angeles Times*, May 23, 1994.

Transcript from 1994 Hollywood Foreign Press Association conference for *The River Wild*, courtesy of Margaret Herrick Library special collections.

Watch What Happens, Bravo, August 9, 2012.

Weinraub, Bernard, "Her Peculiar Career," *New York Times Magazine*, September 18, 1994.

Woulfe, Sharon, "Bart's Voice a Real Character," *Pantagraph*, November 3, 2001.

인터미션 : 메릴을 비껴간 영화들

Archerd, Army, "Just for Variety," *Variety*, June 23, 1989.

Canby, Vincent, "Two New Triumphs Cap a Fine Year for Actresses," *New York Times*, December 12, 1982.

De Vries, Hilary, "Meryl Acts Up," *Los Angeles Times Magazine*, September 9, 1990.

Easton, Nina J., "Meryl's Latest Accent Is a Laugh," *Los Angeles Times*, December 10, 1989.

"Furthermore," *People*, February 18, 1980.

Item about Meryl recording a dub for a potential role in the movie version of *Evita, Los Angeles Herald-Examiner*, October 19, 1988.

Item about Meryl saying she would have "died" to star in *Punchline, Los Angeles Herald-Examiner*, October 28, 1988.

"Meryl Streep: 'I'm Not Always Happy,'" *Talks*, July 13, 2011.

Schaefer, Stephen, "The Latest Action Hero," *Us*, August 1993.

Smith, Liz, "Streep's Losing Streak," *Los Angeles Times*, May 20, 1991.

Watch What Happens, Bravo, August 9, 2012.

Weinraub, Bernard, "Her Peculiar Career," *New York Times Magazine*, September 18, 1994.

12. 배우의 영화 취향

"Another Soccer Mom," *Press-Telegram*, January 19, 1997.

Bennetts, Leslie, "About Meryl," *Vanity Fair*, January 2010.

The Bridges of Madison County, boxofficemojo.com.

Case, Brian, "Hidden Depths," *Time Out*, February 22 to March 1, 1995.

Corliss, Richard, "When Erotic Heat Turns into Love Light," *Time*, June 5, 1995.

Dawn, Randee, "Meryl Streep," *Hollywood Reporter*, September 1999.

Ebert, Roger, "Music of the Heart," *Chicago Sun-Times*, October 29, 1999.

Eder, Richard, "Thomas Babe's 'Taken in Marriage' at the Public Theater," *New York Times*, February 27, 1979.

Feiwell, Jill, "Streep Plays 'Music' with the Big Boys," *Variety*, October 15, 1999.

Forster, Evan, "Meryl Streep: A Star in Any Language," *Biography Magazine*, September 1998.

Galloway, Stephen, "Streep, Keaton Are Entering 'Marvin's Room,'" *Hollywood Reporter*, March 24, 1995.

Gilbert, Matthew, "Meryl the Mom—In Life and in 'Marvin's Room,'" *Los Angeles Times*, January 2, 1997.

Gritten, David, "In Step with the Team," *Los Angeles Times*, November 8, 1998.

Interview with Carl Franklin.

Interview with Roberta Guaspari.

Interview with Jerry Zaks.

Magee, Audrey, "Tough Exam for Streep in Irish Village School," *Times* (London), September 24, 1993.

"Meryl's Music Opens with $3.7M," *Screen International*, November 5, 1999.

"More Blonde Ambition," *Los Angeles Magazine*, October 1990.

Palmer, Martyn, "Ready, Willing and More Than Able," *Times* (London), January 17, 2000.

"Passionate Parent," *People*, January 27, 1997.

Smith, Liz, "De Niro, Streep in *Before?*", *Los Angeles Times*, August 24, 1992.

Smith, Liz, "Nobody Knows," *Good Housekeeping*, September 1998.

Smith, Liz, "Streep Can't Resist Challenge," *Los Angeles Times*, August 20, 1998.

Weinraub, Bernard, "Her Peculiar Career," *New York Times Magazine*, September 18, 1994.

13. 연기가 인생의 전부는 아니라는 것

Brantley, Ben, "Streep Meets Chekhov, up in Central Park," *New York Times*, August 13, 2001.

Brodesser, Claude, "Streep Eyes 'Adaptation,'" *Variety*, September 6, 2000.

Doge, Annie, "Meryl Streep's Former Greenwich Village Townhouse Asks $28.5M," 6sqft.com, September 28, 2016.

Fleming, Michael, "Good as Gold," *Variety*, November 18, 2002.

Goldfarb, Brad, "Facing the Myths with the World's Number One Actor's Actor," *Interview*, December 2002 / January 2003.

Goodridge, Mike, "The Grande Dame of the Cutting Edge," *Screen International*, February 21, 2003.

Green, Jesse, "What, Meryl Worry?," *New York Times*, July 25, 2004.

Interview with Carl Franklin.

Interview with David Hare.

Kennedy, Dana, "Meryl, Revealed," *More*, December 2002 / January 2003.

King, Tom, "Meryl Streep Makes History, Tracks," *Wall Street Journal*, February 14, 2003.

"Mary W. Streep, 86, Artist, Volunteer," newjerseyhills.com, October 4, 2001.

McNamara, Brendan, "Adapt This," *UR Chicago*, January 2003.

Meryl Streep interview, *Fresh Air*, NPR, February 6, 2012.

Perry, Kevin E. G., "The New Yorker's Susan Orlean on Crafting a Story and Being Played by Meryl Streep in Adaptation," www.gq-magazine.co.uk, April 16, 2012.

"Return Engagements," *People*, April 9, 2001.

Schneider, Karen S., "The Great One," *People*, February 3, 2003.

Schneider, Wolf, "A Class Act," *Hollywood Reporter*, June 10, 2004.

Schneider, Wolf, "Power," *Hollywood Reporter*, June 10, 2004.

Shirkani, K. D., "Indies Take Shape," *Variety*, September 24, 1999.

"Trophy Girl," *Us*, December 16, 2002.

White, Lesley, "Her Significant Others," *Sunday Times*, October 31, 2004.

Winters, Laura, "Master Class," *Vogue*, December 2002.

14. 천의 얼굴, 변신의 귀재

AFI Tribute to Meryl Streep, USA Network, June 21, 2004.

Butler, Isaac, and Dan Kois, *The World Only Spins Forward: The Ascent of Angels in America*, Bloomsbury USA, February 13, 2018.

Chang, Justin, "Meryl Streep, 'The Manchurian Candidate,'" *Variety*, January 3, 2005.

Feeney, Mark, "Hail to the Streep," *Boston Sunday Globe*, July 25, 2004.

Green, Jesse, "What, Meryl Worry?", *New York Times*, July 25, 2004.

Interview with Michael Haley.

Interview with Justin Kirk.

Interview with Mark Livolsi.

Jonathan Demme and the Making of "The Manchurian Candidate", Paramount Pictures, 2004.

Molloy, Joanna, and George Rush, "Lotsa Mileage in These Star Vehicles," *New York Daily News*, December 27, 2002.

"Quote of the Week," *People*, December 22, 2003.

Reuters, "Oscar Politicking Disturbs Streep," *Los Angeles Times*, February 5, 2003.

Schneider, Karen S., "The Great One," *People*, February 3, 2003.

Schneider, Wolf, "A Class Act," *Hollywood Reporter*, June 10, 2004.

White, Lesley, "Her Significant Others," *Sunday Times*, October 31, 2004.

15. 메릴이 프라다를 입었을 때

"Drama Queen," *Hollywood Reporter*, December 2006.

Fishman, Elana, "10 Years After 'The Devil Wears Prada,' Patricia Field Explains How the Costumes Came Together," racked.com, June 28, 2016.

Fleming, Michael, "Good as Gold," *Variety*, November 18, 2002.

Foreman, Liz, "Streep Has Deal with 'the Devil,'" *Hollywood Reporter*, May 2, 2005.

French, Serena, "The $1 Million Wardrobe of 'The Devil Wears Prada,'" *New York Post*, June 21, 2006.

Grove, Martin A., "Oscar-Worthy 'Devil Wears Prada' Most Enjoyable Film in Long Time: 'The Hollywood Reporter,'" thebookstandard.com, June 28, 2006.

Hasan, Lima, and Katie Hinman, "Anne Hathaway's Ex Raffaello Follieri 'Happy' for Actress, Ready to 'Live My Life' After Prison," abcnews.go.com, June 27, 2012.

Hofler, Robert, "Meryl as Co-star and Coach," *Variety*, April 14, 2008.

Interview with Angel De Angelis.

Interview with Wendy Finerman.

Interview with David Frankel.

Interview with Mark Livolsi.

Interview with Aline Brosh McKenna.

Interview with Zac Posen.

Kaplan, James, "I Chose Family," *Parade*, May 28, 2006.

Kinetz, Erika, "Devil's in the Follow-Up," *New York Times*, November 6, 2005.

Lacher, Irene, "Did She Spill Something?," *Los Angeles Times*, May 28, 2003.

Lamphier, Jason, "Playing *Devil's* Advocate," out.com, undated.

LaSalle, Mick, "Terrorist Attacks, Corporate Control, Election Controversy: Sound Familiar? 'The Manchurian Candidate' Has It All," *San Francisco Chronicle*, July 30, 2004.

The Late Show with Stephen Colbert, CBS, May 24, 2018.

Lieberman, Paul, "Character Building," *Los Angeles Times*, October 23, 2005.

Luscombe, Belinda, "7 Myths About Meryl," *Time*, June 19, 2006.

McKenna, Aline Brosh, *The Devil Wears Prada* screenplay, 20th Century Fox, 2006, and the last iteration script(2005), https://johnaugust.com/Assets/DEVIL_WEARS_PRADA_Full_Script.pdf.

Miller, Julie, "How Meryl Streep Terrified *The Devil Wears Prada's* Screenwriter," vanityfair.com, June 29, 2016.

Molloy, Joanna, and George Rush, "Wintour Aide's Novel Is Conde Nasty," *New York Daily News*, March 7, 2003.

Schneider, Wolf, "A Class Act," *Hollywood Reporter*, June 10, 2004.

Setoodeh, Ramin, " 'The Devil Wears Prada' Turns 10: Meryl Streep, Anne Hathaway and Emily Blunt Tell All," *Variety*, June 23, 2016.

Silman, Anna, "Remember the Time Anne Hathaway Dated a Con Man?," thecut.com, June 8, 2018.

Silverman, Stephen M., "Raffaello Follieri Sentenced to 4 ½ Years," people.com, October 23, 2008.

"Streep Smarts," *People*, April 24, 2006.

"There's Something About Her," telegraphindia.com, September 18, 2006.

Thompson, Anne, " 'The Devil Wears Prada' at 10: Meryl Streep and More on How Their Risky Project Became a Massive Hit," indiewire.com, July 1, 2016.

Today, NBC, April 6, 2018.

The View, ABC, June 30, 2006.

Weisberger, Lauren, *The Devil Wears Prada*, Doubleday, New York, 2003.

Wickman, Kase, "The Most Iconic 'Devil Wears Prada' Scene Almost Didn't Make It into the Movie," *New York Post*, June 23, 2016.

WWD staff, "Wintour Tales," *Women's Wear Daily*, undated.

인터미션 : 〈악마는 프라다를 입는다〉로 날아오르다

Jordan, Julie, and Jen Juneau, "Stanley Tucci and Felicity Blunt Welcome Daughter Emilia Giovanna," people.com, June 12, 2018.

16. 의심과 확신 사이

Abramowitz, Rachel, "She Has to Laugh," *Los Angeles Times*, November 30, 2008.

Amiel, Barbara, "The 'Devil' I Know," *Telegraph*, July 2, 2006.

Barbara Walters' 10 Most Fascinating People, ABC, December 12, 2006.

Bennetts, Leslie, "About Meryl," *Vanity Fair*, January 2010.

Corliss, Richard, "The Lions Roar," *Time*, November 12, 2007.

The Devil Wears Prada, boxofficemojo.com.

Fleming, Michael, "She's One Hot 'Mamma,'" *Variety*, January 11, 2007.

Interview with John Patrick Shanley.

Jeffries, Stuart, "A Legend Lightens Up", *Guardian*, July 2, 2008.

Kennedy, Dana, "Meryl, Revealed," *More*, December 2002 / January 2003.

Mamma Mia!, boxofficemojo.com.

"Meet the Acid Queen of New York Fashion," *Guardian*, June 25, 2006.

Meryl Streep interview, *Fresh Air*, NPR, February 6, 2012.

Palmer, Martyn, "Meryl, Up Close," *Good Housekeeping*, August 2008.

Scott, A. O., "In 'The Devil Wears Prada,' Meryl Streep Plays the Terror of the Fashion
    World," *New York Times*, June 30, 2006.

"10 Most Excellent Things: Mamma Mia!," *Mamma Mia!*, DVD, Universal Pictures, 2018.

인터미션 : 바이올라의 활약

Birnbaum, Debra, "Viola Davis on #MeToo: 'If You're Dedicated to Change, Let It Cost You
    Something,'" variety.com, February 14, 2018.

Golden Globe Awards, NBC, January 8, 2017.

Interview with John Patrick Shanley.

Macdonald, Moira, "Actress Viola Davis Is No Stranger to 'The Help,'" seattle times.com,
    August 8, 2011.

Viola Davis interview, *News & Views*, NPR, December 10, 2008.

17. 연기는 어린아이처럼 즐기는 멋진 모험

Abramowitz, Rachel, "It Only Gets Better," *Los Angeles Times*, September 12, 2009.

Abramowitz, Rachel, "She Has to Laugh," *Los Angeles Times*, November 30, 2008.

Bennetts, Leslie, "About Meryl," *Vanity Fair*, January 2010.

Fernandez, Jay A., "She's Really Cooking," *Hollywood Reporter*, July 7, 2009.

Fleming, Michael, "Streep Eyes U Romance," *Variety*, August 7, 2008.

Fox, Marisa, "Ladies Who Lunch," *Ladies' Home Journal*, August 2019.

Interview with Lake Bell.

Interview with Stephen Goldblatt.

Interview with Larry Mark.

Kit, Borys, "Femme Power Trio to Top Uni Comedy," *Hollywood Reporter*, October 25, 2010.

Meryl Streep interview, Oscars Red Carpet, *Access Hollywood*, 2010.

Meryl Streep interview, Oscars Governors Ball, CNN, 2010.

Pomerantz, Dorothy, "Hollywood's Top-Earning Actresses," forbes.com, July 1, 2009.

Rice, Jerry, "Meryl Streep," *Variety*, December 7, 2009.

Ryan, Beth, "Nancy Meyers: Her 7 Dreamiest, Creamiest Movie Houses," telegraph.co.uk, October 8, 2015.

Schneider, Karen S., "The Great One," *People*, February 3, 2003.

Scott, A. O., "Two for the Stove," *New York Times*, August 6, 2009.

Simmons, Leslie, "Child's Play for Streep in Col's 'Julia,'" *Hollywood Reporter*, November 1, 2007.

Us Weekly staff, "Mamie Gummer Is Engaged!," usmagazine.com, October 19, 2009.

18. 철의 여인이 되다

Abramovitch, Seth, "Meryl Streep Learning Guitar for Diablo Cody Movie," *Hollywood Reporter*, August 8, 2014.

Babington, Charles, "Meryl Streep Stumps for ERA," Associated Press, June 23, 2015.

Carlson, Erin, "Meryl Streep Calls 'Hope Springs' Co-tar Tommy Lee Jones '50 Shades of Grumpy,'" hollywoodreporter.com, August 8, 2012.

Child, Ben, "Meryl Streep on Feminist Question: 'I'm a Humanist,'" *Guardian*, October 2, 2015.

Chitwood, Adam, "New Posters for August: Osage County, Labor Day, The Double, Blood Ties, and Delivery Man," collider.com, October 15, 2013.

"Depp, Streep May Join Disney's 'Into the Woods,'" upi.com, April 26, 2013.

Ebert, Roger, "The Iron Lady," *Chicago Sun-Times*, January 11, 2012.

Feinberg, Scott, "Walt Disney's Grandniece Agrees with Meryl Streep: He Was 'Racist,'" hollywoodreporter.com, January 15, 2014.

Fleming, Mike, "Meryl Streep to Play Chief Elder in 'The Giver,'" deadline.com, August 6,

2013.

Ford, Rebecca, "Meryl Streep on Margaret Thatcher's Death: 'To Me She Was a Figure of Awe,'" *Hollywood Reporter*, April 8, 2013.

Freydkin, Donna, "Julia Roberts Lets It All Go in 'August: Osage County,'" *USA Today*, December 25, 2013.

George, Jerry, "Why Meryl Streep Hates Julia Roberts' Guts!," *National Enquirer*, November 26, 2013.

Halberg, Morgan, "Mamie Gummer Is Already Selling Her Charming Chelsea Home," observer.com, July 17, 2017.

Harless, Kailey, and Iona Kirby, "Mom Will Make It Better! Meryl Streep Comforts Daughter Mamie After Her Split from Husband Benjamin," www.dailymail.co.uk, April 2, 2013.

Jimmy Kimmel Live!, ABC, January 13, 2012.

Jimmy Kimmel Live!, ABC, January 15, 2014.

Marcus, Bennett, "Meryl Streep Slams Walt Disney, Celebrates Emma Thompson as a 'Rabid, Man-Eating Feminist,'" vanityfair.com, January 8, 2014.

Marrs, Sarah, "But Why Must It ALWAYS Be Girl Sh*t?," laineygossip.com, September 27, 2013.

"Meryl Streep Attends Parliament for Thatcher Research," independent.co.uk, January 20, 2011.

Meryl Streep interview, *Fresh Air*, NPR, February 6, 2012.

Nerada, Pippa, "Harvey Weinstein's 'Creepy' Obsession with Michelle Williams Revealed," marieclaire.com.au, March 20, 2018.

Pemberton, Max, "The Iron Lady and Margaret Thatcher's Dementia: Why This Despicable Film Makes Voyeurs of Us All," *Telegraph*, January 14, 2012.

Ravitz, Justin, "Mamie Gummer, Husband Benjamin Walker Split," usmagazine.com, March 30, 2013.

Setoodeh, Ramin, "Meryl Streep Blasts Walt Disney at National Board of Review Dinner," variety.com, January 8, 2014.

Siegel, Tatiana, "Meryl Streep to Play Maria Callas in HBO Movie," hollywood reporter.com, June 19, 2014.

Walters, Joanna, "#MeToo a Revolution That Can't Be Stopped, Says Time's Up Co-founder," *Guardian*, October 21, 2018.

Williams, Christian, "Scenes from the Battle of the Sexes," *Washington Post*, December 17,

1982.

Williams, Lauren, "Meryl Streep: Why I Almost Turned Down Oscar-Nominated Role in August: Osage County," metro.co.uk, January 22, 2014.

인터미션 : 메릴 스트립의 유명 팬들

David Fox, Jesse, "Jennifer Lawrence on Staring at Meryl Streep," vulture.com, January 2, 2013.

E! Live from the Red Carpet: The 2018 Golden Globe Awards, E!, January 7, 2018.

Flint, Hannah, "'Ocean's 8' Cast Say the Abundance of White Male Film Critics Is 'Unfair,'" uk.movies.yahoo.com, June 15, 2018.

Haas, Brian, "Zoe Kravitz Dishes on 'Big Little Lies' and Working with Meryl 'F**king' Streep!," etonline.com, March 16, 2018.

Palmer, Tamara, "Not That We're Shocked, but Meryl Streep Gave Billy Eichner the Most Incredible Life Advice," bravotv.com, August 10, 2017.

19. 슈퍼 영웅 메릴

Abrams, Rachel, and Jodi Kantor, "Gwyneth Paltrow, Angelina Jolie and Others Say Weinstein Harassed Them," *New York Times*, October 10, 2017.

Ali, Yashar, "Exclusive: Meryl Streep Responds to Rose McGowan's Criticism," huffingtonpost.com, December 19, 2017.

Boot, William, "Exclusive: Sony Hack Reveals Jennifer Lawrence Is Paid Less Than Her Male Co-stars," www.thedailybeast.com, December 12, 2014.

Borchers, Callum, "Meryl Streep Was Right: Donald Trump Did Mock a Disabled Reporter," *Washington Post*, January 9, 2017.

Buckley, Cara, "Meryl Streep, Kate Winslet and Glenn Close Speak Out on Harvey Weinstein," *New York Times*, October 9, 2017.

Carlson, Erin, "Outrageous Sexism in Hollywood Exposed in New Blog," fortune.com, May 8, 2015.

Chi, Paul, "Meryl Streep Is Even Bad at Singing Badly, Says Stephen Frears," vanityfair.com, August 12, 2016.

Cox, Gordon, "Meryl Streep Funds Lab for Women Screenwriters over 40," variety.com, April 19, 2015.

Farrow, Ronan, "From Aggressive Overtures to Sexual Assault: Harvey Weinstein's Accusers Tell Their Stories," *New Yorker*, October 23, 2017.

Gerard, Jeremy, "Meryl Streep Roars (and Sings Lady Liberty) at Human Rights Gala," deadline.com, February 11, 2017.

Interview with Carl Franklin.

Interview with David Hare.

Kay, Jeremy, "How Spielberg Turned Around 'The Post' in Less Than 10 Months," screendaily.com, February 7, 2018.

Kummer, Corby, "Streep vs. Streep," *Cue*, January 5, 1980.

Lang, Brent, "Patricia Arquette's Comments Draw Praise, Unleash Controversy," variety.com, February 23, 2015.

Lawson, Richard, "Meryl Streep's Quest to Become the Queen of August," vanityfair.com, August 11, 2016.

Linden, Sheri, "Critic's Notebook: Is Meryl Streep Coasting with Roles Like *Florence Foster Jenkins?*", hollywoodreporter.com, August 13, 2016.

McClintock, Pamela, "How 'The Post' Pulled Off Possibly the Fastest Shoot 'in the History of the Film Industry,' " hollywoodreporter.com, February 23, 2018.

"Next Indiana Jones Might be a Woman, Says Steven Spielberg," newshub.co.nz, September 4, 2018.

Ritman, Alex, "AFM: Meryl Streep, Hugh Grant Drama Sells Wide," hollywoodreporter.com, November 12, 2014.

Rooney, David, " 'Into the Woods': Film Review," hollywoodreporter.com, December 17, 2014.

Ryzik, Melena, "Meryl Streep Does a Number on Donald Trump at Public Theater's Gala," *New York Times*, June 7, 2016.

Snap Judgment (on Florence Foster Jenkins), NPR, August 1, 2014.

Solotaroff, Paul, "Trump Seriously: On the Trail with the GOP's Tough Guy," *Rolling Stone*, September 9, 2015.

에필로그 : 천재 배우 메릴 스트립

Abramowitz, Rachel, "She Has to Laugh," *Los Angeles Times*, November 30, 2008.

Jones, Marcus, "Meryl Streep Says It's Been Hard for Her to Be So Political Under Trump," buzzfeednews.com, December 12, 2017.

Marcus, Bennett, "Meryl Streep Slams Walt Disney, Celebrates Emma Thompson as a 'Rabid, Man-Eating Feminist,'" vanityfair.com, January 8, 2014.

Osland, Dianne, "Meryl Streep at IU: 'I Thought I Was Too Ugly to Be an Actress,'" indianapolismonthly.com, April 17, 2014.

Transcript from 1988 Hollywood Foreign Press Association conference for *A Cry in the Dark*, courtesy of Margaret Herrick Library special collections.

찾아보기